World Book 221

Raymond Radiguet/Marie Madeleine de La Fayette
LE DIABLE AU CORPS/LE BAL DU COMTE D'ORGEL
LA PRINCESSE DE CLÈVES
육체의 악마/도르젤 백작 무도회/클레브 공작부인
레몽 라디게/라 파예트/윤옥일 옮김

라디게

라 파예트

동서문화사

디자인 : 동서랑 미술팀

육체의 악마/도르젤 백작 무도회/클레브 공작부인
차례

Le Diable au corps

육체의 악마

레몽 라디게

나는 많은 비난을 받으리라. 하지만 내가 무엇을 할 수 있단 말인가? 전쟁이 시작되기 몇 달 전에 열두 살이 된 것이 내 잘못일까? 그 터무니없던 시기에 내가 겪은 혼란은 그 나이에 겪을 만한 일이 아니었다. 하지만 겉모습이야 어떻든 아무리 강력한 힘이라도 우리를 갑자기 어른으로 만들지는 못하기에, 어른들조차 당황스러워했을 연애 사건을 경험하며 나는 아이처럼 행동할 수밖에 없었다. 나뿐만이 아니다. 내 친구들도 이 시기에 관해서는 어른들과 다른 추억을 간직해나갈 것이다. 아직도 나를 비난하려는 사람들은 어린 소년들에게 전쟁이란 무엇이었을지 생각해보기 바란다. 그것은 4년간의 기나긴 방학이었다.

우리는 마른 강변에 있는 F마을에서 살고 있었다.

나의 부모님은 이성교제를 그다지 좋게 생각하지 않았다. 하지만 태어날 때부터 우리 안에 존재하며 아직 눈을 뜨지 않은 관능은, 희미해지기는커녕 오히려 더욱 분명해진다.

나는 결코 몽상가가 아니었다. 나보다 순진한 사람들에게는 꿈처럼 보이는 것도 나는 현실적으로 보았다. 고양이가 유리상자 너머로 보고 있는 치즈 같이 말이다. 그러나 유리벽 또한 그곳에 분명히 존재하고 있다.

유리가 깨지면 고양이는 그 틈을 타서 치즈를 낚아채리라. 아무리 자기 주인이 유리상자를 깨뜨려 손을 다치더라도.

나는 열두 살까지 연애를 해본 적이 없었다. 딱 한 번, 카르멘이라는 소녀에게 편지를 써서 나보다 어린 소년을 시켜 건넨 일이 있다. 내 마음을 봐서 한 번만 만나달라고 애원하는 내용이었다. 편지는 바로 그날 아침 카르멘이 학교에 도착하기 전에 건네졌다. 카르멘에게 관심을 가진 것은 그녀가 나와 유일하게 닮은 여자아이였기 때문이다. 카르멘은 나처럼 깔끔했고, 내가 남동생을 데리고 학교를 다녔듯이 카르멘도 여동생과 등교했다. 그 어린 증인들의 입을 막기 위해 나는 두 사람을 엮어주려고 했다. 그래서 아직 글도 쓸

줄 모르는 동생에게 포베트 앞으로 편지를 쓰게끔 한 뒤, 그것을 내 편지에 끼워넣었다. 세례명이 독특한 데다*¹ 우리와 나이도 비슷한 자매를 만난 것은 행운이라고 설명하며 나는 동생에게 카르멘의 여동생과 이어주겠다고 했다. 이때까지 나를 애지중지하면서 한 번도 혼을 낸 적 없는 부모님과 점심을 먹고 다시 학교로 돌아갈 때, 나는 여전히 서먹서먹한 카르멘의 태도에 실망하고 말았다.

반 아이들이 자리에 앉자마자 교장 선생님이 들어왔다. 나는 반장이라 책꽂이에서 책을 꺼내기 위해 교실 뒤에서 몸을 구부리고 있었다. 학생들이 자리에서 일어섰다. 교장 선생님은 편지를 들고 있었다. 나는 다리 힘이 풀려 책을 떨어뜨렸다. 내가 얼른 책을 줍는 동안, 교장 선생님은 담임 선생님과 이야기를 나누었다. 앞줄에 앉은 아이들이 벌써 교실 구석에서 얼굴을 붉히고 있는 나를 돌아보았다. 선생님들이 소곤대는 이야기에서 내 이름을 들은 것이다. 마침내 교장 선생님이 나를 불렀다. 선생님은 학생들이 눈치채지 못하게 벌을 주려고 했으리라. 12줄짜리 편지를 썼는데 철자를 하나도 틀리지 않고 잘 썼다고 칭찬했다. 혼자서 썼는지도 묻더니 교장실로 따라오라고 했다. 그러나 우리는 교장실까지 가지 않았다. 교장 선생님은 소나기가 쏟아지는 교정에서 나를 혼냈다. 사실은 카르멘의 부모님이 교장 선생님에게 내 편지에 대해 알린 것이었다. 여자아이에게 연애편지를 보낸 것을 가지고 마치 편지지라도 훔친 것처럼 야단인 교장 선생님을 보자 내 도덕관념은 혼란스러웠다. 교장 선생님은 그 편지를 집에 보내겠다고 겁주었다. 나는 제발 그러지 말아달라고 빌었다. 결국 교장 선생님이 양보를 했다. 하지만 편지는 계속 맡아둘 것이며, 또 이런 일을 저지르면 내 잘못을 몽땅 폭로하겠다고 했다.

이처럼 나는 대담하게, 때로는 소심하게 굴면서 가족들의 눈을 속였다. 그저 게으를 뿐인 내가 고분고분하다는 이유로 학교에서 착한 학생처럼 보이듯 말이다.

나는 교실로 돌아왔다. 선생님은 짓궂게 나를 동 쥐앙*²이라고 불렀다. 나는 우쭐했다. 반 아이들은 모르지만 나는 그 작품 이름을 알고 있었기 때문

---

*1 카르멘은 유명한 오페라 여주인공 이름, 포베트는 아름다운 목소리로 노래하는 꾀꼬리를 뜻함.
*2 호색가로 이름난 인물. 많은 예술 작품에 인용되었음.

이다.

"안녕, 동 쥐앙."

선생님이 이렇게 말했을 때 내가 알아들었다는 표정으로 미소를 짓자 나를 보는 아이들의 눈이 달라졌다. 내가 하급생을 시켜 '여자아이'에게 몰래 연애편지를 보냈다는 것을 이미 알고 있었는지도 모른다. 그 하급생의 이름은 메사제*³였다. 이름 때문에 그를 고른 건 아니지만 그 이름 덕에 더 믿음직스러웠던 것은 사실이다.

1시에는 아버지에게 말하지 말아달라고 교장 선생님에게 애원했건만, 4시가 되자 아버지에게 모두 털어놓고 싶어 입이 근질근질했다. 그래야 할 이유는 하나도 없었다. 그저 내 솔직한 성격 때문이라고 생각했다. 그러나 아버지가 화내지 않으리라는 것을 알고 있었으므로, 요컨대 나는 아버지가 내 용감한 행동을 알아주면 기쁠 것 같았다.

그래서 나는 교장 선생님이 비밀을 지켜주겠다고 약속한(마치 어른에게 하듯이) 일을 자신만만하게 덧붙이며 아버지에게 고백했다. 아버지는 내가 이야기를 꾸며낸 것이 아닌지 의심스러워했다. 마침 교장 선생님을 찾아갔을 때 아버지는 이 일을 꺼내며 자신은 허무맹랑한 이야기라 생각한다고 말했다. 그러자 교장 선생님은 놀라 난처한 얼굴로 말했다.

"뭐라고요? 아이가 다 말씀드렸습니까? 아버지에게 죽을지도 모른다면서 아무 말도 하지 말아달라고 부탁하더니."

교장 선생님은 자신을 변명하기 위해 거짓말을 했다. 이 거짓말 때문에 나는 더욱 어른이 된 듯한 기분에 취했다. 나는 단번에 반 친구들의 존경을 얻었고 담임 선생님의 눈길을 받게 되었다. 교장 선생님은 나에 대한 분노를 삭였다. 가엾은 교장 선생님은 내가 이미 알고 있는 사실을 모르고 있었다. 교장 선생님의 태도에 화가 난 아버지는 이번 학년만 마치면 내게 학교를 그만두게 하려고 결심했던 것이다. 마침 6월 초*⁴였다. 어머니는 그 계획 때문에 내가 우등상과 메달을 받지 못할까봐 수여식이 끝날 때까지 아무 말도 하지 못하게 했다. 드디어 수여식 날이 되었다. 교장 선생님은 자신의 거짓말을 두려워한 나머지 불공평하게도 반에서 내게만 상을 주었다. 교장 선생님

*3 심부름꾼, 전달자라는 뜻이 있음.
*4 프랑스에서는 9월에 학기가 시작되어 6월에 끝남.

은 잘못 계산했다. 이 일로 학교는 가장 우수한 학생 두 명을 잃었다. 우등상을 받았어야 할 학생의 아버지가 아들을 더 이상 학교에 보내지 않기로 한 것이다.

우리 같은 학생은 다른 학생들을 끌어들이기 위한 미끼가 되곤 한다.

어머니는 내가 앙리 4세 학교*5를 다니기에 너무 어리다고 생각했다. 내 나이에 기차로 통학하기는 무리라는 것이었다. 그래서 나는 2년 동안 집에서 혼자 공부했다.

나는 아주 즐거우리라 기대했다. 이틀이 걸려도 반 아이들이 끝내지 못하는 공부를 네 시간 만에 해치우면 반나절 넘게 내 마음대로 할 수 있기 때문이다. 나는 홀로 마른 강가를 거닐곤 했다. 마른 강은 우리에게 너무나 친숙해서 여동생들이 센 강을 '마른 강'이라고 부를 정도였다. 나는 배를 만지지 말라는 아버지의 말을 어기고 배를 타기도 했다. 하지만 노를 젓지는 않았다. 스스로 인정하고 싶지 않지만, 아버지의 명령을 어기는 것이 무서워서가 아니라 단순히 배를 젓는 것이 두려웠기 때문이다. 나는 배에 누워 책을 읽곤 했다. 1913년에서 1914년 사이에 배에서 책을 2백 권쯤 읽었다. 흔히 나쁜 책이라고 불리는 것은 한 권도 없었다. 그보다는 좋은 책, 마음의 양식이라고는 할 수 없어도 최소한 읽을 만한 가치가 있는 책들뿐이었다. 그래서 뒷날 젊은이들이 분홍 책*6을 경멸하게 될 나이가 되었을 때 나는 오히려 그 유치한 매력에 푹 빠졌는데, 그 무렵에는 분홍 책을 손도 대지 않았다.

이렇게 놀며 공부하는 생활의 단점은 일 년이 내내 어설픈 방학이라는 것이었다. 확실히 나는 매일 조금씩밖에 공부하지 않았고, 다른 아이들보다 공부시간이 적었다. 그러나 그들이 놀 때도 나는 계속 공부했기 때문에 이 잠깐의 공부는 고양이 꼬리 끝에 매달린 코르크 마개 같았다. 분명 고양이도 코르크 마개를 평생 달고 사느니 한 달 동안 냄비를 달고 다니는 편이 나았을 것이다.

진짜 방학이 다가오고 있었다. 그러나 내 생활은 매한가지였기에 딱히 관심을 두지 않았다. 고양이는 여전히 유리상자에 가로막힌 치즈를 바라보았다.

---

*5 파리에 있는 명문 중고등학교.
*6 프랑스 아셰트 출판사에서 간행한 아동용 총서.

그런데 전쟁이 다가왔다. 전쟁이 유리상자를 깨뜨렸다. 고양이 주인들이 다른 고양이들을 채찍으로 쫓는 동안 주인의 고양이는 신나게 만찬을 즐겼다.

실제로 프랑스 사람들은 모두 신이 나 있었다. 아이들은 멋진 책을 겨드랑이에 낀 채 극장 광고지 주변에서 복닥거렸다. 불량 학생들은 집안이 혼란스러운 틈을 이용했다.

우리는 날마다 저녁을 먹은 뒤 집에서 2킬로미터 떨어진 J역에 가서 군용 열차를 구경했다. 초롱꽃을 가져가 병사들에게 던져주는 것이다. 블라우스 차림의 부인들은 술통에 포도주를 부었다. 그 때문에 꽃이 흩어져 있는 플랫폼 바닥에는 몇 리터나 되는 포도주가 흘러넘쳤다. 이 모든 광경은 내게 불꽃 같은 추억으로 남았다. 일찍이 그렇게나 많은 포도주가 낭비되고 그렇게나 많은 꽃이 버려진 적이 없었다. 집 창문에는 국기를 달아야 했다.

얼마 안 되어 우리는 J역으로 가지 않게 되었다. 내 남동생과 여동생은 전쟁을 싫어하기 시작했다. 전쟁이 너무 길어진 것이다. 그 때문에 바닷가에도 갈 수 없었다. 아침에 늦잠을 자던 동생들이 6시면 신문을 사러 가야 했다. 얼마나 가엾은가! 하지만 8월 20일쯤 되자 이 장난꾸러기들은 희망을 되찾았다. 어른들과 식탁에 늦게까지 남아 있다가 아버지의 피난 이야기를 들은 것이다. 그런데 교통수단이 없지 않은가. 머나먼 곳까지 자전거를 타고 가야만 한다. 남동생들은 어린 여동생을 놀렸다. 여동생의 자전거 바퀴는 지름이 겨우 40센티미터밖에 되지 않았다.

"너는 길에서 혼자 뒤처지고 말걸?"

여동생은 훌쩍훌쩍 울었다. 하지만 얼마나 열심히 자전거를 닦아놓았는지! 동생들은 더 이상 게으름뱅이가 아니었다. 내 자전거도 수리해주겠다고 했다. 녀석들은 새벽부터 일어나 전쟁에 관한 새로운 소식을 모았다. 그런 모습에 모두들 깜짝 놀랐지만, 나는 그 애국심이 무엇 때문에 생겨났는지 알고 있었다. 동생들은 자전거 여행이 하고 싶었던 것이다! 바다까지! 늘 가던 바다보다 더 멀리 떨어진, 훨씬 아름다운 바다까지 말이다. 얼른 출발할 수만 있다면 녀석들은 파리라도 불태워버렸을 것이다. 유럽이 위험에 처하는 게 동생들에게는 하나뿐인 희망이었다.

아이들의 이기심이 과연 어른들의 이기심과 얼마나 다를까? 여름철 시골에서 우리는 비가 내리는 것을 저주하지만, 농부들은 비를 바라지 않는가.

대재앙이 아무런 전조도 없이 일어나는 일은 드물다. 오스트리아 황태자 부부 암살사건*¹과 카요 재판*²의 후폭풍으로, 심상치 않은 일이 일어날 것만 같은 숨막히는 분위기가 조성되었다. 마찬가지로 전쟁에 대한 나의 진짜 기억은 전쟁 이전으로 거슬러 올라간다.

이런 일이 있었다.

나와 남동생들은 이웃집에 사는 괴상한 사람을 놀려대곤 했다. 그는 흰 수염을 기르고 모자가 달린 망토를 입고 다니는 난쟁이, 마레쇼 시의원이었다. 사람들은 모두 그를 마레쇼 영감이라고 불렀다. 이웃인데도 우리가 늘 인사를 하지 않아 그는 화를 내곤 했는데, 하루는 더 이상 참지 못하고 길거리에서 우리에게 다가와 말했다.

"아니! 시의원에게 인사도 하지 않는 게냐!"

우리는 달아나버렸다. 이 무례한 태도를 계기로 싸움이 시작되었다. 하지만 시의원이라고 해서 우리에게 무슨 짓을 할 수 있겠는가? 남동생들은 등하교할 때마다 그의 집 초인종을 눌렀다. 집에 개가 있었지만 나와 나이가 거의 같아 겁먹을 필요가 없었으므로 남동생들의 장난은 점점 더 대담해졌다.

1914년 7월 14일 혁명기념일 전날의 일이었다. 남동생들을 마중하러 나갔다가 마레쇼 집 울타리 앞에 사람들이 모여 있는 것을 보고 얼마나 놀랐는지 모른다. 보리수나무가 몇 그루 있었지만 가지치기를 해서 정원 안쪽 저택까지 잘 보였다. 오후 2시부터 마레쇼 집 젊은 하녀가 미쳐 지붕 위로 도망친 뒤 도무지 내려오지 않았다. 마레쇼 집안 사람들은 안 좋은 소문이 두려워

＊1 1914년 6월 28일 사라예보에서 오스트리아 황태자 부부가 세르비아 청년에게 암살된 사건. 제1차 세계대전의 도화선이 됨.

＊2 〈피가로〉지 편집장 가스통 칼메트가 재무부장관 카요의 사생활을 폭로하려 하자, 1914년 3월 카요의 부인이 칼메트를 사살한 사건 재판.

덧문을 꼭 닫고 있었다. 그 때문에 집은 마치 폐가처럼 보였고, 지붕 위의 미친 여자는 더욱 비극적으로 느껴졌다. 사람들은 집주인이 그 불쌍한 여자를 구하려고 나서지 않는다고 비난했다. 미친 여자는 기왓장 위를 비틀비틀 걷고 있었는데, 술에 취한 것 같지는 않았다. 나는 계속 거기에 있고 싶었지만 어머니가 하녀를 보내 얼른 돌아와 공부를 하라고 했다. 공부를 하지 않으면 축제에 못 갈지도 몰랐다. 나는 마지못해 자리를 떴다. 그리고 나중에 아버지를 마중하러 역에 갈 때에도 하녀가 계속 지붕에 있게 해달라고 기도했다.

미친 여자는 아직 그 자리에 있었다. 하지만 파리에서 돌아오던 몇 안 되는 사람들은 저녁 식사나 무도회에 늦지 않으려고 서두르느라 그녀에게는 아주 잠깐 눈길을 줄 뿐이었다.

그러나 구경꾼이 많든 적든 지금까지는 모두 예행연습에 지나지 않았다. 반짝이는 등불이 진짜 조명 대신 그녀를 비춰주는 밤이 되어야 관례대로 첫 무대가 시작되는 것이다. 거리와 정원에도 등불이 켜졌다. 마레쇼 집안 사람들은 집에 있으면서 없는 체했지만, 마을의 명사로서 등불을 밝히지 않을 수 없었다. 마치 범죄가 일어난 듯한 그 집에서 여자가 깃발로 장식된 배의 갑판 위라도 산책하듯 머리를 산발한 채 지붕 위를 걸어다녔다. 그녀의 목소리가 이 광경에 기괴한 느낌을 더해주었다. 인간의 것이라고 생각되지 않을 만큼 깊고, 소름끼치도록 감미로운 목소리였다.

작은 마을의 소방대원은 '자원봉사자'였기 때문에 낮에는 소방서 일 말고 본업으로 바빴다. 우유 가게, 제과점, 철물점 따위를 하고 있어서, 자기 일이 끝날 때까지 불이 저절로 꺼지지 않으면 그제야 불을 끄러 달려왔던 것이다. 동원 명령이 떨어진 뒤로 우리 마을 소방대는 기이한 민병대를 조직하여 정찰과 교련, 야경까지 맡았다. 드디어 그 용감한 대원들이 달려와 군중 사이를 헤집고 들어갔다.

한 여자가 앞으로 나섰다. 그녀는 마레쇼와 앙숙인 어느 시의원의 부인으로서, 조금 전부터 미친 여자가 가엾다고 소란을 떨었다. 그녀는 소방대장에게 여러 가지를 당부했다.

"조심스럽게 다뤄주세요. 불쌍하게도 이 집에서는 조금도 그런 대접을 못 받았거든요. 때리곤 했지요. 만약 일할 데가 없어서 저러는 거라면 우리 집에서 일해도 좋다고 전해주세요. 월급도 두 배로 준다고요."

이렇게 시끄럽게 동정을 베풀어도 사람들은 감동을 받지 않았다. 부인이 성가시기만 했다. 사람들은 모두 미친 여자를 잡을 생각만 하고 있었다. 소방대원 여섯 명이 울타리를 넘어 집을 에워싸고 사방에서 기어올라갔다. 그러나 소방대원 한 명이 지붕 위에 모습을 드러내자마자, 사람들이 마치 인형극을 보는 아이들처럼 소리를 질러 여자에게 그 사실을 알려주었다.

"조용히 좀 하세요!"

시의원 부인이 소리쳤다. 그러자 사람들은 더욱 흥분하여 소리쳤다.

"저기 한 명 올라간다! 저기도 한 명 있다!"

미친 여자는 그 소리를 듣고 기왓장을 들어 지붕 위로 올라온 소방대원의 머리를 향해 던졌다. 나머지 다섯 명은 그것을 보고 서둘러 다시 내려갔다.

시청 앞 광장의 노점상들은 매상이 뛰어야 할 축제날 밤에 사격이나 회전목마를 즐기러 오는 손님들이 적다고 불평을 늘어놓았다. 한편 개구쟁이들은 마레쇼 집 벽을 넘어 잔디밭을 가로질러 달려가 상황을 지켜봤다. 미친 여자는 이런저런 말을 했다. 무슨 내용인지 모두 잊어버렸지만, 여자는 자신이 옳고 모두가 틀렸다는 확신에 차서 아주 슬픈 목소리로 말했다. 개구쟁이 녀석들은 축제 구경거리보다 이 광경이 더욱 마음에 들었으나, 두 재미 다 놓치고 싶지 않았다. 그래서 자신들이 없는 동안 미친 여자가 붙잡힐까봐 조마조마해하면서도 서둘러 달려가 목마를 한 바퀴 타고 왔다. 좀더 점잖은 아이들은 뱅센 숲 공원에서 열리는 혁명기념일 열병식이라도 볼 때처럼 보리수나무 가지 위에 앉아 폭죽을 터뜨리며 만족스러워했다.

이렇게 환한 불빛과 소란 가운데 집 안에만 틀어박혀 있을 마레쇼 부부의 불안이 어땠을지 짐작이 되리라.

동정을 베풀던 부인의 남편 시의원이 울타리의 작은 벽에 올라가 이 집 사람들의 비겁한 행동에 대해 즉석으로 연설하기 시작했다. 모두들 그에게 박수를 쳤다.

지붕 위의 미친 여자는 사람들이 자기에게 박수를 치는 거라고 생각하여 인사를 했다. 두 팔에는 여전히 기왓장을 잔뜩 떠안고 있었다. 소방모가 보일 때마다 기왓장을 하나씩 던졌던 것이다. 그녀는 자신을 이해해주어 감사하다고 소름끼치는 목소리로 인사했다. 그 모습을 보고 나는 침몰하는 해적

선에 혼자 남은 여선장을 떠올렸다.

구경꾼들은 슬슬 싫증이 났는지 흩어지기 시작했다. 나는 아버지와 함께 여기에 남고 싶었지만 어머니는 아이들을 회전목마와 제트코스터에 데려가 아이들의 욕구를 만족시켜주려고 했다. 아이들은 심장이 조여드는 짜릿함을 맛보고 싶어하기 마련이다. 사실 이 기묘한 욕구는 동생들보다 내가 더 강하게 느끼고 있었다. 나는 심장이 빠르고 불규칙하게 뛰는 것을 좋아했다. 하지만 이 더없이 시적인 눈앞의 광경이 그런 놀이보다 더 큰 만족감을 주었다.

"얼굴이 창백하구나."

어머니가 말했다.

"불꽃 때문에 얼굴이 푸르스름하게 보이는 거예요."

나는 그것을 불꽃 탓으로 돌렸다.

"어쨌든 아이에게는 너무 자극적이에요."

어머니가 아버지에게 말했다.

"뭐? 이 녀석만큼 무감각한 아이는 없을걸. 이 녀석은 뭘 봐도 아무렇지 않아. 토끼 가죽을 벗기는 것만 빼고."

아버지는 이렇게 말하며 내가 그곳에 남을 수 있게끔 해주었다. 하지만 아버지는 내가 이것을 보고 혼란스러워한다는 것을 잘 알고 있었다. 나도 아버지가 혼란스러워하는 것을 느꼈다. 나는 아버지에게 더 잘 볼 수 있도록 목말을 태워달라고 했다. 사실 다리가 후들거리고 쓰러질 것 같았기 때문이다.

이제 구경꾼은 스무 명 남짓밖에 남지 않았다. 나팔 소리가 들려왔다. 횃불 행진대가 돌아가는 것이었다.

갑자기 수많은 횃불이 미친 여자를 비췄다. 부드러운 조명 불빛을 받던 새로운 여배우의 사진을 찍으려고 여기저기서 플래시를 팡! 터뜨린 것 같았다. 그러자 그녀는 세상의 종말이 다가왔다고 생각했는지, 아니면 단순히 붙잡힐 것 같아서 그랬는지 작별의 표시로 손을 흔든 뒤 지붕에서 몸을 던졌다. 추락할 때 차양에 부딪쳐서 유리 깨지는 끔찍한 소리를 내며 여자의 몸이 돌계단 위에 떨어졌다. 나는 귀가 윙윙 울리고 당장 심장이 멎을 것 같았지만 그때까지만 해도 참아보려고 애썼다. 그런데 누군가가 외쳤다.

"아직 살아 있어."

나는 그 말을 듣는 순간 의식을 잃고 아버지 어깨에서 굴러떨어졌다.

정신이 돌아오자 아버지는 나를 마른 강가로 데려갔다. 우리는 아무 말도 하지 않은 채 밤이 깊어질 때까지 풀밭에 누워 있었다.

돌아오는 길에 나는 울타리 뒤에서 희끄무레한 그림자를 본 듯한 기분이 들었다. 하녀의 유령 말이다! 하지만 그것은 무명 모자를 쓴 마레쇼 영감이었다. 그는 차양, 기왓장, 잔디, 덤불, 피범벅인 돌계단 등 망가진 집을 바라보며 무너져버린 자신의 명예에 대해서 생각하는 듯했다.

내가 이 사건을 장황하게 쓴 까닭은 다른 어떤 일보다도 이 사건이 전쟁이라는 기묘한 시기를 잘 이해할 수 있게 돕기 때문이며, 그림같이 생생한 장면보다 사물에 대한 시적 서정이 내게 얼마나 영향을 미쳤는지 알려주고 싶었기 때문이다.

대포 소리가 들렸다. 모*¹ 부근에서 전투가 벌어지고 있었다. 집에서 15킬로미터 떨어진 라니 근처에서 독일 창기병이 포로가 되었다는 소문까지 돌았다. 나는 고모에게서 전쟁이 시작되자 괘종시계와 정어리 통조림을 정원에 파묻고 도망간 친구 이야기를 들으며, 아버지에게 낡은 책들을 어떻게 가져가야 하는지 물었다. 내가 가장 잃고 싶지 않은 것이 이 책들이었기 때문이다.

마침내 피난을 떠날 채비가 끝났을 때, 피난을 떠날 필요가 없다는 기사가 신문에 실렸다.

그래서 여동생들은 부상병에게 나눠줄 배를 바구니에 담아 J역으로 갔다. 동생들은 기대했던 계획이 물거품이 되자 보잘것없기는 하지만 그에 대한 보상을 찾은 것이다. 동생들이 J역에 도착했을 즈음 바구니는 거의 비어 있었다!

나는 앙리 4세 학교에 들어갈 예정이었다. 그러나 아버지는 1년 더 시골에 붙들어두려 했다. 그 음울한 겨울, 나의 즐거움은 오직 신문 가게로 달려가 토요일마다 발행되는 주간지 〈르 모〉를 한 부 사오는 것이었다. 나는 이 신문을 가장 좋아했다. 토요일에는 결코 늦잠을 자지 않았다.

하지만 봄이 왔고, 나는 태어나서 처음으로 노는 재미에 푹 빠졌다. 이 봄에 나는 모금활동을 핑계 삼아 나들이옷을 입고 여자를 오른쪽 팔에 낀 채 곳곳을 돌아다녔다. 내가 모금함을 들고 그녀는 배지가 든 바구니를 들었다. 두 번째 모금을 할 때는, 여자와 팔짱을 끼고 마음껏 보낼 수 있는 이 자유로운 날을 어떻게 활용할지 친구들에게 배웠다. 그때부터는 아침에 되도록 빨리 돈을 모아서 정오에 모금 담당 부인에게 가져다주고, 쉔비에르 언덕에서 온종일 놀았다. 처음으로 친구도 생겼다. 나는 그의 여동생과 함께 모금

---

*1 파리에서 동쪽으로 약 44킬로미터 떨어진 도시, 마른 강 오른쪽에 위치함.

하는 것이 좋았다. 처음으로 나처럼 조숙한 소년과 사이좋게 지냈다. 나는 그의 잘생기고 대담한 면에 감탄했다. 우리는 둘 다 같은 또래 아이들을 경멸했고, 그래서 더욱 가까워졌다. 우리만이 사물을 이해할 수 있다고 생각했다.

우리만이 여자와 만나는 데 어울리는 사람이라고 생각했으며, 우리야말로 어른이라고 믿었다. 운 좋게 우리는 서로 떨어지지 않을 수 있었다. 르네는 이미 앙리 4세 학교에 다니고 있었고, 나도 들어갈 예정이었으니까 말이다. 르네는 그리스어를 배우지 않았는데 나를 위해 부모님을 설득하느라 많은 애를 썼다. 그렇게 하면 우리는 늘 함께할 수 있었던 것이다. 하지만 그는 1학년 때 그리스어를 배우지 않아서 특별수업을 받아야 했다. 르네의 부모님은 영문을 몰라 어리둥절했을 것이다. 작년에는 아들의 애원에 못 이겨 그리스어를 공부하지 않아도 된다고 허락해줬기 때문이다. 르네의 부모님은 아들이 나에게 좋은 영향을 받았다고 생각했다. 다른 친구들은 할 수 없이 눈감아주는 것에 지나지 않았지만, 적어도 나만은 르네의 부모님이 인정하는 유일한 친구였다.

그해 방학처럼 하루도 지루한 날 없이 지낸 것은 처음이었다. 그래서 나는 아무도 나이에 맞설 수 없음을 깨달았고, 누군가 내게 알맞은 방법으로 주의를 기울여준다면 내 안의 위험한 경멸감도 눈 녹듯 사라지리라는 것을 알게 되었다. 함께함으로써 우리는 각자의 자존심을 가지고 가야 할 길을 반으로 줄일 수 있었다.

새 학기 첫날, 르네는 나에게 둘도 없는 안내자가 되어주었다.

르네와 같이 있으면 모든 것이 즐거웠다. 혼자서는 한 발자국도 내딛지 않던 내가 하루 두 번씩 앙리 4세 학교와 바스티유 역 사이를 걸어다니는 것을 좋아하게 되었다. 우리는 바스티유 역에서 기차를 탔다.

이렇게 3년이 흘렀다. 다른 친구는 사귀지 않았고, 목요일 말고는 달리 기대할 것도 없었다. 이 목요일에는 르네의 부모님이 별 뜻 없이 아들의 친구와 딸의 친구를 함께 초대해서 자연히 소녀들과 어울리게끔 되었다. 우리는 벌칙 게임을 핑계 삼아 마음을 표시할 만한 물건을 주고받곤 했다.

화창한 계절이 되자 아버지는 나와 남동생들을 데리고 오랫동안 산책하는 것을 즐겼다. 우리가 특히 좋아한 목적지는 오르메송이었다. 폭이 1미터쯤 되는 모르브라 시내를 따라 풀밭을 가로질러 가면, 이름은 잊어버렸지만 다른 곳에서 본 적 없는 꽃들이 피어 있었다. 물냉이풀이나 박하풀이 우거진 수풀에 가려서 물이 흘러나오는 곳을 밟기도 했다. 봄철에는 시내에 흰색과 분홍색 꽃잎이 수없이 떠내려갔다. 산사나무 꽃잎이었다.

1917년 4월의 어느 일요일, 우리는 여느 때처럼 라바렌까지 기차를 탔다. 거기서부터 오르메송까지 걸어가는 것이다. 아버지는 라바렌에서 그랑지에 씨 가족들과 만나기로 했다고 말했다. 나는 어느 그림 전시회의 목록에서 마르트라는 그 집 딸의 이름을 본 적이 있어서 그 집 사람들을 알고 있었다. 언젠가 그랑지에 씨가 와서 부모님과 이야기하는 중이라는 말을 들은 적도 있다. 그랑지에 씨는 열여덟 살짜리 딸의 그림을 한 상자 가득 넣어 왔었다. 그때 마르트는 몸이 아팠는데, 그랑지에 씨는 딸을 놀래주려고 우리 어머니가 회장을 맡은 자선전시회에 딸의 수채화를 출품하려 했다. 혀를 내밀어 화필에 침을 바르거나 하는 미술 우등생이 그린 것처럼, 그 수채화들에는 많은 정성이 들어가 있었다.

라바렌 역 플랫폼에서 그랑지에 씨 부부가 우리를 기다리고 있었다. 그랑지에 부부는 나이가 비슷해 보였고, 쉰 살쯤 된 듯했다. 하지만 그랑지에 부인이 남편보다 더 늙어 보였다. 촌스럽고 키도 작아서 첫인상은 썩 좋지 않았다.

산책하는 동안 나는 그랑지에 부인이 자주 눈썹을 찌푸리는 것을 보았다. 그때마다 온 이마에 주름이 자글자글해져서 다 사라지려면 1분 정도 걸렸다. 나는 그녀가 싫은 까닭을 정당화하고 싶어서 그녀의 말투가 품위 없으면 했다. 그러나 그 점에 있어서는 실망스러웠다.

마르트의 아버지는 군인들에게 존경을 받던 퇴역 하사관으로, 정직하고 성실한 사람 같았다. 그런데 마르트는 대체 어디에 있는 것일까? 마르트 없이 그녀의 부모님들과 산책해야 한다고 생각하자 몸서리가 났다. 마르트는 다음 기차로 오기로 했다.

"15분 뒤면 도착하겠네요." 그랑지에 부인이 설명했다. "제시간에 준비를 못 했거든요. 남동생도 같이 올 거예요."

기차가 역에 들어왔을 때, 마르트는 열차 발판에 서 있었다.

"기차가 멈출 때까지 기다리렴!"

어머니가 소리쳤다. 나는 이 말괄량이가 좋아졌다.

수수한 옷과 모자를 보니, 모르는 사람이 자신을 어떻게 생각하든 상관하지 않는 성격 같았다. 그녀는 열한 살쯤 된 듯한 소년의 손을 잡고 있었다. 그녀의 동생이었다. 얼굴은 창백하고 머리카락은 색소결핍증으로 희끄무레했으며, 모든 몸짓이 아픈 사람 같았다.

마르트와 내가 제일 앞서 걸어갔다. 아버지는 그랑지에 부부 사이에 끼어 우리 뒤를 걸었다.

내 동생들은 달릴 수도 없는 허약한 아이 옆에서 하품을 해댔다.

내가 수채화를 칭찬하자 마르트는 겸손하게 습작일 뿐이라고 말했다. 그녀는 그 그림을 별로 중요하게 생각하지 않는 것 같았다. 그보다는 '양식화된' 꽃 그림을 보여주겠다고 했다. 내가 꽃 그림을 얼마나 우습게 여기는지 말하지 않는 게 좋으리라는 생각이 들었다. 이런 적은 난생처음이었다.

마르트는 모자를 쓰고 있어서 나를 잘 볼 수 없었지만, 나는 그녀를 꼼꼼하게 관찰했다.

"어머니를 별로 안 닮았네요." 내가 말했다.

그것은 달콤한 속삭임이었다.

"가끔 그런 말을 들어요. 하지만 집에 오면 젊을 적 어머니 사진을 보여줄게요. 많이 닮았어요."

나는 그 대답을 듣고 슬퍼졌다. 어머니와 같은 나이가 된 마르트를 보지 않게 해달라고 하늘에 기도했다.

다행히 마르트는 나와 같은 눈으로 어머니를 보지 않았다. 그래서 그 대답이 난감하게 느껴진 것은 나뿐이었는데도, 나는 아무것도 모른 채 거북한 느낌을 떨치고 싶어서 이렇게 말했다.

"그런 머리 모양은 별로군요. 생머리가 훨씬 잘 어울릴 거예요."

나는 스스로도 깜짝 놀랐다. 이제까지 여자에게 이런 말을 한 적이 없었던 것이다. 나는 내 머리가 어떤지 생각해봤다.

"어머니에게 물어보세요. (마치 변명하려는 듯한 말투였다!) 평소에는 이렇게 흉하지 않은데, 늦어서 그래요. 다음 기차를 놓칠까봐 걱정했거든요. 더구나 모자를 벗을 생각도 없었고요."

나는 생각했다. '독특한 여자군. 머리 이야기로 나 같은 어린애가 하는 말을 진지하게 받아주다니.'

나는 마르트의 문학 취향이 어떤지 알아내려고 했는데, 그녀가 보들레르와 베를렌을 안다는 것에 기분이 좋았다. 보들레르를 좋아하는 이유는 나와 달랐지만 그래도 매우 기뻤다. 나는 거기에서 그녀의 반항심을 읽었다. 마르트의 부모님은 마지못해 그녀의 취미를 인정했던 것이다. 그녀의 약혼자는 편지로 자신이 읽은 책 이야기를 하고, 읽을 책과 읽지 말아야 할 책을 마르트에게 정해줬다고 한다. 《악의 꽃》은 읽지 말라고 한 책이었다. 그녀가 약혼한 것을 알고 순간 불쾌했지만, 보들레르를 겁낼 만큼 어리석은 병사의 말 따위는 듣지 않는 사실을 알고 기뻤다. 이 남자가 분명 마르트를 이따금씩 화나게 하리라 생각하니 어쩐지 즐거웠다. 처음의 불쾌감이 사라지자 나는 그의 취향이 편협한 점이 오히려 다행스러웠다. 만약 그가 《악의 꽃》을 즐겨 읽는다면 그들의 미래 신혼집은 〈연인의 죽음〉*1과 비슷할지도 몰랐기 때문이다. 하지만 문득 그것이 나와 무슨 상관인가 싶었다.

마르트의 약혼자는 미술 아카데미에도 가지 못하게 했다. 나는 한 번도 그곳에 가본 적 없지만 안내해주겠다고 말하며 가끔 가는 척을 했다. 그러나 거짓말이 들통날까봐 아버지에게는 말하지 말라고 부탁했다. 그랑드 쇼미에르 아카데미에 가기 위해 체육 시간을 빼먹는 것을 아버지는 모른다는 말도 덧붙였다. 부모님이 나체 모델을 보지 못하게 해서 아카데미에 가는 것을 숨겼다는 식으로 생각할지도 모르기 때문이었다. 나는 우리 둘 사이에 비밀이 생긴 것이 못내 기뻤다. 늘 소심한 내가 마르트 앞에 서면 폭군이 되는 듯한 느낌이 들었다.

---

*1 《악의 꽃》에 나오는 시.

또한 마르트가 시골 풍경보다 내게 관심을 가져주는 게 나는 내심 자랑스러웠다. 우리는 그때까지도 주변 풍경에 대해 한 마디도 하지 않았던 것이다. 이따금 마르트의 부모님이 그녀를 불렀다.

"마르트, 오른쪽을 봐보렴. 쉔비에르 언덕이 아름답구나."

아니면 그녀의 동생이 옆에 와서 막 꺾은 꽃의 이름을 묻곤 했다. 하지만 마르트는 그들이 화내지 않을 만큼만 관심을 보였다.

우리는 오르메송 들판에 자리를 잡고 앉았다. 순진하게도 나는 지나치게 행동하고 일을 서두른 것이 후회스러웠다.

'덜 감상적이고, 더 자연스러운 이야기를 했더라면 이 마을의 옛이야기라도 해서 마르트를 감탄하게 만들고 그녀의 부모님에게 호의를 얻을 수 있었을 텐데.'

하지만 나는 그런 옛날이야기를 하지 않았다. 거기에는 그만한 이유가 있다고 생각했다. 여태까지 한 이야기와 우리 공통의 관심사에서 벗어나는 일에 대해 대화를 나누면 오히려 즐거운 기분을 망쳐버릴 것 같았다. 나는 중요한 일이 일어났다고 생각했다. 그것은 분명 중요한 일이었다. 다만 나는 그것을 나중에야 깨달았다. 사실 마르트도 이때 나와 같은 마음으로 화제를 돌렸는데, 그것을 눈치채지 못한 나는 감이 둔한 여자에게 사랑을 고백했다고 생각했다.

나는 그랑지에 부부를 잊고 있었다. 내가 마르트에게 한 말을 부부가 들었다 한들 거리낄 것은 전혀 없었지만, 부부가 옆에 있었어도 내가 과연 마르트에게 그런 이야기를 할 수 있었을까?

'마르트는 날 겁나게 하지 않아.' 나는 속으로 되뇌었다. '그러니 그녀의 부모님과 아버지만 없었다면 분명 그녀의 목에 키스를 했을 거야.'

내 마음 깊은 곳에서는 또 다른 소년이 이 방해꾼들의 존재를 다행스러워하고 있었다. 그 소년은 이렇게 생각했다.

'마르트와 단둘이 있지 않아 다행이야! 어차피 키스하지 못했을 텐데 둘만 있으면 둘러댈 변명거리도 없으니까.'

소심한 내 마음은 이런 식으로 자신을 속였다.

우리는 쉬시 역에서 다시 기차를 탔다. 기차가 출발할 때까지 30분이나 기다려야 했으므로 우리는 카페 테라스에 앉았다. 나는 그랑지에 부인의 칭찬을 가만히 참고 들어야 했다. 그런 칭찬은 나를 부끄럽게 만들었다. 마르트에게 내가 1년 뒤에 대학입학자격시험을 보고, 아직 고등학생이라는 사실을 떠올리게 한 것이다. 마르트는 석류 시럽을 마시겠다고 했다. 그래서 나도 같은 것을 주문했다. 그날 아침까지만 해도 시럽을 마시는 건 부끄러운 일이라고 생각했던 내가 말이다. 아버지도 어리둥절한 모양이었다. 늘 내가 아페리티프*²를 마시는 걸 허락했었기 때문이다. 나는 아버지가 내 얌전한 행동을 놀려대지 않을까 조마조마했다. 역시나 아버지는 나를 놀렸다. 하지만 드러내놓고 표현하지는 않았기에 마르트는 내가 자신을 따라서 시럽을 마신 걸 눈치채지 못했다.

F마을에 도착하자 우리는 그랑지에 가족들과 작별 인사를 했다. 나는 마르트에게 내가 모아놓은 〈르 모〉지와 《지옥의 계절》을 다음 주 목요일에 갖다주겠다고 약속했다.

"내 약혼자가 좋아할 만한 책 제목이네요!"

마르트가 그렇게 말하며 웃었다.

"얘, 마르트!" 그녀의 어머니는 눈썹을 찌푸리면서 말했다. 딸의 행동이 얌전하지 못할 때마다 언짢아했던 것이다.

아버지와 내 동생들은 지루해했다. 상관없다! 행복이란 이기적인 것이니.

---

*2 식사 전에 식욕을 돋우기 위해 마시는 술.

다음 날 학교에 갔을 때, 나는 일요일에 있었던 일을 르네에게 이야기하고 싶지 않았다. 평소에는 무엇이든 다 털어놓았지만, 몰래 마르트에게 입을 맞추지 못했다고 비웃기라도 하면 참을 수 없을 것 같았기 때문이다. 한 가지 이상한 것은 르네가 오늘은 다른 친구들과 달라 보이지 않았다는 점이다.

마르트에게 사랑을 느끼면서 나는 르네나 부모님, 동생들을 멀리했다.

나는 약속한 날이 되기 전에는 마르트를 만나러 가지 않겠다고 결심했다. 그러나 화요일 저녁이 되자 더 이상 기다릴 수 없었다. 저녁을 먹은 뒤에 책과 신문을 가지고 간다는 좋은 핑계를 찾아냈다. 내가 기다리지 못하고 찾아온 것을 보면 마르트도 내 사랑을 알아차릴 것이다. 만일 그렇지 않다면 알게끔 해줘야겠다는 생각이 들었다.

나는 마르트의 집까지 15분 동안 미친 듯이 달렸다. 그리고 식사 중인 그녀를 방해할까봐 땀에 흠뻑 젖은 채 10분 동안 대문 앞에서 기다렸다. 그 사이 두근거리는 심장도 진정되리라 생각했다. 그러나 반대로 고동이 점점 더 빨라졌다. 나는 돌아가려 했지만 조금 전부터 한 여자가 옆집 창문에서 내가 뭘 하는지 몰래 지켜보고 있었기에 결심을 했다. 나는 초인종을 누르고 집 안으로 들어갔다. 하녀에게 부인이 계신지 물었다. 작은 방으로 들어가려는 순간, 갑자기 그랑지에 부인이 나타났다.

나는 깜짝 놀랐다. 예의상 '부인'이 계시냐고 물었더라도 '아가씨'를 만나고 싶어 왔다는 것쯤은 하녀가 알아서 헤아려줘야 하지 않느냐고 생각한 듯이 말이다. 나는 얼굴을 붉히며 마치 새벽 1시라도 된 것처럼 이런 시간에 찾아와 죄송하다고 사과했다. 그러고는 목요일에 올 수 없어서 그랑지에 양에게 줄 책과 신문을 가져왔다고 덧붙였다.

그랑지에 부인이 말했다. "안됐지만 마르트는 만날 수가 없구나. 약혼자가 생각보다 2주나 빨리 휴가를 얻어서 어제 돌아왔거든. 마르트는 시부모님과 저녁 식사를 하러 갔단다."

그래서 나는 그랑지에 집을 나왔다. 다시 만날 기회가 없으므로 마르트는 이제 생각하지 말자고 다짐했다. 하지만 그럴수록 더욱 그녀 생각만 났다.

그런데 그로부터 한 달이 지나고 어느 날 아침, 바스티유 역에서 기차를 내리다가 다른 칸에서 마르트가 내리는 것을 보았다. 결혼 준비로 여러 물건을 사러 가는 참이었다. 나는 앙리 4세 학교까지 함께 가자고 했다.

그녀가 말했다. "그러고 보니 내년에 2학년이 되면 내 시아버지께서 지리를 가르치실 거예요."

마르트가 내 나이 또래에게는 학교 이야기만 하는 것이 바람직하다는 듯 말해 기분이 상했다. 나는 "그것 참 재미있군요" 하고 쌀쌀맞게 대답했다.

마르트는 눈썹을 찌푸렸다. 나는 그녀의 어머니를 떠올렸다.

우리는 앙리 4세 학교에 거의 다다랐지만, 내 말 때문에 그녀가 상처받은 채로 헤어지고 싶지 않았다. 그래서 학교에는 한 시간 뒤 미술 시간이 끝나면 가기로 했다. 이때 기쁘게도 마르트는 똑똑한 척하며 나를 비난하지 않고 오히려 내가 자기를 위해 희생한 것을 고마워하는 듯했다. 그런 희생쯤은 별 것 아니었는데도 말이다. 마르트가 학교까지 와준 대신에 같이 쇼핑을 가달라고 하지 않고, 내가 시간을 내준 것처럼 그녀도 시간을 내준 것이 나는 고맙게 느껴졌다.

우리는 뤽상부르 공원으로 갔다. 상원의사당 건물의 시계가 9시를 알렸다. 나는 학교에 가는 것을 포기했다. 운 좋게 내 주머니에는 보통 아이들이 2년이 걸려도 모으지 못할 큰돈이 들어 있었다. 그 전날 샹젤리제의 인형극 극장 뒤에 있는 우표 시장에서 희귀 우표를 팔아 생긴 돈이었다.

이야기를 하다가 마르트는 시부모님과 점심 약속이 있다고 말했다. 나는 마르트가 나와 함께 있도록 만들겠다고 결심했다. 9시 30분을 알리는 종이 울렸다. 마르트는 깜짝 놀랐다. 내가 자기 때문에 수업에 들어가지 않은 걸 아직 걱정하고 있었던 것이다. 하지만 내가 철제 의자에 가만히 앉아 있자 마르트는 내게 앙리 4세 학교의 의자에 앉아야 한다고 말할 용기를 내지 못했다.

우리는 움직이지도 않고 가만히 있었다. 행복이란 바로 이런 것이리라. 그 때 개 한 마리가 분수대에서 튀어나오더니 몸을 털었다. 낮잠을 자다가 아직 덜 깬 얼굴로 꿈을 떨쳐내려고 하는 사람처럼 마르트는 벌떡 일어섰다. 그녀는 팔을 체조하듯이 움직였다. 우리 사이에 그다지 좋은 징조는 아니라고 생각했다.

"의자가 너무 딱딱하네요." 마르트는 서 있는 것을 변명이라도 하듯 말했다.

의자에 앉았던 탓에 그녀의 얇은 비단 옷이 꾸깃꾸깃했다. 나는 의자 자국이 찍혔을 그녀의 맨살을 상상하지 않을 수 없었다.

"자, 학교에 가지 않을 생각이면 같이 쇼핑하러 가요." 마르트는 내가 그녀를 위해 수업에 빠진 것을 처음으로 입에 담았다.

나는 마르트를 따라 속옷 가게 몇 곳을 둘러보았는데, 그녀가 마음에 들어해도 내 마음에 들지 않는 것은 사지 말라고 했다. 예를 들어 그녀는 분홍색을 좋아했지만, 나는 끔찍이 싫어했다.

내 마음대로 옷을 사게 하는 데 성공한 다음, 이번에는 그녀가 시부모님과 점심 식사를 하지 못하도록 해야 했다. 그러나 나와 같이 있으려고 시부모님에게 거짓말하지는 않을 터이므로 어떻게 하면 그녀가 나와 같이 있으려고 할지 곰곰이 생각했다. 그녀는 미국식 바에 가보고 싶어했다. 하지만 약혼자에게 데려가달라고 하기는 어려웠다. 더구나 약혼자는 바에 대해서 알지도 못했다. 나는 좋은 핑계를 찾았다. 그녀는 거절했지만, 아주 아쉬워하는 표정이었으므로 결국은 따라올 것 같았다. 30분쯤 그녀를 설득하느라 지친 나는 아무 말도 하지 않고 그녀를 시부모님 집에 데려다주었다. 마치 형장으로 끌려가는 도중에도 마지막까지 구원의 손길을 기대하는 사형수와 같은 심정이었다. 목적지에 거의 다다랐지만, 아무 일도 일어나지 않았다. 그런데 갑자기 마르트가 창문을 두드리며 택시 운전사에게 우체국 앞에서 세워달라고 했다.

마르트가 내게 말했다.

"잠깐 기다려요. 시부모님께 전화해서, 너무 먼 곳까지 나온 바람에 제시간에 도착하지 못할 것 같다고 할게요."

몇 분이 지나자 나는 가만히 있을 수 없어 꽃장수를 불러 빨간 장미를 한 송이씩 골라 꽃다발을 만들어달라고 했다. 마르트를 기쁘게 해주려는 게 아니라, 마르트가 오늘 밤 집에 돌아가서 꽃다발을 누구에게 받았는지 부모님에게 설명하기 위해 또 거짓말을 하게 만들려는 셈이었다. 처음 만난 날 미술 아카데미에 가자고 했던 나의 계획, 지금 마르트가 시부모님에게 전화로 한 거짓말, 게다가 오늘 밤 장미를 준 사람에 대해 할 거짓말이 나에게는 키스보다도 달콤한 사랑의 표시였다. 나는 여자아이들 입술에 몇 번이나 키스를 해봤지만 기분이 좋지는 않았다. 그것은 내가 그 여자아이들을 사랑하지 않았기 때문인데, 나는 그 사실을 잊은 채 마르트의 입술에 키스하고 싶다는 생각을 하지 않았다. 그러나 이렇게 누군가의 공범자가 되는 것은 이번이 처음이었다.

마르트는 처음으로 거짓말을 하고 밝은 표정으로 우체국에서 나왔다. 나는 운전사에게 도누 거리에 있는 바의 주소를 가르쳐주었다.

하얀 베스트를 입은 바텐더가 은색 셰이커를 우아하게 흔드는 동작, 기묘하면서도 시적인 칵테일 이름들 앞에 마르트는 기숙사 여학생처럼 황홀해했다. 이따금씩 빨간 장미의 향기를 맡곤 했는데, 장미를 수채화로 그려 오늘 일에 대한 보답으로 나에게 주겠다고 약속했다. 나는 약혼자의 사진을 보여달라고 했다. 잘생긴 남자였다. 마르트가 내 의견을 얼마나 중요하게 생각하는지 눈치채고 있었던지라, 나는 그녀의 약혼자가 아주 잘생겼다고 위선적으로 말했다. 하지만 예의상 하는 말이라는 것을 느끼게끔 하는 말투를 썼다. 그렇게 하면 마르트는 혼란스러워하면서도 내 배려에 고마워할 것이다.

오후가 되자 마르트가 일부러 파리까지 나온 이유를 생각해야 했다. 그녀의 약혼자는 자신의 취향을 잘 아는 그녀에게 가구 고르는 일을 모두 맡겼다. 그런데 그녀의 어머니도 따라가고 싶어서 마르트는 이상한 가구를 고르지 않겠다고 약속하고 겨우 혼자 온 것이었다. 그날은 침실 가구 몇 개를 골라야 했다. 나는 마르트가 무슨 말을 해도 겉으로 너무 기뻐하거나 불쾌해하지 않겠다고 마음먹었지만, 심장 박동과 맞지 않는 느린 속도로 대로를 걷는 것은 노력이 필요한 일이었다.

이렇듯 마르트와 함께 다니는 것이 내게 그리 좋은 일만은 아니었다. 그녀와 다른 남자를 위해 침실 가구를 골라야 한다니! 그래서 나는 마르트와 나의 방에 쓸 가구를 고른다고 생각하기로 했다.

15분쯤 걷고 나자 나는 그녀의 약혼자를 금세 잊어버렸다. 그 방에서 다른 남자가 그녀와 함께 잘 거라고 누군가가 나에게 알려주었다면 깜짝 놀랐을 것이다.

그녀의 약혼자 취향은 루이 15세 스타일이었다.

마르트의 취향은 그것과 또 다른 의미로 이상했는데, 일본 취향에 가까웠다. 그래서 나는 이 두 가지와 싸워야 했다. 기선을 잡는 쪽이 승자였다. 마르트의 사소한 말 한 마디에서 그녀의 취향을 알아차린 뒤 그것과 반대되는 가구를 권하는 것이다. 그러다가 내 마음에 들지 않는데도 조금 그녀의 취향에 맞는 가구를 골라주면, 내가 그녀에게 양보하는 것처럼 보일 터였다.

"침실을 분홍색으로 꾸미려고 한 건 그이인데." 마르트가 중얼거렸다. 자신의 취향을 털어놓을 수 없어 약혼자를 평계로 댄 것이다. 나는 며칠이 지나면 우리가 이 일을 서로 웃으며 이야기할 수 있으리라 생각했다.

하지만 그녀가 왜 이렇게 무른지 이해할 수 없었다. '마르트가 날 사랑하지 않는다면 왜 나에게 양보를 하고 자신과 약혼자의 취향을 포기하면서까지 내 취향에 따르는 것일까?' 나는 도무지 알 수가 없었다. 아무리 겸손하게 생각해도 마르트가 나를 사랑하기 때문인 게 분명했건만, 나는 그 반대라고 믿었다.

"벽지만큼은 그이가 바라는 대로 분홍색으로 하죠." 그녀가 말했다.

'그이가 바라는 대로'라니! 이 말을 듣자 맥이 빠졌다. '벽지를 그가 바라는 대로 분홍색으로 한다'는 말은 모든 것을 포기한다는 뜻이나 마찬가지였다. 나는 그 분홍색 벽지가 '우리가 고른' 수수한 가구들을 얼마나 쓸모없게 하는지 마르트에게 설명했다. 그리고 그녀가 화낼까봐 방 벽에는 석회를 칠하는 게 좋겠다고 덧붙였다!

이 말이 결정타였다. 마르트는 하루 내내 시달리느라 지쳐 아무 저항 없이 내 의견을 받아들였다.

"그래요. 당신 말이 맞아요."

고단한 하루가 끝나갈 즈음, 나는 내가 거둔 승리를 자축했다. 가구를 하나 고를 때마다 마르트의 연애결혼, 아니 잠깐의 사랑 놀음을 이성적인 결혼으로 바꿔버린 것이다. 하지만 두 사람이 서로에게서 연애결혼의 좋은 점만 보고 있는데 이성이 자리할 곳이 어디 있단 말인가!

그날 저녁에 헤어질 때, 그녀는 앞으로 내 조언을 듣지 않으려고 하기는커녕 다른 가구를 고를 때도 도와달라고 부탁했다. 나는 그러겠다고 약속했다. 대신 약혼자에게는 말하지 않는 것을 조건으로 했다. 그가 마르트를 사랑한다면, 그녀가 정성껏 고른 것이라고 믿어야 그 가구들을 받아들이고 자신이 고른 것처럼 아낄 터이기 때문이었다.

집에 돌아가 아버지의 눈빛을 보니 내가 학교를 빠진 것을 아는 듯했다. 물론 아버지는 아무것도 몰랐다. 어떻게 알 수 있겠는가?

"어머! 자크도 분명 이 방에 익숙해질 거예요." 마르트는 그렇게 말했다. 침대에 누우면서 나는 몇 번이나 생각했다. 만약 그녀가 자기 전에 결혼을 생각한다면 오늘 밤은 이제까지와 전혀 다르게 생각할 것이 틀림없다고. 나는 이 사랑의 결말이 어떻게 되든지 자크로부터 미리 복수를 당한 것 같았다. '나의' 수수한 방에서 그들이 보낼 첫날밤을 생각했던 것이다!

이튿날 아침, 나는 결석통지서를 가지고 오는 우체부를 길에서 기다렸다. 통지서를 받아 주머니에 넣고 다른 편지들은 우체통에 넣었다. 언제든 써먹을 수 있는 아주 간단한 방법이다.

나는 학교에 가지 않은 것이 내가 마르트를 사랑한다는 뜻이라 생각했다. 하지만 착각이었다. 마르트는 학교를 빼먹는 핑계에 지나지 않았다. 그 증거로, 마르트와 함께 자유의 매력을 맛보았지만 이번에는 혼자서 누리고 싶었고 나중에는 친구와도 함께했다. 얼마 안 있어 나는 이 자유라는 마약에 중독되어버렸다.

학년이 거의 끝나가고 있었다. 나는 퇴학이라는 비극으로 이 시기를 매듭짓고 싶었는데, 나의 게으름이 어떤 벌도 받지 않고 끝나는 듯해 매우 두려웠다.

같은 생각만 하고 한 가지만 보며 간절히 바라면, 사람은 그 욕망이 잘못된 것인지 깨닫지 못한다. 나는 아버지를 고통스럽게 할 마음이 없었다. 하지만 내가 바라는 것은 아버지를 가장 괴롭히는 일이었다. 수업은 나에게 늘 고통이었다. 마르트와 자유 때문에 더 이상 참을 수가 없었다. 르네가 이전만큼 좋지 않은 것도 단순히 그의 얼굴을 보면 학교 생각이 나기 때문임을 잘 알고 있었다. 나는 괴로웠다. 내년에도 그런 바보 같은 친구들과 어울려야 한다고 생각하니 그 두려움은 육체적으로도 나를 아프게 했다.

참 안된 일이지만 르네는 내 악행에 지나치게 영향을 받았다. 나만큼 약삭빠르지 못한 그가 앙리 4세 학교에서 퇴학을 당했다고 들었을 때에는 나도 곧 그렇게 되리라고 생각했다. 아버지에게 사실대로 알려야 했다. 학생주임의 편지를 가로채서 감추기에는 문제가 너무 심각하여 내가 알리는 편이 나을 것 같았기 때문이다.

어느 수요일이었다. 그다음 날은 휴일이었으므로 나는 아버지가 파리로 나갈 때까지 기다렸다가 어머니에게 털어놓았다. 어머니는 그 사실보다도 이 때문에 나흘 동안 집안이 시끄러워질 것을 걱정했다. 나는 마른 강변으로 갔다. 마르트가 나를 만나러 그곳에 올지도 모른다고 말했기 때문이다. 그녀는 없었다. 없어서 다행이었다. 만약 만났다면 나의 사랑은 더욱 강해져 아버지에게 대들었을 테니까 말이다. 공허하고 우울한 하루 뒤에 불어닥칠 폭풍우를 생각하면서 나는 고개를 떨어뜨린 채 집 안으로 들어갔다. 아버지가 늘 돌아오는 시간보다 조금 늦게 들어갔기에 아버지는 이미 '알고' 있었다. 나는 아버지가 부르기를 기다리며 정원을 거닐었다. 여동생들은 조용히 놀고 있었다. 뭔가를 눈치챈 것이다. 험악한 분위기에 꽤 흥분한 남동생 하나가 내게 와서 아버지의 침실에 가보라고 했다.

아버지가 무작정 호통을 치고 으름장을 놓았다면 나도 반항을 했으리라. 하지만 상황은 더욱 심각했다. 아버지는 아무 말도 하지 않았다. 조금도 화를 내지 않고 평소보다 더 부드럽게 말했다.

"그래, 이제 어떻게 할 생각이냐?"

눈으로 흘러내리지 못한 눈물이 마치 벌떼처럼 머릿속에서 윙윙거렸다. 아버지가 완고하게 나왔다면 무력하나마 나도 의지를 갖고 맞섰을 것이다. 하지만 이렇게 부드러운 태도에는 복종할 수밖에 없었다.

"아버지가 하라는 대로 할게요."

"아니, 또 거짓말하지 마라. 나는 늘 네가 하고 싶은 대로 하게 놔두었다. 앞으로도 마찬가지다. 아마 너는 또 나를 후회하게 만들겠지만."

아직 어릴 때는 여자처럼 눈물이 모든 것을 용서해준다고 믿기 쉽다. 그러나 아버지는 나에게 눈물조차 요구하지 않았다. 나는 아버지의 너그러운 태도에 내 현재와 미래가 부끄러워졌다. 무슨 말을 하더라도 결국 거짓말이 될 것 같은 느낌이 들었기 때문이었다.

'앞으로 새로운 고통이 생길 때까지 적어도 이 거짓말이 아버지에게 힘이 되었으면.' 나는 생각했다. 아니, 그렇지 않다. 나는 아직 자신을 속이려고 했다. 내가 바라는 것은 공부를 하는 것이었다. 산책보다 피곤하지 않으면서, 산책처럼 잠시 마르트를 떠올릴 자유도 있는 공부를 말이다. 나는 그림을 그리고 싶었지만 이제껏 말을 꺼내지 못한 척했다. 이번에도 아버지는 안된다고 말리지 않았다. 단, 학교 공부를 집에서 계속한다면 마음대로 그림을 배워도 좋다고 했다.

사이가 아직 돈독하지 않을 때에는 만날 약속을 한 번만 어겨도 상대와 멀어지고 만다. 나는 마르트 생각을 지나치게 한 나머지 점점 떠올리지 않게 되었다. 마음은 방 벽지를 바라보는 눈과 같다. 너무 뚫어지게 바라보면 오히려 아무것도 눈에 들어오지 않기 마련이다.

믿을 수 없는 일이다! 심지어 나는 공부를 좋아하게 되었다. 내가 걱정했듯 내 말이 거짓말이 되지는 않은 것이다.

사소한 계기로 마르트를 조금 진지하게 떠올린 적은 있지만 더 이상 사랑이 아닌, 내가 잃어버린 것에 대한 우울감만 느낄 뿐이었다. 나는 생각했다. '흥! 일이 너무 잘 풀린다 했어. 침대를 골랐다고 거기서 잘 수 있는 건 아니지.'

이상한 점이 하나 있었다. 학생주임의 편지가 오지 않은 것이다. 그 때문에 아버지는 처음으로 나를 혼냈다. 내가 편지를 중간에서 훔친 뒤 스스로 털어놓아 용서를 구하려 했다고 생각한 것이다. 사실 그런 편지는 없었다. 나는 퇴학을 당하리라 생각했지만 모두 내 착각이었다. 그래서 여름방학이 시작될 때 교장 선생님에게서 편지가 오자 아버지는 영문을 몰라 했다.

　교장 선생님은 내가 아픈 것인지, 다음 학년에도 학교를 다닐 것인지 물었던 것이다.

아버지에게 만족감을 드릴 수 있다는 기쁨이 내 공허함을 채워주었다. 나는 이제 마르트를 사랑하지 않는다고 생각했으나 내게 어울리는 연인은 그녀뿐이라고 여겼다. 즉 나는 아직 그녀를 사랑했던 것이다.

11월 끝무렵, 마르트로부터 결혼 청첩장을 받은 지 한 달이 지나서도 나는 그런 마음으로 지내고 있었다. 그런데 외출을 하고 돌아오자 마르트에게서 초대장이 와 있었다. 초대장은 이런 문구로 시작되었다.

'왜 아무 소식이 없는지 모르겠네요. 어째서 만나러 오지 않나요? 가구를 골라준 일을 잊은 건가요? ······'

마르트는 J마을에 살고 있었다. 그녀의 집이 있는 거리는 마른 강까지 이어져 있다. 길 양쪽에 있는 집을 다 합쳐도 고작 열두 채밖에 되지 않았다. 마르트의 집이 너무 커서 나는 깜짝 놀랐다. 실은 집주인의 가족과 어느 노부부가 아래층을 쓰고, 마르트는 2층만 쓰고 있었다.

내가 차를 마시러 찾아갔을 때에는 이미 날이 어두워져 있었다. 창문 하나만이 사람 그림자 하나 없이 불빛을 밝히고 있었다. 파도처럼 일렁이는 불꽃이 유리창에 어른거리는 것을 보자 불이 난 게 아닌가 싶었다. 정원의 철문은 반쯤 열려 있었다. 나는 이런 태평함에 깜짝 놀랐다. 초인종을 찾았지만 보이지 않았다. 돌계단을 세 계단쯤 올라가서, 사람 목소리가 들리는 1층 오른쪽 창문을 두드렸다. 한 노파가 문을 열었다. 나는 라콩브 부인(이것이 마르트의 새로운 성이었다)이 어디에 사는지 물었다.

"2층이라오."

나는 비틀거리고 여기저기 부딪히면서 어두운 계단을 올라갔다. 어쩐지 불행으로 다가가는 듯 죽을 만큼 두려웠다. 문을 두드렸다. 문을 열어준 것은 마르트였다. 난파선에서 구조된 사람이 낯선 이를 와락 껴안는 것처럼 나는 마르트의 목을 끌어안을 뻔했다. 그녀는 영문을 몰랐다. 아마 나를 이상하게 생각했으리라. 내가 그녀를 보자마자 왜 불을 피우느냐고 물었으니까.

"당신을 기다리면서 응접실 벽난로에 올리브 장작을 넣고 태워 그 불빛으로 책을 읽었어요."

가구가 거의 없고, 털가죽처럼 보드랍고 두툼한 양탄자와 커튼 때문에 응접실인 작은 방은 상자처럼 아담해 보였다. 그 방에 발을 들여놓는 순간, 자신이 쓴 연극을 보고 뒤늦게 여러 결점을 발견한 극작가같이 나는 행복하기도 하고 불행하기도 했다.

마르트는 다시 벽난로 앞에 앉아 숯이 까만 재와 섞이지 않도록 조심하며 부지깽이로 잉걸불을 뒤적거렸다.

"올리브 냄새를 싫어하나요? 시부모님이 남프랑스에 땅을 갖고 계신데, 거기에 비축해둔 나무를 보내주신 거예요."

마르트는 마치 내 작품인 이 방에 자신이 생각해낸 물건을 둔 것을 사과하는 듯 말했다. 잘은 모르지만 그 물건이 방 분위기를 깨버렸는지도 모른다고 생각하는 것 같았다.

하지만 사실은 그 반대였다. 불꽃은 나를 황홀하게 만들었다. 나와 마찬가지로 몸이 따뜻해지기를 기다렸다가 다른 쪽으로 돌아앉는 그녀를 보는 것도 좋았다. 마르트의 차분하고 진지한 표정은 이 야성적인 불빛 속에서 그 어느 때보다도 아름다워 보였다. 불빛은 방 안 가득 퍼지지 않고 모든 힘을 한곳으로 모았다. 난로에서 멀어지면 어둡다 보니 가구에 몸이 부딪힐 정도였다.

마르트는 장난이란 것을 전혀 몰랐다. 우스꽝스러운 이야기를 할 때에도 늘 진지했다.

그녀 옆에서 내 마음은 점점 마비되어갔다. 그녀가 이제까지와는 다른 사람처럼 보였다. 이제 그녀를 사랑하지 않는다고 확신하던 때에 그녀를 사랑하기 시작한 것이다. 타산이나 술책이나 연애에 반드시 따르는 것이라고 믿었던 모든 것이 내게는 더 이상 불가능해 보였다. 갑자기 내가 전보다 훌륭한 사람이 된 듯한 기분이었다. 다른 사람이라면 이 갑작스러운 변화로 새로운 사실을 알아차렸으리라. 하지만 나는 내가 마르트를 사랑하고 있음을 알지 못했다. 오히려 이 변화는 나의 애정이 사라지고 그 대신 아름다운 우정이 싹튼 증거라고 생각했다. 앞으로도 계속될 우정에 대해 생각하니, 이에 비하면 다른 감정은 더없이 큰 죄라는 사실을 문득 깨닫게 되었다. 그녀를 사랑하고 그녀와 맺어졌지만 만날 수 없는 그녀의 남편에게 상처를 줄 터이다.

하지만 또 다른 사실에 비추어보면 내 진정한 감정이 어떤지 알 수 있었다. 몇 달 전에 마르트를 만났을 때 나는 그녀를 사랑한다고 하면서도 그녀를 비판했고, 그녀가 아름답다고 하는 것들을 추하다고 여겼으며, 그녀가 말하는 대부분을 유치하다고 보았다. 그런데 지금은 그녀와 의견이 다르면 내가 틀렸다고 생각하게 되었다. 처음의 욕망이 너무나 거칠었던 탓에 나중에 찾아온 더 깊고 부드러운 감정을 나는 이해하지 못했다. 하려고 마음먹었던 일을 이제는 하나도 할 수 없을 것 같았다. 나는 마르트를 존경하기 시작했다. 사랑하게 되었기 때문이다.

나는 매일 저녁 마르트를 찾아갔다. 그녀의 침실을 보여달라고 부탁할 엄두가 나질 않았다. 우리가 고른 가구를 자크가 어떻게 생각하는지는 더더구나 묻지 못했다. 난로 옆에 앉아 있다가 서로의 몸이 살짝 닿곤 하는 이른바 영원한 약혼 기간이 계속되기를 바랄 뿐이었다. 나는 살짝 움직이기만 해도 행복이 달아나버릴까 두려워 꼼짝하지 않았다.

마르트도 나와 마찬가지였지만 자신만 그렇게 느끼고 있다고 생각했다. 내가 행복에 겨워 가만히 있는 것을 그녀는 무관심이라고 오해했다. 내가 자신을 사랑하지 않는다고 생각했다. 그래서 자기를 좋아하게 만들지 않으면 내가 이 조용한 응접실에 질릴 거라고 믿었다.

우리는 침묵을 지켰다. 나는 그것을 행복의 증표라고 여겼다.

나는 내가 마르트와 더할 나위 없이 가까이 있다고 느꼈으므로 우리가 같은 것을 생각하고 있다고 굳게 믿었다. 그녀에게 말을 거는 것은 혼자 있을 때 소리 내어 말하는 것처럼 우스운 일이라 생각했다. 하지만 이 침묵은 서투른 그녀에게 버거운 것이었다. 좀더 세련된 방법이 없어 아쉽지만, 말이나 몸짓이라는 조잡한 방법을 써서라도 서로의 마음을 주고받는 것이 현명했으리라.

날마다 내가 이런 달콤한 침묵에 빠지는 것을 보고 마르트는 내가 점점 싫증을 내는 것이라 생각했다. 그래서 나를 즐겁게 해주기 위해서라면 무엇이든 하려고 했다.

그녀는 머리를 풀은 채 불 옆에서 잠드는 것을 좋아했다. 아니, 잠들었다고 나 혼자 생각했을 뿐이다. 그녀가 잠든 것은 내 목을 끌어안고 눈을 뜬 뒤 촉촉해진 눈으로 슬픈 꿈을 꾸었다고 말하기 위한 핑계였다. 어떤 꿈을 꾸었는지는 결코 말하지 않았다. 나는 마르트가 잠든 척하는 틈을 타 그녀의 머리카락과 목, 발그스름한 볼 냄새를 맡아보고, 그녀가 깨지 않게끔 살며시 건드려보기도 했다. 사람들은 모든 애무를 사랑의 잔돈쯤으로 여기지만, 애무는 열정만이 쓸 수 있는 사랑의 가장 귀중한 화폐이다. 나는 내 우정에도 애무가 허락된다고 믿었다. 그러나 여자에 대한 갖가지 권리를 내게 줄 수 있는 것은 오직 사랑뿐이라는 것을 깨닫고 절망했다. 나는 사랑이 없어도 얼마든지 잘 지낼 수 있으리라 생각했다. 하지만 사랑 없이는 마르트에 대해 아무 권리도 가지지 못한다는 사실에 견딜 수 없었다. 그래서 서글픈 일이지만 권리를 얻기 위해 사랑을 하기로 결심했다. 단지 마르트를 갖고 싶었던 것인데, 나는 그것을 알지 못했다.

마르트가 내 팔에 머리를 기댄 채 졸고 있으면, 나는 불빛에 감싸인 그녀의 얼굴을 보려고 몸을 숙이곤 했다. 그것은 불장난과 같았다. 어느 날은 너무 숙였다. 그러나 내 얼굴이 그녀의 얼굴에 닿지는 않았다. 그때 나는 출입금지 구역을 1밀리미터 넘어갔다가 자석에 이끌려버린 바늘 같았다. 그것은 자석의 잘못일까, 바늘의 잘못일까? 이렇게 나는 내 입술이 마르트의 입술에 닿는 것을 느꼈다. 그녀는 아직 눈을 감고 있었으나 분명 잠든 것은 아니었다. 나는 그녀에게 입을 맞춘 내 대담함에 깜짝 놀랐다. 하지만 내가 마르트의 얼굴에 다가갔을 때, 내 얼굴을 자신의 입술로 끌어당긴 사람은 그녀였다. 그녀의 두 팔이 내 목을 끌어안았다. 배가 난파한 경우라도 이렇게 거칠게 끌어안을 수는 없을 것 같았다. 내가 그녀를 도와주기를 바라는지, 아니면 함께 물에 빠져 죽기를 바라는지 나는 알 길이 없었다.

마르트는 똑바로 앉았다. 무릎 위에 내 머리를 얹고 내 머리카락을 쓰다듬으면서 부드러운 목소리로 되풀이해 말했다.

"이제 돌아가. 두 번 다시 오지 마."

나는 그녀처럼 말을 놓을 수가 없었다. 더 이상 말없이 있을 수는 없어 그녀를 직접 부르지 않도록 문장을 만들면서 한참 동안이나 말을 골랐다. 스스럼없이 반말을 할 수는 없었지만, 더 이상 존댓말을 할 수도 없을 것 같았기 때문이다. 눈물이 왈칵 솟구쳤다. 내 눈물이 마르트의 손에 떨어졌다면 그녀는 깜짝 놀라 소리를 질렀을 것이다. 나는 마르트가 나를 끌어당겨 키스를 했다는 것도 잊은 채, 내가 그녀의 입술을 훔쳤다고 생각하며 좋은 분위기를 깬 자신을 책망했다.

"이제 돌아가. 두 번 다시 오지 마."

분노의 눈물과 고통의 눈물이 뒤섞였다. 덫에 걸린 늑대는 덫이 조여드는 아픔만큼이나 자신의 분노로 괴로워한다. 만약 내가 입을 열었다면 마르트를 모욕했으리라. 나의 침묵은 그녀를 불안하게 만들었다. 그녀는 내가 체념했다고 생각했다.

'이미 늦었어. 이 사람이 괴로워하는 만큼이나 나도 그를 사랑해.'

나는 마르트가 이런 생각을 하지 않을까 하고 얼토당토않은 상상을 했는데, 이 상상은 그녀의 마음을 정확히 꿰뚫어본 것이었는지도 모른다. 벽난로에서 불이 활활 타고 있건만 나는 몸이 덜덜 떨리고 이가 부딪쳤다. 미숙함에서 벗어나는 진정한 고통에 더없이 유치한 감정이 뒤섞였다. 나는 결말이 마음에 들지 않아 극장을 나가지 않는 관객 같았다. 나는 마르트에게 말했다.

"난 가지 않아. 당신은 나를 바보 취급하는군. 나도 더 이상 당신을 보고 싶지 않아."

사실, 부모님이 있는 집에 가고 싶지 않았지만 마르트를 두 번 다시 보고 싶지 않았다. 오히려 그녀를 이 집에서 쫓아내고 싶었다!

그런데 마르트가 흐느껴 울었다.

"넌 어린애야. 내가 왜 가라고 하는 줄도 모르고. 다 너를 사랑하기 때문이잖아."

나는 증오에 차, 그녀에게는 아내로서 의무가 있고 남편이 전쟁터에 나간 것도 잘 알고 있다고 말했다.

그녀는 머리를 가로저었다.

"널 알기 전에는 행복했어. 약혼자를 사랑한다고 믿었으니까. 나를 잘 이해해주지 않아도 괜찮았어. 그런데 너 때문에 내가 그 사람을 사랑하지 않는다는 것을 깨달았어. 내 의무는 네가 생각하는 것과 달라. 내 의무는 남편을 속이지 않는 게 아니라 너를 속이지 않는 거야. 돌아가. 날 나쁜 여자라 생각하지 마. 나 같은 건 바로 잊어버리겠지. 난 네 인생을 불행하게 만들고 싶지 않아. 내가 우는 건, 내가 너보다 훨씬 늙었기 때문이야!"

이 사랑의 말은 유치한 만큼 숭고하게 느껴졌다. 앞으로 내가 어떤 열정을 느끼게 되더라도 열아홉 살 소녀가 자신이 늙었다고 우는 모습을 보며 받았던 감동은 두 번 다시 겪을 수 없으리라.

첫 키스의 맛은 처음 맛보는 과일처럼 나를 실망시켰다. 우리에게 가장 큰 즐거움을 주는 것은 새로움이 아니라 익숙함이다. 몇 분 뒤 나는 마르트의 입술에 익숙해졌을 뿐만 아니라 키스를 멈출 수가 없었다. 그러자 그녀가 다시는 키스를 하지 말라고 말했다.

그날 밤, 마르트는 나를 집까지 바래다주었다. 나는 그녀를 더욱 가까이 느끼고 싶어서 그녀의 망토 안으로 손을 넣어 허리를 꼭 끌어안았다. 그녀는 다시 만나지 말자는 말을 이제 하지 않았다. 오히려 곧 헤어져야 한다는 생각에 슬퍼했다. 마르트는 자꾸만 말도 안 되는 것들을 맹세하게 만들었다.

집 앞에 다다르자 나는 마르트를 혼자 돌려보낼 수 없어 그녀의 집까지 바래다주었다. 이런 유치한 놀이가 끝없이 계속될 것 같았다. 이번에는 그녀가 나를 또 바래다주려 했기 때문이다. 나는 중간 지점에서 헤어지는 것을 조건으로 그렇게 하라고 했다.

저녁 식사에 30분이나 늦게 집에 도착했다. 이런 적은 처음이었다. 나는 기차 때문에 늦었다고 핑계를 댔다. 아버지는 믿는 눈치였다.

이제는 나를 무겁게 짓누르던 것이 사라졌다. 길을 걸어도 꿈속에 있는 것처럼 발걸음이 가벼웠다.

지금까지는 어리다는 이유로 바라는 것을 모두 포기해야 했다. 장난감을 받아도 감사 인사를 해야 해서 기분이 나빴다. 장난감이 저절로 굴러들어오면 아이는 얼마나 기쁠까! 나는 열정에 취해 있었다. 마르트는 내 것이었다. 게다가 그 말은 내가 아니라 그녀가 했다. 나는 마음껏 그녀의 얼굴을 만지고, 눈과 팔에 입을 맞추고, 옷을 입히고, 상처를 낼 수 있었다. 무아지경에 빠져 맨살이 드러나는 곳까지 깨물어댔다. 마르트의 어머니가 딸에게 애인이 생긴 것은 아닐까 의심하기를 바란 것이다. 나는 그녀의 몸에 내 이름의 머리글자를 새겨넣고 싶었다. 내 아이 같은 야만성이 문신의 옛 의미를 되살려냈다.

마르트는 말했다.

"응, 깨물어줘. 표시를 남겨줘. 모두에게 보여줄래."

　나는 그녀의 가슴에 입을 맞추고 싶었다. 하지만 내 입으로 말하지는 않았다. 입술처럼 가슴도 그녀가 먼저 내어줄 것이라 생각했기 때문이다. 게다가 며칠이 지나자 그녀의 입술에 키스하는 것이 습관이 되어 다른 쾌락은 머릿속에 떠오르지도 않았다.

우리는 난로 불빛을 받으며 같이 책을 읽곤 했다. 그녀는 남편이 매일같이 전쟁터에서 보내는 편지를 자주 불 속에 던져넣었다. 남편의 편지에 불안감이 서려 있는 것으로 보아, 마르트의 편지가 점점 애정을 잃고 뜸해지고 있음을 알 수 있었다. 나는 편지가 불타는 모습을 보는 게 거북했다. 편지는 불길을 뿜어올렸다. 요컨대 나는 더 이상 똑바로 쳐다보기가 두려웠다.

여전히 마르트는 처음 만났을 때부터 자신을 좋아했냐고 자주 묻고, 왜 결혼을 하기 전에 말하지 않았냐고 나를 나무랐다. 그랬다면 결혼하지 않았을 거라고 했다. 약혼하고 얼마 동안은 그녀도 자크에게 사랑을 느꼈지만, 전쟁으로 약혼 기간이 길어지자 그녀의 애정도 점점 식었던 것이다. 그래서 결혼할 때에는 더 이상 자크를 사랑하지 않았다. 그녀는 자크에게 주어진 2주 동안의 휴가가 자신의 마음을 바꿔줄지도 모른다고 내심 기대했다.

자크는 서툴렀다. 사랑에 빠진 사람은 언제나 사랑이 없는 사람을 귀찮게 한다. 자크는 전보다 더 마르트를 사랑했다. 그의 편지는 괴로워하는 자의 편지였지만, 마르트가 너무나 숭고하여 배신 따위는 할 수 없으리라 믿었다. 그래서 자크는 스스로를 탓하며 자기가 무슨 잘못을 했는지 가르쳐달라고 애원할 뿐이었다.

'당신 곁에 있으면 내가 너무 모자란 사람 같소. 내 말 하나하나가 당신에게 상처만 주고.'

마르트는 그것이 단지 그의 오해이며 자기는 그를 비난한 적 없다고 답했을 뿐이다.

때는 3월 첫무렵이었다. 봄이 일찍 찾아왔다. 마르트는 나와 파리에 가지 않는 날이면 목욕가운만 걸친 채 벽난로 앞에 누워서 내가 그림 수업을 마치고 돌아오기를 기다렸다. 벽난로에는 시부모님이 보낸 올리브 나무 장작이 불타고 있었다. 마르트가 시부모님에게 장작을 더 보내달라고 부탁했던 것이다. 경험해본 적 없는 일을 마주하여 느끼는 두려움 때문이 아니라면, 무엇이 나를 소심하게 붙드는 것인지 나는 알 수가 없었다. 나는 다프니스*를 떠올렸다. 우리의 경우 경험이 있는 쪽은 클로에였다. 다프니스가 클로에에게 가르침을 부탁할 수는 없었다. 사실 나는 마르트를 처녀라고 여겼던 게 아닐까? 신혼생활 2주 동안 모르는 남자에게 강제로 몸을 빼앗긴 것처럼 말이다.

매일 밤 나는 혼자 침대에 누워 마르트의 이름을 불렀다. 나 자신을 어엿한 어른이라고 생각했건만, 그녀를 내 여자로 만들 정도로 어른스럽지는 못한 것이 한심하게 느껴졌다. 매일 마르트의 집으로 갈 때마다 나는 오늘이야말로 그녀를 내 여자로 만들겠다고 맹세했다.

1918년 3월, 내가 열여섯 살이 되는 생일에 마르트는 내게 화내지 말라면서 자신의 것과 똑같은 목욕가운을 주었다. 마르트의 집에서 내가 그 가운을 입은 모습을 보고 싶다는 것이었다. 너무 기쁜 나머지 나는 평소에 하지 않던 농담까지 할 뻔했다. 목욕가운은 새로운 핑계로구나! 그녀는 옷을 입지 않았는데 내가 입고 있는 건 우습지 않을까 하는 두려움이 지금껏 내 욕망을 방해한 것이라고 생각했기 때문이다. 나는 바로 그날 목욕가운을 입으려고 했다. 그러나 그녀의 선물에 나를 향한 책망이 담겨 있음을 나중에 깨닫고는 얼굴을 붉혔다.

---

* 다프니스와 클로에는 고대 그리스 사랑 이야기 속 남녀 주인공. 숫총각이었던 다프니스는 유부녀에게서 육체적 사랑을 배워 클로에와 사랑을 나눔.

서로 사랑을 확인하고 나자, 마르트는 이따금 그녀가 시내에 나갔을 때 내가 정원에서 기다리지 않아도 되게끔 내게 방 열쇠를 주었다. 나는 이 열쇠를 음흉한 목적으로 쓸 수도 있었다. 어느 토요일이었다. 나는 다음 날 점심을 먹으러 오겠다고 약속하고 마르트와 헤어졌다. 하지만 속으로는 그날 밤 되도록 빨리 돌아오리라 마음먹고 있었다.

　저녁 식사 때, 나는 부모님에게 이튿날 르네와 세나르 숲으로 멀리 나들이를 갈 거라고 말했다. 그러려면 새벽 5시에 출발해야 한다고 했다. 그즈음은 모두 자고 있을 시간이니 내가 몇 시에 나갔는지 외박을 했는지 아무도 모를 터였다.

　내가 숲에 간다는 계획을 말하자, 어머니는 가는 길에 먹으라고 손수 바구니에 도시락을 싸주시겠다고 했다. 나는 당황했다. 그 바구니는 내 행동의 로맨틱하고 숭고한 의미를 망쳐버릴 것이다. 내가 침실에 들어간 순간 마르트가 깜짝 놀랄 모습을 상상하며 벌써부터 즐거움을 맛보고 있었는데, 한 팔에 가정주부의 바구니를 든 왕자님이 나타나면 그녀가 얼마나 웃어댈까. 르네가 다 준비해올 거라고 말해도 헛일이었다. 어머니는 내 말을 들으려고 하지 않았다. 더 반대하다가는 의심을 살지도 몰랐다.

　어떤 사람의 불행이 다른 사람에게 행복을 가져다줄 때가 있다. 어머니가 내 사랑의 첫날밤을 엉망으로 만들 도시락 바구니를 싸는 동안, 나는 동생들의 눈에 부러움이 가득한 것을 보았다. 몰래 동생들에게 바구니를 줄까 생각해보았다. 하지만 도시락을 다 먹고 나면 회초리를 맞을까봐 두렵거나 나를 골리는 재미로 사실을 모조리 털어놓을지도 몰랐다.

　안전하게 숨겨둘 만한 곳도 마땅치 않아서 결국은 체념해버렸다.

　부모님이 확실히 잠들 때까지 기다리기 위해 자정 전에는 나서지 않기로 했다. 나는 책이라도 읽으려고 노력했다. 그러나 시청에서 10시를 알리는 종소리가 들렸을 때는 부모님도 이미 침실로 들어가고 시간이 얼마 흐른 뒤였으므로 더 이상 기다릴 수 없었다. 부모님 방은 2층이었고, 내 방은 1층이었다. 나는 되도록 소리를 내지 않고 담을 넘기 위해 신발을 신지 않았다. 한 손에는 신발을, 다른 한 손에는 깨지기 쉬운 병이 담긴 바구니를 들고 조심조심 부엌에 딸린 쪽문을 열었다. 비가 내리고 있었다. 다행이었다! 빗소리에 다른 소리는 묻히리라. 아직 부모님 방의 불이 꺼지지 않은 것을 보고 침대로 돌아갈까도 생각했다. 하지만 이미 밖으로 나온 뒤였다. 더구나 비가 와서 신발을 신어버렸으므로 되돌아갈 수는 없었다. 다음으로, 대문에 달린 종이 울리지 않도록 담을 넘어야 했다. 나는 담벼락 쪽으로 다가가서, 도망치기 쉽게 저녁에 미리 가져다놓은 의자 위로 조심스럽게 올라갔다. 담장 위에는 기와가 깔려 있었는데, 비 때문에 미끄러웠다. 담벼락에 매달리자 기와 한 장이 떨어졌다. 마음이 조마조마했던 터라 그 소리가 열 배는 더 크게 들렸다. 이제 길 쪽으로 뛰어내려야 했다. 나는 바구니를 입에 물고서 진흙탕으로 뛰어내렸다. 잠시 그 자리에서 꼼짝 않고 부모님 방 창문을 올려다보았다. 부모님이 뭔가 알아채고 움직이지는 않는지 지켜보기 위함이었다. 아무 움직임도 없었다. 이제 살았다!

나는 마른 강을 따라 난 길로 마르트의 집까지 갔다. 바구니는 덤불숲에 숨겨놓았다가 다음 날 가져갈 생각이었다. 전쟁 중이라 아주 위험한 행동이었다. 사실 바구니를 숨겨둘 만한 덤불숲에는 J다리를 지키는 보초병이 서 있었다. 나는 다이너마이트를 설치하는 남자보다 더 창백한 얼굴로 오랫동안 망설였다. 그래도 어찌어찌 도시락을 숨겼다.

마르트의 집 대문은 잠겨 있었다. 늘 편지함 속에 들어 있는 열쇠를 사용했다. 까치발로 정원을 가로질러 돌계단 위로 올라갔다. 계단을 오르기 전에는 다시 신발을 벗었다.

마르트는 신경이 예민했다! 내가 방에 들어온 것을 보면 기절할지도 모른다. 몸이 덜덜 떨려서 열쇠 구멍을 찾을 수 없었다. 겨우 찾아 아무도 깨지 않도록 천천히 열쇠를 돌렸다. 현관에 있는 우산꽂이에 발이 걸렸다. 초인종을 전등 스위치로 착각할까봐 겁이 난 나머지 나는 어둠 속에서 손을 더듬거리며 방까지 갔다. 다시 달아나고 싶은 마음에 우뚝 멈춰 섰다. 마르트는 나를 절대로 용서하지 않을 것이다. 아니면 그녀가 나를 속이고 다른 남자와 함께 있는 것을 보게 될지도!

나는 문을 열고 속삭였다.

"마르트?"

그녀가 대답했다.

"깜짝 놀랐잖아요. 내일 아침에 오지 그랬어요. 휴가가 일주일 앞당겨진 거예요?"

그녀는 나를 자크라고 생각했다!

그녀가 어떻게 그를 맞이하는지 알았지만, 동시에 나에게 무언가를 숨기고 있었다는 것도 알았다. 자크는 일주일 뒤에 돌아올 예정이었다!

나는 불을 켰다. 그녀는 여전히 벽 쪽으로 돌아누운 채였다. "나야" 하고 말하는 것은 간단했으나 나는 그렇게 하지 않았다. 그녀의 목에 입을 맞추었다.

"얼굴이 다 젖었네요. 닦고 오세요."

그러고는 돌아누워 나를 보더니 비명을 질렀다.

그녀의 태도는 곧바로 바뀌었다. 한밤중에 찾아온 이유도 따져 묻지 않고 말했다.

"어머, 가엾어라. 자기, 감기 걸리겠어! 어서 옷 벗어."

그녀는 응접실로 달려나가 난로에 불을 지폈다. 그러고는 방으로 돌아와 여전히 꼼짝 않고 서 있는 나를 보며 말했다.

"도와줄까?"

나는 옷을 벗어야 하는 순간을 언제나 가장 두려워하면서 내가 얼마나 우스워질지 생각하곤 했다. 그런데 비에 젖은 덕분에 어머니가 옷을 벗겨주는 듯한 기분이 들었다. 한편 마르트는 그로그*에 탈 물이 잘 데워졌는지 보려고 부엌까지 계속 왔다 갔다 했다. 잠시 뒤 그녀는 내가 발가벗은 채 침대로 들어가 이불을 반만 덮고 있는 모습을 보았다. 마르트는 나를 나무랐다. 발가벗고 있으면 어떡하느냐며, 화장수로 몸을 문질러주어야 한다고 했다.

그러고는 옷장을 열더니 잠옷을 꺼내어 나에게 던져주었다.

"크기는 맞을 거야."

자크의 잠옷이었다! 그때 그 군인이 돌아올지도 모른다는 생각이 불쑥 들

---

*독한 술에 설탕·레몬·뜨거운 물을 섞은 음료.

었다. 마르트도 그렇게 믿었을 정도이니까.

나는 침대에 있었다. 마르트도 내 곁으로 왔다. 나는 불을 꺼달라고 했다. 그녀의 팔에 안겨서도 소심하게 행동할까 두려웠기 때문이다. 어둠 속에 있으면 용기가 날 것이다. 마르트는 부드럽게 대답했다.

"싫어. 네가 자는 모습을 보고 싶은걸."

이렇게 애정 어린 말을 듣고도 나는 왠지 마음이 불편했다. 그녀는 모든 위험을 무릅쓰고 내 여자가 되려 했다. 내가 이렇게 소심한 줄도 모른 채 옆에서 잠들게 해주려는 것이었다. 그 다정함이 애절하게 느껴졌다. 그녀를 사랑한다고 한 지 넉 달이나 지났지만, 나는 그동안 남자들이 흔히 사랑의 증표로 보여주는 행동을 한 번도 한 적 없었다. 나는 억지로 불을 껐다. 조금 전, 마르트의 집으로 들어오려고 했을 때처럼 불안했다. 그러나 문 앞에서 기다릴 때와 달리 사랑 앞에서 우물쭈물 기다릴 수는 없었다. 게다가 나의 상상력은 머릿속에 그릴 수도 없을 만큼 강렬한 쾌락을 기대하고 있었다. 나는 처음으로 마르트의 남편과 똑같이 행동할까봐 두려웠다. 우리가 처음 사랑을 나누는 순간을 마르트에게 나쁜 기억으로 남기고 싶지 않았던 것이다. 이런 생각을 하지 않는 만큼 마르트는 나보다 행복했다. 그런데 끌어안고 있던 팔을 푸는 순간, 그녀의 아름다운 눈을 보니 불안한 마음이 되살아났다. 마르트의 얼굴은 여느 때와 달랐다. 종교화처럼 그녀의 얼굴을 둘러싼 후광을 보고 놀라서 나는 손댈 엄두도 내지 못했다.

지금까지의 두려움이 사라지자 또 다른 두려움이 고개를 쳐들었다.

소심함 때문에 이제까지 할 수 없었던 행동이 얼마나 큰 힘을 가지고 있는지 깨닫자, 마르트가 스스로 말하는 것 이상으로 남편에게 속해 있다는 생각에 겁이 났던 것이다.

태어나 처음 맛보는 것을 이해하기란 불가능하므로 나는 이 사랑의 즐거움을 나날이 알아가는 수밖에 없었다.

그동안은 어설픈 즐거움으로 만족해야 했는데, 그 때문에 남자의 진정한 고통을 맛보게 되었다. 바로 질투였다.

나는 마르트를 원망했다. 만족스러워하는 그녀의 얼굴을 보며 육체관계가 얼마나 큰 가치를 지니는지 깨달았기 때문이다. 나는 나보다 먼저 그녀의 육체를 깨워준 남자를 저주했다. 마르트가 처녀일 거라고 생각한 나 자신이 어리석게 느껴졌다. 그녀의 남편이 죽기를 바라는 것은 다른 때 같았으면 유치한 공상에 지나지 않았겠지만, 지금은 그를 죽이는 것 못지않게 커다란 죄였다. 전쟁 덕분에 내 행복이 이루어질 수도 있었다. 내게 전쟁은 신과 같았다. 모르는 사람이 자기 대신 죄를 저질러주듯, 전쟁이 내 증오에 도움을 주기를 기대했던 것이다.

그때 우리는 함께 울었다. 행복 때문이었다. 마르트는 왜 결혼을 말리지 않았냐고 나를 비난했다.

'하지만 그랬다면 나는 내가 고른 이 침대에 있을 수 있었을까? 마르트는 부모님 집에서 살았을 것이다. 우리는 만나지도 못한다. 마르트는 자크의 아내가 되지 않았겠지만, 내 아내도 되지 않았을 것이다. 자크가 없다면 비교 대상이 없으니 더 좋은 남자를 찾으면서 날 만난 것을 후회할 것이다. 나는 자크를 증오하지 않는다. 우리가 속이고 있는 그 남자에 대한 의무가 싫은 것이다. 그러나 나는 마르트를 너무나 사랑하기에 우리의 행복이 죄악이라고 생각할 수 없다.'

우리는 아직 어려서 자유롭게 할 수 있는 것이 거의 없다는 사실에 함께 울었다. 마르트를 빼앗긴다면! 그녀는 누구의 것도 아니다. 오직 나만의 것이므로 결국 나만이 그녀를 빼앗기게 된다. 사람들은 우리를 떼어놓으려고 할 것이기 때문이다. 이미 우리는 전쟁이 끝날 때를 생각했다. 전쟁의 끝은 우리 사랑의 끝이기도 하다. 우리는 그것을 잘 알고 있었다. 마르트가 모든 것을 버리고 나를 따라오겠다고 맹세해도 소용없었다. 나는 반항적인 사람이 아니고, 마르트의 처지에서 생각해도 이혼은 상상할 수 없는 일이었다. 마르트는 왜 자신이 늙었다고 생각하는지 설명했다. 15년이 지나도 내 인생은 다시 피어날 테고, 지금의 그녀 나이쯤 되는 여자가 나를 사랑하게 되리라는 것이었다.

"난 괴로울 거야." 그녀는 덧붙였다. "네가 날 버리면 난 죽어버릴 거야. 하지만 옆에 있어준대도 그건 네 마음이 약하기 때문이겠지. 네가 자신의 행복을 희생하는 것을 본다면 나도 괴로울 거야."

화가 났음에도 그렇지 않다고 확신할 수 없는 나 자신이 원망스러웠다. 하지만 마르트는 내가 진심으로 부정하고 있다고 믿고 싶은 마음뿐이었다. 그래서 내가 궁색하게 둘러대도 그녀는 훌륭한 근거라고 생각했다.

"그래. 그런 생각은 못 해봤네. 네가 거짓말을 하진 않겠지."

마르트가 걱정하는 것을 보니 내 자신감도 흔들렸다. 그래서 나의 위로도 그다지 설득력이 없어 보였다. 나는 그녀에게 말했다.

"아니, 그렇지 않아. 정신이 나갔군."

아! 나는 젊음에 너무 민감했기에, 마르트의 청춘이 시들고 내 청춘이 꽃 필 무렵 아마 그녀를 떠나리라는 상상을 할 수밖에 없었다.

나의 사랑이 결정적인 형태를 이루었다고 생각했는데, 사실은 아직 엉성한 밑그림 상태였다. 아주 작은 장애물에도 한없이 약해졌다.

결국, 그날 밤 우리의 영혼이 일으킨 광기 어린 행동은 육체가 저질렀을 때보다 우리를 더 피곤하게 만들었다. 한쪽이 다른 한쪽을 쉽게 해주는 것처럼 보였지만, 실은 두 가지 다 우리를 기진맥진하게 했던 것이다. 여느 때보다 많은 수탉이 울었다. 녀석들은 밤새도록 울어댔다. 수탉이 동틀 때 운다는 말은 시에서나 읊어대는 거짓말이라는 것을 알았다. 딱히 이상한 일은 아니었다. 단지 내가 불면증이라는 것을 모를 나이였던 것뿐이다. 하지만 마르트가 이것을 알고 놀라는 모습을 보니 그녀도 이제야 안 것이 틀림없었다. 그녀의 놀라움은 이제까지 자크와 밤을 새본 적이 없다는 증거였기에 나는 그녀를 꼭 안아주었다. 그녀는 내가 왜 그렇게 꼭 안는지 이유를 알지 못했다.

나는 너무 불안했던 나머지 우리 사랑을 특별한 것이라고 생각했다. 사랑도 시와 같아서, 사랑에 빠진 사람은 아무리 평범한 사랑이라도 자신들의 사랑만이 특별하다고 생각한다. 하지만 우리는 그런 줄도 모른 채, 불안을 느끼는 것은 우리가 처음이라고 믿는다. 나는 그녀와 같은 걱정을 하고 있는 것처럼 보이려고 (믿지도 않는데) 이렇게 말했다.

"넌 날 버리고 다른 남자를 좋아하게 될 거야."

그러자 그녀는 절대로 그럴 리 없다며 자신 있게 말했다. 나는 마르트가 나이를 먹더라도 결국 그녀 곁을 떠나지 않으리라 생각했다. 내 게으른 천성 때문에 마르트의 열정에 이끌려 지금의 행복이 계속되리라 여긴 것이다.

우리는 벌거벗은 채로 있다가 어느 순간에 잠이 들었다. 그러다 잠이 깨었는데, 마르트의 모습을 보고는 감기에 걸리지 않을까 걱정스러웠다. 나는 마르트의 몸을 만져보았다. 불덩이처럼 뜨거웠다. 그녀가 자는 모습을 보고 있자니 갑자기 욕정이 솟아올랐다. 그렇게 10분쯤 지나자 더 이상은 참을 수 없을 정도가 되었다. 나는 마르트의 어깨에 입을 맞추었다. 그녀는 눈을 뜨지 않았다. 훨씬 더 격정적인 두 번째 키스는 알람시계처럼 격하게 작용했다. 그녀는 깜짝 놀란 듯 눈을 비비며 일어나 나에게 키스했다. 마치 사랑하는 사람이 죽는 꿈을 꾼 뒤 그 사람을 침대에서 다시 본 것처럼 말이다. 하지만 그녀는 이와 반대로 현실을 꿈이라 생각하고 있었다. 나중에 잠이 깨고 나서야 나를 알아보았다.

벌써 11시였다. 우리가 코코아를 마시고 있는데 초인종 소리가 들렸다. 나는 자크라고 생각했다.

'제발 무기를 가지고 있기를.'

그렇게 죽음을 두려워하던 나는 떨지 않았다. 오히려 우리를 죽여준다면 자크라도 상관없었다. 다른 해결법은 우스워 보였다.

침착한 태도로 죽음을 맞는 것은 혼자 있을 때나 가능하다. 둘이 함께 죽는 것은 이미 죽음이 아니다. 신을 믿지 않는 사람들조차 그렇게 생각하리라. 슬픔은 삶을 마감하기 때문이 아니라 삶에 의미를 주던 존재와 헤어지기 때문에 느끼는 것이다. 사랑이 우리의 삶이라면, 함께 사는 것과 함께 죽는 것에 어떤 차이가 있을까?

나는 스스로를 영웅으로 생각할 여유가 없었다. 자크가 마르트와 나 둘 중 한 명만 죽일 것이라는 생각이 들어, 어느 쪽이 죽는 게 나을지 내 이기심으로 가늠해보고 있었던 것이다. 나는 그 두 가지 비극 중에서도 어느 쪽이 더 비극적인지 알고 있었던 것일까?

나는 마르트가 움직이지 않기에 주인집 초인종 소리를 잘못 들은 것이 아닌가 생각했다. 그런데 그때 다시 초인종이 울렸다.

"조용히 해! 움직이지 마!" 그녀가 속삭였다. "어머니일 거야. 미사가 끝난 뒤 들른다고 하셨는데 깜빡했어."

나는 마르트가 희생하는 모습을 볼 수 있어서 기뻤다. 애인이나 친구는 약속 시간에 조금만 늦어도 참기 힘들다. 나는 마르트가 어머니에게 그런 고통을 주면서 걱정하는 모습을 보자 즐거웠다. 그녀가 이런 걱정을 하는 것도 내 탓이라 생각해 기분이 좋았다.

소곤거리는 소리가 들렸다. 분명 그랑지에 부인이 아래층에 가서 오늘 아침에 딸을 보았냐고 물었을 것이다. 정원 문이 닫히는 소리가 들렸다. 마르트가 덧문 뒤에서 밖을 내다보며 말했다.

"역시 어머니였어."

나도 그랑지에 부인의 모습을 보는 것을 마다할 수 없었다. 부인은 딸이 집에 없는 영문을 몰라 걱정하면서 미사책을 손에 든 채 돌아갔다. 그리고 닫혀 있는 덧문을 다시 한 번 뒤돌아보았다.

이제 더 이상 바랄 것도 없는 지금, 나는 나 자신이 부당한 사람이 되어가는 듯했다. 마르트가 아무 가책도 없이 어머니에게 거짓말하는 것을 보니 속상했다. 그래서 그녀의 거짓말을 나무랐다. 하지만 사랑이라는 것은 두 사람의 이기주의이며, 자기 자신을 위해 희생하고 거짓말하며 살아가는 것이었다. 나는 마르트가 남편의 휴가를 숨긴 것에 대해서도 똑같은 마음으로 비난했다. 지금까지는 내게 마르트를 지배할 권리가 없다고 생각해 심술을 억눌렀지만 그것은 일시적일 뿐이었다. 나는 괴로워하며 말했다.

"이제 곧 나를 끔찍하게 생각할걸. 난 네 남편처럼 난폭하니까."

"그 사람은 난폭하지 않아." 마르트가 말했다. 이 말에 나는 더욱 화를 내며 말했다.

"그럼 넌 우리 둘을 속이고 있군. 자크를 사랑한다고 말해. 기뻐하라고. 일주일 뒤에는 자크와 한통속이 되어 나를 속일 테니까."

그녀는 입술을 깨물며 울었다.

"내가 뭘 어쨌다고 그렇게 못되게 구는 거야? 부탁이야. 우리 행복의 첫날을 이렇게 망치지마."

"오늘이 네 행복의 첫날이라는 걸 보니 날 별로 사랑하지 않은 게 분명하군."

이런 식의 공격은 오히려 공격자에게 상처를 주는 법이다. 나는 그렇게 말할 생각이 없었지만, 말을 참지 못했다. 내 사랑이 점점 자라고 있다고 마르트에게 설명할 수는 없었다. 내 사랑은 반항기에 이르렀고, 이런 잔혹한 심술은 열정으로 거듭나고 있는 사랑의 변성기인 셈이다. 나는 괴로웠다. 그래서 마르트에게 못되게 군 것을 잊어달라고 애원했다.

주인집 하녀가 문틈으로 편지를 밀어넣었다. 마르트가 편지를 집어 들었다. 자크의 편지가 두 통 있었다. 그녀는 나의 의심스러운 눈초리에 이렇게 말했다.

"좋을 대로 해."

나는 부끄러워졌다. 읽는 것은 좋지만, 혼자 갖고 있으라고 부탁했다. 그러자 마르트는 또 무슨 쓸데없는 생각을 했는지 편지 한 통을 찢어버렸다. 잘 찢어지지 않는 것을 보니 꽤 길게 쓴 편지 같았다. 나는 마르트의 그런 행동을 꼬투리 잡아 그녀를 또다시 몰아세웠다. 나는 그런 허세가 싫었다. 그녀는 후회할 것이 뻔했다. 나는 간신히 참았다. 마르트가 잘못했다고 생각했지만 두 번째 편지는 찢지 않게 하려고 말없이 가만히 있었다. 마르트는 내가 부탁하자 편지를 읽었다. 그녀가 첫 번째 편지를 찢은 것은 반사작용이었는지 모르지만, 두 번째 편지를 서둘러 읽은 뒤에 이렇게 말한 것은 결코 반사작용이 아니었다.

"찢지 않아 다행이야. 자크의 방위구역에서 휴가가 연기되어 한 달 동안은 올 수 없을 거래."

이런 조심성 없는 말을 눈감아주는 것은 사랑뿐이었다.

나는 마르트의 남편이 신경에 거슬리기 시작했다. 그가 마르트의 곁에 있어서 조심해야 할 때보다도 더 신경이 쓰였다. 그의 편지 한 통이 갑자기 날 위협하기 시작한 것이다. 우리는 늦은 점심을 먹었다. 5시쯤에는 강가로 산책을 나갔다. 보초병이 보는 앞에서 덤불을 헤치고 바구니를 꺼내자 마르트는 깜짝 놀랐다. 바구니 이야기를 들려주자 그녀는 아주 재미있어했다. 나는 이제 바구니 때문에 우스꽝스러워 보이든 말든 두렵지 않았다. 우리는 우리 태도가 추잡해 보일지도 모른다는 생각을 하지 못한 채 서로 딱 달라붙어서 걸었다. 손은 깍지를 끼고 있었다. 오랜만의 화창한 일요일이라 밀짚모자를 쓰고 산책하는 사람들 모습이 비온 뒤의 버섯처럼 여기저기 보였다. 마르트를 아는 사람들은 인사를 건네지 못하고 있었다. 그러나 마르트는 아무런 눈치도 채지 못하고 순진하게 먼저 인사를 했다. 사람들은 허세라고 생각했을 것이다. 마르트는 내가 어떻게 집을 빠져나왔는지 물었다. 처음에 그녀는 웃어댔지만 곧이어 얼굴이 어두워졌다. 내 손을 있는 힘껏 꼭 잡더니 그런 위험을 무릅써줘서 고맙다고 했다. 우리는 바구니를 놓아두려고 다시 마르트의 집으로 돌아갔다. 사실 이런 연애사건에 어울리는 결말로 바구니를 군대에 보낼까도 생각했다. 하지만 그런 결말은 너무 불쾌해서 가슴속에 묻었다.

마르트는 마른 강을 따라 라바렌까지 가고 싶다고 했다. 우리는 '사랑의 섬' 앞에서 저녁을 먹기로 했다. 나는 에퀴 드 프랑스 박물관을 안내해주겠다고 약속했다. 어릴 적 처음으로 가보고 푹 빠졌던 박물관이다. 나는 그녀에게 매우 흥미로운 곳이라고 이야기해주었다. 하지만 오랜만에 찾아가 그 박물관에 장난스러운 물건들만 가득하다는 것을 알자, 나는 지금까지 자신이 속았다는 사실을 인정하고 싶지 않았다. 퓔베르의 가위*라니! 모두 그런 식이었다! 어려서 순진하게 모두 믿었던 것이다. 나는 마르트에게 농담을 한 것이라고 변명했다. 하지만 그녀는 믿을 수 없다는 표정이었다. 내가 평소에 농담을 한 적이 거의 없기 때문이었다. 나는 실망한 탓에 우울해졌다. 속으로 이런 생각을 했다.

'지금은 마르트를 사랑한다고 믿고 있지만, 에퀴 드 프랑스 박물관처럼 나중에는 속임수라는 생각이 들지 않을까?'

사실 나는 가끔 그녀의 사랑을 의심했다. 어떤 때는 내가 그녀에게 단순히 시간 때우기 상대는 아닐까, 평화가 찾아와 그녀가 아내의 의무로 돌아간다면 바로 버릴 수 있는 대상이 아닐까 하는 생각이 들었다. 하지만 입과 눈이 거짓말을 할 수 없는 순간들을 떠올리며 나 자신을 달랬다. 분명히 그랬다. 그러나 아무리 인색한 사람이라도 술에 취하면 이따금 시계나 지갑을 내주는데, 상대가 그것을 받지 않으면 벌컥 화를 낸다. 그런 경우에도 그들의 감정은 평소처럼 진심에서 우러나온 것이다. 거짓말을 할 수 없는 순간이야말로 자기 자신에게 거짓말을 하는 순간이다. '거짓말을 할 수 없는 순간'의 여자를 믿는 것은 인색한 사람의 거짓된 친절을 믿는 것과 같다.

---

* 퓔베르는 조카 엘로이즈가 가정교사 아벨라르와 사랑을 나누고 아이까지 낳자 아벨라르를 거세시켰다.

나의 통찰력은 순진한 마음보다 더 위험한 것이었다. 나는 내가 다른 아이들보다는 덜 순진하다고 생각했지만 그것은 형태만 다를 뿐이었다. 나이가 몇 살이든 순진함을 벗어버릴 수는 없기 때문이다. 어른들의 순진함도 결코 적지 않다. 나는 이런 명석한 통찰력 때문에 우울해졌고, 마르트를 의심하게 되었다. 아니, 오히려 내가 그녀에게 걸맞지 않다는 생각에 스스로를 의심했다. 그러므로 그녀가 날 사랑한다는 증거를 아무리 많이 가지고 있어도 나는 여전히 불행했을 것이다.

우리는 유치해 보일까봐 두려운 나머지 사랑하는 사람에게도 절대로 털어놓지 못하는 비밀을 저마다 갖고 있다. 나는 그 사실을 너무나 잘 알고 있었기에 마르트가 비통하리만치 수치심을 느끼지 않을까 걱정스러웠다. 그리고 내가 그녀의 마음속으로 스며들지 못한다는 사실이 괴로웠다.

나는 저녁 9시 반에 집으로 돌아갔다. 부모님은 나들이가 어땠는지 물으셨다. 나는 세나르 숲과, 크기가 두 배나 커서 내 키만 한 고사리를 열심히 설명했다. 또 르네와 내가 점심을 먹었던 아름다운 브뤼누아 마을 이야기도 했다. 그런데 갑자기 어머니가 비웃는 듯한 말투로 끼어들었다.

"그런데 오늘 오후 4시에 르네가 왔었다. 너하고 나들이를 가지 않았냐고 했더니 깜짝 놀라던걸."

나는 분해서 얼굴을 붉혔다. 다른 일도 그렇고 이번 일을 겪고 보니, 나는 거짓말을 자주 하는 편이지만 잘하지는 못한다는 것을 깨달았다. 언제나 꼬리가 밟히기 때문이다. 부모님은 그 이상 아무 말도 하지 않았다. 승리를 과시하지 않았다.

그런데 아버지는 본의 아니게 내 첫사랑의 공범자가 됐다. 내가 조숙하다는 사실에 기뻐하면서 오히려 내 연애를 격려한 것이다. 아버지는 내가 나쁜 여자에게 잡힐까봐 걱정했던 터라, 좋은 여자와 사랑하게 된 것에 만족했다. 마르트가 이혼을 바란다는 말을 들었을 때 아버지는 처음으로 화를 냈다.

어머니는 우리 관계를 아버지처럼 좋은 눈으로 보지 않았다. 질투가 났던 것이다. 어머니는 마르트를 연적처럼 바라보았다. 내가 사랑하는 여자라면 누구든 적대감을 가졌을 테지만, 어머니는 그 사실을 깨닫지 못했다. 게다가 어머니는 소문이 날까봐 아버지보다도 걱정스러워했다. 마르트가 나같이 어린 남자와 위험한 관계를 맺었다는 사실에 놀라워했다. 더욱이 어머니는 F 마을에서 나고 자랐다. 파리 교외의 작은 마을에서는 시골에서와 마찬가지로 일터를 벗어나는 순간부터 자기 일이라도 되는 양 남들의 소문에 목말라한다. 게다가 파리와 가까운지라 소문은 여러 추측이 더해져 더 심각해지기도 한다. 모두들 한 마디씩 거드는 식이다. 군인의 아내를 애인으로 뒀기 때문에 친구들은 부모의 명령으로 조금씩 나에게서 멀어져갔다. 신분 순으로 사라져갔다. 우선 공증인의 아들부터 시작해 우리 집 정원사의 아들까지 차례로 떨어져나갔다. 나는 오히려 잘된 일이라 생각했지만 어머니는 정신적으로 충격을 받았다. 어머니는 내가 제정신이 아닌 여자에게 빠졌다고 생각했다. 나를 그 여자와 만나게 해주고 그 뒤에도 눈감아준 아버지를 분명 비난했을 것이다. 하지만 아버지가 나서지 않고 잠자코 있었으므로 어머니도 입을 다물고 있는 수밖에 없었다.

나는 밤마다 마르트의 집에서 잠을 잤다. 10시 반에 도착해 아침 5시나 6시쯤 나왔다. 나는 이제 벽을 타넘지 않았다. 열쇠로 문을 열기만 하면 되었다. 그래도 주의가 필요했다. 종이 울려 사람들이 깨지 않도록 밤에 미리 종의 추를 솜으로 싸두었다. 그리고 이튿날 집에 돌아왔을 때 벗겨냈다.

집에서는 내가 집을 비운 것을 아무도 알지 못했다. 하지만 J마을에서는 달랐다. 이미 얼마 전부터 집주인 가족과 노부부는 나를 곱지 않은 시선으로 보고 내가 인사해도 거의 대답하지 않았다.

새벽 5시가 되면 나는 되도록 소리를 내지 않으려고 신발을 손에 든 채 아래층으로 내려갔다. 그러고는 아래층에서 다시 신발을 신었다. 그런데 어느 날 아침, 나는 계단에서 우유배달을 하는 남자아이와 마주쳤다. 그는 손에 우유갑을 들고 있었고 나는 신발을 들고 있었다. 그는 끔찍한 미소를 지으며 나에게 인사했다. 이로써 마르트도 끝장이었다. 그 아이는 J마을에 온통 소문을 퍼뜨리고 다닐 터였다. 그보다도 나를 가장 괴롭힌 것은 나의 어리석은 행동이었다. 우유배달부 아이에게 돈을 줘서 입막음을 할 수도 있었건만, 나는 너무 당황한 나머지 아무것도 하지 않았다.

그날 밤, 나는 마르트에게 이 일에 대해 한 마디도 하지 않았다. 안 그래도 마르트의 평판은 나빠져 있었다. 그것은 이미 오래전부터 진행된 일이었다. 마르트가 나의 애인이라는 소문은 나와 그녀가 실제로 맺어지기 전부터 나돌고 있었다. 우리가 그 사실을 몰랐던 것뿐이었다. 머지않아 현실을 바로 보게 될 터였다. 어느 날 나는 마르트가 힘이 쭉 빠져 있는 것을 보았다. 내가 새벽에 빠져나가는 것을 나흘 전부터 보았다고 집주인이 말했다는 것이다. 주인도 처음에는 소문을 믿지 않았지만, 이제는 의심의 여지가 없다고 했다. 늙은 하녀의 방이 마르트 방 아래였는데 우리가 밤낮으로 내는 소리 때문에 시끄럽다고 불평을 했다는 것이다. 마르트는 큰 충격을 받은 나머지 이사를 가고 싶어했다. 만나는 횟수를 줄이는 신중한 방법은 고려하지 않았다. 우리가 그렇게 할 수 있으리라 생각되지 않았다. 이미 습관이 들어 어찌할 수 없었다.

일이 이렇게 되자 마르트는 이제까지 그녀를 놀라게 한 많은 일이 이해되기 시작했다. 마르트가 유일하게 친하게 지내던 스웨덴 친구는 마르트의 편지에 답장을 보내지 않고 있었다. 기차에서 우리가 포옹하고 있는 것을 본 사람이 그녀에게 더 이상 마르트와 만나지 말라고 주의를 줬던 것이다.

나는 마르트에게 어떤 일이 일어나든, 설령 부모님이나 남편과 무슨 문제가 생기더라도 단호하게 행동해야 한다고 다짐을 주었다. 집주인의 위협과 여러 소문 때문에 마르트와 자크 사이에 논쟁이 벌어지는 것은 시간문제였다. 나는 그것을 두려워하면서도 내심 기대하고 있었다.

마르트는 앞서 말했던 자크의 휴가기간 동안에도 자주 자기를 보러 와달라고 부탁했다. 그러나 나는 거절했다. 어떻게 행동하면 좋을지 몰라 두려웠을 뿐만 아니라, 마르트가 다른 남자의 품에 안겨 있는 모습을 보고 싶지 않았기 때문이다. 휴가는 11일 동안이었다. 아마 자크는 무슨 수를 써서라도 이틀 정도 더 있으려고 할 것이다. 나는 마르트에게서 매일 편지를 쓰겠다는 약속을 받아냈다. 편지가 한 통 도착했으리라 확신이 서기까지 사흘을 기다렸다가 우체국을 찾아갔다. 벌써 편지가 네 통이나 와 있었다. 그러나 편지를 가져갈 수 없었다. 필요한 증명서 하나를 빼먹었던 것이다. 우체국 사서함은 열여덟 살부터 이용할 수 있기에 출생증명서를 위조한 터라 더욱 염려가 되었다. 나는 창구에서 끈질기게 굴었다. 우체국 여직원의 눈에 후춧가루라도 뿌린 뒤 편지를 낚아채 달아나고 싶었다. 결국 내 얼굴을 알던 우체국 직원들이 그다음 날 우리 부모님 앞으로 편지들을 보내주기로 했다.

진정한 어른이 되려면 아직 해야 할 일이 많았다. 마르트의 첫 번째 편지를 뜯으려니 그녀가 연애편지를 어떻게 썼을지 무척 궁금했다. 나는 여러 편지형식 가운데 연애편지만큼 쉬운 것이 없다는 사실을 잊고 있었다. 연애편지를 쓸 때는 사랑만 있으면 된다. 마르트의 편지는 훌륭했다. 이제까지 읽어본 것 중에 가장 아름다운 편지였다. 그러나 마르트는 아주 일상적인 일이나 나와 멀리 떨어져 지내는 고통에 대해서만 쓰고 있었다.

내 질투는 뜻밖에 그리 심하지 않아 스스로도 놀라웠다. 나는 자크를 마르트의 '남편'으로 인정하기 시작했다. 그가 젊은 것도 잊은 채 그를 점점 나이든 아저씨처럼 생각했다.

나는 답장을 보내지 않았다. 위험 요소가 너무 많았기 때문이다. 사실 편지를 보내면 안 된다는 처지가 오히려 다행스러웠다. 새로운 무언가를 시도할 때면 나는 그것을 할 수 없으리란 막연한 두려움을 느끼곤 한다. 그리고 내 편지가 마르트의 기분을 상하게 하거나 유치하게 보일까봐 겁도 났다.

그로부터 이틀 뒤에 나는 마르트의 편지를 무심코 책상 위에 놓아두었는데, 어느새 편지가 보이지 않았다. 이튿날, 편지는 다시 책상 위에 놓여 있었다. 편지를 들킨 바람에 나는 계획을 망쳤다. 실은 자크가 휴가를 나온 동안만이라도 집에서만 지내며 내가 마르트와 헤어졌다고 식구들이 믿게끔 할 계획이었다. 처음에는 여자가 있다는 것을 부모님에게 알리기 위해 허세를 부렸으나, 나는 점점 증거가 잡히지 않기를 바랐다. 그런데 내가 조용히 집 안에서 지내는 진짜 이유를 아버지가 알아차린 것이다.

나는 한가해진 때를 이용해 다시 미술 아카데미를 다니기 시작했다. 그동안 다니지 않은 것은 이미 마르트를 모델로 오랫동안 나체화를 그렸기 때문이다. 아버지가 그 사실을 알아차렸는지는 모르지만, 적어도 늘 모델이 같은 것을 짓궂게 놀리는 바람에 나는 얼굴을 붉혔다. 따라서 그랑드 쇼미에르에 나가 열심히 그림을 그렸다. 올해 더 내야 할 수강료는 따로 모아두었다가, 다음번에 자크가 휴가를 나오면 다시 아카데미에 등록할 생각이었다.

나는 앙리 4세 학교에서 쫓겨난 르네도 다시 만났다. 그는 루이 르 그랑 학교*에 다니고 있었다. 나는 그랑드 쇼미에르에서 돌아오는 길에 그를 만나러 갔다. 우리는 몰래 만났다. 그가 앙리 4세 학교를 나오고 특히 마르트 문제가 있은 뒤, 예전에는 나를 모범생으로 보던 그의 부모님이 나와 사귀는 것을 금지했던 것이다.

사랑을 성가신 짐처럼 생각하는 르네는 마르트에 대한 나의 열정을 놀려 댔다. 그의 독설을 참지 못해 나는 비겁하게도 마르트를 진심으로 사랑하는 건 아니라고 내뱉어버렸다. 르네가 내게 갖고 있던 존경심은 한동안 약해져 있었지만 이로써 단번에 다시 커졌다.

마르트에 대한 사랑이 식기 시작했다. 나를 가장 괴롭힌 것은 욕망을 억제

---

* 앙리 4세 학교와 함께 프랑스 최고 명문으로 꼽히는 학교.

해야만 하는 일이었다. 피아노 없는 피아니스트, 담배 없는 애연가처럼 초조했다.

르네는 내 사랑을 놀리는 주제에 자신도 한 여자에게 빠져 있었다. 르네는 그녀를 사랑 없이 좋아하고 있다고 생각했다. 그 매력적인 금발의 스페인 아가씨는 몸이 유연한 걸로 봐서 서커스단 출신이 틀림없다.

르네는 아무렇지도 않은 척하려고 했지만 사실은 나를 질투하고 있었다. 반은 웃고 있었으나 창백한 얼굴로 이상한 일을 부탁해왔다. 학생들이 쓰는 전형적인 방법이었다. 그는 그녀가 자신을 속이고 있는지 아닌지 알고 싶어 했다. 그래서 나더러 그녀에게 접근해 알아보라는 것이었다.

나는 그 일을 하기가 거북했다. 나의 소심함이 또다시 되살아났다. 하지만 나는 어느 누구에게도 소심한 모습을 보이고 싶지 않았다. 게다가 스페인 여자가 나를 곤경에서 구해주었다. 그녀가 먼저 나에게 접근해온 것이다. 소심한 태도는 무언가를 참게 만들기도 하고 억지로 강요하기도 한다. 이때 나는 소극적으로 보이고 싶지 않다는 소심함 때문에 르네와 마르트를 소중히 여기는 마음을 억눌렀다. 적어도 그 일에서 재미를 찾길 기대했지만, 나는 이미 한 가지 담배에만 익숙해진 애연가와 같았다. 그리하여 르네를 속였다는 후회만 남게 되었다. 르네에게 그녀가 내 유혹을 모두 거절했다고 말한 것이다.

하지만 마르트에게는 아무런 죄책감도 느끼지 않았다. 어떻게든 죄책감을 느끼지 않으려고 애썼다. 그녀가 날 속였다면 난 절대로 용서하지 않으리라 생각했지만 어쩔 도리가 없었다. 나는 이기주의에 빠져 '남자와 여자는 다르다'고 스스로에게 변명했다. 마찬가지로 내가 마르트에게 편지를 쓰지 않는 것은 당연하게 여겼다. 마르트가 편지를 보내오지 않으면 날 사랑하지 않는다고 생각했을 텐데도 말이다. 하지만 이 가벼운 외도를 겪은 뒤 나의 사랑은 더욱 깊어졌다.

자크는 아내의 태도를 도무지 이해할 수 없었다. 마르트는 말이 많은 편이었는데 남편에게 한 마디도 건네지 않았다.

"대체 왜 그래?"

자크가 물어도 이렇게 대답할 뿐이었다.

"아무것도 아니에요."

그랑지에 부인은 가엾은 자크와 가끔 말다툼을 했다. 부인은 그가 딸에게 서먹서먹하게 군다고 비난하고, 그에게 딸을 시집보낸 것을 후회했다. 자크가 마르트를 어색하게 대한 탓에 마르트의 성격이 갑자기 변했다고 생각한 것이다. 부인은 딸을 집으로 데려가고 싶어했다. 자크는 장모의 뜻에 따랐다. 그리하여 군대에서 돌아온 뒤 며칠이 지나 자크는 마르트를 데리고 처갓집에 갔다. 그랑지에 부인은 딸이 나를 사랑하는 줄도 모른 채 딸의 변덕에 기분을 맞춰주고 사랑을 키워줬다. 마르트는 이 집에서 태어났다. 그래서 무엇을 보든 자신이 자유롭고 행복했던 시절을 떠올리게 된다고 자크에게 말했다. 그녀는 처녀 때 쓰던 방에서 자려고 했다. 자크가 그 방에 적어도 자신이 쓸 침대를 넣겠다고 하자 마르트는 몹시 화를 냈다. 처녀의 방을 더럽히고 싶지 않았기 때문이다.

그랑지에 씨는 그런 수치심이 어리석은 것이라고 했다. 그랑지에 부인은 이를 기회 삼아 남편과 사위에게 여자의 섬세한 감정에 대해 설명했다. 부인은 딸의 마음이 자크에게 가 있지 않음을 눈치챘다. 그녀는 마르트가 남편을 거부하는 것이 모두 자기 탓이라고 생각했다. 거기에는 숭고한 가책 같은 것이 있다고 믿었다. 숭고한 가책…… 하지만 그것은 나에 대한 가책이었다.

몸이 좋지 않다는 날에도 마르트는 외출을 하고 싶어했다. 자크는 아내가 자신과 함께 나가기 싫어한다는 것을 잘 알고 있었다. 마르트는 내게 보내는 편지를 아무에게도 맡길 수 없었으므로 직접 부치러 나갔다.

나는 답장하지 않는 것을 더욱 잘한 일이라 생각했다. 마르트가 남편을 비난하는 내용을 읽고 답장을 쓴다면 나는 그 불쌍한 희생자를 위해 중재를 해 주게 되었을지도 모른다. 어떤 때에는 내가 했던 못된 짓 때문에 몸이 떨릴 정도로 두려웠다. 또 어떤 때에는 나에게서 처녀인 마르트를 뺏은 죄로 자크가 그녀에게 벌을 받아 마땅하다고 생각했다. 하지만 열정만큼 사람을 '감상적'으로 만드는 것도 없었기에 결국 나는 편지를 쓰지 않고, 그 때문에 마르트가 계속 자크에게 절망감을 안겨주는 것을 기뻐했다.

자크는 풀이 죽은 채로 군대에 돌아갔다.

모두들 이 위기는 마르트가 혼자 생활한 탓이라고 했다. 그녀의 부모님과 자크만이 우리의 관계를 몰랐던 것이다. 집주인 가족은 군인에 대한 존경심 때문에 자크에게 무턱대고 사실을 알릴 수 없었다. 그랑지에 부인은 벌써부터 딸이 집으로 돌아와 결혼 전처럼 함께 지내는 게 기쁘기만 했다. 그래서 자크가 떠난 다음 날, 마르트가 J마을 집으로 돌아가겠다고 하자 부인은 깜짝 놀랐다.

나는 바로 그날 다시 마르트를 만났다. 나는 먼저 그녀가 남편에게 못되게 군 것을 부드럽게 나무랐다. 하지만 자크가 보낸 첫 번째 편지를 보자 나는 혼란스러워졌다. 그는 마르트가 더 이상 자기를 사랑하지 않는다면 자살해 버리겠다고 했다.

나는 어디까지가 '협박'인지 알 수 없었다. 그러나 예전에 자크가 죽기를 바랐던 것은 잊은 채, 그가 죽으면 내게 책임이 있다고 생각했다. 나는 점점 이해할 수 없는 행동을 하고 부당한 요구를 하는 사람이 되어갔다. 그 때문에 우리는 둘 다 상처를 입었다. 마르트는 자크에게 계속 희망을 주는 것이 더 잔인하다고 했지만 나는 듣지 않았다. 마르트에게 억지로 애정이 담긴 편지를 쓰게 했다. 그가 받은 애정이 담긴 편지는 모두 내가 불러주고 그녀가 받아쓴 것이었다. 마르트는 편지를 쓰면서 화를 내고 울었지만, 나는 내 말을 듣지 않으면 두 번 다시 오지 않겠다고 위협했다. 내 덕분에 자크가 기뻐할 수 있다고 생각하자 양심의 가책도 조금쯤 덜 수 있었다.

우리의 편지를 받고서 자크가 보내온 답장에 희망이 넘치는 것을 보고는, 그가 자살하겠다고 한 게 얼마나 얄팍한 바람이었는지 깨달았다.

나는 가엾은 자크를 대하는 내 태도에 스스로 감탄했다. 그러나 이기주의에 빠진 채 양심에 찔리는 일을 저지르는 게 두려워서 그렇게 행동한 것뿐이다.

어려움이 지나가자 행복한 시기가 계속되었다. 아! 그러나 모두가 한때뿐이라는 느낌을 지울 수 없었다. 그것은 내 나이와 나약한 성격 탓이었다. 나는 무언가를 해야겠다는 의지가 전혀 없었다. 언젠가 나를 잊고 아내의 본분으로 돌아갈지도 모를 마르트에게서 벗어날 수도, 자크를 죽음으로 몰아넣을 수도 없었다. 그러니 우리 관계는 평화가 찾아와 군인들이 돌아오면 어떻게 될지 알 수 없었다. 자크가 아내를 쫓아낸다면 그녀는 내 곁에 남을 것이다. 그가 아내를 떠나지 않는다면 나는 억지로 그녀를 빼앗어올 수 없다. 우리의 행복은 모래성과 같았다. 하지만 이곳에서는 밀물이 들어오는 시간이 정해져 있지 않아서, 나는 그저 물이 되도록 천천히 차오르기만을 바랄 뿐이었다.

이제 자크는 기쁜 나머지 마르트가 J마을로 돌아가는 것이 불만인 어머니로부터 그녀를 보호했다. 마르트가 돌아가자 그랑지에 부인은 의심을 하기 시작했던 것이다. 더구나 하인이 필요 없다고 마르트가 거절하며 소란을 피우는 바람에 친정부모는 수상하게 여겼고 시부모는 더욱 그러했다. 하지만 내가 마르트를 통해 그럴듯한 핑계를 알려주어 자크까지 우리 편이 된 마당에, 친정부모와 시부모가 무엇을 할 수 있었겠는가?

J마을 사람들이 마르트에게 공격을 시작한 것은 그때였다.

집주인 가족은 이제 그녀와 말을 나누지 않았다. 아무도 그녀에게 인사하지 않았다. 상점 주인들만이 장사 때문에 마르트를 무시하지 못했다. 그래서 이따금 이야기가 하고 싶어지면 마르트는 가게에서 꾸물거리곤 했다. 내가 그녀의 집에 있을 때, 그녀는 우유와 과자를 사러 갔다가 5분이 지나도록 돌아오지 않았다. 혹시 전차에 치인 게 아닐까 걱정되어 나는 서둘러 우유가게와 제과점으로 뛰어갔다. 그녀는 그곳에서 가게 사람들과 이야기를 하고 있었다. 몹시 걱정했던 터라 그 모습을 보고 욱한 나는 가게를 나오자마자 마르트에게 화를 냈다. 상인들과 노닥거리는 게 즐겁다니 취미가 저속하다고 그녀를 비난했다. 나 때문에 이야기가 중간에 끊긴 상인들은 나를 싫어했다.

귀족사회처럼 궁중 예절은 꽤 단순하다. 그러나 서민들의 예절만큼 이해하기 어려운 것은 없다. 어리석게도 맨 먼저 따지는 것은 나이이다. 나이가 든 공작부인이 어린 공작에게 예를 표하는 것만큼 그들을 화나게 하는 일은 없다. 그러니 나처럼 어린 녀석 때문에 마르트와 정답게 나누던 이야기가 끊긴 일로 제과점과 우유가게 주인이 얼마나 성을 냈을지 상상이 갈 것이다. 마르트와 이야기를 하고 나면 그들도 온갖 변명을 늘어놓아야 했지만 말이다.

집주인에게는 스물두 살짜리 아들이 있었다. 그가 군대에서 휴가를 나왔기에 마르트는 그를 초대하여 차를 대접했다.

그날 저녁, 아래층에서 큰 소리가 났다. 두 번 다시 세입자를 만나서는 안 된다는 것이었다. 우리 아버지는 내가 무슨 일을 해도 반대한 적이 없었으므로 나는 이 멍청한 아들이 얌전히 아버지 명령에 따르는 것에 깜짝 놀랐다.

다음 날, 우리가 정원을 지나다 보니 집주인의 아들은 밭을 갈고 있었다. 아마 벌을 받는 모양이었다. 어쩐지 어색했지만 아무튼 그는 인사를 하지 않으려고 고개를 돌렸다.

마르트는 그런 크고 작은 일들로 괴로워했다. 그녀는 총명하고 한결같은 사랑을 하는 만큼, 행복이 이웃 사람들의 시선을 신경 쓰면서 얻을 수 있는 것이 아님을 깨달았다. 마치 진정한 시는 '비난받는' 시라고 확신하면서도 때로는 자신들이 경멸하는 세상의 평가를 얻지 못해 힘들어하는 시인들 같았다.

나의 모험에는 늘 시의원들이 한 역할을 했다. 마르트의 집 아래층에 살고 있는 마랭 씨는 흰 수염을 기르고 키가 큰 노인으로 J의 옛 시의원이었다. 전쟁이 시작되기 전에 의원직에서 물러났지만, 기회만 있으면 언제든 조국에 봉사하길 원했다. 그는 정계를 비난하는 것만으로 만족하며 아내와 둘이서 지냈다. 새해를 맞이할 무렵 말고는 손님이 찾아오지 않았으며 노부부도 남의 집을 방문하지 않았다.

그런데 며칠 전부터 아래층이 시끄러웠다. 우리 방에서는 아래층의 자그마한 소리까지 들리기 때문에 소음이 더욱 뚜렷하게 들렸다. 먼저 마룻바닥에 초칠을 하는 일꾼이 찾아왔다. 마랭 부부의 하녀는 집주인 하녀의 도움을 받아 정원에서 은그릇을 닦고 구리촛대의 녹을 벗겨냈다. 우리는 우유가게 주인의 이야기를 통해 마랭 씨가 집에서 깜짝 모임을 준비하고 있다는 것을 알았다. 모임의 목적이 무엇인지는 수수께끼였다. 마랭 부인이 시장에게 찾아가 모임에 초대하고는 우유 8리터를 배급받을 수 있도록 부탁했다는 것이었다. 시장이 크림 만드는 것도 허가해줄까?

허가는 떨어졌고, 그날이 되자(금요일이었다) 열다섯 명의 명사들이 부인들을 데리고 정각에 찾아왔다. 부인들은 저마다 수유협회나 부상병 구조협회 따위의 발기인으로, 한 사람이 회장을 맡으면 나머지가 회원이 되는 식이었다. 마랭 집안의 안주인은 '품격'을 높이기 위해 문 앞에서 손님들을 맞았다. 비밀스러운 깜짝 행사가 있다는 이유로 음식은 각자가 준비해와야 했다. 부인들은 모두 절약을 권장하며 새로운 요리법을 만들어냈다. 후식은 밀가루를 넣지 않은 과자와 이끼로 만든 크림 등이었다. 부인들은 마랭 집에 도착할 때마다 이렇게 말했다.

"볼품없어 보이지만 맛은 좋을 거예요."

마랭 씨는 이 모임을 이용해 '정계 복귀'를 준비하고 있었다.

그런데 깜짝 행사는 바로 마르트와 나였다. 같은 기차를 타고 학교를 다녔던 친구가 모임에 참가한 명사의 아들이었는데 친절하게도 나에게 그 비밀을 가르쳐주었다. 마랭 부부는 저녁 무렵 우리 방 아래에서 우리가 애무하는 소리를 사람들에게 들려주려고 했다. 이 사실을 알고 우리가 얼마나 놀랐을지 상상해보기 바란다.

마랭 부부는 엿듣는 즐거움이 마음에 들어 다른 사람들과 나누려 한 게 분명했다. 물론 마랭 부부는 존경받는 사람들이니 도덕이란 이름으로 이 파렴치한 행동을 하려고 했다. 시를 대표하는 훌륭한 명사들을 모아서 자신들의 분노를 나누려고 생각한 것이다.

손님들이 자리에 앉았다. 마랭 부인은 내가 마르트의 집에 와 있는 것을 확인하고 마르트의 방 바로 아래에 식탁을 차렸다. 부인은 발을 동동 굴렀다. 아마 공연의 시작을 알리는 무대감독의 지팡이가 갖고 싶었을 것이다. 자신의 부모를 골려주고 자기 또래에 대한 의리를 지키기 위해 비밀을 가르쳐준 친구 덕분에 우리는 침묵을 지켰다. 나는 마르트에게 이 모임이 열리는 목적을 말하지 못했다. 시곗바늘을 가만히 노려보는 마랭 부인의 쭈그러진 얼굴과 안달이 난 손님들의 모습이 머릿속에 그려졌다. 마침내 7시쯤 되자 아무 수확도 거두지 못한 손님들은 돌아가기 시작했다. 마랭 부부를 비열한 사기꾼이라는 둥 일흔 살이나 된 가엾은 마랭 씨를 야심가라는 둥 숙덕댔다. 이 시의원 후보는 지키지도 못할 약속을 하고, 시의원에 당선되기도 전에 공약을 어긴 셈이었다. 부인들은 마랭 부인이 과자를 가져오게 하려고 모임을 열었다고 생각했다. 시장도 명사로서 잠깐 얼굴을 비췄었다. 그러나 잠깐 얼굴을 비추고 우유를 8리터나 허가해준 것 때문에 학교 선생인 마랭 부부의 딸과 시장이 깊은 사이라는 소문이 돌았다. 마랭 부부의 딸은 결혼할 때에도 좋지 않은 소문이 돌았었다. 경찰과 결혼하는 것이 학교 선생에게 걸맞지 않다고 여겨졌기 때문이다.

나는 짓궂게도 손님이 돌아간 뒤에야 마랭 부부가 손님들에게 들려주고 싶어한 소리를 냈다. 마르트는 뒤늦게 달아오른 나를 이상하게 생각했다. 더 숨길 수 없었던 나는 마르트가 기분 나빠할지도 모르지만 그 모임의 의미를 들려주었다. 우리는 눈물이 날 정도로 한바탕 웃었다.

계획대로 잘되었다면 마랭 부인은 우리를 너그럽게 대했을지 모르지만, 계획이 실패했기 때문에 우리를 용서하지 않으려 했다. 부인은 우리를 증오했다. 그러나 달리 무슨 방법이 있는 것도 아니고, 익명으로 편지를 쓸 수도 없었기 때문에 부인은 화를 풀 길이 없었다.

5월이 되었다. 마르트의 집에서 그녀를 만나는 횟수는 전보다 줄어들었다. 나는 아침까지 머물 수 있게 가족들을 속일 거짓말을 생각해냈을 때만 그녀의 집에서 잠을 잤다. 거짓말은 일주일에 한두 번쯤 지어냈다. 거짓말이 늘 성공해서 놀라웠다. 사실 아버지는 내 말을 믿지 않았다. 단지 동생들과 하인들이 눈치채지 못하는 한 남다른 너그러움으로 눈감아주셨다. 그래서 세나르 숲으로 나들이를 간다고 했던 날처럼 새벽 5시에 나간다고 말해두면 되었다. 이제 어머니는 도시락 바구니를 준비하지 않았다.

아버지는 모든 것을 참아주었지만, 갑자기 불같이 화를 내며 나의 게으름을 꾸짖기도 했다. 그 꾸짖음은 느닷없이 거세졌다가 곧 잔잔해지는 파도 같았다. 사랑만큼 사람을 열중하게 하는 것은 없다. 사랑에 빠진 사람은 게으르지 않다. 그저 사랑 말고는 아무것도 하지 않는 것뿐이다. 사랑은 자신에게서 사람의 관심을 빼앗아가는 것은 일뿐이라고 어렴풋이 느끼고 있다. 그래서 일을 적대시하고 어떠한 일도 허락하지 않는다. 하지만 사랑은 땅을 촉촉이 적시는 가랑비처럼 자비로운 게으름이다.

청춘이 어리석다면 그것은 게으르지 않았기 때문이다. 우리 교육제도의 약점은 인원수가 많다고 평범한 사람들만을 위하여 만들어졌다는 점이다. 앞을 향해 달려가는 정신에 게으름이란 있을 수 없다. 나는 다른 사람들 눈에 헛되어 보일지도 모르는 오랜 시간 동안 어느 때보다 더 많은 것을 배웠다. 그리고 벼락출세한 사람이 식탁에서 자신의 몸가짐을 신경 쓰듯이 나는 미숙한 나 자신을 돌아보곤 했다.

마르트의 집에서 자지 않는 날, 그러니까 거의 날마다 저녁을 먹고 나면 마른 강변을 따라서 11시까지 산책을 했다. 나는 아버지의 배를 강에 띄웠다. 마르트가 노를 저었다. 나는 그녀의 무릎을 베고 누웠으므로 노를 젓는 데 방해가 되었다. 갑자기 내 머리에 노가 부딪히기도 했는데, 그때마다 이 사랑놀이가 영원하지는 않을 거란 생각이 들었다.

사랑은 행복을 나누고 싶어한다. 그래서 쌀쌀맞던 여자조차 부드러워지고, 상대가 편지를 쓰고 있는 모습만 보면 관심을 끌기 위해 목을 끌어안거나 온갖 교태를 부린다. 나도 마르트가 다른 일을 하느라 나에게 신경을 안쓸 때 그녀에게 키스하고 싶은 욕망을 가장 많이 느꼈다. 그녀가 머리를 빗고 있으면 머리카락을 만지고 헝클어뜨리고 싶었다. 배에서도 나는 그녀에게 달려들어 키스를 퍼부어서 노를 놓치게 만들었다. 배는 풀과 흰색 노란색 수련에 둘러싸인 채 이리저리 멋대로 떠다녔다. 마르트는 이런 내 행동을 보고 내가 열정을 억누르지 못한다고 생각했다. 하지만 나는 그녀를 방해하고 싶은 심술이 동했던 것뿐이었다. 우리는 높다랗게 자란 수풀 뒤에 배를 매어놓았다. 사람들 눈에 띄지 않을까, 배가 뒤집히지는 않을까 하는 걱정 때문에 쾌감은 훨씬 더 커졌다.

그래서 마르트의 집으로 가는 것을 불편하게 만든 집주인 가족들에게 반감 따위는 전혀 갖지 않았다.

나는 자크가 한 번도 하지 않은 방법으로 마르트를 지배하고 싶다는 강박관념에 사로잡혀 있다고 생각했다. 그 때문에 그녀의 살갗 한 부분을 골라 내 입술 말고는 다른 남자의 입술이 닿은 적이 없다고 맹세하게 한 뒤 그곳에만 입을 맞췄다. 그러나 이 모두는 그저 방종에 지나지 않았다. 나는 스스로 그것을 인정했던 것일까? 모든 사랑에는 청년기, 장년기, 노년기가 있다. 나는 뭔가 기묘한 도움을 빌리지 않으면 사랑에 만족할 수 없는 마지막 단계까지 온 것일까? 내 쾌락은 습관에 바탕을 두고 있지만, 그 습관에도 조금씩 여러 가지 사소한 변화를 줘야만 쾌감이 강렬해졌던 것이다. 약물중독자는 치사량에 가까울 정도로 약을 늘려서가 아니라 투약시간을 바꾸거나 속임수로 신체 리듬을 어지럽힘으로써 황홀감을 느끼게 된다.

나는 마른 강 왼쪽 기슭을 좋아했기에 이따금씩 분위기가 전혀 다른 오른쪽 기슭으로 가서 왼쪽 기슭을 건너다보곤 했다. 성실한 느낌이 드는 오른쪽 기슭에는 채소를 재배하거나 농사일을 하는 사람들이 주로 사는 반면, 내가 좋아하는 왼쪽 기슭에는 한가로운 사람들이 많았다. 나와 마르트는 배를 나무에 매어놓고 밀밭으로 들어가 바닥에 누웠다. 해질녘 산들바람에 밀 이삭들이 수런거렸다. 우리의 이기심은 자크를 희생했듯이 이 은밀한 장소에서 밀이 우리의 애정행각에 짓이겨지든 말든 전혀 신경 쓰지 않았다.

모든 것이 한때뿐이라는 느낌이 향수처럼 나의 관능을 자극했다. 길에서 마주친 여자와 사랑 없이 즐기는 쾌락과도 비슷했으며, 여느 때보다 거친 이 쾌락을 느끼면 다른 쾌락은 시들해져버렸다.

이미 나는 새로 자리를 깐 침대에서 혼자 깨끗하고 자유롭게 자는 것을 좋아하기 시작했다. 좀더 조심해야 한다는 핑계로 이제는 마르트의 집에서 잠을 자지 않았다. 그녀는 나의 자제력에 놀라워했다. 나는 여자들이 잠에서 깼을 때 내는 천사 같은 목소리가 너무나 싫었다. 여자들은 타고난 배우들이라 매일 아침 하늘에서 내려온 천사라도 되는 듯 연극을 한다.

나는 이러한 나의 위선을 스스로 비난하고, 전보다 마르트를 사랑하는지 아니면 사랑하지 않는지 며칠이나 곰곰 생각했다. 사랑은 모든 것을 복잡하게 만들었다. 마르트의 말에 좀더 깊은 뜻이 담겨 있다고 생각해 오해를 하거나, 그녀의 침묵을 잘못 판단하기도 했다. 하지만 내가 늘 틀렸다고 할 수 있을까? 설명하기 어려운 어떤 충격이 가해지면서 내 생각이 틀리지 않았다고 깨닫는 순간이 더러 있었다. 쾌락도 고통도 전보다 더 강해졌다. 마르트 옆에서 잘 때면 집에 돌아가 혼자 자고 싶어졌다. 그러니 함께 사는 건 견딜 수 없었을 것이다. 그러면서도 마르트 없는 삶은 상상할 수가 없었다. 나는 불륜을 저지른 대가가 어떤 것인지 서서히 깨닫기 시작했다.

우리가 사랑하기 전에 자크와 같이 살 집의 가구를 내 마음대로 고르게 해준 마르트가 이제는 원망스러웠다. 내 즐거움을 위해서가 아니라 자크가 불쾌하도록 고른 그 가구들이 지긋지긋하게만 느껴졌다. 나는 심사가 뒤틀렸지만 아무 변명도 할 수 없었다. 마르트가 혼자서 가구를 고르게 하지 않은 것이 후회스러울 따름이었다. 그랬다면 처음에는 마음에 들지 않았어도 그녀에 대한 사랑 때문에 점점 그 가구에 익숙해져서 얼마나 기뻐했을까! 이 익숙해진다는 특권이 자크에게 돌아간 것을 생각하자 질투가 났다.

"함께 살게 되면 이 가구들은 치워버리고 싶어."

내가 차갑게 이런 말을 내뱉으면 마르트는 순진한 눈을 크게 뜨고 나를 가만히 바라보았다. 그녀는 내가 하는 말이라면 뭐든지 따랐다. 그녀는 그 가구를 고른 사람이 나라는 사실을 내가 잊은 모양이라고 생각했을 테지만 굳이 그것을 떠올리게 하지는 않았다. 내 기억력이 나쁜 것을 속으로만 아쉬워했을 뿐이다.

6월 초, 마르트는 자크에게서 편지 한 통을 받았다. 그는 처음으로 사랑 말고 다른 이야기를 했다. 몸이 아파 부르주* 병원으로 후송된다는 것이었다. 나는 자크가 아프다는 것을 알고 기뻐하지는 않았지만, 그가 마르트에게 뭔가 할 이야기가 있다고 해서 어쩐지 마음이 놓였다. 자크는 이튿날이나 그 다음 날 기차로 J역을 지나가니까 플랫폼으로 나와달라고 아내에게 부탁했다. 마르트는 편지를 나에게 보여주었다. 그리고 내 지시를 기다렸다.

사랑은 마르트를 노예로 만들었다. 처음부터 이렇게 순종적인 태도로 나오니 가라고도 가지 말라고도 할 수 없었다. 나는 동의한다는 뜻으로 말없이 가만히 있었다. 그녀가 잠깐 남편을 만나는 것을 내가 어찌 막을 수 있겠는가. 그녀는 그녀대로 가만히 있었다. 그래서 하나의 암묵적인 약속을 맺고 나는 그다음 날 그녀의 집에 가지 않았다.

이틀 뒤 아침, 심부름꾼이 내 앞으로 온 편지를 집으로 가지고 왔다. 마르트가 보낸 편지였다. 강가에서 나를 기다리겠다고 쓰여 있었다. 만일 자신을 사랑한다면 꼭 와달라고 했다.

나는 마르트가 기다리고 있는 강가의 벤치까지 달려갔다. 편지와는 딴판으로 차갑게 인사하는 말투에 나는 몸이 얼어붙을 것만 같았다. 나는 그녀의 마음이 변했다고 생각했다.

그러나 마르트는 그저께 내 침묵을 반대로 해석한 것뿐이었다. 암묵의 약속 따위는 꿈에도 생각하지 못했다. 몇 시간이나 애를 태운 그녀는 내가 멀쩡한 것을 보고 원망 섞인 말을 했다. 내가 죽지 않는 이상, 어제 만나러 오지 않을 이유가 없다는 것이었다. 나는 놀라움을 감출 수 없었다. 나는 아내로서의 의무를 존중했기 때문에 자크를 만나러 가는 데 동의한 것이라고 마르트에게 설명했다. 그녀는 반신반의했다. 나는 화가 나서 이번만큼은 거짓

---

*프랑스 중부 도시.

말이 아니라고 말할 뻔했다. 우리는 울음을 터뜨렸다.

하지만 이 혼란은 둘 중 어느 한 사람이 결말짓지 않으면 끝없이 계속되어 서로를 지치게 할 뿐이다. 결국 자크에 대한 마르트의 태도는 나를 기쁘게 했다. 나는 마르트를 끌어안고 달래주었다.

"가만히 있었던 게 잘못이었어."

우리는 이제 서로의 생각을 숨기지 않기로 약속했지만 나는 그런 일이 가능하다고 믿는 그녀가 조금 가여웠다.

자크는 J역에서 여기저기 둘러보며 마르트를 찾았고, 기차가 집 앞을 지날 때 창의 덧문이 열려 있는 것을 보았다고 했다. 그는 자신을 안심시켜달라고 편지로 애원했다. 그는 부르주로 와달라고 했다.

"가야 해."

나는 이 짧은 말이 비난처럼 들리지 않도록 주의하며 말했다.

"너도 같이 가면 갈게." 그녀가 말했다.

그건 양심에 어긋나는 일이었다. 하지만 마르트의 무분별한 말과 행동도 애정의 표현이라 생각하자 나의 화는 곧 고마움으로 바뀌었다. 화가 났지만 곧 누그러졌다. 나는 그녀의 순진함에 감동해서 부드럽게 말했다. 마치 달을 따달라고 졸라대는 어린아이를 달래듯 그녀를 대했다.

나는 내가 함께 가는 것은 매우 비도덕적인 행동이라고 말해주었다. 나의 대답은 모욕을 당한 애인이 사납게 내뱉는 대답처럼 들리지 않아서 한층 효과가 있었다. 마르트가 내 입에서 '도덕'이라는 말을 들은 것도 처음이었다. 이 말은 때마침 딱 들어맞는 말이었다. 그녀는 천성이 나쁘지 않아서 나처럼 우리 사랑의 도덕성에 대해 의심을 가졌을 것이 틀림없기 때문이다. 지나치게 부르주아적인 편견에 반항하기는 했지만 그녀 역시 부르주아의 딸이었다. 그러니 만약 내가 이 말을 하지 않았다면 그녀는 나를 비도덕적인 사람이라고 생각했을지도 모른다. 하지만 다른 한편으로는 그녀에게 주의를 준 것이 이때가 처음이었으므로 내 충고는 이제껏 우리가 나쁜 짓을 한 적이 없다고 생각한 증거가 되었다.

마르트는 이 위험한 밀월여행에 아직 미련이 남았지만 이제는 그것이 불가능한 일임을 이해했다.

"그럼 나도 가지 말라고 해줘." 그녀가 말했다.

무심코 내뱉은 '도덕'이란 말 때문에 나는 그녀 양심의 지도자가 되었다. 새로운 권력에 취한 폭군처럼 나는 이 말을 함부로 썼다. 힘이란 부당하게 쓰이지만 않으면 겉으로 드러나지 않는 법이다. 그래서 나는 마르트가 부르주에 가지 않아도 괜찮다고 하고, 그녀를 이해시킬 이유를 여러 가지 생각했다. 여행은 피곤하다든가 자크는 곧 회복할 거라는 이유를 들었다. 그것으로 자크나 시댁 식구들에게 마르트의 행동을 변호하는 데 충분했다. 나에게 좋은 방향으로 그녀를 이끌어가자 그녀는 점점 나와 닮아갔다. 그것은 우리의 행복을 깰 만한 일이었고, 나는 그 때문에 스스로를 책망했다. 그녀가 나와 닮았다는 것, 게다가 내가 그렇게 만들었다는 것이 나를 기쁘게 하면서도 화나게 했다. 그것은 우리가 서로를 이해하는 데 도움이 되는 한편, 앞으로 우리가 파탄에 이를 불씨가 될 수도 있었기 때문이다. 이렇게 이도 저도 아닌 우유부단함을 조금씩 마르트에게 감염시켜, 마침내 결단을 내려야 할 때가 와도 마르트는 아무것도 못 하게 되리라. 다른 아이들은 얼른 파도가 오지 않는 곳으로 옮겨가 모래성을 짓고 있는데도 나는 팔짱만 낀 채 파도가 모래성을 부수지 않기를 바라는 아이 같았다. 정신적으로 닮아가자 외모까지 닮아갔다. 이를테면 눈매나 걸음걸이가 비슷해졌다. 모르는 사람들은 몇 번이나 우리를 남매로 착각했다. 사랑이 우리 안에 심어져 있던 유사성의 싹을 틔운 것이다. 아무리 조심해도 몸짓 하나, 목소리 억양 하나까지 우리가 연인 사이임을 드러낼 날이 늦든 빠르든 오고 말 터였다.

마음속에 이성으로는 알지 못하는 도리가 있다면, 이성은 틀림없이 마음보다 이치에 닿지 못하는 것이다. 인간은 모두 자신의 모습을 사랑하거나 증오하지만 다른 사람에게는 관심이 없는 나르시스가 분명하다. 이 본능이 우리를 이끌고, 풍경이나 여자나 시 앞에서 멈추라고 외친다. 이런 충동을 느끼지 않고도 그것들에 감탄할 수는 있지만 본능의 외침처럼 충격을 느끼지는 못한다. 자신과 닮은 것을 구분하는 본능만이 진실로 이끌어주는 유일한 길이다. 하지만 무지한 사람들은 늘 겉이 똑같은 형태밖에 구분하지 못하기 때문에 사회에서 도덕을 해치지 않는 것처럼 보인다. 그리하여 어떤 남자들은 가장 비밀스러운 곳에야말로 깊고 커다란 유사성이 존재하는 줄도 모른 채 '금발머리' 아가씨들만 쫓아다니는 것이다.

며칠 전부터 마르트는 슬퍼 보이지는 않지만, 심란한 듯했다. 슬프기도 하고 심란한 이유는 7월 15일이 다가오는 게 걱정스러운 탓이라고 짐작됐다. 그날 마르트는 회복기에 들어선 자크와 자크의 가족들을 망슈 해변*에서 만나기로 되어 있었다. 이번에는 마르트가 침묵했고, 내가 뭔가 말하면 깜짝 놀라기까지 했다. 그녀는 참기 어려운 일을 참고 있었다. 친정집에 가면 늘 모욕을 당해야만 했다. 어머니는 신랄하게 비꼬았고, 어수룩한 아버지도 설마 하면서 딸에게 애인이 있는 것은 아닌지 의심했다.

왜 마르트는 그 모두를 참았던 것일까? 내가 그녀에게 모든 일을 중요하게 생각하지 말고 별것도 아닌 일을 걱정하지 말라고 나무랐기 때문일까? 그녀는 행복해 보였다. 하지만 뭔가 특별한 행복감이라 약간 어색해하는 것도 같았다. 나는 그것을 나눠 가질 수 없어서 기분이 조금 언짢았다. 마르트가 내 침묵이 자기에게 냉담하다는 증거라고 할 때는 유치하다고 생각했던 내가 이번에는 말 없는 마르트더러 사랑이 식었다고 비난했다.

마르트는 임신했다는 사실을 나에게 말하기 어려웠던 것이다.

---

* 영국해협을 면한 프랑스 북쪽 노르망디의 해수욕장.

나는 그 소식을 듣고 기뻐 보이려 애썼다. 하지만 처음에는 깜짝 놀라기만 했다. 내가 무언가를 책임진다는 생각은 해본 적도 없는데 가장 난처한 책임을 지게 된 것이다. 별일 아니라고 생각할 만큼 어른이 되지 못한 스스로에게 화가 치밀기도 했다. 마르트는 어렵게 말을 꺼냈다. 우리를 가깝게 할 순간이 오히려 우리를 갈라놓지는 않을까 두려웠던 것이다. 내가 기쁜 척을 하자 그녀는 걱정을 씻어냈다. 그녀는 부르주아적인 도덕관이 뿌리 깊게 남아 있었다. 그래서 임신한 아이는 우리가 저지른 잘못에 대한 벌이 아니라 우리 사랑을 축복해주려고 하늘이 주신 증거라 생각했다.

마르트는 이제 임신한 이상 내가 자신을 결코 버리지 않으리라 생각했지만 나는 당황스러웠다. 우리 나이에 아이를 갖고 청춘을 속박당하는 것은 불가능하고 부당한 일 같았다. 나는 처음으로 물질적인 면에 대해서도 걱정했다. 집에서 쫓겨날지도 모른다고 생각했던 것이다.

이미 아이를 사랑하게 되었지만 나는 사랑하면 할수록 거부하려 했다. 아이의 비극적인 삶을 책임지고 싶지 않았다. 그런 삶은 살 수 없을 것만 같았다.

본능은 우리의 안내자다. 게다가 우리를 파멸로 이끄는 안내자다. 어제 마르트는 자신의 임신이 우리 사이를 멀어지게 하지 않을까 두려워했다. 하지만 오늘은 그 어느 때보다도 나를 사랑한다고 여겨, 내 사랑도 자신의 사랑만큼 점점 깊어지고 있다고 믿었다. 어제는 아이를 거부하던 나도 오늘은 마르트에 대한 사랑을 나눠 아이를 사랑하기 시작했다. 우리의 관계가 시작됐을 때, 내 마음이 다른 사람들과 나누던 사랑을 그녀에게 주었던 듯이 말이다.

이제 마르트의 배 위에 입을 맞추더라도 내가 입을 맞추는 것은 그녀가 아니라 내 아이였다. 아! 마르트는 이제 내 여자가 아니라 한 아이의 어머니였다.

나는 더 이상 우리 둘이 있을 때처럼 행동하지 않았다. 우리 곁에는 늘 우리를 지켜보는 증인이 있었고, 우리는 그 증인에게 우리의 행동을 보고해야 했다. 나는 이 갑작스러운 변화를 받아들이지 못하고 마르트에게만 책임을 돌렸다. 그러나 만약 그녀가 나에게 사실을 말하지 않았다면 용서할 수 없었으리라는 생각이 들었다. 때로는 마르트가 우리의 사랑을 조금 더 이어나가려고 거짓말을 한 것이라고, 이 아이는 내 아이가 아니라고 생각하기도 했다.

나는 안정이 필요한 환자처럼 어느 쪽을 향해 누워야 할지 알 수가 없었다. 지금 내가 사랑하는 마르트가 전과는 다른 사람 같았고, 내 아이가 자크의 아이라고 믿어야만 행복할 수 있다는 생각이 들었다. 이렇게 발뺌하려는 나 자신이 끔찍했다. 마르트를 포기해야 할 것 같았다. 아무리 나 스스로를 어른이라고 생각해봐야 소용없었다. 눈앞의 현실이 너무나 심각해서 허세를 부려봐도 이런 분별없는 생활(그때는 현명하다고 생각했지만)이 계속되는 것은 불가능해 보였다.

결국 자크는 돌아올 것이기 때문이었다. 그는 이 비상 시기가 지나면, 특별한 상황 때문에 아내에게 배신당한 많은 병사들과 마찬가지로 부정을 저지른 내색 없이 애처롭고 순종적인 아내를 다시 만날 수 있을 것이다. 하지만 아이는 그녀가 휴가 중에 남편과 관계를 맺지 않고서는 설명할 수가 없었다. 나는 비겁하게도 그렇게 하라고 마르트에게 사정했다.

이제까지 많은 사건들이 있었지만 이번 일은 특히나 이상하고 괴로웠다. 나는 마르트가 별로 저항하지 않는 것이 뜻밖이었다. 그 이유는 나중에 알게 되었다. 마르트는 지난번 휴가 때 자크와 관계를 가지고도 나에게 고백하지 못했던 것이다. 그래서 내 말에 따르는 척하다가 그랑빌에서는 몸이 안 좋다는 핑계로 자크와 잠자리를 거부할 생각이었다. 하지만 그런 단계를 거치더라도 날짜 문제는 간단한 것이 아니라서 출산일과 일치하지 않으면 의심을 살 염려가 있었다.

나는 생각했다. '뭐, 괜찮아! 그때까지는 아직 시간이 있어. 마르트의 부모님은 문제가 생기기를 바라지 않으실 거야. 그러니 마르트를 시골로 데려가서 출산 소식을 늦게 전할 수도 있지.'

마르트가 떠나야 할 날이 다가왔다. 나는 그녀가 없는 동안을 이용할 수 있었다. 한번 시도해보는 것이었다. 나는 마르트에게서 벗어나고 싶었다. 만약 그럴 수 없다면 내 사랑이 아직 식지 않은 셈이니 다시 충실한 마르트에게 돌아가면 그만이었다.

마르트는 7월 12일, 오전 7시에 떠났다. 나는 그 전날 밤, J마을에서 머물렀다. 나는 J마을로 가면서 하룻밤을 꼬박 새겠다고 마음먹었다. 앞으로 남은 인생에서 마르트를 필요로 하지 않을 만큼 애무해줄 생각이었다.

그러나 자리에 누운 지 15분도 되지 않아 잠들어버렸다.

평소에는 마르트가 옆에 있으면 잠을 잘 이루지 못했다. 그런데 그날은 처음으로 혼자 잘 때처럼 푹 잤다.

내가 눈을 떴을 때 마르트는 벌써 일어나 있었다. 그녀는 나를 깨울 수 없었던 것이다. 기차 시간까지는 30분밖에 남지 않았다. 잠을 자느라 그녀와 함께하는 마지막 시간을 낭비한 것이 화가 났다. 마르트도 이별을 슬퍼하고 있었다. 하지만 나는 마지막 순간에 우느니 다른 일을 하고 싶었다.

마르트는 내게 열쇠를 건네주며 말했다. 이곳에 와서 우리 생각도 하고 자기 책상에서 편지를 써달라고.

나는 파리까지 배웅하지 않겠다고 다짐했었다. 그러나 마르트의 입술을 원하는 욕망을 이길 수 없었다. 나는 비겁하게도 그녀에 대한 사랑을 거두고 싶었으므로 이 욕망은 이별 때문에 끓어오른 것이라고, 오늘이 '마지막'이란 사실 탓이라고 스스로에게 둘러댔다. 하지만 이 마지막이라는 것은 잘못된 생각이었다. 그녀가 원하지 않는 한 마지막이란 있을 수 없다고 확실히 느꼈으니까.

마르트가 시부모님을 만나기로 되어 있는 몽파르나스 역에서도 나는 거리낌 없이 그녀에게 키스를 했다. 이때도 마르트의 시부모님이 나타나 결정적인 비극이 닥칠지도 모른다는 사실이 나를 자극한 것뿐이라고 내 행동에 대한 변명거리를 찾았다.

마르트 집에 갈 때만을 기다리던 생활에 익숙한 나는 F마을로 돌아와 마음을 가라앉히려고 했다. 정원을 거닐거나 책을 읽으려고 애썼다. 또 여동생들과 숨바꼭질을 했는데, 5년 만의 일이었다. 저녁이 되면 의심을 사지 않으려고 산책을 나갔다. 평소에는 마른 강까지 가는 길이 가볍기만 했다. 그런데 그날 저녁은 돌부리에 걸리고, 숨이 차고, 가까스로 걸음을 옮겼다. 배에 눕자 태어나 처음으로 죽고 싶었다. 하지만 사는 것만큼이나 죽는 것도 불가능한 나는 자비로운 살인자가 나를 죽여주었으면 했다. 사람이 권태나 고뇌로 죽을 수 없는 것이 아쉬울 따름이었다. 욕조에서 물이 빠져나가는 듯한 소리와 함께 머릿속이 점점 비워졌다. 마지막에 한 번 물 내려가는 소리가 길게 들리고 나자 머릿속은 텅 비었다. 어느새 나는 잠이 들었다.

7월의 새벽 추위에 잠이 깼다. 나는 덜덜 떨면서 집에 돌아왔다. 집 대문은 활짝 열려 있었다. 아버지가 응접실에서 차갑게 나를 맞았다. 어머니가 아파서 의사를 부르려고 하녀더러 날 깨우라고 했다고 한다. 그 때문에 내가 집에 없었던 사실이 집안사람들 모두에게 알려졌다.

나는 조용히 아버지의 꾸중을 들으며 이 친절한 재판관의 본능적인 마음 씀씀이에 놀라워했다. 비난받아 마땅한 수천 가지 잘못 가운데 딱 하나 결백한 점을 골라 꾸짖음으로써 변명의 여지를 주었기 때문이다.

나는 변명하지 않았다. 그건 너무나 어려웠다. 그냥 내가 J마을에서 돌아오는 길이라고 믿게끔 내버려두었다. 게다가 아버지가 저녁 식사 뒤에 외출을 금지해서 나는 속으로 감사하게 생각할 정도였다. 아버지는 또다시 내 공모자가 되어 이제 혼자서 산책을 나가지 않아도 되는 핑계를 만들어준 것이다.

나는 우체부를 기다렸다. 그것이 나의 생활이었다. 잊으려는 노력은 전혀 할 수 없었다.

마르트는 자기가 보낸 편지를 뜯을 때에만 쓰라고 페이퍼 나이프를 내게 주었다. 내가 그것을 쓸 수 있겠는가? 나는 마음이 급해 그냥 봉투를 찢었다. 그럴 때마다 부끄러워서 다음부터는 15분 동안 봉투를 찢지 않고 가만 두겠다고 다짐했다. 그 방법으로 자제력이 생겨서 편지를 뜯지 않은 채 주머니 속에 넣어둘 수 있었으면 했다. 그러나 이 방법은 늘 다음으로 미루어졌다.

어느 날은 나 자신의 나약함에 화가 나 편지를 읽지도 않고 찢어버렸다. 편지 조각이 정원으로 흩어지는 순간 나는 허둥지둥 밖으로 달려갔다. 편지 안에는 마르트의 사진이 들어 있었다. 미신을 잘 믿고 별것 아닌 일도 비극적으로 해석하는 내가 마르트의 얼굴을 찢어버린 것이다. 나는 거기서 하늘의 경고를 보았다. 네 시간에 걸쳐 편지와 사진을 붙이고 나서야 불안이 진정되었다. 일찍이 이렇게까지 노력한 적은 없었다. 마르트에게 불행이 닥칠지도 모른다는 두려움에 사로잡혀 나는 눈이 흐릿해지고 신경이 곤두서는 이 멍청한 일을 계속했다.

의사는 마르트에게 해수욕을 권했다. 나는 스스로 심술궂다고 생각하면서도, 나 말고 다른 남자에게 마르트의 몸을 보여주고 싶지 않아서 해수욕을 하지 말라고 했다.

어쨌든 마르트는 그랑빌에서 한 달을 지내야 하기에 차라리 자크가 함께 있는 것이 다행이라 생각했다. 마르트가 가구를 사러 간 날에 보여준 흰 옷을 입은 자크의 사진을 떠올렸다. 내가 가장 두려운 것은 해수욕장에 있는 젊은 남자들이었다. 그들은 나보다 잘생기고, 힘도 세고, 세련된 사람들이리라 생각했던 것이다.

마르트의 남편이 그 남자들로부터 그녀를 지켜줄 것이다.

주정뱅이가 아무에게나 키스를 해대듯이, 나는 부드러운 마음이 차오를수록 자크에게 편지를 써서 내가 마르트의 애인이라고 고백하고 애인으로서 마르트를 부탁하는 상상을 했다. 가끔은 자크와 나에게 사랑받는 마르트가 부럽기도 했다. 우리가 함께 그녀를 행복하게 해줘야 하지 않을까? 이렇게 흥분할 때마다 나는 스스로가 관대한 애인이라고 생각했다. 자크와 친해져서 모든 일을 설명하고, 우리가 서로 질투할 이유는 없다고 알려주고 싶었다. 그러다가도 증오가 이 다정한 마음을 원래대로 되돌리곤 했다.

마르트는 편지를 보낼 때마다 자기 집에 가보라고 부탁했다. 그녀의 이런 고집은 독실한 신자였던 숙모를 떠올리게 했다. 숙모는 내가 할머니 무덤에 한 번도 가보지 않는다며 나를 야단쳤었다. 나는 성지를 참배하는 본능이 결핍되어 있었다. 지루한 의무감은 죽음이나 사랑을 한곳에 메어둘 뿐이다.

묘지나 어떤 방에 가지 않으면 죽은 사람이나 곁에 없는 애인을 생각할 수 없는 것일까? 나는 그것을 마르트에게 설명하지 않고 그냥 그녀의 집에 갔다고 했다. 숙모에게 무덤에 다녀왔다고 했던 것처럼. 그런데 뜻밖에 정말로 마르트의 집에 가야 할 일이 생겼다.

어느 날 나는 기차에서 스웨덴 아가씨를 만났다. 마르트와 편지를 주고받다가 신원보증인으로부터 마르트와 만나지 말라고 주의를 받았던 아가씨다. 나는 외롭던 터라 이 아가씨의 철없는 매력에 끌렸다. 나는 다음 날 J마을의 마르트 집으로 차를 마시러 오라고 했다. 그녀가 겁을 먹지 않도록 마르트가 집에 없는 사실을 숨겼다. 심지어 오랜만에 마르트를 만나면 그녀가 매우 기뻐할 거라고 덧붙였다. 맹세하건대, 그때는 내가 무슨 일을 하려는 건지 스스로도 잘 몰랐다. 나는 친구가 되자마자 상대를 놀래주고 싶어하는 아이처럼 행동했다. 마르트가 없다는 사실을 알게 될 때 천사 같은 스웨덴 아가씨가 놀라거나 화내는 표정이 보고 싶어서 견딜 수 없었다.

그렇다. 분명 그녀를 놀래주고 싶은 유치한 장난이었다. 스웨덴 아가씨는 이국정취를 갖고 있어서 말 한 마디를 할 때마다 나를 놀라게 했지만, 나는 그녀를 놀래줄 만한 게 아무것도 없었기 때문이다. 서로 잘 통하지 않는 사람들이 갑작스레 친해지는 것만큼 즐거운 일은 없다. 스웨덴 아가씨는 파란 에나멜을 칠한 작은 황금 십자가를 목에 걸고 있었다. 보기 싫은 드레스 위로 그 십자가를 늘어뜨리고 있었는데, 나는 내 취향대로 옷을 바꿔 입히고 싶었다. 살아 있는 인형 같았다. 기차가 아닌 다른 곳에서 그녀를 다시 만나고 싶은 욕망이 점점 커졌다.

피지에 전문학교 학생 같은 차림새가 그녀의 수녀원 기숙학생인 듯한 분위기를 망쳐놓았다. 실제로 그녀는 피지에 전문학교에서 하루에 한 시간씩 프랑스어와 타자기를 배웠는데 큰 효과는 없었다. 그녀가 타자기로 친 숙제를 보여주었다. 단어마다 틀린 부분이 있어서 선생님이 여백에 고쳐 써놓았다. 그녀는 직접 만든 것이 분명한 끔찍한 손가방에서 백작 문장이 새겨진 담뱃갑을 꺼내었다. 내게 담배 한 개비를 내밀었다. 자기는 피지 않지만 친구들이 피워서 담뱃갑을 늘 가지고 다닌다고 했다. 그녀는 세례요한의 밤이라든가 블루베리 잼 같은 스웨덴 풍습에 대해 이야기를 했는데, 나는 잘 아는 척했다. 그다음에는 전날 스웨덴에서 보내주었다며 손가방에서 쌍둥이 동생의 사진을 꺼냈다. 할아버지의 것으로 보이는 실크 모자만 쓴 채 알몸으로 말을 타는 모습이었다. 나는 얼굴이 빨개졌다. 쌍둥이 동생이 그녀와 꼭 닮은지라 나를 놀리려고 자기 사진을 보여준 게 아닌지 의심스러웠다. 나는 이 순진한 장난꾸러기에게 키스하고 싶은 욕망을 억누르려고 입술을 깨물었다. 야수 같은 표정을 짓고 있었던 게 분명하다. 그녀가 놀라서 위험신호를 보내고 있었으니까 말이다.

다음 날, 그녀는 4시에 마르트의 집으로 왔다. 나는 마르트가 파리에 갔지만 곧 돌아올 거라고 그녀에게 말했다. 그리고 이렇게 덧붙였다.

"돌아올 때까지 당신을 보내지 말라고 했어요."

나는 한참 있다가 사실을 털어놓을 생각이었다.

다행히 그녀는 먹는 것을 좋아했다. 나의 식욕은 별난 형태로 나타났다. 파이나 산딸기 아이스크림에는 전혀 식욕을 느끼지 않고, 그녀의 입술에 다가갈 수 있는 파이나 아이스크림이 되고 싶었다. 나는 나도 모르게 입술을 찡그렸다.

내가 스웨덴 아가씨를 탐낸 것은 방탕함이 아니라 식욕 탓이었다. 입술이 안 된다면 뺨이라도 좋았다.

나는 그녀가 내 말을 알아듣기 쉽도록 한 마디씩 정확하게 발음했다. 늘 조용한 나이지만 그녀와의 즐거운 소꿉놀이에 흥분한 나머지 빨리 말할 수 없는 게 안타까웠다. 나는 수다를 떨고 유치한 고백도 하고 싶었다. 내 귀를 그녀의 입에 바싹 댔다. 나는 그녀의 유치한 말에 푹 빠졌다.

그녀에게 리큐어 한 잔을 억지로 권했다. 그리고 나니 술에 취한 새처럼 그녀가 안쓰러웠다.

그녀가 취하면 내 계획대로 하기 쉬우리라 생각했다. 그녀가 스스로 입술을 내어주든 그렇지 않든 상관없었다. 마르트의 방에서 이런 짓을 하는 것은 옳지 않다고 생각했지만, 이 일로 우리 사랑이 틀어질 리 없다고 속으로 되풀이해 말했다. 과일을 먹고 싶어하듯 스웨덴 아가씨를 탐내는 것이었으므로 애인이 질투할 만한 일도 아니었다.

그녀의 손을 잡자 내 손이 크고 억세 보였다. 나는 그녀의 옷을 벗기고 몸을 어루만져주고 싶었다. 그녀는 소파에 누워 있었다. 나는 자리에서 일어나 아직도 솜털이 나 있는 그녀의 이마로 머리를 숙였다. 그녀는 가만히 있었지만, 내 키스를 받고 기뻐했기 때문은 아니다. 그녀는 화를 내지도 못하고, 프랑스어로 정중하게 거절할 방법을 몰랐던 것이리라. 나는 그녀의 볼을 살짝 깨물었다. 복숭아처럼 달콤한 즙이라도 흘러나오기를 기대하면서.

마침내 나는 그녀의 입술에 키스했다. 그녀는 인내심 강한 산 제물처럼 눈을 감고 입을 다문 채 내 애무를 받았다. 그녀가 보인 거부의 몸짓은 그저 머리를 양쪽으로 가볍게 젓는 것뿐이었다. 내 머리는 그렇지 않았지만, 내 입술은 그것을 받아들이겠다는 뜻으로 착각했다. 나는 마르트와 있을 때조차 그래본 적이 없을 만큼 그녀 옆에 꼭 붙어 있었다. 그녀의 저항이라 할 수 없는 저항이 나의 대담함과 게으름을 자극했다. 나는 너무나 순진했기에 다음 단계도 순조롭게 진행되어 그녀를 쉽게 범할 수 있을 거라고 생각했다.

나는 여자의 옷을 벗겨본 적이 없었다. 오히려 여자들이 내 옷을 벗겨주었다. 그래서 나는 서투른 손길로 그녀의 구두와 스타킹을 벗겼다. 그녀의 발과 다리에 입을 맞추었다. 하지만 블라우스 단추를 풀려고 하자 스웨덴 아가씨는 마치 자러 가기 싫은데 억지로 옷을 벗는 말괄량이처럼 버둥거렸다. 그녀는 나를 마구 발로 찼다. 나는 허공에 뜬 다리를 붙잡아 누르며 입을 맞추었다. 그러나 결국 싫증이 났다. 크림이나 과자를 너무 많이 먹어서 식욕이 사라지듯 말이다. 나는 내 거짓말을 털어놓고, 마르트는 여행 중이라고 했다. 그리고 나중에 마르트를 만나도 나와 만난 일을 결코 말하지 말라고 당부했다. 내가 마르트의 애인이라고 밝히지는 않았지만 그녀가 눈치챌 수 있도록 했다. 나는 그녀에게 싫증이 났으나 그래도 예의상 또 만날 수 있냐고 물었다. 그러자 그녀는 비밀을 엿보는 즐거움을 느끼고 싶었는지 "내일도 좋아요" 하고 대답했다.

나는 더 이상 마르트의 집에 가지 않았다. 그 스웨덴 아가씨도 닫힌 문의 초인종을 눌러대러 찾아가지는 않았을 것이다. 나는 일반적인 도덕관에 비추어봤을 때 내 행동이 얼마나 비난받아 마땅한지 깨달았다. 스웨덴 아가씨가 그토록 탐스럽게 보인 것은 아마 환경 탓이리라. 마르트의 방이 아닌 다른 곳이었다면 과연 내가 그녀를 원했을까?

어쨌든 나는 후회하지 않았다. 그 뒤에 내가 스웨덴 아가씨를 내버려둔 것은 마르트를 생각했기 때문이 아니라 그녀의 단물을 다 먹었기 때문이었다.

며칠 뒤 마르트에게서 편지가 왔다. 그 안에는 집주인의 편지도 들어 있었다. 자기 집은 밀회 장소가 아니며, 내가 집 열쇠를 악용해 여자를 불러들인다는 내용이었다. "네가 배신했다는 증거야." 마르트는 이렇게 덧붙였다. 그녀는 나와 두 번 다시 만나지 않겠다고 했다. 분명히 괴로운 일이겠지만, 속느니 괴로운 편이 낫다는 것이었다.

나는 그런 위협이 별것 아님을 알고 있었다. 결심을 되돌리는 데는 거짓말만으로 충분했다. 정 필요한 경우에는 사실을 말해주면 그만이었다. 그러나 이별 편지를 쓰면서도 마르트가 자살하겠다는 말을 쓰지 않은 것에 자존심이 상했다. 나는 그녀의 냉정함을 비난했다. 이런 편지에는 변명할 필요도 없다고 생각했다. 나라면 실제로 그럴 마음은 없어도 자살을 하겠다고 마르트에게 겁을 줬을 터였다. 나는 나이의 미숙함과 학교 친구의 가르침을 지우지 못한 채 연애에는 얼마간의 거짓말도 필요하다고 믿었다.

나의 연애수업에 일거리가 생겼다. 마르트에게 나의 결백을 주장하고, 나보다 집주인을 믿는다고 비난하는 것이었다. 나는 마랭 가족들의 음모가 얼마나 교묘한지 그녀에게 설명했다.

'네 집에서 편지를 쓰고 있을 때 스웨덴 아가씨가 찾아왔어. 내가 문을 연 것은 창문으로 그녀의 모습을 보고 그녀가 너와 멀어진 스웨덴 친구임을 알았기 때문이야. 그녀가 너와 절교한 것 때문에 네가 그녀를 원망하고 있다고 믿게 내버려둘 수 없었어. 그녀도 큰 위험을 무릅쓰고 몰래 찾아온 게 틀림없으니까.'

이렇게 나는 마르트에게 스웨덴 아가씨가 여전히 그녀를 좋아한다는 사실을 알려줄 수 있었다. 그리고 편지의 마지막은 이렇게 맺었다.

'네 집에서 너의 가장 친한 친구와 네 이야기를 할 수 있어서 좋았어.'

이런 위기를 겪고 나자 나는 서로의 행동을 보고해야 하는 연애가 끔찍해졌다. 다른 사람에게는 물론이고 나 자신에게도 내 행동을 보고하고 싶지 않았다.

하지만 모든 사람들이 자신의 자유를 사랑하는 상대의 손에 넘겨주는 것을 보면 사랑에는 큰 이점이 있는 게 분명하다. 나는 사랑이 없어도 될 만큼 강해지고 싶었다. 그러면 내 욕망을 하나도 희생할 필요가 없어진다. 같은 노예가 되더라도 관능의 노예가 되기보다 사랑의 노예가 되는 편이 훨씬 낫다는 것을 그때는 몰랐던 것이다.

꿀벌이 꿀을 모아 벌집을 풍요롭게 하듯이, 사랑하는 남자는 길을 걷다 느끼는 모든 욕망으로 사랑을 풍요롭게 한다. 그 혜택은 그의 애인에게 돌아간다. 나는 아직 충실하지 못한 애인을 충실하게 만들 수 있는 훈련을 발견하지 못했다. 남자는 다른 여자를 원하게 되면 그 열정을 사랑하는 여자에게 쏟는다. 욕망은 충족되지 않아 더욱 격렬해지기 때문에 그의 애인은 지금까지 이렇게 사랑을 받아본 적이 없다고 믿는다. 애인은 속고 있지만 세상 사람들이 일컫는 도덕은 다치지 않는다. 이러한 계산 속에서 방탕이 시작된다. 따라서 연애 절정기에 애인을 속일 수 있는 남자들을 성급하게 비난하거나 바람둥이라고 몰아세워서는 안 된다. 그들은 핑계 대기를 싫어하고 행복과 쾌락을 혼동하지 않는다.

마르트는 내가 결백을 밝히기를 기다리고 있었다. 그녀는 날 비난한 것을 용서해달라고 했다. 나는 마지못해 용서해주었다. 마르트는 집주인에게 자기가 없어도 내가 그녀의 친구를 방에 데려올 수 있게 해달라며 빈정거리는 투로 편지를 보냈다.

마르트는 8월 끝무렵에 돌아왔지만 J마을 집이 아닌 친정집에서 지냈다. 부모님이 별장에서 지내고 계셨기 때문이다. 마르트가 오래전부터 살았던 이 새로운 무대는 나에게 흥분제로 작용했다. 사랑을 나누는 데 지쳤다거나 혼자 자고 싶다는 생각은 깨끗이 사라졌다. 나는 하루도 집에서 자지 않았다. 젊은 나이에 죽을 사람이 조급해하는 것처럼 몸이 달아올라 안달을 내었다. 아이의 어머니가 되어 몸이 망가지기 전에 마르트를 이용하고 싶었던 것이다.

그녀가 자크를 들이지 않았던 그 처녀 시절의 방은 우리의 방이 되었다. 좁은 침대 위에 마르트가 첫 영성체를 받은 날의 사진이 있었는데, 나는 그것을 보는 게 좋았다. 아이가 그녀를 닮도록 그녀에게 우리 아이의 또 다른 초상인 그녀의 어린 시절 모습을 보라고 했다. 나는 그녀가 태어나서 자란 방을 황홀해하며 돌아다녔다. 창고에서 그녀가 어릴 때 쓰던 요람을 만져보고 다시 쓰고 싶어졌다. 이제 그랑지에 집안에서는 추억의 물건이 되어버린 그녀의 어릴 적 웃옷과 반바지도 보여달라고 했다.

나는 J마을에 있는 집이 조금도 그립지 않았다. 그 집의 가구는 여러 집에서 가장 추한 가구만큼 매력이 없었다. 그것들은 나에게 아무런 가르침을 주지 못했다. 그에 반해 여기에서는 모든 가구들이 마르트의 이야기를 들려주었다. 어릴 적 그녀는 이 가구들에 머리를 부딪친 적도 있을 것이다. 게다가 우리는 시의원과 집주인 없이 둘이서만 지냈다. 우리는 거의 알몸으로 무인도 같은 정원을 거닐었는데, 미개인처럼 아무렇지도 않았다. 잔디에 눕기도 하고 쥐방울덩굴과 인동덩굴, 개머루덩굴이 덮인 정자 아래에서 간식을 먹었다. 햇빛에 따끈따끈하게 익어 터져버린 자두를 서로 먹겠다며 입술을 마주한 채 다투기도 했다. 아버지가 아무리 정원을 손질하라고 해도 동생들에게 떠넘기고 한 번도 해본 적 없는 내가 마르트의 정원을 돌보았다. 갈퀴로 잔디를 긁고 잡초를 뽑았다. 더운 하루가 가고 저녁이 오면 마른 땅과 시든

꽃에 물을 주는 데 푹 빠져서, 여자의 욕망을 만족시켜준 것처럼 남자로서 뿌듯함을 느꼈다. 그때까지 나는 친절이란 어리석은 것이라고 생각했다. 하지만 이제 친절이 어떤 힘을 지녔는지 깨달았다. 꽃이 내 손길로 피어나고, 닭이 내가 준 모이를 먹고 나무 그늘 아래서 잠을 잤다. 얼마나 친절한가! 아니, 얼마나 이기적인가! 꽃이 시들고 닭이 야위면 우리의 사랑 섬은 쓸쓸해질 것이다. 내가 준 물이나 모이는 사실 꽃이나 닭보다는 나 자신에게 준 것이었다.

이렇게 내 애정이 새로 되살아나자 나는 전에 했던 생각들을 모두 잊어버렸다. 아니, 하찮게 여겼는지도 모른다. 마르트의 집에서 시작된 방탕도 내 삶의 마지막 방탕이라고 생각했다. 그래서 8월의 마지막 주와 9월 한 달은 내가 진정으로 행복했던 단 한 번뿐인 시간이었다. 나는 속이지도 않았고 자신에게 상처를 입히거나 마르트에게 상처를 주지 않았다. 장애물 따위는 눈에 보이지 않았다. 나는 열여섯 살에 어른들이 원하는 삶을 꿈꾸고 있었다. 우리는 시골에서 살면서 영원히 젊음을 유지할 것이다.

잔디밭에서 마르트의 무릎을 베고 누운 채 풀잎으로 그녀의 얼굴을 어루만지며 나는 천천히 진지하게 우리의 앞날을 이야기했다. 마르트는 친정집에 돌아온 뒤로 파리에 우리가 살 집을 알아보고 있었다. 내가 시골에서 살고 싶다고 하자 그녀의 눈에 눈물이 고였다. 그녀가 말했다.

"나는 차마 그렇게 말할 수 없었어. 네가 나와 단둘이 지내는 걸 지겨워하는 듯해서 도시에서만 살 수 있을 거라 생각했거든."

"나를 잘 모르는군!"

내가 대답했다. 나는 망드르 근처에서 살고 싶었다. 언젠가 마르트와 둘이서 산책을 간 적 있는데, 그곳에서는 장미를 재배했다. 그 뒤 마르트와 파리에서 저녁을 먹고 기차를 탔을 때, 우연히 장미꽃 향을 맡았다. 기차역 안에서 일꾼들이 향기가 새어나오는 커다란 상자를 내리고 있었다. 나는 아주 어린 시절, 아이들이 잠든 동안에 지나가는 신비한 장미 기차 이야기를 들은 적 있다.

마르트가 말했다.

"장미는 한철이야. 그때가 지나면 망드르도 시시하다고 생각하지 않겠어? 망드르만큼 아름답지 않아도 늘 매력이 있는 곳을 고르는 게 현명하지 않을까?"

나는 그 말을 듣고 새삼 나 자신을 되돌아보았다. 두 달 정도 장미를 보려고 나머지 열 달을 잊고 있었던 것이다. 망드르를 선택했다는 사실은 우리의 사랑이 덧없다는 증거로 보였다.

나는 F마을에 있는 집에서 저녁을 먹지 않고, 산책을 간다거나 초대를 받았다는 핑계로 자주 마르트와 함께 지냈다.

어느 날 오후, 마르트의 옆에 비행복을 입은 한 청년이 서 있었다. 그녀의 사촌이었다. 내가 말을 놓지 않고 서먹서먹하게 굴자, 마르트는 일어나서 내 목에 입을 맞추었다. 그녀의 사촌은 내가 당황하는 것을 보고 웃었다.

"폴 앞에서는 걱정할 것 없어. 내가 다 말했거든." 그녀가 말했다.

나는 당황스러웠지만, 마르트가 날 사랑한다고 사촌에게 털어놓았다는 게 기뻤다. 그 청년은 잘생겼으나 경박해 보였다. 자신의 옷이 정규복이 아니라는 것에만 신경 썼는데, 우리의 사랑을 반기는 눈치였다. 자크를 웃음거리로 만들 수 있기 때문이었다. 자크가 비행사도 아니고 술집에도 드나들지 않는다고 경멸했던 것이다.

폴은 이 정원에서 있었던 어린 시절 이야기를 모두 들려주었다. 나는 내가 모르는 시절의 마르트에 대해 이것저것 물어보았다. 하지만 동시에 기분이 우울해졌다. 나는 부모님 몰래 하던 놀이를 아직 잊지 않은 만큼 어린 시절을 완전히 벗어나지 못했다. 그런데 어른들은 이런 장난을 까맣게 잊었거나 한 번쯤 저지르는 못된 장난으로 여길 뿐이었다. 나는 마르트의 과거를 질투했다.

나와 마르트가 우리를 싫어하는 집주인 이야기와 마랭 씨의 깜짝 모임 이야기를 웃으며 들려주자, 폴은 파리에 있는 자신의 독신용 아파트를 쓰라고 먼저 나서서 말했다.

나는 마르트가 아직 우리가 함께 살 거라고 이야기하지 못했음을 알아차렸다. 폴은 우리가 재미 삼아 연애한다면 응원할 테지만, 이 일이 추문으로 번지면 다른 늑대들과 함께 으르렁댈 게 분명했다.

마르트는 식탁에서 일어나 음식을 차렸다. 하녀들은 그랑지에 부인을 따라 시골로 갔다. 마르트가 조심하려고 로빈슨 크루소처럼 살고 싶다고 했기 때문이었다. 그녀의 부모님은 딸이 너무 몽상적이라 생각했다. 몽상가는 정신병자나 마찬가지라 내버려두어야 한다고 여겼으므로 딸을 혼자 남겨둔 것이다.

우리는 오랫동안 식탁에 앉아 있었다. 폴은 최고급 포도주를 내왔다. 우리는 즐거웠지만 곧 후회가 밀려왔다. 폴이 세상에 흔한 불륜 이야기를 들은 사람처럼 행동했기 때문이었다. 그는 자크를 비웃었다. 나는 가만히 있었다. 그 때문에 그가 스스로 얼마나 눈치 없는 사람인지 알아챌지도 몰랐다. 이렇게 경박한 사촌에게 모욕을 주기보다는 차라리 맞장구를 쳐주는 게 나았다.

시계를 보자 파리행 막차는 이미 끊긴 시간이었다. 마르트는 폴에게 침대를 내주겠다고 했다. 폴도 자고 가겠다고 했다. 내가 마르트를 슬며시 쳐다보자 그녀가 덧붙여 말했다.

"물론 당신도 자고 가야지."

폴이 우리 방 앞에서 잘 자라는 인사를 하고 사촌에게 자연스럽게 입을 맞추었을 때, 나는 마르트의 남편으로서 자신의 집에서 아내의 사촌을 손님으로 맞은 듯한 착각이 들었다.

9월 끝무렵이 되자 나는 이 집을 떠나는 것이 행복에서 멀어지는 것이라고 느꼈다. 아직 몇 달 동안 여유가 있지만, 거짓 속에서 살아갈지 진실한 삶을 살지 선택해야 했다. 둘 다 쉬운 일은 아니었다. 우리 아이가 태어나기 전에 마르트가 부모님에게 버림받으면 큰일이었으므로 그랑지에 부인에게 임신 사실을 알렸는지 물었다. 마르트는 그렇다고 했고 자크에게도 알렸다고 덧붙였다. 그래서 나는 그녀가 이따금 내게 거짓말을 한다는 사실을 알아차렸다. 5월에 자크가 휴가를 나왔다가 돌아간 뒤, 그녀는 나에게 남편과 잠자리를 하지 않았다고 맹세했기 때문이다.

해가 점점 빨리 저물고, 저녁이면 날씨가 쌀쌀해서 산책을 하기 힘들었다. 이제 J마을에서 만나기는 어려웠다. 추문이 돌지 않게끔 우리는 도둑처럼 조심스럽게 마랭 부부와 집주인이 집을 비우기를 기다렸다.

쓸쓸한 10월, 불을 지필 정도로 춥지는 않지만 저녁은 쌀쌀했기에 우리는 5시부터 침대로 들어갔다. 우리 집에서 낮에 침대에 눕는 것은 아플 때뿐이었다. 나는 5시에 침대에 있는 것이 좋았다. 우리 말고 침대에 누워 있는 사람들이 있으리라 생각할 수 없었다. 바쁘게 돌아가는 세상의 한가운데서 나는 아무것도 하지 않고 마르트와 둘이 누워 있었다. 발가벗고 있는 마르트를 쳐다볼 수 없었다. 나는 극악무도한 인간인 걸까? 나는 남자로서 가장 고귀한 의무를 다한 것을 후회했다. 마르트의 아름다움이 망가지고 부풀어오른 배를 보면 내가 파괴자처럼 느껴졌다. 우리가 사랑을 시작했을 무렵, 내가 마르트를 깨물면 그녀는 이렇게 말했다.

"내게 표시를 남겨줘."

나는 최악의 방법으로 표시를 남긴 게 아닐까?

이제 마르트는 단순히 내가 가장 사랑하는 여자가 아니었다. 여러 여자들 가운데서 가장 사랑하는 여자를 뜻하는 게 아니라, 모든 것을 대신하는 존재였다. 나는 친구들을 떠올리지도 않았다. 그러기는커녕 두려워했다. 우리가 잘못된 길을 가고 있다고 생각한다는 사실을 알고 있었기 때문이다. 다행히 그들은 마르트가 보잘것없고 사귈만한 사람이 아니라 생각했다. 이것은 유일한 보호 장치였다. 그렇지 않았다면 그들이 내 애인을 빼앗아갔을지도 모르니 말이다.

아버지는 걱정을 하기 시작했다. 고모나 어머니에게 내 편을 들어주며 했던 말을 취소하지는 않았지만, 아무 말 없이 고모와 어머니의 편이 되었다. 아버지는 이제 무슨 수를 써서라도 나와 마르트를 못 만나게 하겠다고 말했다. 마르트의 부모님이나 남편에게 알릴 수도 있다고……. 하지만 그다음 날이 되면 다시 나를 자유롭게 내버려두었다.

나는 아버지의 약점을 잘 알고 있어서 그것을 이용하고 말대꾸까지 했다. 고모나 어머니처럼 내 앞에서 권리를 행사하려고 해봐야 이미 늦었다고 말한 것이다. 내가 마르트와 친해지기를 바란 것은 아버지가 아니었던가? 그러자 아버지는 몹시 당황했다. 무거운 분위기가 집 안을 뒤덮었다. 나는 두 동생들에게 본보기가 된 셈이었다! 아버지는 나중에 동생들이 나를 따라 나쁜 행동을 하고 변명을 늘어놓아도 할 말이 없을까봐 걱정했다.

그때까지만 해도 아버지는 잠깐의 불장난이라고 생각했다. 그런데 어머니가 마르트의 편지를 발견하고 말았다. 어머니는 보란 듯이 아버지에게 편지를 가져갔다. 마르트가 우리의 미래와 아이에 대해 쓴 편지였다!

어머니는 나를 아직 어린아이처럼 생각해서 손자가 생긴다는 사실을 믿지 못했다. 그 나이에 할머니가 된다는 것은 있을 수 없는 일 같았다. 그래서 어머니는 이것이야말로 그 아이가 내 아이가 아니라는 증거라고 생각했다.

정직은 가장 격렬한 감정과 이어져 있다. 정조를 지켜온 어머니는 아내가 남편을 배신하는 일을 인정하지 못했다. 그런 행동은 사랑이 아니라 방탕이라고 생각했다. 그래서 내가 마르트의 애인이라면 그녀에게 다른 애인이 많을 거라고 믿었다. 아버지는 이런 논리가 얼마나 얼토당토않은지 알면서도 이것을 이용해 내 마음을 혼란스럽게 만들고 마르트를 깎아내리려 했다. 나만 그 사실을 '모른다'고 내게 넌지시 알렸다. 그래서 나는 그녀가 나를 사랑하기 때문에 사람들이 지어낸 헛소문이라고 대들었다. 내가 마르트와 엮여 소문나는 것을 두려워한 아버지는 내가 마르트를 만나기 전부터, 아니 마르트가 결혼하기 전부터 있던 소문이라고 소리쳤다.

이제까지 집안 체면을 생각하던 아버지는 더 이상 잠자코 있지 않았다. 내가 며칠 동안 집에 오지 않자 하녀를 마르트의 집으로 보내 내게 쓴 편지를 전했다. 당장 돌아오라는 내용이었는데, 그렇지 않으면 내 가출을 경찰에 신고해 미성년자를 유혹한 죄로 라콩브 부인을 고소하겠다고 했다.

마르트는 체면을 차리면서 놀란 얼굴로 내가 오면 편지를 전해주겠다고 하녀에게 말했다. 곧이어 나는 내 나이를 저주하면서 집으로 돌아갔다. 나이 때문에 자유롭게 행동할 수 없었다. 아버지와 어머니는 아무 말도 하지 않았다. 나는 법률 책을 뒤적여보았지만, 미성년자에 관한 조항은 찾아볼 수 없었다. 나는 얼이 빠진 나머지 내 행동 때문에 소년원에 갈지도 모른다는 생각은 못 해봤다. 법률 책을 뒤져도 아무 소용이 없자, 이번에는 라루스 대사전에서 '미성년자' 항목을 열 번이나 읽어보았다. 그러나 우리와 관련된 내용은 하나도 없었다.

이튿날이 되자 아버지는 다시 나를 자유롭게 내버려두었다.

아버지의 이 기이한 행동을 궁금해하는 사람들을 위해 두세 줄로 요약해보겠다. 아버지는 내가 하고 싶은 대로 하게 두었다. 그러다 그것이 수치스러워졌다. 그래서 나보다도 아버지 자신에게 화가 나 나를 위협했다. 그러나 결국 화낸 것이 부끄러워 나의 고삐를 늦춘 것이다.

시골에서 돌아온 그랑지에 부인은 이웃 사람들이 능청스러운 질문을 해대자 사태를 깨닫기 시작했다. 그들은 내가 자크의 동생이라고 믿는 체하면서 우리가 함께 지낸 사실을 그랑지에 부인에게 알려주었다. 한편 마르트도 아무 생각 없이 내 이름을 말하거나 내 말과 행동을 예로 들어 이야기했다. 그래서 그녀의 어머니는 자크의 동생이 누구인지 바로 알아차렸다.

마르트 배 속의 아이가 자크의 아이라고 믿은 부인은 아이가 태어나면 모두 해결되리라 생각하고 우리를 용서했다. 소란을 두려워해서 그랑지에 씨에게는 아무 말도 하지 않았다. 하지만 그녀는 자신이 너그러워서 비밀을 지켜주는 것일 뿐이라고 마르트에게 공공연히 내비쳤다. 그녀는 모조리 알고 있다는 것을 딸에게 보여주려고 넌지시 비꼬며 딸을 끊임없이 괴롭혔다. 오죽했으면 그랑지에 씨가 죄 없고 가엾은 딸을 내버려두라며, 계속 의심하다가는 딸이 돌아버릴 거라고 아내와 단둘이 있을 때 부탁하기까지 했다. 그러면 그랑지에 부인은 딸에게 고백이라도 들은 듯이 살며시 웃었다.

이런 태도나, 자크가 처음 휴가 나왔을 때의 태도를 미루어봤을 때 그랑지에 부인은 딸의 행동을 비난하면서도 남편과 사위를 골탕 먹이고 싶은 생각에 그들 앞에서는 딸의 편을 든 것 같다. 그랑지에 부인은 마르트가 남편을 배신한 사실에 속으로 감탄하고 있었다. 부인은 소심하고 기회가 없었던 탓에 한 번도 그래본 적 없었기 때문이다. 남편에게 이해받지 못한 자기 대신 딸이 복수를 해줬다고 믿었다. 하지만 어리석은 이상주의자인 그랑지에 부인은 딸이 '여자의 섬세한 마음'을 이해하지 못할 나같이 어린 남자를 사랑하는 게 못마땅했다.

라콩브 집안 사람들은 파리에 살고 있었다. 마르트가 찾아오는 발길은 점점 줄었지만, 그들은 아무 의심도 하지 않았다. 단지 만날 때마다 마르트를 이상하게 여기고 점점 탐탁지 않아 했을 뿐이었다. 그들은 앞날이 불안했다. 몇 년 뒤에 이 부부가 어떻게 될지 걱정스러웠다. 본디 모든 어머니들은 아들이 결혼하기를 바라지만, 아들이 고른 여자는 마음에 들어하지 않는다. 자크의 어머니도 이런 아내를 맞이한 아들을 가엾게 여겼다. 자크의 누이가 마르트의 험담을 하는 주된 이유는, 마르트가 바닷가에서 자크를 만난 여름날에 자크와 사이가 깊어졌음에도 꽤 오랫동안 마음을 털어놓지 않았다는 것이었다. 그녀는 자크 부부에게 더없이 어두운 미래가 찾아오리라 예언하고, 아직은 아닐지 모르지만 머지않아 마르트가 자크를 배신할 거라고 말했다.

마르트를 좋아하는 다정한 라콩브 씨는 아내와 딸이 며느리를 비난할 때마다 조용히 식탁에서 일어났다. 그러면 어머니와 딸은 의미심장한 눈길을 주고받았다. 라콩브 부인은 눈으로 이렇게 말했다.

'봤지? 그런 여자들은 남자를 홀리는 법을 잘 안다니까.'

그러면 자크 누이의 눈빛은 이렇게 말했다.

'내가 아직 결혼을 못한 건 내가 마르트 같은 여자가 아니기 때문이에요.'

사실 그 불행한 아가씨는 '시대가 변하면 풍속도 변한다'며 이제는 옛날과 같은 방식으로 결혼할 수 없다고 핑계를 댔다. 그러나 결혼하고 싶어하는 속이 훤히 들여다보였으므로 남자들은 모두 달아나버렸다. 그녀가 결혼에 대한 희망을 품을 수 있는 것은 해수욕 철뿐이었다. 젊은 남자들은 파리에 돌아가자마자 라콩브 양에게 청혼하러 가겠다고 약속했지만 그 뒤로는 아

무 소식이 없었다. 이제 곧 스물다섯 살이 되는 라콩브 양의 가장 큰 불만은
아마 마르트가 너무 쉽게 남편감을 구했다는 사실일 것이다. 그녀는 자기 오
빠처럼 멍청한 사람이나 그런 여자에게 넘어가는 거라고 스스로를 달랬다.

집안사람들이 아무리 의심하더라도 마르트의 아이가 자크의 아이가 아닐 거라고 생각하는 사람은 아무도 없었다. 나는 그것이 분했다. 아직 사실을 말하지 않는 마르트를 비겁하다고 비난한 적도 있었다. 나는 내게만 있는 약점을 누구나 가지고 있다고 여기는 경향이 있었다. 그래서 그랑지에 부인이 이번 사건을 대수롭지 않게 넘기는 것을 보고 끝까지 눈감아줄 것이라고 생각했다.

폭풍우가 다가오고 있었다. 아버지는 그랑지에 부인에게 편지 몇 통을 보내겠다고 으름장을 놓았다. 나는 오히려 아버지가 그렇게 해주기를 바랐다. 그러나 생각해보니 그랑지에 부인은 그 편지를 받더라도 남편에게 숨길 것이 틀림없었다. 게다가 그 부부는 폭풍우가 일어나는 것을 원치 않았다. 나는 숨이 막혔다. 폭풍우를 불러들이고 싶었다. 아버지는 그 편지를 직접 자크에게 보내주어야만 한다.

아버지의 분노가 폭발한 날, 아버지는 편지를 보냈다고 말했다. 나는 아버지를 끌어안고 싶었다. 드디어! 드디어 아버지는 나를 위해 자크가 알아야 할 사실을 알려준 것이다. 내 사랑이 그렇게 약하다고 믿은 아버지가 안타까울 따름이었다. 자크가 그 편지를 본다면 이제 우리의 아이에게 애정 가득한 편지를 보내지 않을 것이다. 나는 흥분한 나머지 그것이 얼마나 말도 안 되는 짓인지 깨닫지 못했다. 이튿날이 되어서야 상황을 올바로 보기 시작했다. 냉정을 되찾은 아버지는 나에게 거짓말을 했다고 털어놓고 나를 안심시키려 했다. 그런 짓은 비인간적이라고 말했다. 분명 그렇다. 하지만 인간적인 것과 비인간적인 것의 경계는 어디까지란 말인가?

나는 내 나이에 어른들에게나 어울릴 법한 연애라는 수많은 모순에 부딪혀 지쳐버렸고, 때로는 비겁하게 때로는 대담하게 나의 모든 기력을 써버렸다.

사랑은 마르트만 빼고 내 모든 것을 마비시켰다. 나는 아버지가 괴로워할 줄은 꿈에도 몰랐다. 비뚤어지고 소심한 내 사고방식 때문에 아버지와 나의 전쟁이 시작되었다고 믿었다. 따라서 내가 아들로서 의무를 저버린 것은 단순히 마르트에 대한 사랑 때문만이 아니라 이를테면 복수심 때문이기도 했다!

아버지가 마르트의 집으로 편지를 보내도 나는 더 이상 신경 쓰지 않았다. 오히려 마르트가 집에 자주 들어가라면서 내게 이성적으로 행동하라고 애원했다. 그러면 나는 크게 소리쳤다.

"너까지 나를 반대하는 거야?"

나는 이를 악물고 발을 굴렀다. 고작 몇 시간 떨어진다고 생각하는 것만으로 내가 이러는 것을 보자, 마르트는 내 행동이 애정의 증거라 생각했다. 사랑받는다는 확신이 생긴 그녀는 전에 볼 수 없었던 의연한 태도를 보여주었다. 내가 그녀만을 생각한다고 믿자 나더러 집에 돌아가라고 설득했다.

나는 그 용기가 어디서 비롯되는지 곧 알아차렸다. 그래서 나는 전술을 바꾸어 그녀의 말에 따르는 척했다. 그러자 그녀의 태도가 곧바로 바뀌었다. 내가 이렇게 얌전하게(또는 가볍게) 마음을 바꾸는 것을 보고 애정이 식은 게 아닐까 겁먹은 것이다. 이번에는 그녀가 좀더 옆에 있어달라고 애원했다. 그렇게 해서 다시 마음을 놓고 싶었던 것이다.

하지만 한번은 어떤 방법을 써도 통하지 않았다. 나는 이미 사흘이나 집에 돌아가지 않았음에도 마르트에게 하룻밤을 더 자겠다고 말했다. 그녀는 내 결심을 꺾으려고 나를 달래기도 하고 협박하기도 했다. 이번에는 그녀가 속 마음을 감추고 술수를 생각해냈다. 끝내는 내가 집에 가지 않으면 자신이 친정집으로 가겠다고 했다.

나는 그렇게 해봐야 아버지는 전혀 고마워하지 않을 거라고 말했다. 그러자 마르트는 친정집이 아니라 마른 강으로 가겠다고 했다. 감기에 걸려 죽으면 나에게서 자유로워지리라는 것이었다. 그리고 이렇게 덧붙였다.

"그렇지만 우리 아기는 가엾게 생각해줘. 그런 일로 아이의 목숨까지 위태롭게 하지는 마."

마르트는 내가 그녀의 사랑을 가지고 놀면서 그 한계를 시험해보고 있다고 비난했다. 그녀가 끈질기게 고집을 부리자, 나는 그녀가 날 속이고 다른 남자를 만난다고 했던 아버지의 말을 되풀이했다.

"네가 이러는 이유는 한 가지뿐이야. 오늘 밤에 다른 남자를 불러들이려는 거지."

이런 터무니없는 말에 무슨 대답을 할 수 있겠는가? 마르트는 고개를 돌려버렸다. 나는 이렇게 모욕을 당해도 화내지 않느냐고 그녀를 다그쳤다. 결국 그녀도 나와 함께 있겠다고 했다. 다만 그녀의 집에서는 안 된다고 조건을 달았다. 다음 날 우리 부모님이 사람을 보냈을 때 집주인이 그녀가 집에 있었다고 말하는 게 싫다는 것이었다.

그럼 어디서 자야 할까?

우리는 의자 위에 올라가서 어른들보다 머리 하나만큼 키가 더 크다고 우기는 어린애였다. 주위 상황 때문에 발돋움을 했지만, 늘 그럴 수만은 없었다. 경험이 모자란 탓에 복잡한 일이 아주 단순하게 보이기도 하고, 반대로 아주 간단한 일이 장애물처럼 여겨졌다. 우리는 이제까지 폴의 자취방을 쓰려고 해본 적 없었다. 관리인에게 돈을 쥐여주며 가끔 들를 테니 잘 부탁한다고 말하는 것은 상상도 못해봤다.

그러니 호텔에 묵는 수밖에 없었다. 나는 한 번도 호텔에 가본 적 없었다. 그 문턱을 넘어설 생각만 해도 몸이 떨렸다.

아이들은 핑계를 생각하기 마련이다. 늘 부모님 앞에서 변명을 해야 하므로 거짓말을 하게 되는 것이다.

나는 수상쩍은 호텔 직원 앞에서도 말을 둘러대야 한다고 생각했다. 그래서 속옷과 세면도구 몇 가지가 필요하다며 마르트에게 짐 가방을 챙기라고 했다. 나는 방을 두 개 잡을 생각이었다. 그러면 우리를 남매로 생각할 터였다. 내 나이로는 (카지노에서도 쫓겨날 나이이다) 무슨 꼴을 당할지도 모르기에 방을 하나만 달라고 할 수는 없었다.

밤 11시의 여행은 지루하기 그지없었다. 객차에는 우리 말고 두 사람이 앉아 있었다. 육군대위인 남편과, 그를 전송하러 파리 동역에 가는 아내였다. 객차 안은 난방과 조명이 들지 않았다. 마르트는 습기 찬 유리창에 머리를 기대고 있었다. 그녀는 잔인한 소년의 변덕을 견디고 있었다. 늘 마르트에게 다정한 자크야말로 나보다 사랑받을 가치가 있다고 생각하자 스스로가 부끄럽고 괴로웠다.

나는 나직한 목소리로 변명할 수밖에 없었다. 마르트는 머리를 가로젓더니 이렇게 속삭였다.

"그 사람과 행복하기보다는 너와 불행한 편이 나아."

이것은 말하기도 부끄러운 아무 의미 없는 사랑의 말이지만, 사랑하는 사람의 입에서 흘러나온다면 황홀해지고 만다. 나는 마르트가 한 말을 이해했다고 생각했다. 그러나 정확히 어떤 의미였을까? 사랑하지 않는 사람과 함께 있는데도 행복할 수 있단 말인가?

시시하지만 평온함이 가득한 운명에서 한 여인을 끌어낼 권리가 사랑인 것일까? 나는 스스로에게 묻고 또 물었다. '너와 불행한 편이 나아.' 이 말에는 무의식적인 비난이 담겨 있는 게 아닐까? 물론 마르트는 나를 사랑하므로 나와 함께 있으면 자크와 있을 때는 상상도 못할 행복한 시간을 보낼 것이다. 하지만 그렇다고 해서 내가 잔인하게 행동할 권리가 있을까?

우리는 바스티유 역에서 내렸다. 나는 추위를 세상에서 제일 깨끗한 것이라 생각하여 잘 견뎠다. 그러나 이 역의 추위는 항구의 더위보다 더러웠고, 그것을 대신 메워줄 만한 즐거운 분위기도 나지 않았다. 마르트는 쥐가 난다며 내 팔에 매달렸다. 아름다움과 젊음을 잊은 채 마지 거지처럼 스스로를 부끄럽게 여기는 애처로운 한 쌍이다!

나는 마르트의 커다란 배가 우스워서 눈을 내리깔고 걸었다. 아버지로서의 자랑스러움 따위는 없었다.

우리는 얼음처럼 차가운 비를 맞으며 바스티유 역과 리옹 역 사이를 헤맸다. 나는 호텔이 보일 때마다 들어가지 않으려고 핑계를 댔다. 마르트에게는 적당한 호텔, 여행객만 묵는 호텔을 찾는다고 둘러댔다.

하지만 리옹 역 광장에 오자 더 이상 도망칠 수 없었다. 마르트는 이제 더 힘들게 하지 말라고 했다.

마르트가 밖에서 기다리는 동안 나는 막연한 무언가를 기대하며 호텔 현관으로 들어섰다. 직원이 방이 필요하냐고 물었다. 나는 그렇다고 대답하면 되었다. 아주 쉬운 일이었다. 그런데 나는 현장에서 붙잡힌 좀도둑처럼 변명거리를 찾다가 라콩브 부인이 여기에 묵고 있냐고 물었다.

"지금 절 놀리십니까? 라콩브 부인은 밖에 계시지 않습니까?"

호텔 직원이 이렇게 말할까봐 얼굴까지 붉게 달아올랐다. 직원이 숙박부를 확인했다. 나는 주소를 착각한 것 같다고 둘러대고 밖으로 나왔다. 마르트에게는 빈방이 없다고 말한 뒤, 이 근처에서는 빈방을 찾기 힘들 것이라고 이야기했다. 나는 숨을 크게 내쉬었다. 그리고 달아나는 도둑처럼 걸음을 서둘렀다.

조금 전까지 내 머릿속은 마르트를 억지로 호텔에 데려가면서도 어떻게 호텔을 빠져나갈까 하는 생각뿐이었다. 그래서 그녀를 생각할 여유가 없었다. 나는 그제야 가엾은 그녀를 바라보았다. 나는 눈물을 삼켰다. 그녀가 어디에서 자냐고 물었다. 나는 아픈 사람을 탓하지 말고 각자 집으로 얌전히 돌아가자고 했다. 아픈 사람! 얌전히! 그녀는 상황에 어울리지 않는 이런 말을 들으며 기계적으로 웃었다.

나의 수치심 때문에 돌아오는 길은 더 극적이었다. 나의 잔인한 행동을 보다 못한 마르트가 무심코 나에게 이렇게 말했다.

"정말 못됐다니까!"

나는 화가 나서 그녀가 너그럽지 못하다고 생각했다. 하지만 가만히 모른 척했다면 그녀가 날 환자나 미친 사람이라 생각하고 있을지도 모른다며 걱정했을 것이다. 결국 그녀는 이런 말까지 했다.

"내가 이러는 건 다 잊어서가 아니라 용서하기 때문이야. 하지만 그렇다고 내 너그러움을 이용하지는 마. 언젠가 이런 학대에 지치고 피로가 사랑을 뛰어넘으면 너를 떠나버릴지도 몰라."

물론 그런 위협 따위는 믿지 않았지만 그녀의 입에서 그런 말이 나오게 했다는 사실 때문에 나는 롤러코스터를 탈 때처럼, 아니 그때보다 훨씬 달콤한 고통을 느꼈다. 그래서 마르트에게 달려들어 그 어느 때보다도 열정적으로 키스를 퍼부었다.

"나를 떠나버릴 거라고 계속 말해봐."

나는 이렇게 말하고 숨을 헐떡이며 마르트가 으스러질 정도로 꼭 끌어안았다. 그녀는 나를 기쁘게 해주려고 스스로도 이해하지 못하는 말을 되풀이했다. 노예에게서도 찾아볼 수 없는 순종, 단지 영매(靈媒)만이 보일 수 있는 순종이었다.

호텔에서 호텔로 헤매고 다닌 그 밤이 운명을 결정지었다. 이제까지 말도 안 되는 행동을 많이 했던 나는 잘 이해가 가지 않았다. 나는 평생 살다보면 이렇게 일이 잘 안 되는 경우도 있다고 생각했다. 하지만 돌아오는 기차 한 구석에서 지칠 대로 지친 몸으로 덜덜 떨던 마르트는 이미 모든 것을 깨닫고 있었다. 그녀는 미친 듯이 질주하는 차에 올라타 1년 동안 헤매고 보니 이제 죽음 말고는 출구가 없다고 생각했을 것이다.

이튿날, 마르트는 여느 때처럼 침대에 누워 있었다. 내가 누우려 하자 그녀는 부드럽게 나를 밀어냈다.

"몸이 안 좋으니까 돌아가. 내 옆에 있으면 안 돼. 감기가 옮을 거야."

그녀는 기침을 했고, 열이 있었다. 나를 탓하는 듯이 보이지 않도록 웃으면서 어젯밤에 감기가 걸린 것 같다고 했다. 매우 괴로워 보였는데도 그녀는 의사를 부르지 못하게 했다.

"별것 아냐. 따뜻하게 하고 있으면 돼."

사실은 나를 의사에게 보냈다가 오래전부터 마르트네 집안과 알고 지내는 의사가 미심쩍은 눈길로 볼까봐 싫었던 것이다. 어쨌든 나는 안심하고 싶었기 때문에 의사에게 보이지 않아도 된다는 마르트의 말을 듣고 걱정을 덜었다. 하지만 내가 저녁을 먹으러 집으로 돌아가려고 하자 돌아가는 길에 의사에게 편지 한 장만 전해달라고 했다. 불안감이 다시 고개를 들고, 처음보다 더욱 거세졌다.

그다음 날, 마르트의 집으로 가다가 계단에서 의사와 마주쳤다. 나는 아무것도 묻지 못하고 의사의 얼굴만 걱정스럽게 쳐다보았다. 그의 침착한 표정을 보자 마음이 놓였다. 하지만 그것은 직업적인 태도에 지나지 않았다.

나는 마르트의 방으로 들어갔다. 그녀는 어디에 있을까? 방이 텅 비어 있었다. 마르트는 이불 속에 얼굴을 파묻고 울고 있었다. 의사가 출산할 때까지 방 안에만 있으라고 했던 것이다. 게다가 돌봐줄 사람이 필요해서 부모님 집에서 지내야 했다. 우리는 헤어져 있어야 했다.

불행은 받아들이기 힘겨운 법이다. 우리는 오직 행복만을 당연하게 받아들인다. 나는 아무런 저항 없이 이 이별을 받아들였지만 의연하게 대처하지는 못했다. 나는 다만 이해하지 못했던 것뿐이다. 나는 의사의 진단을 멍하니 듣고 있었다. 마치 판결을 듣는 죄인과 같았다. 죄인이 얼굴색 하나 바꾸지 않는 것을 보고 사람들은 이렇게 말한다. "정말 용감하군!" 하지만 실제로는 전혀 그렇지 않다. 그저 아무 생각도 떠올리지 못하는 것뿐이다. 집행 날이 되어서야 죄인은 처음으로 판결문을 이해한다. 그와 마찬가지로 의사가 보내준 마차가 도착해서야 비로소 나는 이제 우리가 만날 수 없다는 사실을 깨달았다. 마르트가 갑작스레 부모님 댁으로 가고 싶다고 해서 의사는 아무에게도 말하지 않겠다고 약속했다.

나는 그랑지에 댁에서 조금 떨어진 곳에 마차를 세웠다. 마부가 세 번째로 뒤를 돌아보았을 때, 우리는 그제야 마차에서 내렸다. 그는 우리가 세 번째 키스하는 모습을 보았다고 생각했겠지만, 우리는 마차에 탈 때부터 줄곧 키스를 하고 있었다. 나는 한 시간 뒤면 다시 만날 수 있는 사람처럼 앞으로 어떻게 연락을 주고받을지 상의도 하지 않고 마르트와 헤어졌다. 호기심 많은 이웃집 사람들이 벌써 창가를 기웃거리고 있었다.

어머니는 내 눈이 충혈된 것을 눈치챘다. 여동생들은 내가 두 번이나 연달아 스프 속에 숟가락을 떨어뜨리자 웃음을 터뜨렸다. 바닥이 마구 출렁거렸다. 나는 이 고통 때문에 뱃사람처럼 발을 내디딜 수 없었다. 사실 마음과 영혼의 현기증을 표현하는 데 뱃멀미만큼 적절한 비유는 없을 것이다. 마르트가 없는 삶은 기나긴 항해와 같았다. 과연 목적지에 다다를 수 있을까? 뱃멀미 증상이 처음으로 나타나면 주위에서 아무리 항구에 곧 도착한다고 떠들어도 그 자리에서 죽고 싶을 뿐이다. 이와 마찬가지로 나는 앞날에 대해 아무 생각도 할 수 없었다. 며칠이 지나 뱃멀미가 수그러들어서야 육지에 대해 생각할 여유가 생겼다.

마르트의 부모님은 이제 사태를 파악하고 있었다. 그들은 내 편지를 가로챈 것으로도 모자라, 그녀가 보는 앞에서 편지를 그녀의 방 난로에 던져버렸다. 그녀의 편지는 연필로 써서 겨우 읽을 수 있었다. 편지는 그녀의 남동생이 우체통에 넣어주었다.

이제 우리 가족들은 그 일에 대해 아무 말도 하지 않았다. 나는 저녁이면 벽난로 앞에서 예전처럼 아버지와 즐겁게 대화를 나눴다. 여동생들은 1년 사이에 내가 딴사람이 되었다고 생각했다. 하지만 동생들은 내게 익숙해져 다시 나를 따랐다. 나는 막냇동생을 무릎에 앉히고 어두운 틈을 타 세게 끌어안곤 했다. 그럴 때마다 동생이 울고 웃으며 버둥거렸다. 나는 내 아이가 생각나면 서글퍼졌다. 아이에게 이보다 더 강한 애정을 품을 수 없을 것만 같았다. 아이가 동생들보다 특별한 존재로 느껴질 만큼 나는 어른이 된 것일까?

아버지는 내게 바람이라도 쐬는 것이 좋겠다고 했다. 내가 너무나도 조용히 지냈기 때문이다. 하지만 이제 더 이상 하지 않게 된 일 말고 내게 무슨 할 일이 있었던가? 초인종 소리가 들리거나 마차가 지나갈 때마다 나는 몸을 부르르 떨었다. 나는 출산 소식이 들려오지 않을까 하고 내 감옥 안에서 귀를 기울이고 있었다.

무슨 소식이 오기만을 기다리던 차에, 어느 날 종소리가 들려왔다. 그것은 휴전을 알리는 종소리였다.

나에게 휴전은 자크가 돌아오는 것을 뜻했다. 벌써부터 마르트의 머리맡에 있는 그의 모습이 떠올랐지만 어쩔 수가 없었다. 나는 진 것이다.

아버지는 파리에 가게 되었는데, 나도 함께 데려가고 싶어했다.

"이런 축제는 꼭 봐야 해."

나는 거절할 수 없었다. 이상하게 보일까봐 두려웠기 때문이다. 어쨌든 불행으로 미쳐 있던 터에 다른 사람의 기쁨을 보러 가는 것도 나쁘지 않을 듯했다.

하지만 솔직히 별로 가고 싶지 않았다. 사람들에게 주어진 기쁨은 사실 나만이 누릴 자격이 있다고 생각했다. 나는 사람들의 애국심을 느껴보려고 했다. 그러나 내가 심술궂은 탓인지, 예기치 않은 휴가를 얻은 사람들의 기쁨밖에 보이지 않았다. 카페는 평소보다 늦게까지 장사를 했고, 군인들은 경박한 여자들과 키스할 권리를 얻었다. 나는 축제 광경을 보면 슬퍼지거나 질투가 나든지, 아니면 숭고한 감정에 물들어 기분이 나아질지도 모른다고 생각했다. 그러나 축제는 성 카트린제*처럼 지루할 뿐이었다.

---

* 11월 25일에 열리는 처녀들의 축제.

며칠 전부터 편지가 한 통도 오지 않았다. 눈이 내리던 어느 날 오후, 남동생들이 마르트의 동생이 전해준 편지를 가져왔다. 그랑지에 부인이 보낸 쌀쌀맞은 편지였는데, 되도록 빨리 와달라는 내용이었다. 대체 무슨 일일까? 간접적으로나마 마르트를 만날 수 있다고 생각하니 불안감이 가셨다. 나는 그랑지에 부인이 자기 딸을 두 번 다시 만나지 말고, 편지도 주고받지 말라고 하는 말을 들으며 나쁜 짓을 한 학생처럼 고개를 숙인 내 모습을 떠올려보았다. 울컥하여 화를 낼 수도 없으므로 나는 어떤 식으로든 내 증오심을 표현하지 못할 것이다. 공손하게 인사를 하고, 그것으로 문은 영원히 닫히리라. 그때서야 악의에 찬 대꾸나 억지, 심한 말을 내뱉을 수도 있다. 하지만 그런 말을 입에 담으면 그랑지에 부인의 기억에 딸의 애인은 현장에서 잘못을 들킨 중학생보다 덜한 정도의 비참한 꼴로 남으리라. 나는 그런 장면을 머릿속에 순서대로 그려보았다.

작은 응접실로 들어가자 처음 방문했을 때가 떠올랐다. 이번 방문은 아마도 이제 두 번 다시 마르트를 만날 수 없다는 것을 의미했다.

그랑지에 부인이 들어왔다. 나는 부인의 작은 키가 안쓰럽게 느껴졌다. 부인이 위엄을 보이려고 애썼기 때문이다. 부인은 별것도 아닌 일로 번거롭게 해서 미안하다고 했다. 편지로 알아보기에는 복잡한 문제를 물으려고 나를 불렀는데, 이제 다 알았다는 것이었다. 나는 무슨 일인지 영문을 알 수 없어 어떤 큰일을 당한 것보다 괴로웠다.

마른 강 근처에 갔을 때, 철책에 기대어 있는 마르트의 동생을 만났다. 얼굴 한가운데에 눈덩이를 맞아서 울고 있었다. 나는 그 아이를 달래주며 마르트에 대해 물었다. 그는 마르트가 나를 보고 싶어한다고 했다. 어머니는 그녀의 말을 들으려고도 하지 않았지만 아버지는 이렇게 말했다고 한다.

"마르트가 많이 아프니 해달라는 대로 해줘야지."

나는 그랑지에 부인이 지나치게 거드름을 피우며 이상하게 행동한 까닭을 알아차렸다. 그녀는 남편의 뜻을 존중해 죽어가는 딸의 바람을 들어주려고 나를 불렀다. 그런데 위급한 상태가 지나고 마르트가 괜찮아지자 말을 다시 바꾼 것이다. 그러지 않았다면 정말 기뻤을 텐데. 마르트와 만날 수 있을 동안 그녀가 계속 아프지 않은 것이 아쉬웠다.

이틀 뒤, 마르트가 편지를 보내왔다. 그녀는 내가 찾아간 일에 대해서 아무 말도 하지 않았다. 아마 가족들이 그녀에게 숨긴 모양이었다. 마르트는 우리의 미래에 대해 특별하고도 잔잔하면서 맑은 말투로 이야기하고 있었다. 그래서 나는 오히려 조금 불안했다. 사랑은 이기주의의 가장 지독한 형태가 아닐까? 나는 내 불안감이 내 아이에 대한 질투에서 비롯되었음을 깨달았다. 마르트는 나보다 아이에 대해 더 많은 이야기를 했던 것이다.

출산 예정일은 3월이었다. 그러나 1월의 어느 금요일, 동생들이 숨을 헐떡거리며 돌아와 마르트의 남동생에게 조카가 생겼다고 했다. 나는 동생들이 왜 그렇게 의기양양한 표정을 지었는지, 왜 그렇게 달려왔는지 이유를 알 수가 없었다. 동생들은 이 소식이 나에게 특별한 의미가 있음을 알 리가 없었기 때문이다. 하지만 동생들은 어른만 삼촌이 되는 줄 알았던 것뿐이었다. 그래서 마르트의 동생이 삼촌이 되었다는 것에 깜짝 놀라 그 놀라운 소식을 내게도 들려주려고 한걸음에 달려온 것이다.

늘 눈앞에서 보는 것도 조금만 위치를 달리하면 알아보기가 힘들다. 나는 그랑지에 집안 막내아들의 조카가 마르트의 아이, 즉 내 아이라는 사실을 바로 알아차리지 못했다.

나는 공공장소에서 정전이 되었을 때처럼 혼란스러워졌다. 갑자기 마음속이 깜깜해진 것 같았다. 그 암흑 속에서 온갖 감정이 뒤엉켰다. 나는 더듬거리며 날짜, 정확한 날짜를 세어보려고 애썼다. 손가락을 꼽아보았다. 그녀가 배신하리라고는 생각도 하지 못했을 때, 그녀가 그랬던 것처럼 말이다. 하지만 아무 소용이 없었다. 나는 더 이상 셈을 할 수가 없었다. 3월에 태어날 예정인 아이가 어떻게 1월에 태어날 수 있단 말인가? 나는 이상한 이 상황을 어떻게든 밝혀보려고 했는데, 이 모두가 질투심 때문이었다. 금세 확신이 들었다. 그 아이는 자크의 아이였다. 9개월 전에 자크는 휴가를 나오지 않았던가? 그렇다면 마르트는 그때부터 나를 속인 것이다. 게다가 이미 거짓말을 한 적이 있지 않은가! 처음에는 그 저주스러운 2주 동안 자크를 거부했다고 말해놓고 나중에는 몇 번이나 관계를 가졌다고 털어놓지 않았던가!

이 아이가 자크의 아이일지도 모른다는 생각은 한 번도 깊이 해본 적 없었다. 물론 마르트가 처음 임신했을 때는 비겁하게도 이 아이가 자크의 아이이기를 바랐다. 그러나 돌이킬 수 없는 운명을 받아들이기로 한 뒤, 내가 아버지라는 확신이 몇 달 동안 점점 커지면서 나는 이 아이를 사랑하게 되었다. 내 아이도 아닌 아이를 말이다. 어째서 내가 아버지가 아님을 깨달은 이 순간에 아버지로서 애정을 느껴야 한단 말인가!

말할 나위 없이 나는 엄청난 혼란에 빠졌다. 수영도 못하면서 한밤중에 물속에 뛰어든 기분이었다. 나는 아무것도 알 수 없었다. 특히 이해가 안 되는 것은 마르트가 대담하게도 남편의 아이에게 내 이름을 붙인 사실이었다. 어떤 때는 그 아이가 내 아이가 아니기를 바랐던 운명에 대한 도전처럼 보였다. 또 어떤 때는 이제까지 여러 번 나를 불쾌하게 만들던 악취미, 요령이 부족한 표현이라 생각되었다. 모두 그녀가 나를 지나치게 사랑해서 그런 것이지만 말이다.

나는 그녀를 모욕하는 편지를 쓰기 시작했다. 마땅히 그렇게 해야 한다고 생각했다! 하지만 말이 떠오르지 않았다. 좀더 고상한 다른 곳에 정신이 팔려 있었기 때문이다.

나는 편지를 찢었다. 그리고 마음에서 우러나오는 대로 다시 편지를 썼다. 나는 마르트에게 용서를 구했다. 그런데 뭘 용서해달라고 하지? 그 아이는 자크의 아이가 틀림없었다. 그래도 나를 사랑해달라고 애원했다.

소년은 고통을 싫어하는 동물이다. 나는 이미 운명을 다른 식으로 해석했다. 나는 다른 사람의 아이를 거두어들일 마음까지 들었다. 그러나 이 편지를 다 쓰기도 전에 기쁨으로 넘쳐흐르는 마르트의 편지를 받았다. 그 아이는 우리 아이로, 예정일보다 두 달 먼저 태어났다고 했다. 그래서 보육기에 넣었다는 것이다.

"난 죽을 뻔했어."

이 어린아이 같은 표현이 재미있게 느껴졌다.

나는 한없이 기뻤다. 이 사실을 온 세상에 알리고, 동생들에게 너희들도 삼촌이 되었다고 말하고 싶었다. 나는 기뻐하는 한편 나 자신을 경멸했다. 어떻게 마르트를 의심할 수 있단 말인가? 행복과 뒤섞인 이 후회 때문에 나는 전보다 마르트를, 그리고 내 아이를 더욱 사랑하게 되었다. 모순되지만, 나는 오해해서 다행이라고 생각했다. 요컨대 잠시 동안 고통스러워했던 것을 기쁘게 생각했다. 적어도 그렇게 믿었다. 하지만 매우 닮았다고 생각하는 것이야말로 사실과 다른 법이다. 죽을 뻔한 사람은 죽음을 잘 안다고 생각한다. 그러나 마침내 죽음이 눈앞에 나타났을 때는 그것이 죽음인지 알지 못한다. "이것은 죽음이 아니야." 이렇게 말하면서 죽어가는 것이다.

마르트는 편지에 이런 말도 적었다.

"널 닮았어."

나는 내 남동생과 여동생들이 갓 태어났을 때 모습을 봤기 때문에, 여자의 사랑만이 아이에게서 자신이 닮았으면 하고 바라는 모습을 발견해낸다는 것을 알고 있었다.

"눈은 나를 꼭 닮았어." 그녀는 이렇게 덧붙였다.

한 아이의 안에서 우리 둘이 하나가 된 모습을 보고 싶은 나머지 아이의 눈이 자신을 닮았다고 본 것이었다.

그랑지에 집안에서는 모든 의문이 사라졌다. 그들은 마르트를 저주하면서도 집안에 추문이 '번지는' 것을 막기 위해 마르트의 공모자가 되었다. 또 다른 공모자인 의사는 아이가 예정일보다 일찍 태어난 것을 숨기고, 다른 이유를 지어내서 마르트의 남편에게 보육기가 필요하다고 설명하는 역할을 맡았다.

그 뒤로 며칠 동안 마르트가 편지를 보내지 않는 것은 당연하게 받아들였다. 자크가 그녀 옆을 떠나지 않았을 테니까. 이 불쌍한 남자가 '그의' 아들이 태어났다고 휴가를 나온 것만큼은 그다지 거슬리지 않았다. 나는 유치하게도 자크가 내 덕분에 휴가를 얻은 것이라고 생각하며 웃기까지 했다.

우리 집은 조용했다.

진정한 예감은 우리의 영혼조차 닿을 수 없는 깊숙한 곳에서 일어난다. 그래서 우리는 잘못된 판단과 행동을 하기도 한다.

나는 행복감에 휩싸여 스스로가 전보다 부드러워진 느낌이었다. 그리고 우리의 행복한 추억으로 신성화된 집에 마르트가 있다고 생각하니 매우 기뻤다.

죽을 때가 다가오면 타락한 사람은 저도 모르게 난데없이 주변을 정리하기 시작한다. 생활이 확 달라진다. 서류를 정리하고, 아침에 일찍 일어나며, 밤에도 일찍 잠자리에 든다. 나쁜 일을 하지 않고 주위 사람들을 기쁘게 한다. 그런 만큼 갑작스러운 그의 죽음은 훨씬 더 부당하게 느껴진다. "이제부터 행복하게 살려고 했는데."

마찬가지로 새로워진 나의 삶에서 차분함은 죄인의 몸단장과 다를 바 없었다. 나는 아들이 생기자 나 자신도 전보다 착한 아들이 된 것 같았다. 내가 다정해지면서 부모님과도 사이가 좋아졌다. 내 마음속 무언가가 머지않아 부모님의 사랑이 필요하게 되리라는 사실을 알고 있었던 것이다.

어느 날 정오에 학교에서 돌아온 동생들이 마르트가 죽었다고 소리쳤다.

벼락은 순식간에 떨어지기 때문에 벼락에 맞은 사람은 고통조차 느끼지 못한다. 하지만 곁에서 지켜보는 사람에게 그 광경은 비참하기 그지없다. 내가 아무것도 느끼지 못하는 동안 아버지의 얼굴이 일그러졌다. 아버지는 동생들을 내보냈다.

"나가, 바보 같은 놈들, 바보 같은 놈들아!" 아버지는 더듬거리며 말했다.

나는 감각이 둔해지고 몸이 차가워지더니 딱딱하게 굳어버렸다. 그리고 죽어가는 사람의 눈에 일생의 모든 추억이 순식간에 펼쳐지듯이, 마르트가 죽었다고 확신하자 눈앞에 나의 사랑과 그 사랑이 지닌 모든 잔혹함이 떠올랐다. 아버지의 눈물을 따라 나도 흐느껴 울었다. 그러자 어머니가 나를 안 아주었다. 눈물도 보이지 않은 채 어머니는 성홍열에 걸린 환자라도 대하듯 나를 담담하고 부드럽게 쓰다듬어주었다.

처음 며칠 동안 동생들은 내가 쓰러져 집안이 조용하다고 생각했다. 하지 만 시간이 지날수록 동생들은 영문을 몰라 했다. 시끄럽게 놀지 말라고 따로 말하지 않았는데도 동생들은 조용히 지냈다. 하지만 정오에 동생들의 발소 리가 현관에서 들릴 때마다 마르트의 죽음을 알리는 소리 같아서 나는 정신 을 잃었다.

마르트! 나의 질투는 무덤까지 그녀를 따라가, 죽음 뒤에 아무것도 없기 를 바랐다. 우리는 자신이 없는 연회에서 애인이 많은 사람들에게 둘러싸이 는 것을 견디지 못하는 법이다. 나의 마음은 아직 미래를 생각할 만큼 자라 지 못했다. 그렇다. 내가 마르트에게 바란 것은 언젠가 우리가 다시 만날 새 로운 세계가 아니라 무(無)였다.

나는 딱 한 번 자크를 보았는데, 그것은 몇 달 뒤의 일이었다. 우리 아버지가 마르트의 수채화를 몇 점 가지고 있다는 것을 알고 그림을 보러 온 것이었다. 우리는 사랑하는 사람과 관련된 것이라면 뭐든지 알고 싶어한다. 나도 마르트가 결혼한 남자를 만나보고 싶었다.

나는 숨을 죽인 채 까치발을 하고 반쯤 열린 문으로 다가갔다. 그때 목소리가 들려왔다.

"아내는 아이의 이름을 부르며 죽었습니다. 불쌍한 녀석! 그 아이가 있어서 저도 살아가는 게 아닐까요?"

절망을 억누르고 있는 그 훌륭한 홀아비를 보면서 결국 세상 모든 일은 저절로 질서를 찾아가는 법임을 깨달았다. 나는 마르트가 내 이름을 부르며 죽은 것도, 내 아들이 아주 잘 자라고 있다는 것도 이렇게 알게 되지 않았는가.

Le Bal du comte d'Orgel

도르젤 백작 무도회

레몽 라디게

머리말
장 콕토

레몽 라디게(Raymond Radiguet)는 1903년 6월 18일에 태어났다. 그는 기적적인 삶을 살다 1923년 12월 12일에 죽었다. 문단에서는 그가 차가운 마음을 지녔다고 비평했다. 레몽 라디게는 딱딱한 마음을 가졌다. 그의 다이아몬드 같은 마음은 사소한 것에는 움직이지 않았다. 불이나 다른 다이아몬드가 필요했다. 그 밖의 것은 문제 삼지 않았다.

운명을 비난해서는 안 된다. 무정하다고 하지 말자. 그는 죽을 때까지 빠르게 전개하는 엄숙한 사람이었다.

그는 《육체의 악마》 마지막에 이렇게 쓰고 있다.

진정한 예감은 우리의 영혼조차 닿을 수 없는 깊숙한 곳에서 일어난다. 그래서 우리는 잘못된 판단과 행동을 하기도 한다.

나는 행복감에 휩싸여 스스로가 전보다 부드러워진 느낌이었다. 그리고 우리의 행복한 추억으로 신성화된 집에 마르트가 있다고 생각하니 매우 기뻤다.

죽을 때가 다가오면 타락한 사람은 저도 모르게 난데없이 주변을 정리하기 시작한다. 생활이 확 달라진다. 서류를 정리하고, 아침에 일찍 일어나며, 밤에도 일찍 잠자리에 든다. 나쁜 일을 하지 않고 주위 사람들을 기쁘게 한다. 그런 만큼 갑작스러운 그의 죽음은 훨씬 더 부당하게 느껴진다. "이제부터 행복하게 살려고 했는데."

넉 달 뒤, 레몽 라디게는 정확해졌다. 그는 자고 정리하고 베껴 썼다.

나는 어리석게도 그것을 기뻐했다. 좋은 유리를 깨는 복잡한 기계를 병적인 무질서라고 착각했던 것이다.

그의 마지막 말은 다음과 같다.

　12월 9일, 그는 나에게 말했다. "사흘 뒤에 나는 신의 병사에게 총살당할 거야." 나는 그것과 반대되는 정보를 여러 가지 지어내 말했다. 그는 이어 말했다. "당신보다 내가 가진 정보가 정확해. 운명은 이미 떠났어. 나는 그 운명을 따를 거야."
　그 뒤에 또 말했다. "빛이 왔다 갔다 해. 그 빛 속에 숨은 사람들이 있어."
　나는 그 사람들을 쫓아내야 하느냐고 물었다. 그는 대답했다. "쫓아낼 수 없어. 당신에게는 빛이 보이지 않으니까."
　그리고 그는 의식을 잃었다.
　그는 입을 움직이고, 나의 이름을 부르고, 놀란 듯이 어머니와 아버지와 손등에 시선을 고정했다.

레몽 라디게는 여기서 시작한다.

　그는 세 권의 책을 남겼다. 미발표 시 한 권, 미래를 약속하는 걸작 《육체의 악마(Le Diable au Corps)》, 그리고 약속을 실현한 《도르젤 백작의 무도회(Le Bal du Comte d'Orgel)》.
　사람들은 그 나이에 쓸 수 없는 작품을 발표한 12살 소년에게 놀란다. 어제 죽은 사람은 이미 영원하다. 날짜가 없는 책, 나이가 없는 지은이, 《무도회》를 쓴 소설가는 이런 인물이다.
　그는 고열로 괴로워했던 호텔 방에서 이 《무도회》의 교정쇄를 봤다. 여기에는 어떤 수정도 없었다.
　죽음은 그를 이루는 추억을 모조리 지워버렸다. 콩트 세 편, 《육체의 악마》의 긴 부록으로 봐야 할 《일 드 프랑스》와 《일 다무르》, 역사의 광경 《샤를 도를레앙》 이것도 최초의 소설에 대한 거짓 자전과 마찬가지로 공상적인 것이다.*

　내가 요구하는 유일한 명예는 죽음으로 주어질 지위를 살아 있는 동안의 레몽 라디게에게 이미 주어야 한다는 것이다.

추기(推記)—레몽 라디게는 자연에 등을 돌렸다거나 신동이라는 말을 싫어했지만 그의 시는 14살부터 17살까지, 《육체의 악마》는 16살부터 18살까지, 《도르젤 백작의 무도회》는 18살부터 20살까지 쓴 것임을 지적해야 할 것이다(그는 15살 때 19살이라고 말했다).**

1921년부터 그는 《무도회》를 위해 소재를 모았다. 1923년 9월 끝무렵, 시골에서 이 작품을 완성하자 그는 소재를 적은 카드를 찢었다. 《샤를 도를레앙》 카드를 넣은 상자 속에서 한 장의 카드를 발견했다. 귀중한 것이다. 나는 그것을 그대로 쓴다.

도르젤 백작 무도회

심리가 로마네스크인 소설.

상상력의 유일한 노력이 거기에 집중된다. 즉 외적인 사건이 아니라 감정 분석에 집중한다.

더구나 순결하지 않은 소설과 마찬가지로 난잡한 연애소설. 주요 부분은 옷을 서투르게 입은 것이 필요하듯이 문장이 서투르다.

'사교계적' 측면.

어떤 감정의 전개에 필요한 분위기. 그러나 이것은 사교계 묘사는 아니다. 프루스트와의 차이. 배경은 중요하지 않다.

내 머리말의 두 가지를 분명히 해주는 다음의 기록은 레몽 라디게의 카드 속에서 찾은 것이다.

장 콕토

*

《육체의 악마》에 대하여

모두 내 책 속에서 고백을 보려고 했다. 착각이다! 청년이나 여자에게서 자주 볼 수 있듯 짓지도 않은 죄를 마치 자신이 저지른 것처럼 허영심에서 나온 거짓 고백, 그 메커니즘은 승려들이 잘 알고 있다. 이 작품에서 모두 거짓인 것은 소설임을 뚜렷하게 보이기 위함이고, 주인공의 심리를 그리기 위함이다. 이 허세는 그의 성격 가운데 한 부분이다.

**

"이렇게 조숙한 지성을 가진 소년이 몇 년 뒤에는 놀랄 만큼 어리석어진 다!"

어느 집이든 신동 하나쯤은 있다. 신동이라는 말은 가족이 만들어낸 것이 다. 경이로운 어른이 있듯 신동도 존재한다. 그것이 같은 사람일 경우는 드 물다. 나이는 문제가 되지 않는다. 나를 놀라게 하는 것은 랭보의 작품이지 그가 그것을 쓴 해는 아니다. 위대한 시인은 모두 17살에 시를 썼다. 그것을 잊게 만든 것이 더 위대한 사람들이다.

폴 발레리는 얼마전 "당신은 왜 쓰는가?"라는 설문조사에 이렇게 대답했 다. "약해서."

나는 그와 반대로, 쓰지 않는 것이 약해서라고 믿고 있다. 랭보는 자신을 의심하고, 후세의 영예를 얻으려는 마음으로 시 쓰는 것을 그만둔 걸까? 그 렇게 생각하지 않는다. 나중에 더 좋은 시를 쓸 수 있는 것이다.

그러나 기다려서 좋은 작품을 보여줄 용기가 없는 겁쟁이들이 이것을 핑 계 삼으면 곤란하다. 좀더 깊은 의미로 말해, 사람은 더 좋은 것을 쓸 일이 없다면 더 나쁜 것을 쓸 일도 없기 때문이다.

도르젤 백작 무도회

도르젤 백작부인의 이러한 마음은 시대에 뒤처진 것일까? 의무와 여린 감정의 뒤얽힘은 오늘날 아무리 식민지에서 태어난 명문가 여인이라 해도 있을 수 없는 일이라 생각한 듯하다. 결말은 이렇지 않을까? —맑고 깨끗한 것은 혼란스러운 것보다 재미없다는 이유로 우리의 주의가 옆으로 빗나가버리지 않을까?

그러나 맑고 깨끗한 마음의 무의식은 난잡한 마음보다 더 기이하다. 도르젤 백작부인을 너무 정숙하다고 생각하거나 유혹에 약하다고 생각하는 세상 여자들에게 말하고 싶은 것은 이것이다.

도르젤 백작부인은 라 베르베리 지방의 그리모아르 집안 출신이었다. 몇 세기나 걸쳐 비길 데 없는 영예를 누려온 명문가이다. 그러나 도르젤 백작부인의 조상들이 그 때문에 무슨 노력을 한 것은 아니다. 집안사람 대부분이 귀족 칭호를 얻은 영예로운 기회 따위는 모르는 것을 자랑으로 여겼다. 이러한 태도에는 꼭 위험이 따랐다. 루이 13세에 봉건귀족의 세력을 약하게 하려는 사람들 가운데서도 그리모아르 집안은 가장 큰 표적이 되었다. 그리모아르 집안은 이 굴욕에 참을 수 없어 프랑스를 떠나 마르티니크 섬*¹으로 이주했다.

라 베르베리 후작은 선조들이 오를레앙 지방 농민들에게 가지고 있던 세력을 섬 주민에게 떨칠 수 있었다. 그는 사탕수수 밭을 경영했다. 권세욕을 채우고 재산을 늘렸다.

여기서 우리는 이 가족 중에 어떤 기이한 성격 변화가 일어난 것을 보게 된다. 기분 좋은 태양 아래에서 이 일가를 마비시킨 자존심이 조금씩 녹아가

---

*1 서인도 제도의 동부, 소(小)앤틸리스 제도에 있는 화산섬.

는 듯하다. 그리모아르 일가는 가지와 잎을 다듬지 않고 방치한 나무처럼 온 섬에 가지를 뻗어갔다. 섬에 온 사람들은 곧바로 이 가족에게 인사를 하러 간다. 최근에 온 사람이 이 가족과 혈연으로 이어진 자라면 그로써 그의 성공은 틀림없었다. 따라서 가스파르 타셰 드 라 파제리가 섬에 도착해 처음에 한 일은 멀기는 하지만 자신도 친척임을 확실히 한 점이었다. 그리모아르 집안의 한 남자가 타셰 집안의 딸과 결혼해 이어졌다. 그렇게 세월이 지나고, 그리모아르 집안의 후원자가 있는 것과는 관계없이 타셰 드 라 파제리 집안은 그다지 사회적인 지위가 없었다. 인망이 없고 악평이 극에 달했을 때, 젊은 마리 조제프 타셰가 프랑스로 여행을 떠나고, 아버지가 산도밍고 섬에 재배장을 가진 보아르네 가문의 사람과 그녀와의 결혼을 발표했다.

조제핀[2]이 이혼한 뒤, 오직 그리모아르 집안 사람들만이 그녀를 맞아들였다. 이 가문에 대혁명을 알린 것은 조제핀이었다. 그들은 이 소식에 기뻐했다. 그리모아르 사람들은 자신들의 권리를 뺏은 사람들이 오랫동안 왕위에 있을 거라 생각하지 않았다. 아마 제후들이 그들의 권익을 위해 앞장서서 혁명을 일으켰다고 생각하는 듯하다. 그러나 프랑스 사정을 확실히 알면, 단두대에 오른 것은 자신들의 관례에 따라도 되는 시기인 루이 13세 치하에 벗어나지 못한 것이 나쁘다고 비난한 사람들이었다.

그들은 자신들이 사는 섬에서 짓궂은 이웃들이 창문 틈으로 몰래 엿보듯이 구대륙을 관찰했다. 이 혁명은 그들에게 빛이었다. 이를테면 그들의 친척 딸과 보나파르트 장군의 결혼만큼 이상한 것이 있을까! 그러나 농담이 지나치다고 생각한 것은 제정 선포였다. 그들은 거기에서 대혁명의 피날레를 보았다. 마지막 불꽃은 훈장과 작위, 재산의 비가 되어 떨어졌다. 무대의 가면을 바꾸듯이 이름을 바꾼 이 거대한 가장무도회는 그들에게 불쾌했다. 마르티니크 섬은 혼란스러웠다. 섬에서 순식간에 사람이 떠나갔다. 자신을 중심으로 한 가족을 만들려고 하는 조제핀은 아무리 먼 친척이라도 궁정 주위에 모두 모았다. 때로는 실로 신분이 천한 자도 있었지만, 어쨌든 유서 깊은 집안 사람들이었다. 그리모아르 가문은 그에 응하지 않는다. 조제핀이 이혼당한다면 다시 교제해도 좋다는 것이다. 후작은 그녀에게 아주 도덕적인 편지

---

[2] 프랑스 황제 나폴레옹 1세의 첫째 황비.

를 쓰고, 자신은 그것을 진심으로 이해할 수 없다고 했다. 이곳에 와서 사는 건 어떻겠냐고 추천했다. 제정에 대한 그의 증오가 폭발했다. 그때까지는 인척관계가 있어서 참았던 것이다.

몇 세기에 걸쳐 이 가족의 역사를 조사하고, 요컨대 작자가 오직 한 사람만 지켜보는 것이 이상할지도 모른다. 즉 작자에게 그리모아르 가족은 아무래도 좋으며, 그 안에 살고 있는 한 여자를 문제로 삼고 있기 때문이다. 그리모아르 드 라 베르베리 양은 어디에서 태어났든 파리나 다른 곳의 여자라면 반드시 가지고 있다고 해도 될 만한 무기를 본디 가지고 있지 않다는 것을 이해해주기 바란다.

마오는 태어날 때 사람들에게 별로 축복받지 못했다. 그리모아르 드 라 베르베리 후작부인은 막 태어난 아기를 아직 본 적이 없었다. 마오를 어머니에게 보이러 가자 출산의 고통을 대범하게 참았던 부인은 기형아를 낳았다고 생각해 기절했다. 이 첫 충격에서 무언가가 남았다. 어릴 적 마오는 여러 가지 의심이 섞인 눈길을 받았다. 말하는 것이 늦어서 어머니는 벙어리라고 생각했다.

그리모아르 부인은 사내아이를 원해 다음 아이가 태어나기를 기다렸다. 딸에게는 없는 모든 장점을 이 사내아이에게 기대했다. 무시무시한 화산 폭발로 생피에르가 파괴되었을 때 그녀는 마침 임신 중이었다. 후작부인은 기적적으로 살았다. 그러나 사람들은 그녀가 정신이 이상해지지는 않았는지, 태어날 아이는 어떨지 걱정했다. 그 뒤로 그녀는 섬이 무서워졌다. 여기에 머무는 것이 싫었다. 의사들은 그녀의 뜻을 이루어주지 않는 것이 얼마나 잔혹한지 남편에게 주의를 주었다. 왕국을 준다는 약속에도 완고하게 움직이지 않았던 그리모아르 일가는 1902년 7월에 프랑스로 귀국했다. 우연히도 라 베르베리의 영지가 팔렸다. 후작은 선조의 원한을 씻는다는 확신으로 옛 영지를 찾았다. 루이 13세의 간청으로 귀국한 선조와 같은 기분이 들었다. 그는 지금도 그들의 영주라 생각하고, 백성들을 상대로 소송을 계속하며 일생을 보냈다.

그리모아르 부인은 죽은 아이를 낳았다. 대지진으로 부인은 어머니가 될 자격을 잃었다. 죽은 아이가 사내아이였다는 사실 때문에 그녀의 절망감은 더욱 컸다. 어떤 병적인 허탈감에 빠지고, 마치 그림에 그려진 식민지 부인처럼 일생을 긴 의자에 앉아 보냈다.

어머니로서 사내아이를 바라지 않게 된 이상, 당연히 마오에게 더 큰 애정을 쏟지 않았을까? 그러나 그녀에게 이 생기발랄한 소녀는 부서진 희망을 모욕하는 존재처럼 느껴졌다.

마오는 라 베르베리에서 야생 담쟁이덩굴처럼 자랐다. 아름다움과 재능은 없었지만 그만큼 더욱 확실히 자랐다. 그리모아르 집안에서 마오는 대대로 그래왔듯 마리라는 흑인 하녀에게서만 애정을 찾았다. 종속적인 애정, 즉 사랑과 닮은 따뜻함이다.

정교분리 뒤에는 마오를 교육할 방법이 없었다. 그리모아르 양은 시골의 좋은 집안에서 자란 가난한 노처녀의 손에 맡겨졌다. 그녀의 어머니는 온종일 꾸벅꾸벅 졸았다. 아버지가 가르쳐준 것은 그리모아르 집안의 딸에 어울리는 사람은 세상에 아무도 없다는 것뿐이다. 그러나 그녀는 열여덟 살 때 프랑스에서 꽤 이름 높은 집안의 안 도르젤 백작과 결혼해 소녀시절의 생기를 찾았다. 남편에게 홀딱 반하고, 남편 쪽에서는 깊은 감사와 진심어린 우정을 보였다. 그는 이것을 사랑이라 생각했다. 이 결혼을 좋지 않게 보는 것은 흑인 하녀 마리뿐이었다. 나이 차이가 불만스러웠던 것이다. 그녀에게는 도르젤 백작이 노인 같았다. 하지만 마리는 백작부인 옆을 떠나지 않기 위해 도르젤 저택에 들어갔다. 달리 방법이 없었다. 그런데 그녀가 맡을 일이 확실히 정해지지 않아서, 다른 하인들이 그녀에게 자질구레한 일을 시켰다. 하루가 끝나면 녹초가 되었다.

안 도르젤 백작은 아직 젊었다. 이제 서른이었다. 그가 어떻게 영예나 사회적 지위를 쌓았는지는 아무도 모른다. 그의 이름은 딱히 그것과 관련이 없다. 그만큼 이름의 최면술에 걸려버린 사람들의 세계에도 역시 재능이 먼저였다. 그래도 역시 그의 장점은 뛰어난 혈통과 사교 재능에 지나지 않았다. 세상이 존경한 그의 아버지는 얼마 전 세상을 떠났다. 안은 마오의 도움으로 사람들이 지루해했던 저택에 다시 이전의 영광을 되살려놓았다. 세계대전 직후에 처음으로 무도회를 연 것은 도르젤 집안이라고 해도 좋다. 도르젤 백작이 살아 있었다면 아들이 초대 손님을 고르는 데도 개인적인 재능이나 재산에 너무 무게를 두는 것을 분명히 못마땅하게 생각했으리라. 선별은 나름

엄격했지만, 절충주의는 도르젤 부부가 성공할 수 있었던 작지 않은 원인이자 한편 늘 자신들과 같은 사람들만 초대하는 연회에 지루해하던 사람들이 험담을 하는 원인이었다. 그래서 그들에게 도르젤 집안의 연회는 기분전환을 하고 험담을 하는 둘도 없는 기회였다.

죽은 도르젤 백작을 놀라게 할 초대 손님 가운데 먼저 젊은 외교관 폴 로뱅을 들 수 있다. 그는 어느 집에 초대받는 것을 기회로 생각하는 사람이다. 그래서 이 남자에게 도르젤 저택에 가는 것은 최대의 기회였다. 그는 사람을 두 부류로 나누었다. 위니베르시테 거리*³ 연회에 초대받은 사람들과 그렇지 않은 사람들이라는 식으로 말이다. 이 분류는 그가 무언가에 감탄할 때 그 정도를 떨어뜨리기도 했다. 그는 가장 사이가 좋은 친구 프랑수아 드 세리외즈도 그런 식으로 대했다. 이 친구가 자신의 이름에 드*⁴를 쓰지 않는 것을 남몰래 비난했다. 꽤 단순한 사람인 폴 로뱅은 늘 자신을 기준으로 다른 사람을 판단하는 습관이 있었다. 그는 프랑수아가 도르젤 부부를 별로 이상하다고 생각하지 않는 것이나 조금 무리를 해서 다가가지 않는 것을 이해할 수 없었다. 더구나 폴 로뱅은 지금처럼 자신이 멋대로 생각하는 자신의 우월함으로 자신만만했으며 이것을 그만하려고 한 적도 없다.

이 두 친구만큼 차이가 큰 사람은 상상할 수 없다. 게다가 두 사람은 서로 비슷해서 친구가 되었다고 생각했다. 즉 그들의 우정이 가능한 범위에서 서로 닮았다고 강요하는 것이다.

폴 로뱅의 편집증은 '성공'이었다. 보통 사람들은 다른 사람이 자신을 기다려주리라는 착각을 가지고 있는데, 폴은 기차 시간에 늦으면 발을 동동 굴렀다. 그는 '역할'이라는 것을 믿고, 무언가 한 가지 역할을 할 수 있다고 생각했다.

19세기 발명 같은 어리석은 문학을 모두 버린다면, 그도 얼마나 매력적인 인간인가!

그러나 심오한 성질을 느끼지 못하고, 단지 가면에 속기 쉬운 사람들은 흐

---

*3 도르젤 저택이 있던 거리 이름.
*4 귀족의 집안 이름에 붙는다.

르는 모래에 발을 넣기가 무서워 과감하게 걸을 용기가 없다. 폴은 한 가지 모습을 가지고 있다고 믿었는데, 사실은 스스로의 단점을 극복하지 않고 만족하는 것에 지나지 않았다. 이러한 잡초가 조금씩 그를 침범해 마음이 약해져서, 이것은 다른 사람으로 하여금 정책적인 것이라 여기게끔 하는 것이 편리하다고 생각했다. 비겁하다고 할 만큼 진중한 그가 여러 군데를 드나들었다. 어떤 곳이라도 가야 한다고 생각했다. 이런 방법으로는 균형을 잃기 쉽다. 폴은 자신을 점잖다고 생각하지만, 숨기는 것에 지나지 않는다. 이렇게 그는 생활을 몇 개로 나눴다. 자신만이 하나의 칸막이에서 다른 곳으로 자유로이 갈 수 있다고 생각했다. 세계는 작아서 어느 곳에서든 만날 수 있다는 것을 그는 아직 몰랐다. "오늘 밤은 어떻게 보낼 건가?" 프랑수아 드 세리외즈가 묻자 마침 '어떤 사람'에게 초대를 받았다고 한다. 그 어떤 사람은 그에게 '나의 사람'이라는 의미다. 그 사람들은 그의 것이다. 그는 그들을 독점하고 있다. 한 시간 뒤에 만찬회에서 그는 세리외즈를 불쑥 만난다. 그러나 이렇게 숨는 것에 이따금 실패를 하면서도 그는 이 방식을 그만둘 수 없었다.

이와 반대로 세리외즈는 아랑곳하지 않았다. 그는 스무 살이다. 젊은 데다 딱히 하고 있는 일이 없는데도 그는 연장자들에게 신용을 얻고 있었다. 여러 가지 점에서 꽤 몰상식하지만, 함부로 행동하지 않는 상식이 있었다. 그를 조숙하다고 하는 것은 옳지 않다. 모든 나이에는 저마다의 열매를 맺는다. 그것을 잘 수확하는 것이 중요하다. 그러나 젊은 사람들은 손이 잘 닿지 않는 열매를 빨리 따려고 조급해하거나, 어서 어른이 되려고 서두르는 나머지 눈앞의 열매를 놓치는 것이다.

한마디로 프랑수아는 정확하게 그의 나이이다. 모든 계절 가운데 봄은 가장 알맞으면서도 옷을 잘 입기 어려운 계절이다.

그가 옆에 있어서 나이를 먹은 사람은 폴뿐이었다. 두 사람은 서로 꽤 나쁜 영향을 끼쳤다.

1920년 2월 7일 토요일, 이 두 사람은 '메드라노' 곡마단에 갔다. 솜씨 좋은 광대가 나와 극장에 사람들을 끌었다.

공연이 시작됐다. 광대의 등장보다 관객의 입장에 신경을 쓰는 폴은 아는 얼굴을 눈으로 찾았다. 갑자기 그가 날아오를 듯이 일어났다.

두 사람의 바로 맞은편에 한 쌍의 남녀가 들어왔다. 남자는 장갑으로 가볍게 폴에게 인사를 했다.

"저 사람이 도르젤 백작인가?" 프랑수아가 물었다.

"그래." 폴은 우쭐거리며 대답한다.

"함께 있는 사람은 누구야? 아내인가?"

"응, 마오 도르젤."

휴식 시간이 되자마자 폴은 혼잡함을 틈타 도르젤 부부를 찾으러 살금살금 나갔다. 부부와 혼자서 만나고 싶은 것이다.

세리외즈는 홀을 한 번 둘러본 뒤, 프라텔리니 형제의 방문을 밀었다. 모두들 무용수의 분장실을 방문하듯 이곳으로 왔다.

한쪽에 사람들을 놀라게 하는 화려한 물건들이 표류물처럼 놓여 있었다. 그 본디 의미를 잃어버린 물건이지만, 이렇게 광대들 손에 있을 때는 더 큰 의미를 지녔다.

도르젤 부부는 곡마단에 오면 무슨 일이 있어도 이 광대의 분장실에 꼭 들른다. 안 도르젤은 이렇게 해서 자신의 소탈한 태도를 사람들에게 보일 수 있는 것이다.

세리외즈가 들어가는 것을 본 백작은 바로 이 이름을 그의 얼굴에 맞추었다. 백작은 극장의 이쪽 끝에서 저쪽 끝이라도 한 번 본 사람이라면 하나하나 기억했다. 스스로 일부러 그럴 때 말고는 인명을 틀리거나 잘못 알거나 하는 일이 결코 없었다.

그는 모르는 사람에게 말을 거는 습관을 아버지에게서 물려받았다. 죽은 도르젤 백작은 신기한 동물 취급당하는 것을 싫어하는 사람들에게서 자주 퉁명스러운 대답을 듣곤 했다.

그러나 여기는 분장실이 좁아서 서로 모르는 척할 수 없었다. 백작은 전부터 얼굴을 알고 있는 티를 내지 않고 세리외즈에게 한두 마디 말을 걸며 사전연습을 했다. 그러나 백작은 이런 어중간한 태도에 프랑수아가 당황할 것이며 이래서는 놀이가 공평하지 않다는 것을 알고 있었다. 그래서 그는 아내를 보며 말했다. "세리외즈 씨는 우리가 이분을 아는 만큼은 우리를 알지 못하오." 마오는 그 이름을 아직 한 번도 들어본 적이 없었다. 그러나 이런 남편에게는 익숙했다. 남편은 세리외즈에게 미소를 지으며 덧붙였다.

"로뱅 씨에게 만날 수 있는 기회를 만들어달라고 가끔 말했었어요. 우리 뜻이 잘 전해지지 않은 것 같군요."

평소부터 그 나쁜 습관을 알고 있는 폴과 프랑수아가 사이좋게 함께 있는 것을 막 본 참이기에 그대로 거짓말을 했다.

셋은 로뱅의 감추는 버릇을 비웃었다. 그들은 그를 골려주기로 했다. 도르젤과 프랑수아가 오래전부터 친구인 척하기로 한 것이다.

이 천진한 장난기가 우정의 머리말 같은 귀찮음을 없애주었다. 안 도르젤은 처음도 아닌 프랑수아에게 곡마단의 마구간을 마치 자신의 것을 보여주는 듯한 태도로 안내하고 싶어했다.

프랑수아는 가끔씩 도르젤 부인이 눈치채지 못하리라 싶을 때 그녀를 흘끗거렸다. 그는 그녀가 아름답고 오만하며 산만하다고 생각했다. 사실 그랬다. 그녀의 마음을 남편에 대한 사랑으로부터 돌릴 것은 거의 없기 때문이다. 그녀의 말투는 어딘가 거친 데가 있었다. 어쩐지 엄격하고 우아한 목소리는 깊게 생각하지 않으면 남자의 쉰 목소리처럼 들렸다. 목소리는 혈통을 드러내는 것이다. 한편 이런 단순함에서 백작의 목소리를 여성적이라고 생각하는 사람도 있다. 그는 집안 대대로 물려받은 목소리, 연극에서처럼 가성을 냈다.

옛날이야기 같은 삶은 별로 사람을 놀라게 하지 않는다. 단지 그 추억만이 우리에게 이 세상에 없는 불가사의함을 찾게 하는 것이다. 프랑수아는 자신과 도르젤 부부의 만남이 얼마나 소설적인지 이해할 수 없었다. 폴을 따라온 것이 그들을 친밀하게 만들었다. 공범자라는 기분이 들었다. 그들 자신이 자신에게 속은 것이다. 자신들이 오래전부터 아는 사이라고 폴을 속이기 위해 그것을 스스로 믿어버렸기 때문이다.

벨이 울려 휴식 시간이 끝났음을 알렸다. 프랑수아는 도르젤 부부와 헤어져 다시 폴 옆으로 가야 한다고 우울하게 생각했다. 도르젤이 함께 있자고 옆의 누군가의 자리를 비워놓게 했다. 이것으로 연극은 드디어 재밌어질 듯하다.

폴은 늦는 것과 쓸데없이 사람들의 눈에 띄는 것을 싫어한다. 그는 자기 생각보다 남의 생각을 먼저 신경 쓴다. 도르젤 부부 옆에 갈 수 없었던 것, 도중에 만난 시시한 인간들을 잘 떨쳐내지 못한 일로 짜증이 났던 그는 프랑수아가 늦도록 자리로 돌아오지 않자 기분이 틀어졌다. 그리고 세 사람이 나란히 있는 모습을 보았을 때, 그는 자신의 눈을 믿을 수 없었다.

백작은 늘 온 세상 사람들에게 알려진 듯이 행동한다. 단, 아버지와 달리 좋은 효과를 보이도록 붙임성 있게 한다. 이 자신감이라 할까 무의식적인 방법이 이번에도 성공했다. 여자 좌석 안내원에게 한마디 건넨 것만으로 두 사람의 자리를 옮길 수 있었다.

폴은 일이 갑작스레 이루어지는 것에 익숙하지 않았다. 안 도르젤과 세리외즈가 사이좋게 대화하는 모습을 본 그는 이 두 사람이 전부터 서로 아는 사이라고 생각했다. 괜히 화가 나고 속았다는 느낌에 그는 자신이 놀랐다는 것을 숨기려고 했다.

안 도르젤이 일에 열중하는 능력은 끝이 없었다. 곡마단에 처음 온 사람처럼 보였다. 그러나 공연 종목에 대해 잘 아는 척하지 않고는 못 배겼다. 난쟁이가 트럭 주변에 나타나자 먼저 폴에게 했듯이 바로 손을 흔들었다.

그는 이 땅의 권력자들에 대해 모호한 말로 이야기하는데, 그것은 자신을 겸손하게 말하는 것이어서 그렇게 하는 것이다. 이를테면 어느 나라의 여왕을 거리낌 없이 평하나 싶다가도 다른 사회계급, 즉 그의 눈에서 보면 신분이 낮은 사람을 학자가 곤충의 생태를 설명하듯이 한 시간이나 공들여 정열적으로 설명한 일도 있다. 또 이야기가 자신과 다른 종족에 대한 것이면, 그는 바른 판단력을 잃은 듯이 그저 타인을 현혹하는 것만 생각했다. 그때 이 수다스러운 두려움이 그를 도망치게 하고 불빛 주위를 나는 모기처럼 미치게 하는 것이다.

세계대전 중에 그는 여러 계급의 사람들에게 다가갈 수 있었다. 그래서 전쟁은 그에게 실로 재밌었다.

이 재미가 그의 영웅적인 장점을 쓸모없게 만들었다. 그는 의심을 받았다. 장군들은, 계급적 경의도 없이 독일인의 정신 상태라든가 그 기풍에 대해서 지식을 남용하고 스위스를 거쳐 오스트리아인 친척과 문서를 주고받는 것을 숨기지도 않는 이 풋내기를 싫어했다. 그는 레지옹 도뇌르 훈장을 받을 만한 공적을 몇 번이나 쌓았는데도 한 번도 받지 못했다.

그의 아버지도 이러한 불공평한 대우를 받았다. 그는 실로 완고했다. 샹파뉴의 콜로메르 별장을 절대로 떠나지 않은 것이다. "나는 포탄 따위 겁나지 않아" 말하면서 매일 산책을 위해 마차 준비를 명하는 마부를 꾸짖었다. 통과를 위한 암호를 묻는 보초병에게는 "도르젤 씨다" 말했다.

계급을 전혀 구분하지 못하고, 상대 병사가 금줄이 있으면 '장교'라고 불렀다. 중사이든 대위이든 상관이 없다. 그 때문에 온갖 장난으로 복수를 당했다. 이 저택에 머무는 장교들은 조국에 지금 전서구가 필요하다는 핑계로 비둘기장에서 비둘기를 모두 꺼내어, 바로 그날 밤 그것으로 만찬을 즐겼다. 도르젤은 그것을 알았다. 그날 이후 그는 늘 되풀이해 말했다.

"나는 조프르 씨가 얼마나 가치 있는 사람인지 모른다. 하지만 그 부하는 사기꾼이다."

비둘기가 완전히 사라지자마자 비둘기장을 허물라는 명령이 내려졌다. 비둘기가 있던 탑이 사격하는 데 방해가 되고, 도르젤이 적군에 신호를 보낼 위험이 있다는 이유였다. 노인은 비둘기장을 집 자체보다 자랑으로 삼아왔다. 이것을 소유하는 것은 봉건귀족의 특권이었기 때문이다.

그래서 도르젤은 프랑스군이 후퇴한 뒤 독일군이 이곳을 점령해도 전혀 개의치 않았다. 독일군 장교들은 그를 정중하게 대했다. 독일인은 귀족을 존경한다. 특히 독일사전에 2, 3줄에 걸쳐 적힌 도르젤이라는 이름을 가장 존경한다. 독일은 조국에 망명한 귀족의 명예를 소중히 하는 것이다. 그리고 도르젤 가문은 대혁명 첫무렵에 독일과 오스트리아로 달아나 거기에서 자손을 번영시킨 가문이기도 했다.

독일군이 콜로메르에서 물러날 때, 도르젤은 프랑스군 지휘관들과의 만남을 피해 파리로 돌아갔다. 그가 계속해서 독일을 찬양했기 때문에 아들은 결국 훈장을 받지 못했다. 프러시아병은 정말 대단하다고 되풀이해 말하고, 그들의 행동을 칭찬했다.

"더구나 우리 집안 대대로 적은 프랑스다." 이런 식으로 결론을 내렸다.

안은 출정하고 그 누이는 전선으로 가 부상병을 간호했으므로 도르젤 백작은 공습이 있던 밤 위니베르시테 거리에서 하인들에게 둘러싸인 채 심장마비로 죽었다. 그는 모두에게 이것은 프랑스 비행사가 정부의 명령을 받아 거짓 폭탄을 투하하는 것이라고 설명했다.

"우리와 함께 로뱅송*⁵의 무도장에 가지 않겠어요?"

메드라노 곡마단을 나서며 안 도르젤이 프랑수아에게 이렇게 권했다. 그의 아내는 놀란 듯이 남편을 바라보았다.

프랑수아는 움찔했다. 도르젤 부부가 이제 어디에 가더라도 자신은 이 둘과 헤어진다는 기분이 들지 않았기 때문이다.

도르젤 부부의 자동차에는 보조의자가 없었다. 세 명밖에 탈 수 없다. 유쾌한 저녁을 놓치기보다 감기에 걸리는 편이 낫다고 생각한 폴은 재빨리 운전사 옆에 탔다. 이 동작은 프랑수아에 대한 도전이었다. 폴은 자신이 나서서 가장 나쁜 자리에 앉을 만큼 도르젤 부부와 친하다는 것을 보이고 싶었던 것이다.

"로뱅송에 와본 적 있나요?" 마오가 물었다.

프랑수아 드 세리외즈는 자신의 가족과 친한 노인들, 포어바흐 집안사람들로부터 이 마을에 대해 자주 이야기를 들었다. 세리외즈 부인은 미망인이 되자, 즉 프랑수아가 태어나자마자 집을 떠나 1년 내내 샹피니에서 살았다. 프랑수아가 파리 시내에서 저녁을 먹을 때는 포어바흐 집에서 옷을 갈아입고 머문다. 포어바흐 집안사람들에게 자신의 어린 시절 이야기는 자주 들었지만, 그곳에 한 번도 간 적이 없는 프랑수아는 아주 나이 많은 사람들이 당나귀를 타고 산책하거나 나무 위에서 식사하는 모습을 머릿속에 그려보곤 했다.

휴전 이듬해, 교외에서 춤을 추는 것이 유행했다. 신기해서가 아니라 필요하기 때문에 유행하는 것은 뭐든 좋다. 경찰 단속이 요란스러워서, 일찍 자는 습관이 없는 사람들은 이러한 궁여지책에 몰린다. 밤늦게 교외로 놀러 다니는 것이다. 풀밭 위에서 야식을 먹어도 괜찮다.

프랑수아는 사실 눈을 가리고 따라가는 듯해서 어느 길을 달리는지도 몰랐다. 차가 멈추자 그는 여기냐고 물었다.

아직 겨우 오를레앙 문*⁶에 왔을 뿐이다. 자동차 행렬이 움직이기를 기다

---

*5 파리의 남부 유람지.
*6 파리 남쪽 시문.

렸다. 사람들이 옆에 둘러섰다. 로뱅송에서 춤을 춘 뒤 변두리에서 어슬렁거리는 사람이나 몽트루즈 사람들이 이 시문에서 상류층 사람들을 바라본다.

뻔뻔하게 주위를 둘러싼 이 구경꾼들은 자동차 유리창에 얼굴을 대고 차 안의 사람을 들여다보았다. 여인들은 이 상황을 재미있어하는 척했다. 세관 직원이 느린 탓에 이 상황은 점점 더 길어졌다. 진열장 물건을 보듯, 호기심 어린 눈길을 받자 소심한 부인은 정신을 잃을 것 같았다. 이러한 사람들의 모임은 난폭한 일을 하지 않는 혁명이었다. 벼락부자인 그녀는 자신의 목걸이를 의식했다. 그러나 상류층 부인이 진주를 느끼기 위해서는 새로운 가치를 덧붙이는 남의 눈길이 필요하다. 한편 대담한 여자들이 있다고 생각하자 내성적인 그녀는 추운 듯이 모피 깃을 세웠다.

어쨌든 혁명을 생각하는 것은 차 바깥보다 안쪽이라고 해도 좋다. 사람들은 매일 밤 거저 즐길 수 있는 구경거리라고 기뻐했다. 게다가 마침 그날 밤은 사람들이 많았다. 몽트루즈에서 영화를 보고 돌아가는 손님들은 토요일 프로그램이 끝난 뒤, 생각지도 못한 특별 프로그램을 찾은 셈이다. 그들에게는 화려하고 아름다운 세상을 그린 영화가 아직 여기에서도 이어지는 듯한 기분이었다.

사람들 사이에는 그 무렵 행복한 사람들에 대한 증오심이 거의 없었다. 폴은 걱정스럽게 미소를 지으며 친구 쪽을 돌아보았다. 몇 분이나 자동차가 움직이지 않아 안 도르젤은 창밖을 보았다.

"오르탕스로군!" 그가 마오에게 말했다. "오르탕스를 저대로 가만두면 안 되겠소! 차가 고장난 모양이야."

가스등 불빛 아래 머리에 왕관 장식을 하고 야회복을 입은 오스테를리츠 공작부인이 보였다. 그녀는 차를 고치는 운전사 옆에서 작업을 지시하며 웃고, 사람들과 말을 주고받고 있었다. 그녀의 옆에는 아름답기로 소문난 미국인 웨인이 있었다. 사교계의 명성은 그렇다 해도 미인이라는 평판에는 과장이 있었다. 안목이 있는 사람이라면 웨인은 미모에 자신이 있는 여자처럼 행동하지 않는다는 것을 금세 알아차렸다.

가스등 아래 선 오스테를리츠 공작부인은 씩씩했다. 그녀에게는 샹들리에보다 가로수 조명이 어울렸다. 그녀는 마을 불량배들에게 둘러싸여 마치 평소에 이런 사람들과 사귀는 듯이 편하게 행동했다.

사람들은 그녀의 호화로운 이름 대신 그녀를 오르탕스라 불렀다. 그 덕에 그녀는 모두와 친숙하게 지냈다. 상대가 원하지 않으면 별 수 없지만 어쨌든 누구하고나 친했다. 선량하기 그지없었다. 그러나 예의범절을 입 아프게 말하는 사람이라면 아마도 이 '선량함' 때문에 그녀를 비난했으리라. 자유로운 태도 때문에 그녀에게 반감을 가진 가족도 있었다. 제정시대 원수(元帥)의 증손으로 태어난 그녀는 다른 원수의 후손과 결혼했다. 그녀를 아는 모든 남자 중에서 오스테를리츠 공작은 그녀와 친하게 마음을 터놓지 못한 유일한 사람이었다. 더구나 그녀도 공작을 별로 신경 쓰지 않았다. 이 공작은 이미 죽은 사람이라고 생각될 정도로 눈에 띄지 않는 사람이다. 그는 말을 개량하는 데 온 삶을 바쳤다. 오르탕스의 진한 피부색과 곱슬머리는 어린 시절에 푸줏간을 했던 선조 라도 원수에게서 물려받은 것일까? 생고기를 가까이하여 생긴 결과인지 뭔가 의심이 든다. 그녀는 심성이 착한 여자, 심성이 착한 딸로 하층사회 사람들에게도 인기가 있고 아름다운 부인이라 여겨졌다. 좋은 딸만이 아니라 좋은 증손녀이다. 가문을 숨기기는커녕 사랑하는 방법까지 원수의 기풍을 따랐다. 그녀의 관심은 오로지 중앙시장의 건강함이다. 불건전한 욕망을 지녔다고 비난도 받았다!

젊은 사람들은 그녀의 동시대 사람만큼 엄격하지 않았다. 그래서 품행에서 조금도 나무랄 데가 없는 도르젤 부부도 그녀를 피하거나 하지는 않았다. 도르젤 부부를 지금까지 몰랐던 프랑수아도 오르탕스는 잘 알고 있었다.

세 남자가 오스테를리츠 부인의 손에 입맞춤하자 구경꾼들이 웃음을 터뜨렸다.

이미 도르젤 부부와 하나가 된 듯한 프랑수아는 사람들이 왜 웃는지 전혀 몰랐다. 손에 입맞춤하는 동작만이 아니라 도르젤 백작의 목소리가 사람들을 웃게 한 것이다.

도르젤 부인이 이해할 수 없었던 한 가지는 군중의 맹목적인 동정이 그녀 자신보다 오르탕스 오스테를리츠나 헤스터 웨인에게 쏠린 것이다. 그것은 공작부인과 미국 부인이 야회복에 모자를 쓰지 않았기 때문이다. 하층 여자들에게 귀부인의 속성은 뭐니 뭐니 해도 모자인 것이다.

단 한 사람, 두 번째 줄에 있던 남자만이 공작부인에게 호의를 보이지 않았다. 그는 "아, 내가 수류탄을 가지고 있었으면!" 하고 될 대로 되라는 식으로 중얼거렸다. 그러자 바로 주위에서 시끌시끌해지더니 그 이상 무슨 말을 하면 안 될 듯한 분위기였다. 그는 운전사에게 화풀이하고 욕설을 퍼부었다. 사실 운전사는 땀투성이가 되어 이제 겨우 됐다 생각했으나 잭이 제대로 설치되지 않은 탓에 차가 다시 떨어지고 말았다. 공작부인은 그를 불렀다.

"거기 게으름뱅이 씨, 말만 하지 말고 좀 도와줘요!"

어떤 사태나 어떤 말은 도박 같은 것이다.

'이것 참 난처하군.' 폴은 생각했다.

그러나 반대로 이 말 때문에 공작부인은 갈채를 받았다.

아마도 그는 이 갈채에 압도되었으리라. 너무나 우습고 체면치레 같지만 그는 사람들을 헤치고 차 밑으로 들어가 금세 차를 움직이게 했다.

"이분께 술 한 잔 줘요." 오르탕스가 운전사에게 말했다. 그가 상자에서 술병과 컵을 꺼냈다. 공작부인은 도와준 그 남자와 건배를 했고, 이것으로 완전히 그녀의 승리로 끝났다.

"자, 어서 출발!" 그녀가 외쳤다.

오스테를리츠 공작부인의 태양 같은 빛나는 은혜를 입고, 도르젤 부부와 세리외즈, 깜짝 놀란 폴 일행도 로뱅송으로 향했다.

쿠데타는 이렇게 이루어지는 것이다.

도박장의 감독이었던 제라르는 전쟁 중에 파리 오락장을 경영했던 사람 가운데 하나였다. 그는 처음으로 비밀 댄스홀을 연 사람이다. 옛날에 저지른 악행 때문에 경찰을 두려워하는 그는 지금도 경찰이 늘 주시하고 있는 탓에 2주마다 장소를 옮겨 다녔다.

파리 시내를 돌아본 뒤, 작은 댄스홀을 교외의 작은 집에서 열었다. 더 유명한 것은 뇌이*[7]였다. 몇 달씩 상류층 남녀들이 사람들 눈을 피해 이 집의 마루를 닦고, 춤을 추는 짬짬이 철 의자에서 쉬었다.

성공에 들뜬 제라르는 사업 확장을 생각했다. 그는 터무니없는 가격으로 로뱅송의 화려한 별장을 빌렸다. 이 별장은 19세기 끝무렵의 유명한 향수상

---

*7 파리 서북부 교외지역.

인 뒤크의 정신이상자 딸이 지은 것이다. 뒤크는 광고나 상표에 멋을 부리고 공작의 왕관으로 장식한 사람이다.

뒤크 아가씨가 자신을 배신한 집시 남자를 일생 동안 기다렸다는 저택의 철책이나 박공에도 이 왕관 장식을 했다.

오를레앙 문에서 몇 킬로 떨어진 곳까지 오자 손전등을 든 남자들이 보였다. 그들이 자동차로 도착한 손님을 별장까지 안내했다.

폴은 이따금 도르젤 부부와 프랑수아를 돌아보고 미소를 지었다. 이 미소는 여러 의미로 해석됐다. '나는 이 자리가 괜찮아. 춥지 않아'라는 식으로도, 또는 참고 있다는 식으로도. 그는 자신이 속았다고 막연히 느꼈다…… 아마, 그의 미소는 단지 산책을 하는 아이의 기쁨을 반영한 것에 지나지 않을지도 모른다.

도르젤 부부의 자동차는 오스테를리츠 집안의 차 뒤를 쫓아 그대로 저택의 정원으로 미끄러져 들어갔다. 계단 앞에 멈추기 전에, 그들은 유리창 너머로 제라르가 응접실이라 이름 붙인 방 안에 커다란 테이블을 둘러싸고 연미복 차림의 남자가 여럿 앉아 있는 것을 보았다. 여자는 두 명뿐, 테이블 양쪽에 한 사람씩 있었다.

곡마단에서 돌아온 도르젤 부부와 폴과 프랑수아는 낮에 입은 옷 그대로이다. 폴은 조금 머뭇거렸다. 다행히 도르젤 부부와 오스테를리츠 공작부인과 같이 이 화려한 모임에 들어간다는 자긍심이 제대로 된 옷차림이 아닌 약점을 보완했다. 그러나 곧이어 벌어진 일을 보고 어찌나 놀랐는지? 자동차 경적 소리에 사람들이 일어나고, 테이블은 요정극의 배경처럼 사라져버렸다. 그중 한 사람이 정면에 있는 문을 열고 공작부인을 맞이했다. 바로 제라르였다. 이로써 알 수 있듯이, 그 테이블을 둘러싼 사람들은 그의 하인들이었다. 손님이 도착하자 모두 자신의 부서로 돌아갔다. 며칠 전부터 댄스홀이 한산해져 비관하고 있던 제라르는 적어도 하인들과 친목을 다질 겸, 오지 않는 손님들을 위해 준비했던 전날 음식을 먹으려는 참이었다. '동료' 한 사람이 도중까지 나와 등불을 들고 길에 익숙하지 않은 자동차를 안내했다.

음악이 시작되었다. 프랑수아 드 세리외즈는 자신이 가만히 있을 수 있는 이 소음이 고마웠다.

그는 자신이 도르젤 부인에게 미소 짓고 있는 것을 깨닫지 못한 채 뒤돌아보았다.

"미르자! 미르자가 왔어!" 오스테를리츠 부인이 목소리를 높였다.

페르시아 국왕의 사촌으로 '미르자'라 불리는 페르시아인이 몇몇 친구를 데리고 나타났다. '미르자'는 이름이 아니라 호칭이다. 사람들은 친숙한 별명으로 이렇게 불렀다.

미르자보다 페르시아인다운 페르시아인은 상상하기 힘들다. 그러나 그의 선조들의 호사스러움은 그에게 다른 형태로 나타났다. 그는 후궁이 없다. 하나뿐인 아내마저 세상을 떠났다. 그는 자동차를 수집한다. 신형을 누구보다 먼저 원하고, 완성되지 않은 불완전한 것을 샀다. 뉴욕이 아니면 수리가 안 되는 세계 최대의 자동차를 타고 디에프로 가는 도중에 차가 고장 나 꼼짝 못한 적도 있다.

그는 그 나라 사람이 그렇듯이 정치에 미쳤다.

파리에서 미르자는 경박해 보였다. 세상은 이 귀공자에게 향락의 감각이 있다고 인정했다. 그 이유는 간단하다. 만약 어떤 장소가 침울하면 그는 얼른 돌아가버린다. 지칠 줄 모르고 향락을 추구하지만 결코 집요하게 쫓지 않았다. 그래서 행복과 쾌락을 쫓는 그의 진지함은 그가 그러한 것을 꽉 붙잡고 있지 않다는 것을 충분히 증명했다.

미르자는 프랑수아 드 세리외즈에게 큰 우정을 보였다. 상대도 그 우정에 보답했다. 프랑수아는 이 귀공자가 사교적이라는 평판보다 가치 있는 사람이라고 생각했다.

미르자는 마스코트로 연회를 떠들썩하게 만드는 재능을 인정받아서, 이 남자가 나타나면 모두 밝고 활기찬 얼굴을 하려고 애썼다. 프랑수아 드 세리외즈는 오늘 밤 미르자가 시끄럽다고 느꼈다. 그의 도착은 연주단을 활기차게 만들었다. 아직 아무도 춤출 마음이 없었는데, 모두들 춤을 추기 시작했다. 프랑수아는 춤을 잘 추지 못했다. 그는 도르젤 부인과 춤을 추지 못하는 것이 아쉬웠다.

춤을 추는 남녀를 보면 그들이 얼마만큼 친한 사이인지 확실히 알 수 있다. 도르젤 백작부부의 조화로운 몸짓은 사랑과 습관만이 보여주는 하나됨을 증명했다.

마오와의 애정이 단지 습관 탓이라고 해서 안을 비난해야 할까? 그렇지 않다. 백작부인이 두 사람분의 애정을 가지고 있다. 그녀의 사랑은 아주 강하고, 그것이 안에게도 영향을 미쳐 애정의 교류를 믿게 만들었다. 프랑수아는 이런 내막을 전혀 몰랐다. 그는 눈앞에 애정으로 묶인 남녀를 보고 있었다. 이 결합은 그에게 좋은 느낌이었다. 그는 여느 때의 습성과는 전혀 다른 기분을 느꼈다. 그는 늘 질투가 사랑보다 앞섰다. 지금은 평소와 달랐다. 프랑수아는 이 부부 사이에 자신이 파고들 틈을 찾으려 하지 않았다. 그는 도르젤 부인이 남편과 춤추는 것을 보며 자신이 그녀와 춤을 추는 것과 같은 쾌감을 느꼈다. 그는 멍하니 이 부부를 부러워하며 옆의 헤스터 웨인에게는 대답도 하지 않았다. 그녀가 말하는 것에 귀를 기울이지 않고, 만약 도르젤 부인이 누리는 행복을 자기 것으로 만들기를 바란다면, 그것은 안과 마오의 불화가 아니라 애정 안에서라고 속으로 중얼거렸다.

도르젤 백작은 그 뒤 앉을 틈도 없었다. 춤을 멈추고 쉴 때에는 스스로 칵테일을 만들었다. 그것은 바텐더 기술이라기보다 오히려 마법 같았다. 모두 처음에는 맛을 보았지만 두 번째에는 사양했다. 도르젤 자신도 마찬가지였다. 도르젤 부인 혼자 그것을 마셨다. 안이 만든 것이기 때문이다. 그래서 세리외즈도 도르젤 부인을 따라 마셨다.

웨인 부인은 처음에 프랑수아에게 춤을 추자고 했지만, 결국 춤을 단념하고 그의 옆에 앉았다. 프랑수아는 혼자 있고 싶었다. 이 미국 부인의 재미없는 농담을 들으면서 자신은 아무래도 세상 물정에 어둡다고 생각했다. 즉 그녀는 프랑수아가 벌써 잊어버린 어제 이야기를 했기 때문이다. 그녀가 뭔가 '재치 있는 말'을 하면 그는 프랑스어가 틀렸다고 생각한다. 그녀는 비유나 생각을 끈질기게 말했다. 안 도르젤이 칵테일을 만들었을 때 누군가가 말한 '마법'이라는 말을 또 꺼내어 묘약에 대해 이야기했다. 트리스탄과 이졸데를 영원히 맺어준 묘약을 비롯하여, 모든 시대와 온 나라의 사랑을 자극하기 위해 만들어진 혼합주의 조합법을 속삭이고, 그가 마음에 들어 할 세련된 말투를 쓰려 했다.

프랑수아 드 세리외즈는 정신이 번쩍 들었다. 이 여자가 무슨 말을 한 걸까? 그는 도르젤 부인이 안과 함께 마실 음료수를 자신이 마셔버렸다고 생각했다. 만든 당사자는 마시지 않았던 것이다.

그는 자신의 마음을 헤스터 웨인에게 들킨 기분이었다. 낭패였다. 그 표정을 본 미국 부인은 프랑수아 드 세리외즈가 생각보다 순진한 남자이며 앞으로 잘 가르쳐보는 것도 나쁘지 않겠다고 생각했다. 그녀는 매우 멋을 부린 말투로 계속 이야기했다. "이런 음료수에는 꼭 만드라고라 가루를 넣어요. 난 어떤 남자라도 사랑에 빠지게 만들 수 있어요. 만드라고라를 가지고 있거든요. 한번 보러 오세요. 세상에 딱 다섯 개밖에 없는 거예요."

그녀는 사람 모양 식물 뿌리를 1923년에 콘스탄티노플의 어느 시장에서 싼 가격에 샀다. 흑인 조각상을 살 생각이었다고 한다.

"당신의 흉상을 만들고 싶어요." 잠시 말을 멈춘 뒤 그녀가 이렇게 말했다.

"조각을 하시나요?" 프랑수아가 딴 데 정신을 팔며 물었다.

"전문가는 아니에요. 어릴 때, 예술이라 불리는 것은 뭐든 조금씩 배웠거든요."

대체 세리외즈는 무엇에 흥미가 있는 것일까? 그녀는 자신이 너무 재치 있는 말을 한 게 아닌가 생각했다. 그래서 정도를 낮춰(그녀의 생각) 그가 알기 쉬운 이야기를 하려고 애썼다. 그녀는 자신의 열정을 상대에게 전하면서 그의 기분을 밝고 즐겁게 만들려고 했다. 프랑수아는 거의 무례하다 싶을 만큼 지루하다는 것을 숨기지 않았다. 극장 지배인실에 온 여자가 계약을 하기 위해 자신의 재능을 필사적으로 보이는 것처럼 웨인은 연필을 빌려 8이라는 숫자를 두 개 나란히 쓰면 두 개의 하트 모양이 된다는 것을 증명해 보였다. 오케스트라가 멈췄다. 도르젤 부인은 지치고 어지러워 아무 데나 걸터앉았다. 프랑수아에게는 아무 데나가 아니었다. 그의 바로 옆이었기 때문이다. 부인은 테이블보 위에 반대로 조합된 두 개의 하트 모양을 보았다. 그녀는 별 뜻 없이 호기심 어린 눈길로 올려다보았다.

미국 부인은 범죄 현장을 들킨 듯 부끄러워하는 눈치였다. 프랑수아 드 세리외즈는 도르젤 부인에게 둘이서 뭔가 공모라도 한 것처럼 보이게끔 하는 여자의 행동이 불쾌했다.

"웨인 씨가 자신 있는 재주를 하나 보여주었어요." 프랑수아는 마오의 말 없는 물음에 답했다.

도르젤 부인은 프랑수아의 무뚝뚝하고 남을 업신여기는 태도가 불쾌하지 않았다. 이 하트 모양이 숫자를 배열해 만든 것임을 알자 그녀는 재미있어했고, 웨인에게 프랑수아가 무뚝뚝한 것을 누그러뜨리려고 했다.

그녀는 생각했다―'오늘 춤으로 머릿속이 조금 이상해졌나 봐. 이 젊은 사람이 테이블보 위에 하트 모양을 그렸다고 생각하다니 말이야!'

그녀가 웨인 부인에게 상냥하게 말하자 프랑수아도 마오의 마음에 들려고 상냥하게 굴었다. 그래서 헤스터 웨인은 드디어 이 남자의 마음을 잡았다고 생각했다.

프랑수아 드 세리외즈는 자신의 얼굴에 피곤한 기색이 역력한 것을 느꼈다. 헤스터는 가만히 바라보고 예술가답게 눈을 깜박거렸다.

"그렇게 있으면 성격 있어 보여요. 당신이 지친 모습을 조각하고 싶어요."

다른 것을 시킨 뒤 조각을 위해 자세를 취하게끔 한다는 의미일까? 프랑수아 드 세리외즈는 그 말을 악의없이 받아들였다. 웨인 부인이 그를 피곤하게 해도 대화 말고 손을 쓸 수 있다는 생각은 한순간도 하지 않았다. 그는 미국 부인이 여자라는 것, 미인이라는 것을 잊고 있었다.

마오는 거울을 꺼내 얼굴을 보았다. 멋을 부리기 위해서가 아니라, 시계를 보듯 이제 돌아갈 시간인지 보기 위함이다. 아마 그녀는 시간이 늦은 것을 알았으리라. 갑자기 일어났다. 헤스터는 도르젤 부인에게 말했다.

"당신 차는 비좁아요. 오르탕스와 내 쪽에서 한 사람 태울 수 있어요."

그녀는 아무렇지도 않게 말했지만, 프랑수아에게 보낸 시선은 그녀와 오스테를리츠 부인의 차에 타는 쪽이 폴일지 프랑수아일지에 관심이 있다는 것을 확실히 보였다.

폴은 머릿속으로 재빨리 계산했다. 친구를 도르젤 부인과 같이 태워야 할까, 아니면 프랑수아가 도르젤 부부보다 더 관심을 보인 듯한 웨인과 함께 태워야 할까?

폴은 누군가가 자주 이기는 것을 보고 자신도 그를 따라 그 남자가 질 즈음에 뒤늦게 돈을 거는 운 나쁜 도박사였다. 판돈을 점점 많이 잃고 뭐가 뭔지 모르는 것이다.

그는 곡마단에서 프랑수아에게 속은 것이 불쾌했다. 복수하려고 생각했다. 오르탕스의 차에 자신이 타 그의 계획을 방해하려고 했다.

사실은 그를 구한 셈이다.

자동차 안에서 안 도르젤이 함께 탄 손님에게 말했다.
"결국 당신은 헤스터 웨인과 무슨 얘기를 했나요?"
안을 잘 아는 사람은 이 질문으로 그가 이미 프랑수아에게 상당한 관심을 갖고 있음을 이해할 수 있다. 도르젤 백작은 정말 기분 좋은 사람이지만 제멋대로인 데다 배타적인 인물이다. 그는 다른 사람과 교제한다기보다 사람을 '채용'한다. 그 대가로 상대에게 아주 많은 것을 요구했다. 상대를 약간 감독하는 느낌이다. 관리하는 것이다.
프랑수아는 이 질문에 놀랐다. 그러나 안 도르젤이 아내 앞에서 그에게 자기변명을 할 기회를 준 것은 불쾌하지 않았다. 헤스터 웨인을 무뚝뚝하게 대한 일로 그녀에게 나쁜 인상을 주지 않았나 걱정스러워 이렇게 변명했다.
"별것 아닙니다. 춤을 추지 않는 것은 나뿐이에요. 이야기 상대를 해준 것은 감사했어요."
"그렇군요." 안은 아내에게 자신들을 비난하듯이 말했다. "이런! 춤을 추지 못하는데 우리가 로뱅송까지 끌고 왔군!"

프랑수아는 대답하지 않았다. 그는 춤을 추지 않았다. 하지만 그는 묘약을 마셨다.

안 도르젤은 자신의 경솔함을 갚을 방법을 고민했다. 바로 이 자리에서 집에 초대하는 것이 가장 좋으리라 생각했다.
"가까운 시일 안에 점심을 하러 오지 않겠습니까?" 마치 프랑수아와 오래 알고 지낸 듯한 말투였다. "모레는 어떤가요?"
모레는 프랑수아 드 세리외즈에게 일이 있었다.
"그럼, 내일!"
도르젤 부인은 아무 말도 하지 않았다. 안의 이런 성급함은 그녀의 성격에 맞지 않았지만, 이것도 그녀에게는 당연하게 느껴졌다. 경솔한 일을 했으니 세리외즈에게 이렇게 하는 것이 마땅하다.
프랑수아는 어머니에게 점심에는 샹피니에 돌아온다고 말해두었다. 그러나 도르젤 백작이 친구처럼 집에 초대해주는 신뢰를 보이는데 응하지 않을 수 없다고 생각했다. 그는 바로 승낙했다. 그는 도르젤 집안의 일과를 아직 모른다. 부부의 사교생활은 오후부터 시작되었다. 점심 식사는 거의 자택에서 부부 둘이서만 했다. 따라서 점심 손님은 의무감 때문이 아니라 단지 즐거움을 위해서 부르는 사람만 초대되었다. 그러나 이러한 손님은 이 저택에 다른 시간에는 좀처럼 오지 않는 사람들이기도 했다. 즉 점심에 초대한다는 것은 우정의 증표이자 얼마쯤 경멸의 증표이기도 했다. 하지만 프랑수아는 이 사교수법의 복잡한 방식을 몰랐다. 그래서 그에게는 부부의 초대가 과분한 저녁 초대를 받는 것보다 더 기뻤다. 그는 기꺼이 승낙했다. 도르젤 백작은 그가 기뻐하는 모습이 마음에 들었다. 그는 무언가에 금방 푹 빠지기 쉬운 성격이다. 관대한 성격은 인색하게 깎거나 숨기거나 하지 않는다. 도르젤 백작은 타인을 통해 자신의 솔직한 성격을 발견하는 것을 좋아했다. 그것이 그에게는 고귀함을 보여주는 최상의 증표였다. 그는 쓸모없는 초대를 받고 아무리 작은 선물을 받아도 반드시 기뻐했다. 고귀한 천성은 자신에게 모두 당연하다는 것, 적어도 그렇게 생각하는 것은 숨겼다. 어수룩하게 보이거나 지나치게 기뻐하는 듯이 보이는 것을 두려워해 사물이 주는 기쁨을 하나하나 숨기려고 노력하는 것은 로뱅 같은 사람이다. 그래서 프랑수아의 자연스러운 감정 표현은 어떤 타산보다도 백작의 마음을 얻게 만들었다.

그들은 5시에 앙주 강기슭에서 헤어졌다.

*

"어젯밤에는 꽤 늦게 돌아왔더군요."

9시에 프랑수아가 다 함께 아침 식사를 하는 식당으로 들어가자 포어바흐 부인이 말했다. "소리를 들었어요. 새벽 1시였죠."

포어바흐 부인은 푹 잘 수 없다고 입버릇처럼 노인 특유의 거드름을 피우는 사람이다. 부인과 그 아들 아돌프는 30년째 생루이 섬[*8]의 낡은 집 1층에 살고 있다. 포어바흐 부인은 일흔다섯 살로 눈이 멀었다. 아들 아돌프는 겉

_____
*8 파리 센 강의 작은 섬. 노트르담 대성당이 있다.

보기에는 노인 같았다. 그는 뇌수종 환자이다.

프랑수아 드 세리외즈는 이 집에 젊음을 가져온 셈이었다. 그는 이 집의 비극적인 점을 전혀 알아채지 못했는데, 그만큼 이 모자는 자신들의 비극을 느끼지 못한 것이다. "얼굴색이 안 좋네요!" 하고 눈 먼 부인이 말하는 것을 들어도 그는 별로 놀라지 않았다. 늘 9시에 자는 부인에게 프랑수아의 생활은 믿을 수 없는 것이었다.

프랑수아가 조금 자유를 누려도 되는 나이가 되자 어머니 세리외즈 부인은 그를 바로 포어바흐의 집에 하숙시킬 생각을 했다. 그녀는 아들의 하숙비와 식비로 매달 무언가를 지불했다. 포어바흐 부인은 처음에는 지나칠 정도로 불평을 했다. 세리외즈 부인은 끝까지 버텼다. 그리하여 세리외즈 집안의 옛 친구들을 조금이나마 도울 핑계가 생기고, 아들도 감독할 수 있어 그녀는 기뻐했다. 아들 또한 조금도 싫어하지 않았다. 오히려 그 덕에 생활이 안정되었다.

포어바흐 부인은 1850년에 프러시아 시골 신사 폰 포어바흐와 결혼했다. 그는 알코올중독자로 구두점 수집가였다. 이 수집은 단테의 책 속에 있는 구두점 수를 세는 것이다. 합계는 한 번도 같지 않았다. 그는 지칠 줄 모르고 계속했다. 그는 또한 최초의 우표 수집가였는데, 그 무렵 이런 일은 미친 짓이라 여겨졌다.

15년 뒤 가엾은 부인을 위로하기 위해 장애가 있는 아이가 태어났다. 그녀는 자신의 아이에게 장애가 있다는 것을 믿지 않았을뿐더러, 뇌수종을 앓는 아이를 두고 "아이의 이마가 빅토르 위고를 닮았다"고 말했다.

임신 중에 포어바흐 부인은 로뱅송의 친구 집에 머물렀다. 출산이 다가오자 산파를 불렀다. 그러나 바로 올 수 없었다. 사람들은 마을 의사를 불렀다. 포어바흐 부인은 남자 손을 빌릴 바에야 짐승처럼 낳는 게 낫다고 했다. "의사는 남자가 아니에요." 사람들은 말했다. 부인은 점점 비명을 질렀다. 결국 그녀는 고집을 꺾어야 했다. 몇 년 뒤에 포어바흐 부인은 로뱅송 의사가 죽은 것을 듣고, 그 죽음 덕분에 마음이 편해졌다고 고백했다. 이러한 생각은 성녀만이 고백할 수 있다.

그녀를 마주할 때면 프랑수아는 이따금 자신의 쾌락이 후회스러웠다. 그러나 이날 아침 그는 어젯밤 일이 너무나 기뻐서 결국 로뱅송에 갔다는 이야기를 했다. 그러면서 그는 만일 질문을 받으면 마을의 모습을 어떻게 설명해야 좋을지 곤란했다. 그러나 로뱅송은 포어바흐 부인에게 수없는 추억을 불러일으켰다. 질문하기는커녕, 그녀 쪽에서 여러 가지를 이야기했다.

프랑수아 드 세리외즈는 이러한 추억을 잘 알고 있다. 포어바흐 집에서 이야깃거리는 아주 한정되어 있다. 늘 똑같은 것이다. 하지만 그런 이야기는 마을에서 듣는 소문으로부터 프랑수아의 머리를 쉬게 해주었다. 몇 번이나 들은 이 추억은 거의 그의 추억 같았다. 아돌프 포어바흐도 자신이 태어나기 전 교외 유람에 갔다고 확신할 정도이다.

마지막에는 어머니와 아들 앞에 있는 것이 아니라 노부부 앞에 있는 듯한 기분이 들었다.

이 '부부'는 힘든 생활을 잘해나갔다. 행복을 얼마나 잘 다루는지, 프랑수아를 놀라게 만들었다. 무엇 하나 필요 없는 이 두 사람에게서 그는 깊은 교훈을 얻었다. 만약에 눈이 보인다 하더라도 그것이 포어바흐 부인에게 무슨 도움이 되었을까? 그녀는 추억으로 살았다. 그녀가 소중하게 생각하는 것은 모두 가슴으로 알고 있었다. 때때로 프랑수아는 그녀 옆에 앉아 세리외즈 씨의 사진이 가득한 앨범을 본다. 그의 어머니는 그것을 그에게 숨겼다. 그의 아버지는 해군사관으로 바다에서 죽었기 때문이다. 세리외즈 부인은 아들이 그런 저주받은 직업에 흥미를 가질까 걱정되는 것을 모조리 멀리했다. 포어바흐 부인은 아버지의 모습을 아들에게 보이지 않는 세리외즈 부인의 방법을 좋지 않게 생각했다. 즉 그녀는 어머니의 불안이라는 것을 몰랐다. 세상 어머니들이 두려워하는 일조차 그녀에게는 도저히 바랄 수 없는 행복이었으리라. 아들 아돌프는 혼자서는 한 걸음도 내디딜 수 없으니까 말이다.

프랑수아는 앨범을 넘기면서, 사진을 볼 수 없음에도 하나하나 마음에 새기고 있는 포어바흐 부인이 투시력을 지닌 듯이 이렇게 말할 때마다 감동했다. "그것은 자네 아버지가 네 살 때, 이건 열여덟 살 때. 그것은 배 위에서 찍은 마지막 사진, 집으로 보내주신 거야."

'나는 아버지와 마음이 잘 맞았을 거야.' 그는 탄식했다. 어머니에게 탄식한 것은 아니었다. 마음이 맞다, 맞지 않다는 것에는 공통의 관심사가 있어야 한다. 그러나 세리외즈 부인의 생활은 모든 의미에서 '내면'의 것이고,

아들의 생활은 외적으로 그 꽃을 피웠다. 세리외즈 부인의 냉정함은 지나친 신중함이었다. 또는 자신의 감정을 드러내지 못하는 것이라고도 할 수 있다. 세상 사람들은 그녀를 무감동한 사람이라 믿고, 아들까지 어머니와 서먹하다고 생각했다. 세리외즈 부인은 아들을 더없이 사랑했다. 하지만 나이 스물에 과부가 되어, 프랑수아에게 여성적인 교육을 할까 두려워 자신의 마음을 억눌렀다. 한 집안의 주부는 쓸모없이 버려지는 빵을 가만히 내버려두지 못한다. 세리외즈 부인은 애정 표현이 마음의 낭비이자 감정을 메마르게 하는 것 같았다.

프랑수아는 어머니가 다른 사람일 수 있다고 상상하지 못했던 동안은 그 거짓된 차가움 때문에 괴로운 적이 없었다. 그러나 친구들이 생기자 사교계에서 거짓 열정을 보게 되었다. 프랑수아는 이러한 과장된 열정을 자기 어머니의 태도와 비교해보고 슬퍼졌다. 이렇게 어머니와 아들은 서로의 마음을 조금도 모른 채 저마다 한탄했다. 얼굴을 대하면 둘 다 차가워졌다. 늘 남편이 있었으면 이랬으리라 싶은 태도를 생각하는 세리외즈 부인은 결코 눈물을 보이지 않았다. '스무 살이 된 남자가 어머니를 멀리하는 것은 당연하지 않을까? 용기를 가져야지' 그녀는 생각했다. 프랑수아가 아들로서 고민하는 것은 역시 세리외즈 부인이 만든 이 법칙에 따라 다른 위로를 구했다.

프랑수아 드 세리외즈의 마음을 어지럽히는 것이 하나 있었다. 그것은 포어바흐 부인이 그의 아버지를 말하는 방식이다. 부인은 그의 아버지가 아주 어릴 적부터 알고 지낸 터라, 프랑수아에게 큰 아이 대하듯 그 아버지의 어린 시절을 이야기하는 것이다. 마찬가지로 포어바흐 집안과 친한 사람들, 팔리에르 씨나 비구뢰 함장 등이 아버지를 잘 알았다고 하고, 그의 아버지를 마치 자신처럼 앞으로 크게 될 사람이라는 식으로 말했다.

프랑수아 드 세리외즈는 노인들 사이에서 신망이 꽤 두터웠다. 그는 이 사람들과 젊음을 조화롭게 했다. 그는 노인들이 말하는 것을 잘 들었다. 이렇게 붙임성이 좋아 앞날이 밝다는 얘기를 들었다. 포어바흐 부인의 지인들은 오늘날 젊은이에게 흔한 급한 성미나 광기가 없다고 평했다. 게다가 모두들 그의 겸손함에 놀랐다. 그의 학업에 대해 물으면 그는 대답하지 않고 추억담으로 말을 돌리기 때문이다. 포어바흐 집에 오는 사람들은 이렇게 사람 말을 잘 듣는 청년이 게으르다고 해도 결코 받아들이지 않을 것이다.

이런 사람들의 방문을 빼면, 포어바흐 모자의 생활은 '중국 아동 구제'에 바쳤다. 적어도 1914년까지는 그랬다. 어린 시절의 프랑수아는 이 신비적인 사업에 깜짝 놀랐다. 그는 중국 아이의 몸값이 우표로 지불되는 것만 알고 있었다. 프랑수아의 가족들은 숙모나 사촌이나 아돌프를 위해 할 수 있는 한 많은 우표를 모으는 것이 전통이었다. 아돌프는 아버지가 구두점으로 그랬듯이 받은 우표의 수를 정확하게 셈했다. 우표가 충분히 모이면 그것을 곧장 사업본부로 보냈다.

물론 아돌프는 폰 포어바흐가 수집한 것도 아끼지 않고 냈다. 그리하여 이 평등주의 자선사업의 시시한 '프랑스 공화국'(프랑스
본국 우표) 사이에 단 한 장만으로 모든 아동을 구제할 수 있을 만큼 가치 있는 모리스 섬 우표가 섞여들기도 했다.

1914년 전쟁은 아돌프 포어바흐의 일을 변하게 만들었다. 사람들은 이제 우표가 아니라 신문을 포어바흐 집에 보냈다. 아돌프와 어머니는 잘못된 보도 투성이인 신문을 재단해 방한용 조끼를 만들었다. 포어바흐 부인은 손수건, 재킷, 양말, 두건까지 스스로 만들었다.

포어바흐 모자는 1년에 한 번, 샹피니 전쟁 기념일에 세리외즈 부인의 집에 점심 식사를 하러 왔다. 그날 아침 프랑수아는 빌린 자동차로 두 사람을 맞이하러 갔다. 모자는 무슨 일이 있어도 이 의식을 빠뜨리지 않았다.

포어바흐 부인과 애국자회 회원인 아돌프는 포어바흐가 전사한 그 장소에서 연설로 박수를 받았다. 더구나 포어바흐는 적 쪽에 있었는데, 그가 70년 전쟁이 시작됐을 때 보잘것없는 유산을 물려받기 위해 러시아로 갔기 때문이다. 따라서 아돌프가 샹피니 기념비 위에 던진 꽃은 포어바흐 아들의 꽃이자 애국자회 회원의 꽃인 셈이다.

*

손님을 알맞은 '자리에 앉히기' 위해 도르젤 백작은 독백을 하기 시작했다. 이 독백에 많은 고유명사를 넣고, 프랑수아에게 그 사람들을 아는지 모르는지 드러낼 기회를 주었다. 도르젤 백작은 이 완곡한 질문의 결과에 만족했다. 그는 스스로를 흐뭇하게 여겼다. 세리외즈를 처음부터 상냥하게 대한 것은 잘못된 판단이 아니었다.

프랑수아는 말이 많은 사람을 좋아했다. 말하는 내용이 좋아서가 아니라 자신이 가만히 있을 수 있기 때문이다. 오늘 그는 자신이 한 마디도 하지 않았던 것, 게다가 상냥하긴 하지만 말을 바로 잘라버리는 안에게 안절부절못했다. 그가 뭔가 한 마디 하면 안은 과장스럽게 감탄하고 고개를 뒤로 젖히며 사람 같지 않은 날카로운 소리로 웃었다. '내가 이렇게 재미있는 이야기를 할 수 있는 사람인 줄은 지금까지 몰랐는데.' 프랑수아는 생각했다. 재미있지도 않은 세리외즈의 말에 웃거나 갈채를 보내는 것만으로 만족하지 못한 안은 멋지다고 칭찬하며 그 말을 하나하나 아내에게 되풀이해 말했던 것이다. 세리외즈는 이 마지막 이상한 버릇이 적잖이 당황스러웠다. 안 도르젤은 프랑수아의 말을 마치 외국어를 번역할 때처럼 하나하나 되풀이했기 때문이다. 그리고 도르젤 부인은 안이 말할 때만 듣는 것처럼 보였다. 안이 이렇게 하는 것은 자신이 이야기의 중심이 되고 싶기 때문이다. 먹고 마실 때에도 이야기의 주도권을 빼앗기지 않으려고 타인을 가만히 있게 하기 위해 그는 빈손을 움직였다. 이 동작은 하나의 버릇이 되었다. 그래서 이날처럼 상대가 말 없는 아내와 마찬가지로 말수가 적은 프랑수아이니만큼 두려워할 필요가 없는 경우에조차 이 버릇이 나왔다.

프랑수아 드 세리외즈는 어젯밤보다 더, 도르젤 백작을 좋아하지 않는 사람들이 이러쿵저러쿵 떠드는 모습과 백작이 딱 일치하는 인물이라 생각했다. 놀랍게도 그는 어젯밤 사건을 사람들 사이에 흔한, 이른바 사교계 사람의 일로 대수롭지 않게 생각했다. 그 초자연적인 일을 부정했다. 이러한 친밀함 속에 폴 로뱅을 골려주는 장난만을 보려고 애썼다. 그래서 그들이 응접실로 갔을 때, 프랑수아는 되도록 빨리 이 집을 떠나는 예의바른 방법을 생각했다.

응접실 난로에서 장작이 타고 있었다. 이 난로를 보자 세리외즈는 시골에서의 추억이 되살아났다. 타오르는 불꽃은 그가 갇혀버릴 듯한 얼음을 녹여주는 것 같았다.

그는 말했다. 솔직하게 말했다. 이 솔직함은 처음에 거부처럼 느껴져서 도르젤 백작은 조금 기분이 나빴다. 백작은 누군가가 불을 좋아한다고 말하리라 상상해본 적이 없었다. 이에 반해 도르젤 부인의 얼굴은 생기발랄했다. 그녀는 난로 앞의 불 가리개보다 높은 가죽의자에 앉았다. 프랑수아의 말은 들꽃을 선물받은 듯이 그녀를 상쾌하게 했다. 그녀는 콧구멍을 벌려 깊게 숨 쉬었다. 그녀는 굳게 닫혀 있던 입술을 열었다. 두 사람은 시골 이야기를 했다.

프랑수아는 불을 좀더 쬐려고 자신의 의자를 불 가까이 끌어당겨 앉고, 찻잔을 도르젤 부인이 앉은 의자에 놓았다. 안은 마루에 웅크리고 앉은 채 오페라 무대를 정면에서 바라보듯 높다란 난로를 마주하며, 자기는 늘 이렇게 있었다는 듯이 얌전하게 입을 다물고 있었다.

무슨 일이 일어났을까? 안 도르젤은 태어나서 처음으로 방관자가 되었던 것이다. 그는 두 사람의 대화를 듣고 있었다. 내용보다는 오히려 음악을. 시골은 백작에게 무의미한 말과 같았기 때문이다.

그가 시골에 매력을 느끼기에는 호화스러운 보호의 손길이 더해질 필요가 있었다. 베르사유나 이와 비슷한 두세 곳을 빼면 자연이란 '상류층 사람들이 발을 들일 수 없는' 원시림이라고 생각했던 조상들과 비슷했다.

어쨌든 안 도르젤은 비로소 그의 아내가 자신의 관심에서 벗어난 곳에 있는 것을 알았다. 남의 아내라도 된 듯이 그녀에게서 평소보다 많은 매력을 보았다.

"안, 당신이 나와 같은 관심사를 가지지 않은 것은 아쉽네요."

이 대화로 활기에 찬 도르젤 부인이 말했다.

이야기가 끝나자 그녀는 바로 평정심을 되찾았다. 자신이 한 말이 경솔하고 무의미한 실언 같았다. 그러나 지금까지 그녀가 말한 적도, 아마 생각해본 적도 없는 이 말은 중요한 것이었다. 안과 마오 사이의 차이는 컸다. 여기에는 몇 세기 동안 그리모아르 집안과 도르젤 집안을 낮과 밤처럼 대립시킨 차이가 있었다. 봉건귀족과 궁정귀족의 대립인 것이다. 지금까지는 늘 도르젤 집안이 운이 좋았다. 그래서 본디 소귀족이었음에도 빌라르두앵의 옛 기록에 몽모랑시의 이름과 나란히 나온 이미 옛 혈통이 끊긴 도르젤 집안과 같은 이름인 점을 잘 이용하게 된 것이다. 그들은 궁정인의 완벽한 전형을 드러내고, 가문의 이름은 일류가 되었다.

따라서 도르젤 백작이 이제 와서 의심할 것도 없는 집안을 한층 돋보이게 하기 위해 한 거짓말은 사람들을 당황하게 할지도 모른다. 그러나 그에게 거짓말은 거짓말이 아니었다. 상상력을 자극하는 수단인 것이다. 거짓말을 하는 것은, 자신만큼 총명하지 못하고 세세한 것을 잘 모른다고 판단된 상대에게 알기 쉽게 말하고 미묘한 것을 확대해 보여주는 일이다. 폴 같은 사람은 이처럼 천진한 기만에 감탄한다. 도르젤 백작은 멜로드라마 같은 수법조차 태연히 썼다. 특히 백작 저택의 지하실은 마치 어둠이 거짓을 가려주듯 그러한 연극의 무대배경처럼 보였다. ……어느 날 독일군이 던진 폭탄 때문에 이 지하실에서 그의 아버지가 죽었다. 또 대혁명 첫무렵에 루이 17세가 자주 여기에 숨었던 일도 있다.

마오와 프랑수아는 잠자코 있었다. 안 역시 새로운 장난감을 손에서 놓기 싫어하는 아이처럼 가만히 있었다. 침묵은 위험한 요소이다. 도르젤 부인은 남편이 침묵을 깨기를 기다렸다. 그녀 쪽에서 그럴 권리는 없다고 생각해서다.

전화가 울렸다.

안이 일어서서 수화기를 들었다. 폴 로뱅이었다.

"당신과 이야기하고 싶었습니다." 안이 잠시 전화를 받은 뒤 프랑수아의 소매를 끌었다.

"아, 자넨가!" 폴은 세리외즈의 목소리를 듣자마자 더듬거리며 말했다. '또 도르젤 부부와 같이 있군. 대체 어떤 의미인 거지? 꼭 밝혀내겠어.' 그는 생각했다.

그는 자신이 바쁜 사람이라 어느 때나 30분도 약속을 할 수 없다는 것을 잊은 채, 그러한 복잡한 구조를 스스로 깨고 프랑수아에게 조금 당황한 목소리로 말했다.

"자네, 나와 함께 식사하지 않겠나? 꼭 할 말이 있어. 만나고 싶네."

프랑수아 드 세리외즈는 샹피니로 돌아갈 일밖에 없었다. 여기서 또 그는 어머니에 대한 도리를 말했다.

"끊지 말게. '도르젤 씨'에게 아직 할 이야기가 있어."

뮈스카댕[*9]은 멋을 망친다고 R을 발음하지 않았다. 비웃음당하는 것을 두려워하는 현대에도 이와 비슷한 악습이 전해 내려온다. 폴 로뱅은 정말 현대적인, 어처구니없는 수치심을 중요하게 생각했다. 그것은 어떤 진지한 말이

[*9] 프랑스 대혁명기 멋을 부리던 왕당파 신사.

나 경의를 드러내는 표현에 속지 않는 척하는 것이다. 그런 말을 쓸 때에는 책임을 회피하기 위해 일부러 따옴표에 넣듯이 발음한다.

따라서 폴은 진부한 말을 할 때 반드시 입을 다물고 소리 없이 웃거나 잠깐 쉬었다가 말했다. 속고 싶지 않은 것이 폴 로뱅의 병이었다. 이것은 세기병이다. 이 병은 때때로 타인을 속일 때까지 악화될 수 있다.

모든 기관은 그 활동에 비례해 진화하거나 퇴화한다. 자신의 마음을 너무 경계한 결과, 그는 이제 마음이 없다. 그는 이로써 자신의 저항력을 높이고 강화할 생각이었지만, 실은 자신을 파괴한 것이다. 이루어야 할 목표를 완전히 잘못 알고 있었으므로 그는 이 더딘 자살을 자신에게 가장 좋은 것이라 생각했다. 이것이 보다 잘사는 것이라 믿었다. 그러나 심장의 움직임을 멈추는 방법은 단 한 가지밖에 없다. 죽음이다.

따라서 폴은 '도르젤 씨'라 말하면서 이것을 따옴표에 넣어 발음했다.

안은 다시 수화기를 받았다. 폴의 호기심은 저녁 식사까지 기다릴 수 없다. 그는 도르젤 부부에게 은밀하게 말하고 싶은 긴급한 일이 있다고 했다. 지금 바로 찾아가도 될까요?

타인에게 비밀 이야기가 있는 데다가 긴급하다는 것은 폴의 성격상 상상할 수 없는 일이다.

"가엾게도 폴은 어젯밤 우리 장난에 완전히 넘어간 것 같군요. 마치 우리가 그를 상대로 음모라도 꾸민 것처럼." 안이 수화기를 내려놓으며 말했다.

전화가 분위기를 망쳐버렸다. 프랑수아 드 세리외즈는 생각했다. '폴의 방식에도 좋은 점이 있다. 그의 모자란 점과, 친구를 만난 일에 대한 걱정이 이해되기 시작했다. 그러나 그는 이런 방식을 내가 아니라 타인에게 적용해야 한다.'

사실 폴은 뭔가 비밀을 알아냈다고 생각할 때면, 어설픈 핑계를 만들어 와서 상대가 당황하는 것을 즐기는 시골 처녀와 닮았다.

그런데 도르젤 집안에 무엇인가 허점을 찾을 만한 게 있었던 걸까? 마오는 이런 생각이 들게 하는 태도를 취했다.

"좀 나갔다 올게요."

안은 마오의 느닷없는 말에 깜짝 놀랐다.

"지금은 자동차가 없잖소!"

"조금 걷고 싶어요. 게다가 요즘 안나 숙모님께 가지 않았으니까요. 분명 섭섭하게 생각하고 계실 거예요."

안 도르젤은 놀라움을 표현하는 배우의 우둔한 표정을 지었다. 이 놀라움은 진심이었지만, 그는 그것을 과장했다. 양팔을 허공에 펼치듯 눈을 크게 떴다. 그의 태도는 '아내가 이상해. 대체 왜 저러지. 왜 또 거짓말을 하는지 모르겠군' 하는 뜻이 분명했으므로 프랑수아는 답답했다.

안 도르젤이 그녀를 말리려고 했을 때 마오는 입구 쪽을 보았다. 마치 주인은 자신을 변덕스럽다고 생각하지만, 뭔가 위험을 감지한 개처럼 말이다. 그녀는 프랑수아에게 손을 내밀었다.

폴은 길모퉁이에서 자신을 눈치채지 못한 채 엇갈린 도르젤 부인을 돌아보았다.

그는 모두의 자기변호를 청취하기 위해 법정에서 파견된 사람이었던 것이 아닐까?

그는 어떻게든 상황에 맞는 표정을 지으며 응접실로 들어갔다. 안과 프랑수아는 그것이 어떤 표정인지 설명할 수 없었으리라.

그는 경관처럼 외투를 입은 채였다. 도르젤 부인이 그곳에 없자 그는 당황했다. 그녀가 있다면 궁금했던 것이 분명해졌을 텐데, 아마 그것을 모른다며 외출했으리라 하고 속으로 중얼거렸다.

"금방 돌아갈 테니 잠깐만 실례하겠습니다." 그가 말했다.

"그 정도 일로 일부러 오시다니 죄송하군요." 폴이 뭔가 허튼 거짓말을 하자 안이 짓궂게 말했다. 그리고 두 친구에게 말했다.

"어디에서 식사합니까?"

두 사람은 늘 가는 곳 이름을 말했다.

"우리는 집에서 식사를 하겠지만, 그 뒤에 당신들과 함께하죠."

백작은 여기에서 또 무턱대고 사람을 만나는 위험한 버릇이 나와버렸다.

폴과 프랑수아는 같이 나갔다. 그러나 각자 일이 있어서 헤어졌다.

*

밤, 약속 장소에 프랑수아가 먼저 갔다. 점원이 전화가 왔었다고 알려줬다. 도르젤 백작이 아쉽지만 저녁 식사 뒤에 올 수 없으며, 내일 아침에 전화해달라는 것이었다. 사실 도르젤 부인이 정처 없는 산책에서 돌아온 뒤 오늘 밤은 남편과 둘이서 보내기를 기대하고 행복해하는 것을 보자 안은 자신이 한 약속을 말할 용기가 나지 않았다. 그래서 그녀가 응접실에 없는 틈을 타 약속을 취소하는 전화를 한 것이다.

안은 밤새 얼떨떨한 기분이었다. 마오는 멍했다. 둘이서 행복하려면 그녀 스스로 행복하다고 생각할 필요가 있었다. 두 사람은 말이 없었다. 그러나 도르젤 부인은 평소와 다른 자신의 상태를 신경 쓰지 않았다. 남편과 자신이 같은 상태인 것은 자연스러운 일이라 생각하기 때문이다. 그러나 안이 멍한 것은 아내와 단둘이 있자 어쩐지 우울해졌기 때문이다. 이는 그의 마음이 나빠서가 아니다. 안 도르젤은 인공적인 분위기, 사람이 가득 모여 있고 빛이 강렬한 실내가 아니면 마음이 놓이지 않았다.

폴과 프랑수아는 1분도 가만히 있지 않았다. 둘 다 자신의 개성을 버리고 상대를 닮으려고 애썼다. 마음을 숨겼다. 그들은 《위험한 관계》를 걸작으로 만든 18세기의 형편없는 소설 인물의 가면을 쓰고 있었다. 이 두 공모자는 모두 하지도 않은 나쁜 일을 저지른 것처럼 말해 자신을 욕보이고 서로를 속였다.

폴은 도르젤 부부에 대해 묻고 싶었지만 말을 꺼내기가 어려웠다. 프랑수아가 먼저 말해주기를 기다렸다. 그가 속을 털어놓게 만들려는 속셈으로 우선 자신부터 말하기 시작했다. 오스테를리츠 공작부인과 미국 부인 사이에 끼어 돌아온 일을 이야기했다.

"그녀는 자네가 무엇을 했는지, 무엇을 말했는지 확실히 말하지 않았지만 자네를 원망하고 있어. 프랑스 남자는 모두 하나밖에 모른다고 하더군. 나와 오르탕스가 그녀를 열심히 달래줬지."

프랑수아는 미소를 지었다. 그는 헤스터 웨인이 그 반대의 이유로 투덜거렸다는 사실을 잘 안다고 말하고 싶은 것을 참았다. 그는 자신이 퉁명스럽게 군 것을 자랑할 마음이 없었다. 그 미국 부인을 달래려고 한 것은 폴 혼자서

한 일이라고 대충 알고 있었다.

이 일화로 유쾌해진 프랑수아는 호기심을 가진 그를 더 괴롭히려고 도르젤 부부와 광대 분장실에서 알게 된 내막을 말했다. 폴은 안심했다. 그런 것이라면 대수롭지 않았다. 헤스터 웨인이 자신에게 상냥하게 대한 일로 충분히 되갚아준 셈이다. 어쨌든 친구가 그날 바로 초대를 '받아낸' 솜씨는 대단하다고 감탄했다.

폴은 샹피니행 마지막 열차를 타는 프랑수아를 바스티유까지 데려다주었다. 이 열차는 '극장열차'라는 이름이 붙어 있었다. 열차가 출발하기 직전에 승객이 꽉 차더니 약간 별난 손님이 탄다. 대부분이 라바렌에 사는 남녀 배우들로 극장과 정거장 사이의 거리에 따라 얼굴 화장이 지워진 정도가 달랐다. 이 열차를 보고 파리 극장의 번영을 판단해서는 안 된다. 손님보다 배우가 더 많이 탔으니까 말이다.

프랑수아 드 세리외즈는 열차시간보다 빨리 왔다. 그가 탄 객차에는 연극 구경을 하고 돌아가는 착실해 보이는 가족이 있었다. 방충제 냄새가 났다. 모두의 표를 갖고 있는 소년은 자신만만하게 아버지가 늘 하는 대로 따라하며 그것을 소매 안쪽에 넣고서 슬쩍 내비쳤다. 아버지는 구형 오페라 모자를 한 손에 들고, 다른 한 손으로 모자를 동물처럼 쓰다듬고 있었다. 그는 이 모자로 여러 재주를 보여 아이들이 잠들지 않도록 했다. 그런 장난에 광대의 목소리를 흉내 낸 말투를 곁들여 모두를 눈물 나도록 웃겼다. 그리고 오른손으로 모자를 쳐 검은 과자를 꺼냈다.

"토토, 표는 괜찮아? 없어지면 일등칸 표를 사지 않을 거야!" 이따금 그는 걱정이 되어 물었다.

아내와 큰딸은 프랑수아 앞에서 그런 아버지가 부끄러워 보고 온 연극 순서표로 얼굴을 가리고 있었다. 아이들이 들떠서 뛰어오르자, 숄을 두른 머리를 내저었다. 그녀들은 미소를 짓고 있었지만, 너무나 부자연스러운 미소였다. 프랑수아는 여자들만의 공모를 하는 어머니와 딸이 거북했다. 신난 아버지에게는 오늘이야말로 축제일인데 이날의 예외가 오히려 두 여자를 괴롭히고 있다. 그녀들은 날마다 이런 식으로 살 수 있다고 생각한다. 적어도 프랑수아처럼 모르는 사람에게는 자신들도 평생 이런 의상이나 연극, 일등칸에 익숙한 듯이 보이고 싶었다. 그런데 얼뜬 아버지의 태도가 진실을 다 폭로한 것이다.

신분이 낮은 여자들이 모든 것을 짊어진 남편이나 아버지에게 느끼는 이 수치심만큼 프랑수아에게 불쾌한 것은 없었다.

어머니와 딸은 화가 잔뜩 나서, 이제는 쓴웃음으로도 화가 가라앉지 않아 반항에 나섰다. 아버지가 연극의 재미와 훌륭한 배우, 음식, 객차 쿠션 등 모든 것에 감격하는 데 반해, 어머니와 딸은 그런 감탄이 못마땅한 얼굴이었다. "객차는 더럽고 배우 한 명은 연기가 엉망이었어……." 그녀들은 아는 사람들은 불평을 하는 것이라고 생각했다. 유감스럽게도 하층에서 상층에 이르기까지 같은 생각이다.

그녀들이 이런 태도를 취하는 것은 프랑수아가 상류층 사람이라고 직감했기 때문이다. 그가 그런 어리석은 흉내보다 그녀들의 기분을 망치는 남자의 단순함을 좋아한다는 것을 알아채지 못한 것이다. 그 남자는 이러한 상황을 깨닫지 못했다. 그는 아직 불평등한 감정에 비뚤어지지 않은 아이들을 상대로 마음을 달랬다. 아이들은 왕처럼 행복했다. 아버지는 그를 돋보이게 하기보다 재미있게 만드는 실크 모자를 쓰다듬으면서, 한 번 열심히 일하면 또 근처 즐거운 곳에 놀러 나갈 수 있다는 행복감에 젖어 있었다. 한편, 어머니와 딸은 지금 입고 있는 옷을 오히려 갑갑하게 여겼다. 한 사람은 내일 입을 앞치마를, 한 사람은 점원 복장을 떠올리면서 말이다.

이 가족은 노장쉬르마른에서 내렸다. 이 광경이 프랑수아를 마음 아프게 만들었다. 그날 밤 그의 마음은 그랬다.

세리외즈 부인은 지금까지 아이의 삶에 어머니로서 해야만 하는 역할만 했다. 프랑수아는 결코 나쁜 아들이 아니었다. 그러나 두 사람 사이에 중요한 것은 서로 무엇 하나 드러내려고 하지 않는 성격이었다. 객차 안 광경은 아무리 단순한 마음에도 잘 생기는 굴절로 프랑수아에게 세리외즈 부인을 생각나게 했다. 어머니와 딸의 그 수치심은 그가 자신의 가족에게 느끼는 감정을 반성하게 했다.

프랑수아 드 세리외즈는 자긍심이 있었다. 자기 가문의 이름을 자랑스러워했다. 그것은 자신의 선조에 대한 존경심 때문이었을까, 아니면 자존심 때문이었을까? 그는 그것이 알고 싶었다. 세리외즈 집안은 귀족으로서 그다지 명문은 아니었다. 세리외즈 부인은 훌륭한 가문의 상류층 부인이었지만, 단순한 생활을 하면서 자신을 서민이라 생각하게 되었다. 이와 반대의 경우가 더 많았다. 그녀도 가문의 자긍심 속에서 자라온 것은 틀림없다. 하지만 이 자긍심은 어느 집 자손이라면 당연히 짊어져야 할 의무라고 생각했다. 아무리 가난한 집 사람이라도 말이다. 그러나 이러한 생각이 이미 귀족다운 생각은 아니었을까?

어린 나이에 결혼해 남편 세리외즈 씨의 배를 타는 직업은 남편이 죽기 전부터 이미 그녀를 미망인 생활에 익숙하게 만들었다. 사교적이지 못한 천성과 남편에 대한 존경, 그 두 가지 때문에 이미 그때부터 그녀는 자신을 길러준 귀족 가문에 매우 냉담했다. 결국 남편을 잃은 슬픔은 그녀를 더욱 냉담하게 만들었다. 그녀가 만난 사람은 세리외즈 씨의 친척뿐이었다. 노처녀나 노파가 많았던 이 집안은 무슨 일에든 속이 좁았다. 이런 사람들만 만난 결과, 세리외즈 부인은 언젠가부터 옛날 서민들이 귀족에 대해 품었던 편견을 가지게 되었다. 그녀가 비난하는 상대는 본디 자신의 가족이라는 것을 잊어버렸다. 그러나 결국 그녀 역시 늘 자신의 출신을 확실히 증명하는 식으로 행동하는 것은 마찬가지였다. 이러한 태도는 남편 쪽 가족을 놀라게 만들었다. 모두 그녀를 성격이 독특한 사람, 세상 물정 모르는 사람으로 여겼다.

그래서 프랑수아의 교육에 대해서도 그녀는 조금 비난을 받았다. 스무 살이 된 청년을 빈둥빈둥 놀게 하고, 제대로 된 직업을 갖게 하지 않는 것을 사람들은 이해할 수 없었다. 더구나 그것은 세리외즈 씨의 여자 형제나 사촌들이 생각하듯이 '자존심' 때문도 아니고, 집안의 막대한 재산 때문에 아들을 놀게 하는 것도 아니었다. 단지 세리외즈 부인은 게으름이란 것에 가난한 사람들이 가진 편견이 없었기 때문이었다. 무슨 일이든 서두를 필요가 없다고 생각한 것이다. 자신은 사교계를 싫어하면서도 젊은 사람에게는 조금 방탕한 생활이 필요하다고 인정하기까지 했다.

프랑수아는 어머니의 고귀한 성격을 잘 알지 못했다. 그래서 자신의 생활에서 자신의 개인적인 재능만을 과장해 생각하는 경향이 있었다. 누구든 자유롭게 드나들 수 없는 집에 손님으로 초대받는 것이 이 혈통의 특징 덕분이라는 것을 몰랐다. (그것은 타인도 잘 이해할 수 없었지만) 이를테면 도르젤 백작이 보여준 변덕스러운 호의에도 나날이 반복되는 습관 속에서 뭔가 신기한 것을 찾는 쾌락이 많이 있었던 것이다.

프랑수아 드 세리외즈는 기차 안 광경 때문에 당황하며 스스로에게 물었다. (자신은 그 객차 안에서 본 여자들과 닮은 점이 없을까?) 이 깨끗한 마음은 자신이 어머니를 존중하지 않는다고 인정하려 애썼다. 마치 어머니를 부끄러워하듯이 자신의 삶에서 늘 잘라내는 것을 나무랐다. 분명히 그것은 부끄러움 때문이었다. 그러나 그것은 반대의 부끄러움이다. 그가 지금까지 어머니에게 어울리는 사람을 한 번도 만난 적이 없다는 이유 때문이다.
결국 객차 안 광경에서 갑자기 시작된 자기반성은 어머니를 도르젤 부인과 만나게 하고 싶은 자백에 이르렀다.
수치심과 존경 때문에 자신의 애인을 어머니에게 숨기는 청년이 드디어 결혼을 생각한 날에 어머니에게 그것을 털어놓으려는 것도 이런 식이리라.

*

눈을 떴을 때, 프랑수아가 처음에 생각한 것은 어머니이다. 이렇게 서둘러 어머니를 만나고 싶은 기분이 든 것은 이제까지 그에게 없던 일이다.
세리외즈 부인은 외출해서 점심 식사 때 돌아오기로 되어 있었다. 그동안 프랑수아는 마음을 달래려고 했다. 책을 읽고, 편지를 쓰고, 담배를 피웠다. 그러나 단지 체면을 차리려는 것에 지나지 않는다. 그는 기다렸다.
달리 할 일이 없는 것이다…… 갑자기 그는 움찔했다. 누가 속삭인 것일까? '자네는 아직 도르젤 부인 생각은 하지 않았군.' '어머니를 기다리는 척만 하고 있지 않은가?' 그는 이런 바보 같고 무의미한 두 질문이 외부에서 온 것이라고 했다. '그러니까 내가 왜 그런 것을 생각하는가? 왜 기다리는 마음이 거짓이라고 하는가?' 하고 그는 괴로운 듯이 스스로 답했다. 도르젤 부부에게는 내일 전화하자고 생각하기까지 했다.
그는 이렇게 자신의 의지대로 자유롭게 행동할 수 있는 것이 이상했다. 자유롭다고 일부러 증명할 필요가 있는 것이 이상하다고는 깨닫지 못한 채.

오래 기다린 터라 프랑수아는 기다리는 것을 잊었다. 심지어 누구를 기다리고 있는지조차 잊어버렸다. 그래서 세리외즈 부인은 점심 식사 준비가 되었으니 내려오라고 스스로 알려왔다.

프랑수아는 어머니에게 새로운 시선을 던졌다. 그녀의 젊음에 이제까지한 번도 주의를 기울인 적이 없었다. 세리외즈 부인은 서른일곱 살이다. 얼굴은 더 젊어 보였다. 그러나 사람들이 그녀의 젊음을 알아채지 못하듯이 그아름다움도 사람들 눈에 띄지 않는다. 그녀에게 현대적인 것이 부족해서일까?

그녀는 프랑스 미인이 많은 시대였던 18세기 여인과 닮았다. 그때의 초상화는 오늘날 우리를 슬프게 만든다. 우리는 여자의 아름다움에 대해 꽤 다른이상을 가지고 있어서 느무르 공작이 사랑한 미녀를 보석상 앞에서 보더라도 뒤돌아보지 않을 것이다. *10

오늘날 우리는 여리고 약한 것이 아니면 여성스럽다고 하지 않는다. 세리외즈 부인의 얼굴은 윤곽이 강해 애교가 없어 보인다. 이러한 아름다움에 남자는 냉담했다. 이 아름다움을 알아주는 남자가 딱 한 명 있었지만, 그는 이미 죽었다. 세리외즈 부인은 또 언젠가 그를 만나야 하는 것처럼 자신을 소중히 지켰다. 가장 정숙한 여자조차 피하려 하지 않는 욕망의 눈길까지 멀리하고 순결하게 지냈던 것이다.

세리외즈 부인은 아들의 눈길을 알아채지 못했다. 그러나 그녀는 조금 거북한 느낌을 받았다. 익숙하지 않은 타인의 친절을 어색해하는 사람처럼 말이다. 어쩐지 상대의 모습이 바뀌면 대체 무슨 영문인지 의심스러워한다. 프랑수아는 거의 정에 사로잡힌 기분이었다. 이 애정은 어머니에게 무언가 허락을 구할 게 있는 것인가 하고 생각하게 만들었다. '이 아이가 무엇을 한 걸까?' 그녀는 즉시 스스로에게 묻는다. 보통 프랑수아는 점심을 먹고 나면 응접실에 느긋이 있은 적이 없다. 오늘은 침착하다. 이유는 깊게 생각하지 않았지만, 그는 눈앞의 새로운 어머니의 모습을 아무리 봐도 질리지 않을 듯했다.

---

*10 느무르 공작은 라 파예트 부인의 소설 《클레브 공작부인》 속 동명인물의 애인. 보석상 앞에서 클레브 부인의 아름다움에 반해 구혼하는 사람은 느무르 공작이 아닌 클레브 공작임.

조금 쑥스러워진 세리외즈 부인이 자리에서 일어났다.

"특별히 할 말은 없지?"

"네, 어머니." 허를 찔린 프랑수아가 대답했다.

"그럼 난 일이 있어서."

그녀는 나가버렸다.

프랑수아는 곧장 천국으로 가지 못한 영혼처럼 집 안을 서성였다. 오늘 하루는 샹피니에서 어머니 옆에 있으려고 결심했던 것이다. 어머니는 도망쳤다. 집 안과 정원을 걸은 뒤, 그는 자기 방으로 돌아왔다. 책을 하나 골라 펴지도 않고 잠들었다.

그는 마음이 편치 않은 환자처럼 몸을 뒤척였다. 어떤 약이 필요할까? 열에 들뜬 지금, 오직 차가운 손만이 마음을 가라앉혀줄 것 같았다. 이것을 바란다고 뚜렷이 생각하지는 않았다.

자신은 막연한 가운데 사랑을 하는 듯한 기분이 들었다. 사실은 너무도 큰 충격을 받아서 막연함을 느낀 것이었다. 그는 이 충격에 진짜 이름을 붙이기가 두려웠다. 자신에 대해 이렇게 섬세한 감정을 가지고, 이렇게 수치심을 느끼는 것은 처음이었다. 여느 때라면 어떤 욕망을 가진 것을 스스로 인정하는 데 이렇게 번거로운 걱정은 하지 않았다. 여태껏 한 번도 자신의 감각적인 욕망을 억눌러본 적이 없고, 자신의 생각을 자제한 적조차 없는 그가 오늘은 어떤 생각을 스스로 금하려 하는 것이다. 타인의 눈이 옳고 그름을 판단하는 우리의 행동보다 자기 혼자 관리하는 마음과 영혼의 예의가 중요하다는 것을 그는 잘 알 듯했다. 왜 우리는 자신에게 품위를 지키지 않는 것일까? 그는 지금까지 남들보다 자신을 대할 때 더 무례하게 제멋대로 굴며 누구에게도 드러낼 수 없는 어떤 감정을 스스로에게 태평히 고백한 것이 부끄러웠다. 그러나 그의 이런 새로운 결백함이 도를 넘었다…… 위선이라 해도 될 만큼 말이다.

이미 도르젤 부인을 사랑하는 프랑수아는 그녀가 자신을 싫어할까 두려웠다. 그가 마오를 생각하지 않았던 것은 그녀에게 미움을 받지 않기 위해서이다. 그녀에게 어울리는 자신의 생각을 그는 아직 하나도 갖고 있지 않기 때문이다.

그 자신이 빠질 수 없을 듯한 깊은 곳에 사랑이 그의 안에 뿌리를 내려버렸다. 프랑수아 드 세리외즈는 다른 수많은 젊은이들과 마찬가지로 더 격한 감각, 따라서 더 거친 감각밖에 느낄 수 없었다. 이러한 사랑의 탄생보다 악한 정욕이 그를 다른 식으로 강하게 자극한 게 틀림없다.

우리가 스스로를 위험하다고 느끼는 것은 하나의 병이 우리 안으로 들어오려고 할 때이다. 그러한 병이 일단 뿌리를 내리면 우리는 그것과 사이좋게 살거나 그 병의 존재를 의식하지 않고 지낼 수도 있다. 프랑수아는 이제 더 이상 자신을 속이는 것도, 터져나오는 소음에 귀를 막는 것도 할 수 없었다. 그는 자신이 도르젤 부인을 사랑하는지 어떤지, 또 어떤 점에서 그녀의 죄를 비난할 수 있을지 알지 못했다. 그러나 분명 책임이 있는 것은 다른 누구도 아닌 그녀였다.

그는 가만히 있을 수 없었으며, 혼자 있고 싶지 않았다. 온 마음은 사랑으로 가득 찼다. 세리외즈 부인이 본능적으로 거북해하던 것을 떠올렸지만, 누군가가 옆에 있어줬으면 싶었다. 그는 오랫동안 만나지 못한 연인을 떠올렸다. 이렇게 버림받아 슬픈 건지도 모른다. 만나러 갈까 생각했다. 하지만 그는 잘 참았다. 그녀에게로 가지 않는 것은 미신 때문이었다. 그녀에게 가면 도르젤 백작부인을 배반하게 되고, 불행을 초래하게 되리라는 느낌이 들던 것이다.

*

다음 날, 그는 도르젤 집에 차를 마시러 갔다. 그때, 그는 안에 대한 우정에는 아무런 변화가 없음을 느꼈다. 이 우정은 오히려 순수한 마음이 멋대로 아우성치는 것 같았다. 그는 계속 스스로에게 말을 걸었다. '나는 마오를 사랑한다.' 그리고 그녀 앞에 나가면 뭔가 이상한 것을 느끼리라 예상했다. 그러나 그는 태연했다. '내가 틀린 것일까? 안에 대한 우정을 갖게 된 것만으로 그의 아내에게는 아무것도 느끼지 않는 것일까?' 하고 생각했다.

프랑수아의 생각은 모두 사랑에서 비롯된 것이었다. 그러나 생각을 만든 것은 자기 자신이므로 그는 그 생각을 헤아릴 수 있다고 믿었다. 그것을 완성했을 때, 힘없는 감정만으로 만든 것임을 그는 알지 못했다.

그래서 프랑수아는 과거의 사랑을 표준으로 자신의 사랑을 판가름하여 판단을 그르쳤다. 우선 그가 안에게 끌리는 것은 왜일까? 질투를 해야 하는 게 아닐까? 그는 도르젤 부인이 안을 사랑하고 있음을 알고 있었다. 게다가 이 남자를 행복한 연적으로 여기기는커녕 친한 친구라고 생각한다. 도르젤 부인의 옆에 있는 남편 안을 나쁘게 보지 않았다. 프랑수아는 이런 어처구니 없는 불합리함과 싸웠다. 그러나 깨끗이 물리쳤다고 생각하는 순간 그것은 다시 나타났다.

안 도르젤 쪽에서는 쉽게 친해진 것이 별로 이상하지 않았다. 프랑수아와 금세 친구가 된 것도 다른 상대와 마찬가지였다. 그는 세리외즈가 이렇게 갑자기 옛 친구의 틈에 낀 것을 이상하게 생각하지 않았다.

그는 프랑수아에게 호의를 갖게 된 동기를 따져보지 않았다. 그 이유도 믿기 어려웠다. 만약 누군가가 이러이러한 이유라고 알려줬다면 그는 어깨를 으쓱했을 것이다. 도르젤이 프랑수아를 누구보다도 좋아한 것은 프랑수아가 그의 아내를 사랑했기 때문이었다.

우리는 어떤 방식으로든 아첨을 좋아한다. 그런데 프랑수아는 백작을 칭찬했다. 그의 칭찬은 무엇보다도 마오 같은 여인으로부터 사랑받을 수 있는 사내에게 하는 것이다. 그 답례로 도르젤은 우리가 자신을 선망해주는 사람에게 느끼는 감사의 마음을 무의식중에 갖고 있었다.

프랑수아의 사랑은 도르젤 백작이 가진 호의의 신비한 이유일 뿐 아니라, 이 사랑은 백작이 자신의 아내에게 가진 애정에도 영향을 미쳤다. 그는 그 진가를 아는 데 타인의 욕망이 필요했던 것처럼 아내를 사랑하기 시작했다.

도르젤 부인은 안의 친구를 보며 꽤 호감을 느꼈다. 그렇다고 자신이 프랑수아에게 가진 호의를 불안하게 여겼을까? 남편이 좋아하는 것을 자신도 좋아하는 것은 아내의 의무가 아니었던가?

둘 사이를 가깝게 하는 것을 왜 경계하는 것인가?

머지않아 도르젤 저택에서 프랑수아 드 세리외즈는 빠질 수 없는 사람이 되었다. 이 새로운 친구에게 많은 시간을 바쳐도 프랑수아에게는 무엇 하나 희생이 아니었다. 고작해야 심심함을 달래려고 어울리던 친구들을 그다지 만나지 않은 것뿐이다.

도르젤 부부의 만찬회에 프랑수아가 가지 않은 적은 없었다.

세리외즈가 도르젤 집안의 만찬회에 처음으로 갔을 때, 그 옆자리에 안의 누나 도르젤 양이 있었다. 그는 이런 사람이 있는 줄 전혀 몰랐다. 그가 상냥하게 구는 것을 보고 그녀는 불쾌하게 생각했다. '이 사람은 이 집에 드나들게 된 지 얼마 안 된 게 분명해……'

프랑수아는 도르젤 집안 사람을 모두 안다고 생각했다. 이런 누나가 있다는 것에 깜짝 놀랐다. 도르젤 양이 점심 식사 때 한 번도 모습을 보이지 않았던 것을 그저 우연이라 생각했다. 그런데 여기에 우연은 전혀 관계가 없었다.

도르젤 백작은 복잡한 이유 때문에 누나를 사람들 눈에 띄지 않도록 숨겼다. 가장 단순한 이유는 그가 그녀를 그다지 가치 있는 사람이라 생각하지 않았기 때문이다.

도르젤 양은 큰딸이었다. 그녀를 보고 프랑수아는 안의 익살스러운 점을 잘 이해할 수 있었다. 그녀는 완벽한 작품의 볼품없는 모형 같았다. 그녀의 조잡한 구조가 남동생의 정교한 시계장치를 잘 설명해주었다.

그녀는 도르젤 집안에서 무시를 받지만, 다른 곳에서는 그렇지 않았다. 소묘보다 캐리커처가 잘 이해되는 사람들은 백작보다 그녀가 더 품격이 있다고 보았다. 그녀는 매일 오후 도르젤 부부가 만나지 않는 노인이나 지루한 사람들을 찾아갔다. 지루하지 않다는 이유로 대학가의 연회를 퇴폐적이라고 하는 이런 사람들도 초대를 받으면 기뻐하며 달려왔다.

사교계에서 도르젤 양의 이름이 사람들 입에 오르면 늘 그녀를 칭찬하기 위함이었다고 말해도 좋다. 친한 친구만이 그렇게 이야기를 하듯, 그녀는 얌전한 사람이었다. 그래도 남동생과 올케에 대한 원한의 위장일 뿐인 정숙함을 의심하는 것은 충분히 할 수 있었다.

그녀를 칭찬하는 사람들은 마지막에 덧붙였다. "그녀는 정숙하기 그지없다." 이는 그녀가 아름다움을 타고나지 못했다는 것을 의미했다.

도르젤 백작은 새로운 감정으로 다시 태어났다. 그는 늘 연애를 배타적인 것이라며 피해왔다. 사랑하기 위해서는 여유가 필요하다. 그의 일상은 부질 없는 일들로 꽉 차 있었다.

그런데 아무리 경계를 해도 정열이 실로 교묘하게 그의 안에 숨어들었다. 이 새로움은 마오가 난로 앞 의자에 앉아 프랑수아와 이야기했던 날부터 시작 됐다. 그날 그녀의 남편은 그녀가 자신의 아내가 아닌 것처럼 욕정을 품었다.

프랑수아는 연회보다 훨씬 더 차분하고 사사로운 교제를 원했다. 그러나 그는 주어진 것으로 즐겁게 놀면서 말 잘 듣는 아이 같은 열성을 보였다. 심 지어 그는 유쾌한 손님이 되려고 애썼다. 마오 앞에서는 그저 멍하니 아무 말도 하지 않으려 하는 그가 옆에 있는 다른 여자들에게는 말을 걸려고 애썼 던 것이다.

프랑수아가 식탁 옆자리에 앉는 것을 가장 두려워한 이들은 그와 또래인 시시한 상류층 젊은이들이었다. 그는 그런 사람들에게 경멸당하고 있다고 생각했지만, 그들은 안의 우정을 얻고 있는 그를 부러워했다. 그들로서는 어 떻게 해도 얻을 수 없는 호의였다. 훨씬 전부터 안을 알고 있던 사람들에게 그는 큰형님이었다. 게다가 안은 그들을 중학생처럼 대했다. 그런데 프랑수 아는, 백작이 그의 어린 시절을 몰랐기 때문에 이 젊은이들과 또래인 느낌이 들지 않았다. 만약 프랑수아가 그들이 품은 부러움을 알아차렸다면 아마도 그들을 더 상냥한 사람이라 생각했을 것이다.

이러한 야회에서 프랑수아는 오직 모두에게서 잊히기를 바랄 뿐이었다. 그가 마오 한 사람을 빼고 다른 모든 사람을 잊었듯이 말이다. 그러나 안 도 르젤은 그런 마음을 눈치채지 못했다. 프랑수아에 대한 우정에 어떻게든 그 를 인기 있는 사람으로 만들려고 애썼다. 프랑수아는 괴로웠다. 겸손함이나 수줍음 때문이 아니라, 모두가 그의 마음을 읽어낼 것 같았기 때문이다.

그가 얼굴 뒤에 숨긴 것은 누구에게도, 마오에게조차 알리고 싶지 않은 탓 이다. 그것이 알려지면 그의 행복이 허물어지리라 생각했다. 프랑수아는 그 정도 나이인 사람만이 행복해질 수 있는 듯이 행복했다. 무엇 하나 제대로 자신의 것으로 삼지 못한 채 말이다.

*

　세리외즈 부인에게 자신의 친구를 한 번도 말한 적이 없는 프랑수아가 도르젤 부부에 관해서는 예외였다. 그의 어머니는 아들이 삶에서 자신을 이제까지처럼 멀리하려고 하지 않는 듯해 기뻤다.

　프랑수아는 한 점 부끄러울 게 없어서 어머니에게 아무것도 숨기지 않았다. 분명 이 순수함은 거의 이러한 특수상황에서 비롯됐다. 그러나 그는 그것이 기뻤다. 여태껏 프랑수아는 순수함을 시시한 것이라 생각했다. 지금은 이 순수함이 지닌 맛을 모른다면 미각이 형편없는 게 분명하다고 판단하게 되었다. 그러나 프랑수아는 이 맛을 자신의 마음속 가장 순결하지 않은 곳에서 찾아내지 않았던가?

　프랑수아가 어머니에게 도르젤 백작 부부를 자신 있게 말한 터라, 부부를 알지 못하는 그녀에게 그들은 어느새 아들의 친구 중 안심할 수 있는 유일한 사람들이 되었다. 그러나 프랑수아에게 가장 걱정되는 일은 어머니와 도르젤 부부가 아직 만나지 않은 것이었다. 그가 지금 느끼는 행복은 아주 새로운 것이어서 그 안정을 깨는 일은 무엇 하나 할 수 없었다.

　어느 날, 전날 밤 만찬회 이야기를 하자 세리외즈 부인이 그에게 말했다.

　"그 친구 분들은 이상하게 생각하지 않아? 분명 네가 집도 없는 사람이라 생각할 거야. 왜 그분들을 집으로 초대하지 않니?"

　그는 놀라서 어머니의 얼굴을 보았다. 정말 어머니가 말한 것일까? 지금까지 한 번도 초대라는 말을 꺼낼 용기가 없었던 그였지만, 막상 어머니의 입에서 그 말이 나오자 그는 여러 가지로 반대를 했다.

　"당황한 것 같구나." 세리외즈 부인은 말했다.

　"그럴 리가 있나요?" 프랑수아는 어머니를 안고 입을 맞추면서 그렇게 말했다. 세리외즈 부인은 부끄러운 듯이 아들을 살짝 밀어냈다.

　세리외즈 부인이 도르젤 부부와 알고 지내길 바라는 것을 알고서 도르젤 부인은 진심으로 기뻐했다. 이 우정에 진지함을 더하는 것은 그녀로서 기쁜 일이었다.

　안은 늘 그렇듯이 과장스레 목소리를 높였다. 이럭저럭하는 사이에 그의 누나가 나타났다. 프랑수아는 그녀도 함께 초대하는 것이 예의라고 생각했다. 그러나 불행히도 그녀가 답하기 전에 안이 그녀는 토요일에 안나 숙모네 오찬에 가야 한다고 말했다.

프랑수아는 폴 로뱅에게서 전화가 걸려온 뒤 도르젤 부인이 그와 백작만 두고 나간 그날 이 숙모의 이름을 들은 기억이 있다. 그때 안 도르젤은 아내가 거짓말을 한다며 얼빠진 모습을 보였다. 프랑수아는 그 숙모라는 사람이 사실은 존재하지 않은 가공의 인물이 아닐까 의심하기까지 했다. 숙모는 실제로 존재하는 인물이었다. 그러나 도르젤 부부는 평생 숙모를 무시했다. 그래서 그녀를 알리바이로 이용하는 것이 그녀에 대한 최소한의 보상이라고 여겼다.

*

도르젤 백작 부부가 샹피니의 집 응접실로 들어갔을 때, 프랑수아는 예상치 못한 사람이 갑자기 나타나기라도 한 듯이 깜짝 놀랐다. 그가 오랫동안 잘 알던 방에 친구가 온 것이 어쩐지 환상 같은 느낌이 들었던 것이다. 그가 놀라는 모습이 안을 당황하게 만들었다. 그러나 그를 더욱 놀라게 한 것은 젊은 부인이 앞에 있는 것이었다. 안 도르젤은 노인들을 포섭하기 좋아했다. 샹피니까지 오는 길에도 어떻게 상대를 구슬릴지 연구했다. 그런데 이렇게 젊은 모습을 보자 당황스러웠다.

프랑수아는 안의 자연스럽기 그지없는 호의를 보고 어쩐지 마음이 불안해졌다. 어머니 옆에 남자가 있는 것을 본 것은 이번이 처음이었다.

그날 세리외즈 부인은 매우 훌륭했다.

어머니의 아름다움에 감탄하면서 프랑수아는 그녀가 자신의 어머니라는 사실을 조금씩 잊어갔다. 그녀도 이 망각으로부터 힘을 빌렸다. 프랑수아가 아직 몰랐던 활기찬 어조로 말했던 것이다.

믿기 어려웠지만, 이 만남을 통해 도르젤 부인은 젊어지는 것을 느꼈다. 늘 겸손하기만 한 그녀가 세리외즈 부인을 오랜만에 만난 어릴 적 친구처럼 생각했던 것이다.

오찬 뒤에 세리외즈 부인과 도르젤 부인은 같이 잡담을 나누었다. 그리고 프랑수아가 이 광경을 가만히 지켜보고 있어서 도르젤 백작은 침묵을 떨치기 위해 벽에 걸린 그림을 보았다. 그러나 그의 눈은 멍하니 허공을 헤매고 있었다. 이 동작이 지루함을 참기 위한 것임을 알지 못한 세리외즈 부인은, 손님이 가만히 바라보는 작은 세밀화에 손님의 눈길을 끄는 게 뭔가 있나보구나 생각했다. 사실 그는 그 그림을 보지도 않았지만 말이다.

"저 초상화를 보시는 건가요?"

안은 잘 들여다보기 위해 일어섰다.

"저 초상화는 여느 조제핀 황후의 그림과는 비슷하지 않아요. 하지만 그녀가 열다섯 살 때 초상화랍니다. 마르티니크에 있던 어느 프랑스인이 그린 것으로 보아르네에게 약혼자의 모습을 보여주기 위해 만든 것이에요."

마르티니크라는 말에 도르젤 부인은 이름을 불린 개처럼 고개를 들었다. 그녀는 초상화 쪽으로 걸어갔다.

"조제핀은 내 고조할머니의 사촌이었어요. 그 고조할머니는 조제핀의 어머니와 마찬가지로 사누아에 갔었지요." 세리외즈 부인이 말한다.

"그럼." 안은 프랑수아와 마오를 향해 소리쳤다. "당신들은 사촌이로군!"

그는 미친 사람처럼 이 사실을 재미있어했다.

이 말 뒤에 어안이 벙벙한 침묵이 이어졌다. 프랑수아는 마오의 가족을 몰랐다. 마오가 대답하지 않자 안이 주장했다.

"결국 내가 옳았어. 당신은 타세 집안과 데베르주 드 사누아 집안 양쪽에 혈연관계가 있지?"

"네." 도르젤 부인은 마치 힘든 고백이라도 하듯이 말했다.

왜 그렇게 당황스러워했을까? 아주 먼 혈연이라도 자신이 프랑수아와 이어진다는 것이 거북한 탓이었다. 그녀는 그것이 거북한 까닭은 나중에 생각하기로 했다. 지금 자신의 태도가 세리외즈 부인과 프랑수아에게 친절하지 않다는 것만을 반성했다.

프랑수아도 완전히 당황하여 도르젤 부인의 태도를 알아차리지 못했다.

안 도르젤은 사건의 급격한 반전으로 아직 얼떨떨한 상태였다. 그는 프랑수아에게 말했다.

"아버지가 알았다면 아주 기뻐했을 거예요. 아버지는 나에게 여러 친구가 있는 것을 비난했어요. '내가 젊었을 때는 친구 따위 없었어. 모두 친척뿐이지' 늘 이렇게 말씀하셨죠. 오늘 처음으로 당신과 사귀어도 된다는 허락을 받은 셈이군요." 그렇게 말하면서 웃었다.

안은 가족적인 편견에서 벗어날 생각으로 아버지의 말을 농담으로 인용한 것이었다. 그러나 이 발견을 이렇게 기뻐한다는 것은 과연 그가 세상을 떠난 도르젤 백작의 아들임을 충분히 증명했다.

"좀 성급하군요." 세리외즈 부인이 말했다. "우리 선조가 그랬던 것뿐이지 사촌이라는 것은 조금 지나치지 않나요?"

세리외즈 부인의 알맞은 판단은 마오에게 기쁨을 주었다. 부인의 말이 옳다. 안의 생각은 너무 지나쳤다! 그러나 안은 평소처럼 열정과 경솔함으로 머리에 떠오른 말을 입 밖에 냈다.

"어쨌든 당신은 마르티니크 섬 사람과 친척이나 다름없어요!"

세리외즈 부인은 안의 비유나 과장스러운 말에 익숙하지 않았다. '마르티니크 섬'이라는 것이 안에게는 그리모아르 집안과 혈연으로 이어진 서너 집안을 의미하지만, 세리외즈 부인에게는 말 그대로 섬처럼 여겨졌다. 그녀는 백작을 꽤 무례한 사람이라고 생각했다. 자신을 흑인의 자손이라고 생각하는 듯했다. 처음으로 그녀는 자신의 혈통에 대해 자부심을 가졌다. 그녀는 마오에게 말했다.

"도르젤 백작이 말씀한 대로예요. 당신의 집과 사누아 집안에 혼인관계가 있었던 것은 의심할 여지가 없어요. 그렇게 인연을 맺은 두서너 가문 중의 하나이니까요……."

마오가 자신의 사촌이라니!

프랑수아는 기뻐해야 할지 슬퍼해야 할지 혼란스러웠다. 그는 어린 시절을 함께 보낸 따분하고 시시한 사촌들을 떠올렸다. 마오가 그런 사촌을 대신할 수도 있고, 자신이 그녀와 함께 자랄 수도 있었다니 우울해졌다.

그는 이런 혈연의 힘을 조금도 의심하지 않았기 때문이다. 이것은 세리외즈의 경우에도 우습게 보일 테지만, 도르젤 백작에게는 그 이상으로 바보 같은 일이다. 포부르(^{파리} ^{상류귀족}) 전체와 친척이라 해도 좋은 백작, 게다가 일일이 그것을 중요하게 여기지 않던 사람이 이렇게 하잘것없는 혈연관계를 왜 갑자기 문제 삼는 것인가? 즉 그에게 프랑수아는 지금까지의 평범한 질서에서 조금 벗어난 사람이었다. 그는 그 대열에 완전하게 들어오지 않았던 것이다. 백작은 이런 어린애 장난으로 그를 대열 안에 끌어들인 것처럼 생각했던 것이다.

시계가 4시를 알렸다. 안은 프랑수아에게 파리에 가냐고 물었다. 프랑수아는 파리에 볼일이 없었지만, 자동차로 도르젤 부인 옆에 타고 갈 수 있는 것을 생각해 약속이 있다고 거짓말했다.

"아들이 두 분께 마른 강을 안내하고 싶어했어요. 그러니 가까운 시일 내에 또 와주세요." 세리외즈 부인이 말했다.

도르젤 부부는 부인이 우선 자신들의 오찬에 오게끔 약속을 받았다. 프랑수아는 감사한 마음으로 어머니를 보았다.

"저녁 식사에는 돌아오지?" 그녀가 물었다.

프랑수아는 파리에 가는 것도 그저 도르젤 부부와 동반하려는 것뿐, 자신과 행복 사이에 남이 끼는 것을 피해 아무도 만나지 않을 생각이었으므로 돌아온다고 대답했다.

하지만 안은 세리외즈 부인에게 아들을 빌려달라고 부탁했다. 프랑수아는 그것을 바라고 있었지만, 도르젤 부부가 직전에 초대하는 일은 드물었으므로 설마 그러랴 생각했다. 프랑수아는 감사해하면서 결코 보답받지 못할 사랑을 확실히 느껴 기뻤다. 안 도르젤 같은 친구를 배반하는 일이 얼마나 불쾌한 것인지 알기 때문이다. 아마 차 안에서 도르젤 부인의 마음에 떠올라 그녀 자신도 정리하지 못하는 온갖 생각을 그가 더듬을 수 있다면 이렇게까지 세심하게 신경 쓸 필요는 없었을지도 모른다. 사람은 바다와 같다. 어떤 사람들은 늘 불안하다. 다른 어떤 사람들은 지중해처럼 한때는 요동치다가 또 바로 잔잔해진다.

자신들의 삶 속에 제삼자가 들어온 것에 이처럼 기쁨을 느끼는 것이, 마오는 이해되지 않았다. 이것은 거의 처음 만남 때부터 그랬다. 세리외즈 부인의 집을 방문해 마오는 안심이 되었다. 하나의 착각이 이 오해를 연장하게 되었다. 옛날 그녀의 선조 어머니들 역시 그러한 것에 숨어 사랑 없이 결혼을 하는 죄를 태연하게 범했듯이, 사촌이라는 사실 뒤에 숨어 안심했던 것이다. 그녀는 프랑수아가 이제 무섭지 않았다. 한마디로 도르젤 부인은 그녀의 할머니들이 남편에게 가졌던 감정을 자신도 몰래 이 먼 사촌에게 가진 것이다. 그러나 이제 그녀는 남편을 애인처럼 사랑했다.

아까 말했듯이 마오는 마음의 동요를 하루하루의 양식으로 삼을 수 없는 여자이다. 그녀의 할머니들이 정숙했던 주된 이유도 평정심을 흐트러뜨리는 사랑을 두려워했기 때문이리라.

*

도르젤 양이 만찬을 위해 아래층으로 내려와 응접실에 나타났을 때, 안은 방 한쪽 끝에서 반대편 끝을 향해 큰 소리로 말을 걸었다.

"엄청난 소식이 있어! 알아맞혀봐…… 마오와 프랑수아는 사촌이야."

도르젤 양은 남동생의 얼굴을 보았다. 그리고 안경을 꺼내 의자에 앉아 있는 그 둘을 가만히 보았다.

'내 동생은 이상해……' 그녀는 마음속으로 중얼거린다. 이렇게 생각한 것에 뚜렷한 의미는 없지만.

안 도르젤은 식탁에서 다른 말은 전혀 하지 않았다. 세세한 것을 하나도 잊지 않고 그러한 재료를 이용해 그리모아르 집안의 완전한 계보를 만들어 내려고까지 했다. 도르젤 부인은 우등상 수상자 명부 가운데 자신의 이름이 불린 것처럼 얼굴을 붉혔다. 프랑수아는 안 도르젤의 놀랄 만한 박식함을 감탄하며 듣고 있었다. 샹피니에서 이미 입이 가벼워진 안은 이날 밤 그리모아르 집안의 이야기로 평소보다 말이 많았다.

그러는 사이에 소식은 식당 옆 대기실까지 퍼졌다.

"백작도 차츰 이렇게 해두는 편이 좋겠다고 생각한 거지." 하인 하나가 아는 체하며 말했다.

대기실은 응접실에서 멀지 않았다. 이 하인이 말한 것은 세상 험담의 이른바 전조이다. 결국 사람들이 몰래 소곤대고, 심지어 큰 목소리로 말하려는 것을 이 남자가 알기 쉽게 말했을 뿐이다.

떠나려 할 때 프랑수아는 도르젤 부인의 손에 입을 맞췄다. 안은 두 사람을 안으며 말했다. "당신 사촌에게 인사를 하면서 그런 식이면 안 되지. 안고 입을 맞춰줘요."

도르젤 부인은 주춤주춤 물러섰다. 그녀도 세리외즈도 그대로 불 속에 뛰어든다 해도 입맞춤은 하고 싶지 않았던 것이다. 그러나 이런 마음을 상대에게 내비치면 안 된다고 생각했다. 그래서 두 사람은 웃으며 안았다. 프랑수아는 마오의 볼 위에 소리 나게 입을 맞췄다.

그녀의 얼굴은 심술궂은 표정이 되었다. 그녀는 이것을 강요한 일로 남편을 원망하고, 또 세리외즈에게는 그가 웃은 일로 화를 냈다. 그녀는 자신이 웃은 의미는 알고 있었지만, 프랑수아가 웃은 의미는 몰랐기 때문이다.

*

다음 날 세리외즈는 폴 로뱅을 만나고 싶었다. 그는 외교부로 만나러 갔다. 샹피니에서 있었던 일을 이야기했다.

폴은 안 도르젤이 한 거짓말을 알아낸 듯한 기분이 들었다. 그 이야기는 사실이 그러한 것처럼 서툴게 만들어진 느낌이었다. 세간에서 여러 가지 험담을 들었지만, 폴은 아직 주저하고 있었다. 이로써 더는 망설이지 않았다. 그의 생각도 결정이 난 것이다.

그래서 그도 그 하인처럼 생각했다.

"정말 이상해!" 프랑수아는 목소리를 높여 말했다.

"이상하지 않아." 폴이 말한다. 그는 시나리오를 보라고 건넨 극작가에게 대답하는 듯한 말투였다. "전혀 이상하지 않아. 재미있지. 줄거리가 잘 이루어졌어. 조제핀의 초상, 마르티니크, 나는 전체적으로 마음에 드는군."

프랑수아 드 세리외즈는 놀란 얼굴로 폴을 바라봤다. 그러나 그는 이 외교관이 꾸며낸 이야기를 칭찬하고 있다고는 알아차리지 못했다. '이상해! 로뱅은 삶을 마치 소설처럼 판단하고 있어'라고 생각했다.

이 느낌이 실로 정확했다고는 생각하지 않았다.

프랑수아는 자신의 기쁨을 조금 드러내려고 친구를 만나러 갔던 것이다.

그러나 그는 고독한 인상만 받았다. 사실 그는 외톨이였다. 모두가 바람을
이루었다고 믿는 사랑을 가슴에 품은 외톨이였다.

*

안은 세리와즈 부인을 손님으로 만찬회를 열 생각이었다. 프랑수아는 어
머니가 밤에는 외출하지 않는다고 거절했다. 그래서 오찬으로 결정되었다.

이 식사를 한 뒤에 프랑수아와 어머니는 같이 도르젤 집을 떠났다. 세리와
즈 부인은 많은 손님을 보고 조금 멍했다. 잠시 아무 말 없이 걷다가 아들에
게 말했다.

"도르젤 부인은 좋은 사람 같더구나. 너에게 그런 좋은 아내가 있었으면."

'나도 그 사람이 아니면 안 돼요.' 그는 슬픈 마음으로 생각했다. 그러나
대답은 하지 않았다. 그는 어머니의 말속에서 자기 운명의 정확함을, 자신의
마음이 틀리지 않은 증거를 확실히 보았다.

*

뺨에 한 입맞춤은 프랑수아에게 나쁜 추억이었다.

도르젤 부인도 아직 그것을 기억하고 있었다. 그러나 마음의 속임수를 써
서 그런 바보 같은 입맞춤 때문에 남편을 미워했다는 식으로 믿었다.

어느 밤, 극장으로 가는 길에 프랑수아는 평소처럼 자동차 안에서 부부 사
이에 끼어 앉아 있었다. 그런데 자리가 불편해 조금 자리를 넓히려고 하는
순간 자신의 한쪽 팔이 도르젤 부인의 팔 아래로 미끄러져 들어갔다. 그는
자신이 아니라 팔이 저절로 한 동작에 깜짝 놀랐다. 팔을 바로 빼낼 수 없었
다. 도르젤 부인은 그것이 기계적인 동작이라는 것을 알았다. 눈에 띄고 싶
지 않아서 그녀도 팔을 빼지 않았다. 프랑수아 드 세리외즈는 마오의 세심함
을 헤아렸다. 그래서 여기에 기대를 해서는 안 된다고 생각했다. 두 사람은
몹시 어색하게 가만히 있었다.

어느 날 프랑수아는 그 일을 떠올리며 그의 사랑에 어울리지 않는 꿍꿍이를 했다. 그는 마오가 침묵한 의미를 잘 알았지만, 이것을 이용해 두 사람 사이의 괴로운 처지에서 이득을 보려고 생각했다. 입맞춤의 기억이 그에게 보답을 하게끔 만드는 것이다. 그러나 그의 팔이 점점 미끄러져 들어갈 때, 도르젤 부인은 이번에는 일부러 그런 것임을 확실히 느꼈다. 그녀는 1초도 자신이 사랑의, 또는 단지 욕정의 상대가 되었다고는 생각하지 않았다. 그런 행동은 우정에 대한 모욕이라는 기분이 들었다. '내가 틀렸어. 그는 믿을 수 없는 사람이야.' 하지만 그녀는 안에게 들킬까봐 걱정돼 팔을 빼기 힘들었다. 프랑수아가 조금 짓궂은 잘못을 했다고 해서 불화로 이어질 일을 해도 되는 것일까? 그녀는 아직 남자 쪽에서 팔을 빼주기를 기대했다. 그러나 그는 이 침묵에 더 대담해졌다.

프랑수아는 그녀의 옆얼굴을 흘낏 보았다. 그러자 그의 눈에 눈물이 고였다. 그대로 도르젤 부부의 무릎 아래 엎드려 사죄하고 싶은 기분이었다. 이 번에는 너무 부끄러워 팔을 빼낼 수 없었다.

전조등이 차 안을 밝게 비쳤다. 도르젤 백작은 친구의 팔과 아내의 팔이 겹쳐 있는 것을 보았다. 그는 아무 말도 하지 않았다. 프랑수아는 앙주 강기슭에서 부부와 헤어졌다.

위니베르시테 거리에 올 때까지 도르젤 백작 부부는 아무 말도 하지 않았다. 안은 자신이 본 것에 절망했다. 무엇을 믿어야 할지 몰랐다. 결국 도르젤 부인은 아무 말도 하지 않으면 이제 안과 정면으로 얼굴을 마주할 수 없으리라 생각했다. 그래서 그녀는 아까의 당혹감, 차 안에서 프랑수아가 자신의 팔 아래에 팔을 밀어넣은 것, 일이 복잡해질까봐 가만히 있었다는 것을 고백했다. 그녀는 자신이 불쾌했다는 것을 프랑수아에게 알리려면 어떻게 해야 할지 안에게 물었다.

안 도르젤은 안도의 한숨을 쉬었다. 마오는 그에게 무엇 하나 숨기지 않고 결백했다. 그녀는 그가 봤다는 것은 모른 채 그가 본 것에 대해 고백한 것이다.

그는 침묵하며 안도감을 맛봤다. 그런데 이 침묵이 도르젤 부인을 불안하게 했다. 남편은 프랑수아에게 앞으로 집에 드나들지 말라고 할 생각일까? 말한 것이 잘못일까? 그녀는 벌써 잘못을 저지른 남자를 변호하고, 변명거리를 찾아주고 싶었다. 조심조심 안 쪽으로 눈을 돌렸다. 화난 얼굴을 보게 되리라 생각했다. 그런데 이 기쁜 표정을 무엇을 뜻하는 것일까?

"그래서…… 그런 일은 이번이 처음이오?" 그가 물었다.

"왜 그런 의심을 하죠? 그랬다면 어째서 내가 지금까지 말을 하지 않았겠어요? 그런 의심을 하다니 뜻밖이군요." 그녀는 화를 냈다. 남편의 의심보다 그의 얼굴에 나타난 기쁜 표정이 불쾌했다.

이렇게 그녀는 자신도 모르게 거짓말을 했다. 단순한 말의 흐름이 프랑수아의 처음 행동을 숨기게 해버렸던 것이다. 진실의 반을 숨긴 것이다. 그녀는 이렇게 고쳐 말하고 싶었다. "아니요, 틀렸어요. 프랑수아는 전에도 한번 그랬어요. 그때는 실수였지요."

그러나 그녀는 가만히 있었다. 이렇게 새로운 고백을 하면 마침내 남편이 그녀를 의심해도 좋을 권리를 가지게 되지는 않을까?

마오는 가만히 남편의 충고를 기다렸다. 그러나 아내의 솔직함에 안심한 안은 마음이 누그러져 다른 것을 보지 못했다. 그는 프랑수아의 뻔뻔한 태도 조차 신경 쓰지 않았다.

"아이들 장난 같은 것이오. 보다시피 나는 전혀 신경 쓰지 않아요. 당신도 나처럼 대해요…… 만약 프랑수아가 또 그러면 그때야말로 주의를 주겠소."

도르젤 부인은 이런 가벼운 말투가 마음에 들지 않았다. 남편이 도움을 거절했으니 필요할 때에는 혼자 스스로 방어할 결심을 했다.

*

안 도르젤은 자신이 현명하게 처신했다고 생각했다. 그 뒤로 마오가 불평하는 일이 없었기 때문이다.

사실 프랑수아는 이런 행동을 두 번 다시 하지 않겠다고 맹세했다. 마오가 전부 남편에게 말했으리라고는 의심하지 않았다. 그 일에 대해서 누구에게도 말하지 않고 아무것도 모르는 체해주는 것에 감사했다. 이런 관대함에 더욱 가슴이 벅찼다. 자신이 조심성 없었다는 것을 여실히 느꼈다.

자신에게 마오를 사랑할 만한 가치가 없음을 확실히 깨닫고 그는 충실해졌다. 그 결과 더더욱 상냥하게 보였다. 이 행동만큼 그에게 도움이 된 것은 없었다.

좋은 날씨가 이어졌다. 그들은 자주 파리 교외로 식사를 하러 외출했다. 프랑수아는 안이 권해 교외 산책에 따라 나왔다. 안은 아내가 조금이라도 초록색을 띤 것을 보면 기분이 환히 밝아지기에 시골이라도 참았다.

이 세 사람 사이의 관계에서 모든 것이 좀처럼 보기 드물 정도로 품위 있게 흘러간다고 느껴지리라. 사실 이것으로 보통의 위험은 오히려 커졌다. 품위 있게 가장된 만큼 그들은 그런 위험을 타인보다 알아볼 수 없어졌기 때문이다.

몇 번인가, 생클로에서 돌아오는 길에 불로뉴 숲을 가로지르면서 도르젤 부인과 프랑수아 드 세리외즈는 두 사람의 생각이 서로 얽힌 줄도 모른 채 함께 긴 여행을 하며 깊은 숲을 지나고 있다는 생각을 저마다 마음속에 떠올리는 일이 있었다.

이따금 이렇게 산책을 할 때 미르자라 불리는 페르시아 왕자가 함께했다. 그는 열다섯 살로 미망인이 된 어린 조카딸을 위로하려고 애썼다. 이 조카딸은 유럽식 교육을 받아 동양풍의 습관에서 완전히 벗어났다. 마오와 프랑수아가 함께 교외로 놀러 가서 편하게 느끼는 상대는 이 왕자와 젊의 왕녀뿐이었다.

사랑은 모두를 사이좋게 만든다. 확실히 미르자는 프랑수아가 마오를 사랑하듯이 그 조카딸을 사랑하지는 않았다. 그러나 그 사랑에는 닮은 점이 있었다. 미르자는 순결하게 사랑했다. 이미 남편을 잃은 슬픔을 알고 있는 아이 같은 얼굴을 대하면 미르자는 어떤 애정을 느낄 수밖에 없었다. 늘 나쁜 점만 찾아내려 하는 파리 사람들은 그런 애정을 숙부로서 지나친 것이라고 말했다.

미르자, 젊은 페르시아 왕녀, 도르젤 부부, 프랑수아를 어느새 가까운 사이로 만든 것은 세상 사람들이 이해할 수 없는 결백함이었다. 그들은 이 결백함을 숨기기 위해 파리에서 교외로 나갔다고 해도 좋을지 모른다.

전에 로뱅송에서 사교계의 눈에 비친 대로 미르자의 모습을 소개했다. 따라서 부정확하게 묘사한 셈이다. 이를테면 모두가 그에게 인정한 쾌락의 감각, 그것은 시의 감각이다. 미르자도 자신의 시를 잘 이해하지 못했다. 그는 자신을 실제적인, 미국식 정확함을 가진 사람이라고 믿었다. 그러나 시가 막연함보다 정확함을 더 많이 가지고 있다는 것은 별도로 쳐도 이 귀공자의 기이한 버릇은 그를 실로 매력적인 오류에 빠지게 했다. 그는 베르사유나 생제르맹에 갈 때에는 캐시미어 숄처럼 색색으로 화려한 파리 근교의 커다란 지도를 펼치고 봐야 성이 찬다. 지름길을 찾는다는 핑계이지만 결국 늘 길을 잃어버린다.

더 예기치 않을 때, 그의 인종적인 특징이 나타났다. 어느 밤 이 작은 무리가 불로뉴 숲 속 길을 지날 때, 미르자는 움찔하여 몸을 일으키고 총을 꺼내 자동차를 세웠다. 그러고는 숨을 죽인 채 나무 뒤에서 자세를 취했다. 방금 암사슴 두 마리를 본 것이다.

불로뉴 숲에서는 암사슴을 쏘면 안 된다고 주의를 줘도 헛일이었다.

다행히 무기는 지나치게 정교해 도움이 되지 않았다. 그는 이 무기에 화를 내며 차 안으로 돌아갔다. 두 마리의 암사슴을 죽여 조카딸과 도르젤 부인에게 줄 생각이었던 것이다. 도르젤 부부와 프랑수아에게 가장 재미있던 것은 귀여운 페르시아 왕녀의 부루퉁한 얼굴이다. 그녀는 숙부가 잡은 짐승을 가지고 리츠(파리의 일류 호텔)로 돌아갈 수 없는 것을 아쉬워했다.

*

세리외즈 부인이 '며느리로 마오 같은 사람을 바란다'고 하니 프랑수아는 어머니 앞에서 어쩐지 쑥스러웠다. 자신의 사랑을 어머니가 눈치챈 건 아닌지 걱정됐다. 그래서 되도록 두 사람을 만나게 하지 않으려고 했다. 마오를 사랑하는 것은 아무리 말로 하지 않아도 배반이라고, 어머니에게 이런 얘기를 확실히 듣게 될까봐 두려웠다.

'순결한 사랑이지만 역시 그릇되었다고 해도 좋을 자신의 처지에 어머니까지 얽히지 않도록 하는 것은 어머니를 존경하기 때문이다.' 그는 속으로 말했다.

그러나 사랑은 사람을 겁쟁이로 만들기에, 최근 몇 주간이나 세리외즈 부인을 숨겨두는 것을 도르젤 부부가 나무랄까봐 신경 쓰였다.

그들이 샹피니에 놀러올 때마다 늘 마른 강으로 갈 시간이 없었다. 프랑수 아는 자신이 어린 시절을 보낸 이 장소에서 마오를 보고 싶어 견딜 수 없었다. 그러기에는 5월이 안성맞춤이다. 만약 도르젤 부부가 어머니 집에서 점심 식사를 한다면 또 시간이 늦어져 마른 강에 가는 것을 미루게 되리라고 계산했다. 한편 세리외즈 부인을 만나기 위함이 아니면 부부가 굳이 오지 않을지도 모른다는 걱정도 들어서 그는 어머니가 날을 정해 만나고 싶어한다고 거짓말했다. 거짓말로 한 초대 전날 밤, 자신은 도르젤 부부가 이튿날 아침 자동차로 데리러 오기 좋도록 포어바흐 집에서 묵었다. 그리고 출발하고 나서 도중에 프랑수아는 부부에게 말했다.

"조금 전에 문지기에게서 어젯밤 도착한 속달을 받았습니다. 어머니가 아픈 숙부를 보러 에브뢰에 가야 한다는군요. 어머니는 내가 두 분께 더 빨리 알릴 수 있다고 생각했겠지요. 정말 죄송합니다."

안 도르젤은 프랑수아가 이미 출발하고 나서야 그 이야기를 하는 것이 이상하다고 생각했다. 프랑수아는 서둘러 덧붙였다.

"어쨌든 샹피니로 가죠. 마른 강을 안내해드릴 테니."

안 도르젤은 승낙했다. 마오가 기뻐하리라 생각했다.

프랑수아는 이런 거짓말을 해도 걱정되지 않았다. 세리외즈 부인은 결코 마른 강가를 산책하지 않는다. 그녀가 마차를 준비하게 할 때는 쾨이나 셴비에르로 가기 위해서이며, 마른 강에서는 먼 곳이다.

도르젤 부인은 일이 이렇게 된 것이 달갑지 않았다. 전날, 교외로 놀러가는 것도 삼가는 편이 신중하지 않을까 하고 속으로 말하곤 했다. 늘 그렇게 놀다 돌아오면 열로 들뜨거나 스스로도 위험하다고 생각될 만큼 얼이 빠졌다. 남편이 뭔가 사랑스럽게 어루만지려고 하면 그녀는 매우 슬펐다. 그녀는 이 원인을 극히 단순한 것으로 생각하고 싶었다. 자신은 꽃을 좋아하지만, 그 향기를 맡으면 머리가 어지러워지는 사람이라고 생각했다. 그런 꽃 옆에서 잠들지 않도록 조심하면 되는 것이다. 마오는 이런 멍한 기분이 자신에게 괴로운 것이라 생각하려고 애썼다. 그러나 꽃향기와 비교하는 것은 옳지 않았다. 그 멍한 기분은 두통이 아니라 도취된 기분이었기 때문이다.

*

그들은 강가의 푸른 잎으로 뒤덮인 정자에서 점심을 먹었다. 식탁은 이미 치워져 있었다. 기분이 상한 도르젤 부인은 팔걸이의자에 앉아 마른 강과 사랑의 섬, 남편과 프랑수아를 등지고 있었다. 그녀의 눈에는 길만 보였다…….

세리외즈는 방울 소리와 말발굽 소리에 소스라치게 놀랐다. 그의 귀가 틀릴 리 없었다. 그것은 어머니의 마차였다.

한순간 그는 어머니와 도르젤 부인에게 저지른 짓이 얼마나 추악한지 절실히 느꼈다.

세리외즈 부인은 대체 이 길을 지나 어디로 가는 것일까? 그녀는 어딘가에 가는 것이 아니었다. 아무리 머리를 짜 생각해도 이런 예외적인 외출을 설명할 수 없었다. 그런 일이 자주 일어나서 사람이 운명이라는 여신의 손을 인정하게 된 그 우연의 하나라고 생각하는 수밖에 없었다. 단순히, 아니면 오히려 운명적이라 해야 할까, 세리외즈 부인은 가만히 있을 수 없어 마차를 준비시키고 평소에는 한 적이 없는 산책에 나섰을 뿐이다.

그래서 그의 아들이 길을 지나가는 마차 소리를 들은 것이다.

'아뿔싸.' 그는 생각했다. 사실 안과 프랑수아에게는 세리외즈 부인의 모습이 보이지 않았으며 부인 쪽에서도 보이지 않았지만, 마오의 눈은 피할 수 없었다. 마차가 지나쳐갔다. 그는 물에 빠진 사람처럼 눈을 감았다.

세리외즈 부인이 이렇게 젊게 보인 적은 없었다. 마오는 그녀가 늘 수수한 옷을 입은 모습만 봤다. 산책복을 입고 밀짚모자를 쓰고 양산을 쓴 모습은 프랑수아의 동생 같은 느낌마저 들었다.

갑자기 나타난 이 모습에 마오는 마치 꿈을 꾸는 듯했다. 앗 하고 소리를 질렀다. 마차는 이미 지나갔다. 안 도르젤이 돌아보았다.

"왜 그러오?" 그가 물었다.

프랑수아의 얼굴이 창백해진 것을 본 마오는 이상한 반사작용으로 순간 대답할 말을 바꿨다.

"아무것도 아니에요. 가시에 손가락을 찔렸어요."

안은 상냥하게 주의를 주었다.

"놀라게 하지 마오! ……봐요. 프랑수아는 하얗게 질렸잖소."

……프랑수아는 겨우 정신을 차렸다. 마오가 자신과 공모자라는 것은 상

상할 수 없었다.

'손가락을 가시에 찔려서 그녀는 어머니의 모습을 보지 못한 거야.'

그러나 이러한 안도는 그의 마음을 누그러뜨리기는커녕 오히려 더 후회스럽게 만들었다. 그는 일어났을지도 모르는 일을 떠올려보았다. 도르젤 부부가 자신을 클럽에서 사기 친 사람처럼 추방하는 모습이 그려졌다.

도르젤 부인은 가만히 있었다. 그녀는 자신이 왜 그렇게 대답했는지 생각했다. 이것을 전에 했던 다른 거짓말과 비교해보았다. 하지만 그녀는 지금 전혀 알지 못하는 마오의 명령에 따라 행동하고 있어서 그 이유를 이해할 수 없었으며 하고 싶지도 않았다. 자신의 마음을 헤아리는 자문을 그만두었다. 몇 주 뒤에 그녀에게는 이런 습관이 생겨버렸다.

프랑수아가 창백해진 것이 안에게는 엄청난 불안을 심어주었다. 그는 이 불안감이 성가셨다. '내가 우스꽝스럽게 질투라도 하려는 것인가?'

이렇게 셋 다 마음이 혼란스러웠는데, 모두 조금씩 진실을 놓치고 있었다. 그러나 곧이어 모든 것이 질서에, 즉 암흑 속에 돌아갔다.

도르젤 부인은 자신의 친구를 막연히 나쁘게 생각한 것을 부끄럽게 여기고, 프랑수아와 안에게 한 거짓말로 겸연쩍었으므로, 이해할 수 없는 자신의 행동을 만회하기 위해 애썼다. 그녀는 평소보다 훨씬 상냥했다. 이 소동은 결국 세리외즈 부인에게 이득이 되었다. 프랑수아는 그 뒤 그녀를 도르젤 부부에게서 억지로 떼어놓으려고 하지 않았다.

*

파리는 모두가 떠나 한적해졌다. 여름이 한창 무르익었다. 프랑수아 드 세리외즈는 그다지 외출하지 않았다. 그보다 믿기 어려운 일은 도르젤 부인도 마찬가지였다는 것이다. 둘 다 시골을 좋아하는 것을 알고 있는 안이 보기에 이상할 따름이었다. 그래서 시골에 서둘러 가고 싶은 마음이 전혀 없는 백작은 수업 암송을 하지 않게 된 아이처럼 몰래 만족스러워했다. 도르젤 부부에게는 여름 계획이 정해져 있어 만약 7월을 파리에서 보내면 시골 생활, 즉 안에게는 달갑지 않은 시기를 건너뛰는 것이다. 8월이 되면 도르젤 양이 바비에르에 가 있는 동안에 안과 마오는 오스트리아의 도르젤 집에 가기로 했다. 이 집안은 아직 젊은 부인을 몰랐다. 그녀는 이 여행이 그다지 기쁘지 않았다. 그 뒤 베네치아에 가는 것도 마찬가지이다.

하지만 휴가 중에 다해야 하는 의무는 작년에 더 심했는데 올해는 그 정도는 아니다.

안은 아내의 태도에 만족했다. 자신이 세운 계획을 이렇게 유쾌하게 승낙해주는 것은 예상하지 못했다. 아내가 나아졌다고 생각했다. '그녀는 우리 둘만 있을 때가 아니면 행복을 느낄 수 없었다. 요즘은 세상 사람들과 어울리는 것이 괴롭지 않은 모양이군.'

마오가 파리를 떠나지 않는 핑계 가운데 하나는 거의 매일을 정원에서 보내는 것이었다. 점심 식사를 한 뒤, 안은 자주 프랑수아와 마오에게 말했다. "괜찮으면 나는 먼저 일어나겠소." 그리고 자백했다. "당신들은 대단하군. 나는 밖이 싫어요. 이 정원에 있으면 너무 덥거나 너무 춥거든."

"늘 나와 함께해줘서 고마워요. 재미있지도 않은데." 도르젤 부인은 프랑수아에게 말한다. 마치 자신이 나이 많은 여자라도 되는 듯이 말이다.

프랑수아는 미소를 지은 채 말없이 가만히 있었다.

도르젤 부인은 바느질을 했다. 이따금씩 행복에 젖어 멍하니 있는 프랑수아를 보고 문득 걱정스러워질 때가 있었다. 그녀는 그를 불러보았다. 사람이 움직이지 않거나 눈을 감고 있으면 죽었다고 생각하여 그 고요함에 두려움을 느끼는 아이처럼 말이다. 그러나 그녀는 자신의 어린애 같은 마음을 인정하려고 하지 않으며 늘 뭔가 적당한 이유를 댔다. "이 실패를 들어주세요." "내 가위, 봤나요?" 프랑수아가 필요한 물건을 건넬 때, 두 사람의 손이 서투르게 닿는 일이 자주 있었다.

이렇게 긴 하루를 보낸 뒤에도 그녀는 걱정되지 않았다. '그 사람과 같이 있어도 아무 느낌이 안 드는걸.' 이것이야말로 행복의 완전한 정의가 아닐까? 행복도 건강과 같다. 전혀 눈치채지 못하는 것이다.

이따금 도르젤 부인이 빠져 있는 편안함, 잔잔한 흥분 덕에 그녀는 프랑수아가 진심으로 기뻐할 일을 했다. 이를테면 이런 저녁을 보낸 뒤에 프랑수아를 샹피니까지 배웅하겠다고 했다.

"무리예요. 파스칼에게 말해놓지도 않았고, 벌써 잠들었을 거요." 안이 말했다.

"안, 당신이 운전할 수 있잖아요. 잠이 올 것 같지 않아요. 산책하고 나면 좀 편안해질 거예요."

안 도르젤은 내키지 않지만 이런 변덕에 찬성한다. 곧 도르젤 부인은 자신이 말한 것이 얼마나 비상식적인지 느꼈다. 놀랍도록 빠른 속도로 되돌아온다.

"당신이 말한 대로예요. 내가 잠깐 제정신이 아니었어요."

그녀는 자신에게 화가 났다. "왜 그런 변덕을 부렸나 모르겠어요. 어서 시골에 가는 게 좋겠어요. 여기에 있으면 신경이 피곤해져요. 매일 밤 이상한 기분이 들어요. 내 나이의 사람이 이렇게 꼼짝 않고 지내도 될까요? 가만히 나무 그늘에 앉아서."

그녀는 '프랑수아와 함께'라는 말은 덧붙이지 않았다.

"우리는 파리에서 무엇을 하는 거죠? 이상해요. 이제 여기에는 아무도 없는걸요." 그녀는 안에게 말했다.

이 말은 프랑수아를 현실로 되돌려놓았다. 그러나 그는 꿈속에 있는 듯한 기분이었던지라 심술궂은 말을 들었다고 생각했다.

자존심을 다친 아픔은 우리가 감당할 수 없는 일이다. 바로 발끈해버린다. 프랑수아는 마음보다 자존심에 더 상처를 받았다. 또 그 자존심은 그다지 강하지 않기 때문에 진실을 볼 여유도 없었다. 즉 '아무도 없다'는 말로 그가 제외된 것, 그래서 그렇게 말하며 마오는 프랑수아와 자신을 하나로 생각했다는 것이다. 그는 이 말에서 경멸과 냉혹함만 보았다.

우울한 기분으로 그는 눈을 떴다. '나는 그녀를 원망할 수 없다. 대체 나는 그녀에게 뭔가? 이렇게 해주는 것만으로도 고마워해야 하는 것인가?'

'파리에는 아무도 없다'는 말을 그는 되풀이해 중얼거렸다. 기분이 다시 울컥했다. '내가 먼저 다른 곳으로 떠난다고 알리자.' 그는 복수할 생각으로 오히려 자신을 벌하는 결과를 초래하는 아이를 따라했다.

그래서 냉정을 되찾고도 결심은 바뀌지 않았다. 이제는 자존심 때문이 아니라 마오에게 그런 말을 들은 이상, 자신은 그녀 옆을 떠나야 한다고 생각한 것이다. 베네치아에 도르젤 부부를 만나러 갈 수는 없다고 생각했다.

독자들은 프랑수아가 일관성 없는 남자라고 생각할지도 모른다. 이것은 그가 사랑을 하는 데 타고났다는 가장 좋은 증거이다. 베네치아에 대해 떠올리자 슬픈 생각은 곧바로 흔적도 없이 사라졌다. 출발하는 것이 이제 조금도 두렵지 않고 기다려질 정도이다. 마오와 베네치아에서 다시 만날 수 있다는 소망이 이별에 대한 생각을 지워버렸다. 한 달 동안 그녀에게서 멀리 떨어져 지내는 것도, 표를 사거나 여권이 나오기를 기다리듯 여행을 떠나기에 앞서 미리 그 기쁨을 느끼는 하나의 순서라 생각했다.

오후에 마오와 단둘이 정원에 있으면서 새로운 공상에 빠진 프랑수아는 그녀가 전날 그렇게도 가고 싶어하던 여행 이야기를 꺼내지 않자 이상했다. 마오의 말에서 받은 충격을 잊기 위해 오로지 베네치아만 생각하던 그는 마치 약속한 것을 떠올리려는 듯이 어제 한 말을 떠올리게 하려고 애썼다. 그는 결국 오스트리아로 언제 떠나는지 과감히 물었다. 마오는 흠칫 몸을 떨었다. 어제의 결심을 까맣게 잊고 있었던 것이다. 그녀는 더듬거리며 말했다. "확실한 것은 잘 몰라요."

상대의 당혹감만큼 우리를 대담하게 하는 것은 없다.

"나는 이틀 뒤에 바스크 지방*11으로 가요." 프랑수아가 말했다. "표는 이미 일주일 전에 샀어요."

마오가 그녀의 말 때문에 그가 여행을 떠난다고 생각하지 않게끔 하려는 아이 같은 심리작용에서 이런 거짓말을 했던 것이다.

"혼자 가나요?"

"네."

놀란 도르젤 부인은 그가 여자를 데리고 가지만 그 이름을 숨긴다고 믿었다. 그 여자가 누구일까 생각했다. '내가 알 리가 없지.' 그녀는 속으로 도도하게 말했다. 그리고 생각했다. '이상해. 이 사람은 우리와 가장 사이가 좋은 친구야. 그런데 우리는 그에 대해 아는 것이 하나도 없어.'

그녀는 심하게 물어뜯긴 듯한 기분이었는데, 그 느낌을 호기심이라고 여겼다.

---

*11 프랑스와 스페인 국경 산악지대에서 해안에 걸쳐 있는 지방. 여름철 피서지로 유명함.

이토록 예민한 도르젤 부인이 이러한 실타래를 풀지 못하는 게 이상하다고 사람들은 수상쩍어할지도 모른다. 그러나 몇 가지 착각을 너무 애지중지한 나머지 그녀는 그것을 자신의 시중을 드는 노예로 삼아버렸다. 그리하여 그런 착각이 점점 그녀를 모시게 된 것이다.

거짓말은 마오의 첫 번째 충동이 되었다. 그녀는 슬플 때면 명랑하게 보이려 했다. 안이 정원에 있는 그들 쪽으로 왔다. 그는 교외 산책을 권했다. 프랑수아는 갑자기 여행을 그만두고 싶었다. 마오가 꾸며낸 명랑함이 이 여행을 완전히 잊게 하고, 부질없는 일로 만들었다. 때마침 그녀가 안에게 그의 출발을 알려 프랑수아가 다시 생각을 바꿀 수 없도록 했다.

'결국 여행을 가는 게 좋겠어. 그렇지 않으면 이 사람들이 떠나기를 기다린 셈이 되니까.' 그는 생각했다.

세리외즈 부인도 마오와 같은 의심을 품고 있었다. 그가 한적한 곳에 혼자 여행을 가는 일은 드물었기 때문이다.

프랑수아는 도르젤 부부가 정거장까지 배웅을 나와 줄까 조금 기대했다. 마오도 그것을 생각했지만, 조심스러운 마음에 말을 꺼내지 않았다. 도르젤 백작의 우정은 역시나 시원시원하고 솔직했다.

"우리가 배웅하죠."

마오는 프랑수아가 바로 그것을 승낙하는 것을 보고 기뻐했다.

그녀는 생각했다. '그가 우리에게 뭔가 숨긴다고 의심했지만, 내가 어리석었어.'

*

출발하는 날, 프랑수아는 아침에 어머니에게 작별 인사를 했다. 이렇게 해서 긴 하루를 도르젤 집에서 보낼 수 있었다. 마오와 프랑수아는 그다지 말수가 없었다. 마오는 지금까지 자주 무의미한 말을 해서 그가 소중히 생각하는 침묵을 깨뜨렸지만, 오늘은 그렇게 하지 않아 프랑수아는 감사하게 생각했다. 그러나 안 도르젤은 이 침묵 속에서 여행에 꼭 따르는 우울함을 알아채고 분위기를 밝게 하려 애쓰며 방해를 했다.

출발은 우리에게 어떤 감상을 허락해준다. 플랫폼이 아닌 곳에서 손수건을 흔드는 사람은 미친 사람이리라. 도르젤 부인은 조금도 수줍어하지 않으며 아주 자연스럽게 우정을 드러냈다. 프랑수아도 그녀에게 답했다. 다음에 이 얼굴을 볼 때는 새로운 땅, 베네치아에서라고 몇 번이나 마음에 그리며.

열차가 출발하려고 했다. 프랑수아는 조금 전부터 정다운 그녀의 손을 잡고 있었다. 그녀는 안이 옆에 있어서 그 손을 빼낼 수 없었다. 도르젤 백작은 지금도 왜 사촌에게 입을 맞추지 않느냐고 말하려는 참이었다. 그 순간 두 사람이 입을 맞추었다. 프랑수아는 자신의 팔이 그대로 있었으면 좋겠다고 생각했다. 볼 위에 한 이 입맞춤은 전과는 달랐던 것이다! 주문을 받고 한 것이 아니었다. 그래서 안은 따돌림을 받는 것 같았다! 도르젤 백작은 눈에 띄지 않을 만큼만 고개를 돌렸다.

남편과 아내는 말없이 밖으로 나갔다. 안이 말했다. "이렇게 빨리 저녁을 먹으면 난감해. 무엇을 해야 좋을지 모르겠소."

마오는 걷잡을 수 없이 막연한 지금 이렇게 단순하고 확실한 설명을 해주는 남편에게 감사했다.

"닭처럼 이대로 잘까?"

"당신이 좋아하는 곳에 가요. 어디든 좋아요."

부부는 곡마단으로 갔다.

위험한 곡예에 반주를 하는 북소리를 들으면서, 도르젤 부인은 정신이 아득해지는 것을 느꼈다. 그러나 휴식 시간까지 참고 서 있었다.

"걸음이 꽤 빠르군. 따라잡기 힘드오." 안이 복도에서 말했다.

거리에서 착각을 한 남자로부터 부끄러운 말을 들은 여자처럼 마오는 걸음을 재촉했다. 그녀의 경우, 추억이 바싹 뒤쫓아 말을 걸었던 것이다.

*

프랑수아는 혼자서 지루하지 않았다. 그는 고독과 나태한 삶을, 게으름뱅이들마저 의무감을 느끼는 수많은 놀이로 채울 필요가 없었다. 이른 아침 햇살이 창에 비치자마자 그는 이런 생각을 했다. '또 하루가 지났군.' 저녁은 오지 않는 걸까? 하지만 이렇게 하루하루를 보내도 전혀 슬프지 않았다. 프랑수아 드 세리외즈는 수영하는 사람이 물 위에 뜨듯이 지금 있는 장소의 안정적인 분위기에 들떠 있었다. 모두가 그에게 평온함의 교훈을 주는 듯한 모습은 아니었을까?

어느 저녁, 프랑수아는 자기 방의 나무로 만든 발코니에서 솔숲이 불타는 것을 보았다. 그는 미친 사람처럼 바닷가로 갔다. 말을 건 상대 어부가 너무 놀란 듯해 프랑수아는 부끄러워졌다. 어부가 옳았던 것일까? 프랑수아는 그를 흉내 내기로 했다. 그래서 이 화재를 저녁노을 보듯이 바라보았다.

이곳에 와서 프랑수아는 도르젤 부인에게 편지를 한 번도 쓰지 않았다. 출발한 날의 침묵을 그대로 이어가고 싶었던 것이다. 그러나 사랑 때문에 대부분의 가치가 반대되는 세계에 살고 있는 그는 이상하게 생각하지 않을까 해서 편지를 썼다. 도르젤 부부가 이 침묵을 우정에 반한다고 비난하지 않을까 생각한 게 아니라 이렇게 침묵하면 자신의 사랑을 폭로하는 격이 아닐까 하는 걱정 때문이었다.

도르젤 부인은 바로 답장을 주었다. 지금 부부는 베네치아에 있으며, 출발하기 전에 세리외즈 부인을 만났다고 했다. 단순히 아들에 대한 우정으로 그녀와 어울리는 게 아니라는 것을 알리기 위해 프랑수아의 어머니를 초대하려고 생각한 것은 아니었다. 이런 마음 씀씀이는 세리외즈 부인의 마음을 움직였다. 프랑수아에게 보낸 편지에 그녀는 도르젤 부부 이야기를 썼다. 부부의 우정을 알아주기 바란다고 충고하고 있었다. 편지를 읽으며 프랑수아는 자신의 마음을 어머니에게 들켰다고 생각했다. 그러나 파리에 있었으면 느꼈을 괴로움을 여기에서는 전혀 느끼지 못할 뿐만 아니라 어머니에게 감사한 마음까지 들었다. 그는 다시 마오의 이야기를 편지에 썼다. 어머니가 그의 사랑을 알아차릴 수 있을 만큼 몇 번이나 썼다. 어머니는 어떤 경우에도 우정의 도리를 다하라고 주의를 주었다.

멀리 떨어져 있으면 누구든 구별하기 힘들다. 모두 닮아 보이기 때문이다. 이별은 구별을 만든다고는 하지만 또한 다른 구별을 없애기도 한다.

그래서 가까이 있을 때에는 자신의 안에 틀어박혀 있던 세리외즈 부인과 그 아들은 서로 희망을 주는 정다운 편지를 주고받았다. 문자와 말, 정확히 말하면 곁에 있는 것과 없는 것의 차이는 대체 마음에 어떤 작용을 한 것일까? 떨어져 있을 때가 자신을 숨기기 쉬운 듯 보인다. 사실은 그 반대이다.

도르젤 부인은 자신의 편지 말투가 어떤지 전혀 마음에 두지 않았다. 그 편지는 이따금 마오가 옆에 있을 때보다 프랑수아를 더 행복하게 만들었다. 물론 어떠한 희망도 그에게 주지 않았지만, 그 편지에는 프랑수아가 해석하기에 파리에서는 통용되지 않는다고 할 만한 솔직함과 신뢰가 깃들어 있었다. 프랑수아가 멀리 있자 마오는 자신을 조금도 경계하지 않았다. 가까이 있는 것보다 즐거운 편지 교제로 자신도 모르게 행복해졌다. 그녀는 이 행복을 지금 옆에 있는 사람, 즉 도르젤 백작 덕분이라고 믿고 안심했다. 안도 이때만큼 아내에게 빠져 있던 적이 없었다.

그는 친척이 프랑스의 도르젤 가족을 환대하기 위해 불러준 빈 사람들 사이에서 아내가 누구에게나 호감받는 모습을 보고 더욱 그녀를 사랑했다.

안은 그다지 편지를 보내지 않았다. 이따금 마오의 편지 여백에 한 줄 정도만 썼다. 프랑수아는 그것이 마오의 상냥함을 인증하는 것 같았다.

*

떨어져 지내는 동안, 프랑수아는 왠지 안락하고 행복했다. 그러나 그는 단지 일시적인 우연의 상황 속에서 안정된 것을 찾으려고 했던 것이다.

그러는 동안에 휴양지 생활답게 작은 사건이 일어나, 마오는 자신의 마음이 완전히 안의 것이라는 착각을 확고히 하게 되었다.

부부는 아직 빈의 교외에 머물고 있었다. '인터내셔널'은 아주 오래전부터 생각하지 못한 곳에서 조인된 것이다. 손님으로 오는 것은 사랑하는 가족들, 파리, 프랑스이다. 하인들이 싸웠다고 주인들 사이가 틀어져야 할까? 오스트리아의 도르젤 가문은 전쟁을 이런 식으로 판단했다.

지금 우리는 유럽의 노쇠기를 눈앞에 두고 있다고 할 수 있다. 이 대륙의 비극적인 시기에 경박한 행동은 폴 로뱅 같은 사람이 봤을 때 용서할 수 없는 것이었다. 그것은 착각이다. 이러한 혼란기에야말로 경박하고 방탕한 행동을 이해받기가 더 쉽다. 내일이면 남의 손에 넘어가는 것을, 사람은 격하게 누리려고 한다.

안의 천성은 이러한 들뜬 분위기에 놀랐다. 안은 사실 속임수에 잘 걸려드는 사냥감이었다. 프랑수아가 나타난 뒤, 그는 자신의 바람기를 숨기고 있었다. 그러나 프랑수아가 옆에 없자 천성이 되돌아왔다. 빈에서 그것이 지금 유행이니만큼 더욱 신이 났다.

이전에 백작은 아내 몰래 태연하게 바람을 피웠다. 아내가 아무것도 모른 다면 그것으로 충분했고 그의 양심은 거리낌 없었다. 격한 욕정 때문에 그러 는 것은 아니다. 바람을 피운다고 큰 쾌락을 얻지도 않았다. 안이 마오를 배 신한 것은 만약 이렇게 말해도 지나치지 않다면 의무 때문이라고 해도 좋으 리라. 그에게는 바람을 피우는 것도 상류층 사람이 해야 할 일 가운데 하나 였다. 그것으로 단지 허영심의 기쁨을 얻는 것뿐이다.

마침 그때, 안의 친척 별장에 미인으로 유명한 빈 부인이 와 있었다. 그녀 는 안을 좋아하게 되었다. 그녀는 그것을 확실히 드러냈다. 이 호의는 그를 기쁘게 했다. 그녀가 기대하고 있듯이 바로 응해줄 참이었다. 그러나 사랑의 실마리가 잘 풀려가는 이 별장 안의 삶은 마지막 결말을 내기에는 꽤 불편했 다. 안 도르젤은 아내 바로 옆에서 부정을 저지를 만큼 도리를 저버리지는 않았다. 그래서 도르젤 백작은 파리에서라면 변덕보다 못한, 자존심의 기쁨 에 지나지 않을 정도의 일로 이래저래 마음을 졸였다.

결국 불만을 느낀 빈 부인은 자기 앞으로 일부러 전보를 쳤다. 티롤에 있 는 자신의 소유지에 급한 일이 있어 떠난다고 했다. 도르젤 부인은 별로 아 쉬워하지 않았다. 그녀는 이 사건에 대해 아무것도 몰랐다. 그러나 그녀가 이 부인을 이유도 없이 싫어한 것은 역시 그 때문이었을지도 모른다.

사랑이란 얼마나 미묘한 학문인가! 안에게 다가갈 마음이 없었던 마오가 다시 그에게 다가갔다. 그러나 그녀가 남편에게 향한 이 두 걸음은 안 쪽에 서 두 걸음 뒤로 물러났기 때문에 그에 맞춰 다가선 것이 아니었던가?

*

고독한 프랑수아 드 세리외즈는 모든 것을 기품과 통찰력으로 판단하려 했다. 자신의 우정이나 판단을 다시 음미하려고 한 것이지만, 이는 위험한 유희에 빠지는 길이었다. 마오도 이 조사에서 벗어날 수 없었다. 프랑수아는 자신이 그녀를 결코 천사나 동생처럼 사랑하는 것이 아니라 남자가 한 여자 를 사랑하듯이 사랑한다는 것을 인정해야 했다. 파리에서 느꼈던 그 행복감은 모호한 관계에서 비롯된 것이다. 그녀의 존재에서 벗어나 진실과 마주하자 그는 절망했다. 그는 바닷가를 산책했다—'내가 마오를 이런 마음으로 사랑한다면 그것은 안을 배신하고 싶어한다는 뜻이다.' 마오의 태도가 안에 대한 우정을 지켜주는 유일한 방어수단이라 생각되었다. 자신을 나쁜 친구라고 생각하지 않기 위해 그는 자신을 절망시키고 있는 것을 이용했다. 자신은 마오에게 품은 사랑과는 별도로 안을 좋아하고 있다, 마오가 없어도 안에게 끌렸을 거라고 몇 번이나 속으로 말했다. '안은 유쾌하고 재미있는 사람이다. 그는 장점도 결점도 다 그 자손들이 날마다 보통 사람이 되어가는 오랜 세월을 거친 인간을 대표하고 있다. 내가 폴 로뱅에게 짓궂은 장난을 친 것도 안의 매력에 끌렸기 때문이 아닌가? 나는 귀족 특유의 터무니없는 편견을 가지고 있는 것일까? 가문이 없는 자를 업신여기는 것은 내가 사랑하는 대상으로부터 생겨난 마술일까? 이것도 어리석은 생각이다! 가문이 없는 인간이 있을까? 폴의 집안은 안의 집안과 다르다, 단지 그뿐이다.'

프랑수아는 고독이 자신을 깨끗하게 한 것이라 믿고 있었다. 정열에 휩싸이지 않고 판단하니까 보다 옳은 판단을 할 생각이었다. 이를테면 폴에 관해서도 우리는 사회에 약간의 양보는 당연히 해야 하므로 그다지 무리한 요구를 해서는 안 된다고 느꼈다. 그가 언젠가 조제핀의 일로 화를 낸 일화를 말할 때 못 믿겠다는 표정의 폴에게 반감을 가진 것은 나빴다고 후회했다.

프랑수아는 외교부에 발이 묶인 폴과 연락하고 있었다. 사실 그에게 편지를 쓴 것은 양심의 가책 때문이 아니다. 그는 이탈리아행 여권이 필요했다. 폴은 폴대로 프랑수아에게 미안한 마음이 있었다. 자신들의 사이가 조금 거북해진 것이 아쉬웠다. 자신에게 그 책임이 있는 것은 아닐까? 프랑수아와 도르젤 부부가 금세 친해진 것에 대해 무례한 판단을 한 것은 아닐까? 머잖아 그는 휴가를 얻게 되어 있었으므로 1, 2주 정도 세리외즈와 함께 보내고 싶다고 전했다.

*

친구가 오자마자 프랑수아는 그가 평소의 태평함을 잃은 것을 알아차렸다. 그 이유를 듣고는 깜짝 놀랐다. 폴은 로뱅송에서 저녁을 보낸 날, 헤스터 웨인의 애인이 되었다. 마음에도 없는 연애를 한 것은 태만과 허영심 때문이었다. 사랑하지 않는 헤스터 때문에 폴은 다른 진정한 연애를 망치고 말았다. 그는 아직 모두 털어놓지 않았지만, 이 연애는 '사교계'와 관계가 없는 것이어서 자랑삼지 않고 헤스터 웨인과의 관계로 허영심을 채웠다는 것이다.

그런데 헤스터 웨인은 이 관계를 진지하게 생각해 세상에 숨겼다. 그것은 폴의 의도와 맞지 않았다. 게다가 사랑 때문에 질투가 많아지고, 폴이 뭔가 꺼려한다는 것을 느낀 그녀는 곧 그의 진짜 연애상대를 알아차렸다. 그 애인의 이름까지 알아버렸다. 상대는 폴을 사랑해 남편과 헤어지기까지 한 시골 여자였다. 헤스터는 자신이 사랑받고 있다고 믿었다. 폴은 그녀와 함께 있으면 갑갑해했다. 그녀는 그것이 다른 여자와의 관계 때문이며 확실히 관계를 끊을 용기가 없어서라고 생각했다. 그녀는 아무 말도 하지 않고 그 일을 자신이 떠맡기로 했다.

폴의 애인은 지금까지 속았다는 것을 전혀 몰랐다. 그녀는 비극적으로 연을 끊었다. 헤스터 웨인이 한 짓에 깜짝 놀란 폴은, 자신은 당신을 증오하며 지금까지 한 번도 사랑한 적이 없고, 다시는 만나고 싶지 않다고 말했다.

그는 두 여자를 한꺼번에 불행하게 만들고 자신도 괴로워했다. 그는 고독했고 버려졌다고 느끼며, 사랑하는 여자를 되찾으려는 생각뿐이었다. 자신을 혐오스럽게 이야기하고, 이제부터는 정결해질 방침을 세웠다. 폴이 프랑수아에게 서둘러 왔을 때 그는 타인에게 털어놓을 수 없는 속마음이라도 누군가가 들어줬으면 하는 고뇌에 차 있었다.

폴의 이야기를 듣고 프랑수아도 자신의 이야기를 털어놓았다. 자신이 도르젤 부인을 향한 가망 없는 사랑을 품고 있다는 것, 게다가 백작에 대한 우정은 사랑의 다른 형태라는 것을 말했다. 두 친구는 서로 상대의 말에 동의했다. 이전에는 자주 악행을 지어내 말하며 상대를 현혹하려 애썼던 공모자들이 이제는 감정을 놓고 경쟁하는 것이 재미있었다. 성실함이나 자기 자신과 상대에 대한 존경심이나 미각이 없는 자에게만 아무 맛이 나지 않는 불순물—의무 같은 감정 말이다.

그러나 프랑수아는 이 새로운 폴에게 한 걸음 다가갈 때마다 옛날의 진정한 폴을 발견했다.

폴은 프랑수아에게 베네치아행 여권을 가져다주었다. 세리외즈가 베네치아에서 도르젤 부부를 만날 생각이라고 하자, 폴은 그가 동행하자고 권할 때까지 성가시게 굴었다. 프랑수아는 친구의 솔직하지 못한 태도를 재미있어했다. 폴은 가장 비밀스러운 고민을 털어놓은 뒤, 이제는 고백한 것을 숨기려는 것이다. 마치 베네치아가 도르젤 부부와 프랑수아의 소유지라도 되는 듯이 말이다.

*

마오는 여전히 프랑수아에게 편지를 보냈다. 거기에 이탈리아 이야기는 조금도 쓰지 않았다.

마음과 마음이 꼭 맞은 듯이 공통된 생각, 그 하나의 실례로서 안도 마오도 베네치아에 가고 싶지 않았다. 둘 다 상대가 먼저 말을 꺼내기를 기다렸다. 무언의 동의, 거의 한 마디도 하지 않고 부부는 여행길을 변경했다. 마오와 프랑수아의 사이를 갈라놓을 수 있는 것은 이제 거리밖에 없지 않을까? 그녀는 안과 둘이서만 살고 싶다고 자주 속으로 생각했다. 베네치아에 가면 파리로 돌아간 것과 마찬가지이다. 안 도르젤도 오스트리아가 마음에 쏙 들었기 때문에 독일을 거쳐 돌아갈 생각뿐이었다. 이들 나라는 마침 재정 위기를 겪고 있었기 때문에 안의 터무니없는 경박함에는 꿈만 같은 나라였다. 그는 아이처럼 들떠서 자질구레한 쇼핑을 할 때 필요한 돈뭉치를 주머니에 빽빽이 채워넣고 걸었다.

도르젤 부인이 프랑수아에게 사정상 이탈리아에 갈 수 없게 되었다고 알렸을 때, 부부는 이미 독일에 와 있었다. 프랑수아는 이런 일이 일어날 것을 예상할 여유가 있었다. 그의 고통은 이 여행으로 기대했던 기쁨이나 앞서 맛본 기쁨에 비해 그리 대단하지 않았다.

마오의 엽서는 당혹감이 배어 있고 훌륭했으며 그녀가 약속을 어긴 점을 사과하려 애쓰고 있었으므로, 이제 이것으로 프랑수아의 고통은 덜어지리라 생각했다. '결국 그들은 파리에 일찍 돌아올 것이다. 내가 바라는 것은 무엇인가? 그녀 옆에 있는 것, 단둘이. 지금은 누구나 베네치아에 간다. 따라서 나는 파리에 있는 편이 베네치아에 있는 것보다 행복하리라.'

마음이 몹시 행복에 기울어 있었으므로 그는 뜻밖의 사건에서도 기쁨을 찾았다.

폴 혼자 베네치아로 출발했다. 그가 거기에서 처음으로 만난 사람은 헤스터 웨인이다. 그는 그녀와 화해를 했다.

도르젤 부부는 프랑수아가 생각한 만큼 빨리 돌아오지 않았다. 파리를 떠날 때 두 달이나 마오와 만나지 못한다는 것을 알았다면 도저히 참을 수 없었을 것이다. 그러나 희망은 9월 끝무렵까지 그를 손쉽게 끌고 왔다. 마오는 독일에서 드디어 돌아간다고 알렸다. 프랑수아도 짐을 꾸렸다.

*

어머니와 다시 만나는 것이 이렇게 기뻤던 적은 없다. 세리외즈 부인은 그가 세게 껴안자 놀라서 몸을 떼었다.

"얼굴색이 좋지 않구나." 그녀가 말했다.

이 말로 어머니와 아들 사이에는 다시 얼음 같은 것이 깔렸다. 그는 절망했다. 문득 마오를 떠올렸기 때문이다.

'그녀도 이렇게 될까?' 그는 속으로 중얼거렸다.

도르젤 부부는 이틀 전에 파리에 돌아왔다. 여행하는 동안 마오와 다시 만나는 일을 생각하며 들떠 있던 프랑수아는 이제 다시 걱정이 되었다.

"또 외출하는 거니?" 점심 식사 뒤에 어머니가 말했다.

"도르젤 씨가 파리에서 돌아왔어요." 그는 보기 드물게 진지하게 대답했다. 도르젤 부부에게 가는 것은 자신에게도 어머니에게도 당연하다는 말투이다.

"너무 서두르는구나." 그녀가 말했다. 그리고 덧붙였다. "푹 빠졌어!"

그녀는 가만히 있었다. 그 뒤로 말이 뚝 끊겼다. 아들의 눈빛을 보고 무심코 던진 평범한 한마디로 진실에 다가간 것을 알았기 때문이다.

프랑수아는 후회했다. '이게 다 편지에 생각을 그대로 썼기 때문이다. 역시 아무 말도 하지 말았어야 했어.'

이렇게 둘은 모두 차가운 태도로 되돌아갔다.

예고 없이 찾아가면 아무도 없을지도 모르는데 프랑수아는 도르젤 집으로 갔다. 마오가 집에 없다 하더라도 그것을 되도록 늦게 알고 싶었다. 두 달 동안 그녀와 떨어져 있는 것을 참았던 그이지만, 바로 근처에서 그녀를 느끼는 지금은 그날 만날 수 없다는 생각만으로도 기절할 듯이 괴로웠다.

밖에서 보면 도르젤 저택은 쓸쓸해 보였다. 여름잠에서 아직 덜 깬 듯한 모습이다.

마오는 혼자였다. 세리외즈의 이름을 듣자 그녀는 일어서서 마치 총에 맞은 사람처럼 허둥댔다. 프랑수아는 어제도 만난 사람처럼 손에 입을 맞추었다. 그는 안고 입을 맞추었어도 좋았겠다고 생각했다. '안이 없으니까.' 그는 자신의 기분을 이렇게 설명했다. 사실 안의 부재가 방해를 했던 것이다. 안 도르젤이 거기에 있었다면 그는 마오를 안고 입을 맞추었으리라.

안은 사냥을 하러 나가 내일에야 돌아온다. 그녀는 여행으로 피곤해서 같이 가지 않았다.

프랑수아는 거의 마오를 보는 둥 마는 둥 했다. 그는 응접실을 둘러보았다. 자신의 마음이 불안한 물질적인 원인을 찾았다. 이 순간을 즐겁게 보낼 수 있는데도 말이다! 그가 변한 것일까? 그는 아직 사랑하고 있는 것일까? 이 방의 온기를 이제는 느끼지 못했다.

"비가 와서 정원에 나갈 수 없는 게 아쉽군요." 그는 속에 있는 말을 결국 그대로 말했다.

"네, 아쉽네요." 마오는 어색한 미소를 지었다.

방 안에 둘만 있는 것이 처음이라서 그는 무슨 말을 해야 좋을지 몰랐다. 둘 다 아직 연습해본 적 없는 어떠한 역할을 연기해야 한다는 마음이었다. 대범함은 즉흥적으로 생겨날 수 없다. 이때, 세리외즈는 자신의 사랑이 불가능한 것을 이해했다.

마오와 그는 마주보면서 마음이 편치 못했고, 둘 다 도르젤 백작을 떠올렸다. 평소라면 옆에 있어 연인을 거북하게 하는 사람이 없다는 사실이 오히려 그들을 거북하게 했다.

밤이 되었다. 그들은 이미 정신이 멍해져서 그것을 알지 못했다. 하인이 들어왔다. 간식을 가지고 온 것이다. 도르젤 부인은 그제야 번쩍 정신이 들어 주위가 어둡다는 것을 알아차렸다.

어두워진 책임이 마치 이 하인에게 있는 듯이 그녀는 나무라는 말투로 불을 켜라고 말했다.

낮은 테이블에서 프랑수아는 앨범을 하나 꺼냈다. "그거라도 보세요. 심심풀이로." 마오가 말했다. 자신이 없는 말이었다. 그녀는 자신에게 상대를 지루하게 하지 않을 능력이 없다고 느꼈다.

앨범에는 아직 정리하지 않은 여름 사진이 들어 있었다. 거기에 찍힌 얼굴은 대부분 프랑수아가 모르는 사람이다. "이 사람은 누군가요? 아름답군요." 빈 여성을 보고 그가 물었다. '이 사람까지 아름답게 생각하는군. 도대체 저 여자가 어디가 좋다는 걸까?' 마오는 생각했다.

그녀는 질투를 느꼈다. 이 사진이 자신에게 불쾌한 추억을 불러일으키기 때문이라고 생각했다. (그녀의 무의식적인 거짓 심리작용은 그녀가 혐오감을 느끼는 이유를 갑자기 밝히고, 그 여자가 안에게 쓴 속임수를 확실히 보여준 것이다) 그녀는 곧 평정을 찾았다. 이것은 당연한 일은 아니었지만 말이다.

앨범은 프랑수아를 거북한 분위기에서 반쯤 구해주었다. 어느 사진을 봐도 안이 맨 앞에 찍혀 있었기 때문이다.

*

프랑수아는 휴가 전과 마찬가지로 도르젤 부부를 만났다. 분명 마오와의 재회보다 안을 다시 만난 것이 편했다. 백작은 오스트리아와 독일에서 담배 파이프와 연필 따위를 사가지고 왔다. 그것을 주면서 그는 프랑수아에게 이렇게 말했다. "환율 덕분에 아주 싼 값에 샀소!" 선물의 가치를 이렇게 과시하는 방법은 상대가 폴이라면 매우 효과가 있었으리라.

프랑수아는 또 거짓 안정 상태에 빠졌다. 하지만 그가 현재의 순간에 질질 끌려 사는 것과 달리 도르젤 부인은 바로 마음을 먹었다.

그녀는 결심했다. 그런데 어떤 식으로? 그것은 그녀 자신도 아직 확실히 모른다.

그럼 무엇이 그녀를 이렇게 갑자기 변화시킨 것일까?

말은 큰 힘을 가지고 있다. 도르젤 부인은 자신이 프랑수아를 좋아하는 마음에 멋대로 이름을 붙일 수 있다고 믿었다. 그래서 그녀는 하나의 감정에 저항하기보다 그 감정에 진짜 이름을 붙여주는 것을 더 두려워했다.

지금까지 의무와 연애를 잘 병행해온 그녀는 그 순수함 속에 금지된 감정은 좋지 않은 것이라고 생각할 수 있었다. 그리하여 자신이 프랑수아에게 가지고 있는 감정을 오해했다. 그 감정은 그녀에게 유쾌한 것이었기 때문이다. 어둠 속에서 부화하고 길러지고 자라난 이 감정은 이제 확실히 그 정체를 드러냈다.

마오는 자신이 프랑수아를 사랑하고 있다고 인정할 수밖에 없었다.

그녀가 이 무서운 말을 자신에게 하자 모든 것이 뚜렷이 보였다. 최근 몇 달 동안 모호했던 것이 사라졌다. 그러나 한낮과 같은 이 밝음이 그녀의 눈을 멀게 했다. 물론 그녀는 다시 안개 속으로 돌아가려고 하지 않았다. 그녀는 곧바로 무언가를 하려고 했다. 그러나 어떻게 해야 좋을지, 누구와 상담해야 좋을지 몰랐다. 버려진 여자는 안과 프랑수아를 번갈아 보고 있었다.

이렇게 심각한 때에 안은 자신이 전부터 계획해 아내에게도 말한 적이 있는 가장무도회를 프랑수아와 상담했다.

"지금은 그런 것을 할 때가 아닌 듯한데요." 마오는 말을 어렵게 꺼냈다.

남편이 대답했다. "당신은 걱정이 너무 많소. 사람들은 10월에 연회를 열지 않지만 우리가 하면 모두 할 거요. 우리 무도회가 시즌을 여는 셈이지."

*

도르젤 부인은 끊임없는 고뇌 속에 살고 있었다. 남편에게 도움을 구하기에는 너무 멀어져 있다고 느꼈다. 오히려 프랑수아에게 호소하는 편이 당연한 듯한 기분까지 들었다. 수치심은 그런 결단을 내리기 어렵게 했다. 프랑수아가 결코 알면 안 되는 것을 고백하지 않고 그에게 바라는 것을 어떻게 말할 수 있을까?

그녀의 온몸이 지금 그녀를 무대로 하여 일어나는 잔혹한 투쟁을 반영하고 있었다. 그녀는 아름다운 혈색을 잃고 말았다. 게다가 프랑수아는 그녀가 이렇게 창백해진 것이 자신 때문임을 꿈에도 몰랐다. 그의 사랑은 더욱 커져만 갔다. '그녀가 행복해 보이지 않는다. 왜일까? 그녀는 안을 사랑하고 있다. 아마도 그녀가 바라는 만큼 안이 그녀를 사랑하지 않기 때문이리라.' 그리하여 사랑과 우정의 관계에서 얼마쯤 기이한 결과가 생기고, 그는 자신이 안에 대해 가지고 있는 모두 영향력을 이용해 아내를 더욱 사랑하게 만들리라 결심했다. 만약 안이 마오를 불행하게 한다면 프랑수아는 그와 우정을 나눌 수 없다고 아직 느끼고 있었기 때문이다.

어느 밤, 도르젤 부인이 평소보다 기분이 안 좋아 보였기에 놀란 프랑수아는 그녀가 방으로 물러간 뒤 도르젤 백작에게 걱정을 털어놓았다.

"마오 씨는 몸이 안 좋아 보이는군요."

"아, 그래요?" 안은 안심한 듯이 대답했다. "당신도 눈치챘군요. 나도 걱정이 돼요. 어떻게 하면 좋을지 모르겠소. 그런데 그녀는 아무것도 아니라고만 해요. 내가 옆에 있는 게 신경 쓰이는 건지도 모르겠소."

프랑수아는 자신의 예상과 딴판인 남자를 마주하며, 안이 아내를 사랑하지 않는다고 의심한 자신에게 화가 났다.

도르젤 백작이 말을 이었다. "게다가 마오는 젊으니까 더 활발하게 움직일 필요가 있소. 아직 시즌은 시작되지 않았어요. 모두 파리에서 돌아와 떠들썩해지면 좀 나아질 거요. 그녀는 내 계획을 조금도 도와주지 않아요. 기분전환을 해주려고 무도회를 생각했지만, 봤다시피 냉담하고. 어떤 사람이 소개해줘서 병을 잘 치료하는 의사한테 데려가려고 해도 싫다고 해요."

안 도르젤은 되풀이했다. "나도 어떻게 해야 좋을지 모르겠소." 프랑수아도 어쩔 수 없는 무력함을 한탄했다.

그날 밤, 걱정스럽게 묻는 백작에게 마오가 이렇게 대답했다. "아니요. 아무것도 아니에요. 정말로." 그러자 안이 소리쳤다. "당신이 이상하다고 생각하는 건 나뿐만이 아니오. 내가 아무 말도 하지 않았는데 프랑수아가 눈치채고 놀랄 정도니까."

도르젤 부인은 이제 안 되겠다고 생각했다. 지금까지 우물쭈물 너무 끌었다. 위험이 이만큼 가까이 있다고 느낀 적은 없었다. 그녀는 결심했다. 다음 날 아침 그녀는 세리외즈 부인에게 편지를 썼다.

너무나 간단한 것은 명료하게 말하기가 어렵다. 그녀는 부인에게 도와달라고 부탁했다. 그녀는 가장 중요한 자신의 사랑을 아직 고백하지 않은 것을 불쑥 깨달았다. 그녀는 편지를 찢었다. 책상으로 돌아가 최대한 진심을 담아 복잡한 고백을 쓰기 시작했다.

이런 불안한 마음을 경험한 적 없는 세리외즈 부인은 편지가 복잡하다고 생각했다. 정숙과 미덕은 사람을 무시무시하리만치 이해할 수 없는 상태로 몰아넣는 일이 있다. 남편만 사랑하는 것이 행복이라고 여기는 프랑수아의 어머니는 부부의 애정 말고 다른 애정은 믿지 않았다. 남편이 아닌 남자를 마음속에 두는 것은 사람이 할 일이 아니라고까지 생각했다. 대체 이것은 무슨 뜻일까? 자신을 파괴할 수 없도록 자신의 죄를 고백하는 한 여자. 세리외즈 부인은 인생이 그리 단순하지 않다는 것, 정조의 얼굴은 단 하나가 아니라는 것을 겨우 이해했다. 그녀는 편지를 다시 읽었다. '이렇게 될 줄 알았어.' 마음속으로 되풀이하면서도 자신의 눈을 믿을 수 없었다.

세리외즈 부인은 편지를 가지고 온 흑인 하녀 마리를 불렀다. 마리는 곁방에서 기다리고 있었다. "부인은 저녁에 댁에 계신가요?" 집에 있을 거라는 대답을 듣고 세리외즈 부인은 생각했다. '내가 오기를 기다리고 있는 거야. 생각보다 일이 중대한가 보구나.' 중대하다는 것은 프랑수아에게도 책임이 있다는 뜻이다. 즉 그녀는 이제 도르젤 부인을 만나러 가지만, 그것은 그녀를 동정해서가 아니라 교장 선생님으로부터 별 뜻 없는 편지를 받고도 아들이 나쁜 짓을 했다고 믿고 학교에 가는 어머니의 마음 때문이다.

도르젤 부인은 편지를 쓰고는 기분이 조금 가벼워졌다. 편지를 쓰는 데 주의를 기울이느라 비극적인 상황을 조금 잊은 것이다. 그녀가 침착해졌다고 하면 크나큰 착각이다. 그러나 뭔가를 했다는 만족감이 들었다. 이제는 병적인 상태가 아니다. 아마 이 마음의 평안은 무엇보다도 자신의 사랑을 고백했다는 것에서 생겼으리라. 요컨대 누군가가 이 괴로운 비밀을 같이 나눠준 것이다! 만족감을 느낀 것은 그녀의 수치심이 아니라 사랑이었다. 그녀는 자신의 결심으로 홀가분해지지는 않았으리라. 아직 진정한 결심은 아니기 때문이다.

기차 안에서 세리외즈 부인은 편지를 다시 읽었다.

부인.

이렇게 갑자기 편지를 쓰는 만큼 상황이 얼마나 중대한지 짐작하시리라 믿습니다. 그래도 사실이 어떤지 도무지 상상이 되지 않으실 겁니다. 저조차도 며칠 전에는 전혀 상상하지 못했던 일이지요. 제가 지금 어떤 위기에 빠졌는지 아신다면 부인께 도움을 구하는 것이 무례한 일이라고 생각하실지도 모릅니다.

제 남편이 부인의 아드님과 친하게 지낼 때부터 저는 많은 친구들 가운데 그를 가장 좋아하고 있다는 것을 곧 알아차렸습니다. 저는 별로 깊이 걱정하지 않았고, 이런 일을 신경 쓰는 것이야말로 지나친 생각이라고 여겼습니다. 게다가 샹피니에서 있었던 작은 일로 제 양심은 안심하게 되었습니다. 프랑수아는 친구 이상의 사람, 친척이라는 생각에 너무 기대어 그에 대한 마음을 당연한 것이라 믿었지요.

저는 맹목적이었습니다. 지금은 그렇지 않습니다. 제가 아드님에게 품은 마음은 부끄럽지만 더욱 확실한 이름을 붙여야 합니다. 어머니이신 부인께서 분명 지나친 생각에 여러모로 고심하시리라 생각되어 서둘러 말씀드리지만 아드님에게는 아무런 잘못이 없습니다. 그가 나서서 제 마음을 흔든 적은 한 번도 없습니다. 저 혼자 그릇된 마음을 품은 것이며, 이러한 제 마음을 그는 전혀 알지 못합니다. 애초에 저 혼자 잘못하지 않았다면 어째서 어머니인 부인께 이렇게 도움을 청하는 결심을 했겠습니까. 이해하시겠죠, 부인. 제가 그 사람에게 부탁할 수 없는 것을 부인만이 하실 수 있다고 생각합니다. 만일 그 사람이 남편에게, 저희에게, 우정을 갖고 있다면 더 이상 저희를 만나지 말라고 해주세요. 제가 그 사람으로부터 달아나지 않으면 더는 제 자신을 구할 수 없기 때문입니다. 그를 설득할 이유는 부인께서 어떻게든 찾아주시기 바랍니다. 그렇게 하면 그에게 모든 것을 고백하게 되겠지요. 하지만 저는 두렵지 않습니다. 그가 저를 이렇게 괴로움에 빠뜨렸다고 자랑스러워할 사람이 아님을 알고 있습니다. 다행히 그는 이 일로 진실한 친구에게서 멀어지는 괴로움을 느끼는 데 그칠 테지요. 제가 지금 느끼는 고통에 견주면 그쯤은 가벼운 것이라 생각합니다. 저는 도저히 그런 친구로 남을 수가 없었습니다. 마음이 우정을 배신해버렸습니다. 그러니 프랑수아는 이제 저를 만나서는 안 됩니다.

제가 멋대로 이런 태도를 취하고 그를 남편으로부터 떨어뜨릴 권리가 없다는 것, 전부 남편에게 털어놓지 않는 건 아내로서 첫 번째 의무를 저버리는 것이라고 말씀하지 말아주세요. 저는 며칠 전부터 몇 번이나 남편에게 이 사실을 알리려 했습니다. 그런데 남편은 진실로부터 너무나 동떨어져 있는 듯해 그럴 용기가 나지 않았습니다. 남편은 제 이야기를 들으려 하지 않습니다. 제가 남편을 비난한다고 생각지 말아주세요. 그렇기는커녕 저는 제 잘못을 더욱 깊이 느껴야 한다고 생각한답니다. 남편에게 잘못이 있다면 단지 저를 너무 믿는다는 것입니다.

아아! 슬프게도 저는 의지할 것이 아무것도 없습니다. 신앙도 도움이 되지 않습니다. 저는 남편을 사랑한 나머지 남편에게 신앙이 없는 점까지 영향을 받고 말았습니다. 제 어머니는 딸인 제가 자신을 이렇게 닮지 않으리라 상상이나 해보셨을까요? 어머니는 현실에서 전혀 일어날 수 없을 법한 이런 위험에 빠지지 않도록 제게 어떤 충고를 해주셨을까요? 자신의 정조를 지키는 데 스스로의 힘으로는 충분하지 않다는 것을 지금껏 생각해본 적이 없습니다. 이렇게 한탄하는 까닭은, 신뢰를 받고 있지만 제가 그런 신뢰를 받을 만한 사람이 아님을 오늘 확실히 깨달았기 때문입니다.

프랑수아에게 잘 이야기해주세요. 부인, 부탁드립니다. 부인과 부인의 아들, 두 분에게만 희망을 걸고 있답니다……

세리외즈 부인은 생각했다. '그녀는 아직 사실을 숨기고 있어. 이런 편지는 쉽게 쓸 수 있는 것이 아니다. 그녀는 나를 걱정하고 있는 거야.'

*

마오는 자신의 거실에서 세리외즈 부인을 만났다. 오늘은 부인 이외의 손님은 만나지 않겠다고 미리 일러두었다. 두 부인은 잠시 동안 사소한 이야기를 했다.

도르젤 부인은 이런 문제를 어떻게 꺼내야 할지 몰랐다. 상대가 가만히 있자 세리외즈 부인은 이렇게 생각했다. '내가 상상한 것보다 훨씬 문제가 심각한가 보군.' 그래서 자신에게도 책임이 있다 믿고 소심하게 마치 자신의 잘못이라는 듯이 말을 꺼냈다.

"아들 일로 죄송해서 어떻게 사과를 드려야 할지……."

"오! 부인! 정말 다정하시군요!" 마오가 말했다. 감동을 받은 그녀는 어머니의 손을 잡았다.

이 두 순진한 부인은 미끄럽고 비탈진 지면 위에서 스케이트를 처음 타는 사람처럼 서툴러 보였다.

"아니에요, 프랑수아는 이 일과 전혀 관계가 없으니까요." 마오는 말했다. 이것이 마오가 가장 신경을 쓰는 것이라고 믿은 세리외즈 부인은 프랑수아의 마음이 어떤지는 자신이 잘 안다고 확실히 말했다.

"그가 뭐라고 하던가요?" 도르젤 부인이 물었다.

"나는 다 알고 있어요!" 세리외즈 부인이 대답했다.

"무엇을요?"

"그 아이가 당신을 사랑한다는 것을 말이에요."

도르젤 부인은 비명을 질렀다. 세리외즈 부인은 인간이 고통스러워하는 모습을 눈앞에서 똑똑히 보았다. 마오가 지금까지 갖고 있던 용기는 모두 프랑수아가 그녀를 사랑하지 않는다는 어떤 확신에서 비롯된 것이다. 광적인 환희가 순간 그녀의 얼굴을 밝게 했다. 세리외즈 부인이 뿌리째 뽑힌 여자가 고통에 몸을 떠는 것을 보기에 앞서서 말이다. 만약 프랑수아가 이 순간에 들어온다면 그녀는 이제 그의 것이 되었으리라. 그녀가 그의 품에 쓰러져 안기는 것을 그 무엇도 막지 못했을 것이다. 어머니가 눈앞에 있다는 사실조차도.

세리외즈 부인은 모든 것을 이해했다. 깜짝 놀란 그녀는 얼른 정신을 차리려 했다. 마오는 울먹이며 말했다.

"부탁이에요. 제 하나뿐인 기쁨만은 남겨두세요. 그것이 있으면 여자로서 의무를 다할 힘을 지킬 수 있을 거예요. 저는 그가 저를 사랑하는 줄은 꿈에도 몰랐어요. 다행히 제 운명은 이제 제 손을 떠났어요. 그러니 더더욱 제가 프랑수아를 만나지 못하도록 해주세요. 그가 저를 사랑한다면 무슨 말이든 지어내도 좋아요. 그저 진실만은 말하지 마세요. 우리는 파멸하고 말 거예요."

자신의 사랑을 이야기하는 것, 더욱이 자신이 사랑하는 남자의 어머니 앞에서 그것을 털어놓는 것으로 도르젤 부인은 만족했다. 처음의 흥분이 가라앉은 뒤 그녀는 조금 차분해진 목소리로 다시 말했다.

"그는 오늘 밤 저희 만찬에 올 텐데, 오지 못하게 할 방법이 있을까요? 그를 만나면 정신을 잃고 말 거예요."

세리외즈 부인도 지체 없이 무슨 일이든 하고 싶은 심정이었다. 이 장면에서 받은 인상이 사라지기 전에 프랑수아에게 이야기를 하면 설득력이 있을 것 같았다. 아마 7시에 가면 포어바흐 집에서 만날 수 있으리라.

"가지 못하게 하겠습니다. 약속해요." 부인이 말했다.

이 장면을 보았다면 프랑수아는 늘 차가운 사람이라고 믿었던 어머니의 태도에 적잖이 놀랐으리라. 그러한 열정을 눈으로 본 일은 그녀 안에 잠들어 있던 여인을 깨웠다. 눈에 눈물이 고여 있었다. 그녀는 마오를 안아주었다. 둘 다 상대의 눈물에 젖은 뜨거운 뺨을 느꼈다. 극적이라고 할 만한 무언가가 세리외즈 부인을 취하게 했다. '이 여인은 성녀 같은 사람이야.' 사랑을 받고 있다는 확실함이 마오를 침착하게 해준 것을 보고 부인은 그렇게 생각했다.

*

세리외즈 부인은 벽에 부딪힐 때까지 달리는 사람처럼 포어바흐 집으로 서둘러 갔다. 집 사람들과 프랑수아가 놀라는 모습을 보자 그녀는 취기가 깨는 듯했다. 자신의 행동이 경솔하다는 것을 깨달았다. '아들이 할 일에 내가 왜 간섭하는 것일까? 어째서 미친 사람처럼 달려온 것일까?'

그녀는 이성을 잃은 듯한 행동을 취하는 것을 누구보다도 싫어하는 성격이었다.

"어쩐 일이에요, 어머니?" 막 옷을 갈아입은 참에 어머니가 들어오는 것을 보고 프랑수아가 물었다.

아들 앞에 서자 세리외즈 부인은 평소의 냉정함을 되찾았다. 그러자 또 다른 어색함이 밀려들었다.

"고맙구나! 네 덕분에 불편한 일이 생겼어."

한 시간 전에 마오 도르젤과 함께 울었던 것을 잊은 듯 부인은 가방에서 편지를 꺼내 얼음장 같은 얼굴로 프랑수아에게 건넸다. 이런 난잡한 연애에 경의를 표할 가치 따위는 없어 보여 자신이 한 가지 역할을 맡기로 승낙한 것을 후회했다. 마오에게 한 약속 따위는 아무런 가치도 없는 듯했다.

프랑수아는 편지를 읽었다. 읽고 있는 것이 눈에 들어오지 않았다. 그는 믿을 수 없는 자기 행복의 증거를 손에 들고 있었던 것이다. 이것이 도르젤 부인의 글씨체라는 것은 의심할 수 없었다.

세리외즈 부인은 계속 잔소리를 했다. 프랑수아는 행복을 알아차리자 무감각해졌다. 어머니의 말은 그를 조금도 상처 입히지 못하고 미끄러져갔다. 귀에 들리지도 않았다.

세리외즈 부인은 자신의 조급함을 달래주지 않은 마오를 원망했다. 결국 마오가 거짓말을 했다는 의심이 들어 화가 났다. 자신의 사랑을 프랑수아에게 알리기 위해 부인을 이용한 것이라는 짓궂은 생각으로 마오를 책망하기까지 했다. 얼이 빠진 프랑수아도 거의 같은 생각이었다. 행복이 그의 눈을 가려 도르젤 부인이 어떤 목적으로 편지를 썼는지 깨닫지 못했다. 그는 사랑이 가르쳐주는 교묘한 수단에 감탄하기까지 했다.

편지를 되풀이해 읽은 뒤에 프랑수아는 아주 당연하다는 듯이 그것을 자신의 지갑 속에 넣었다.

"그럼 어머니는 그녀를 만난 건가요? 그녀가 무슨 말을 했나요?" 프랑수아가 말했다.

세리외즈 부인은 결말을 지었다. "솔직히 말해 나는 그녀처럼 관대하지 않아. 그녀는 너에게 책임이 없고 자기만 나쁘다고 하더구나. 나는 너에게도 그녀처럼 잘못이 있다고 생각한다. 그러니 네가 어떻게 해야 하는지 이제 헤매지 않겠지. 넌 다시는 그녀를 만나서는 안 돼. 도르젤 씨에게는 네가 적당한 핑계를 생각해 둘러대면 될 게다. 나는 이런 복잡한 일에 익숙하지 않거든."

'아아! 어째서 친구 가운데 가장 좋은 친구와 절교해야만 하는 일을 저지른 거니!' 세리외즈 부인은 어머니답게 이 터무니없이 부정한 일에 탄식했다.

프랑수아가 옷을 갈아입는 것을 보고 세리외즈 부인이 조심스레 물었다.

"도르젤 댁 만찬에 가려는 거니?"

"오늘 밤 내가 가지 않으면 안 도르젤이 매우 이상하게 생각할 테니까요.

가야죠."

세리외즈 부인은 가만히 있었다. 그녀는 아들 앞에서 힘없이 고개를 숙였다. 지금까지 아들에게서 아이 같은 모습만 봐왔는데, 지금 그녀 앞에 있는 것은 어엿한 남자였다.

샹피니로 돌아가기에는 시간이 너무 늦었다. 그녀는 그대로 포어바흐 집에서 저녁을 먹기로 했다. 이곳 사람들과 함께 있으면 멍하니 다른 생각을 해도 괜찮으리라. 그러나 부인의 모습이 평소와 너무 달랐기에 앞을 못 보는 부인과 신경쇠약자도 알아챌 정도였다. 그녀는 도르젤 부인과 아들에게 어떤 태도를 취해야 할지 확신이 서지 않았다. 특히 마오의 불행한 모습을 보고 그녀 안에서 순간 되살아났다가 곧 사라져버린 청춘의 불꽃을 후회하고 있었다. 요컨대 죽은 남편 세리외즈 씨라면 이러한 역할을 결코 맡지 않았을 테고, 더욱이 그녀가 그런 역할을 연기하는 것을 옳다고 받아들이지 않았을 터이므로 그녀는 자신의 방법이 잘못됐다고 자책했다.

*

아내가 대충 상상할 수 있는 모습으로 옷을 갈아입는 동안, 평소처럼 먼저 준비를 끝낸 안은 마침 특별한 방문객을 응대하고 있었다. 세상 사람들이 모두가 죽었다고 생각한 나르모프 공작이었다. 피를 좋아하는 신문은 니콜라스 황제[12] 측근의 한 사람이었던 이 공작이 암살되었다고 보도했던 것이다.

나르모프 공작은 마치 처음 방문하는 듯이 파리에 왔다. 누구 하나 맞이해주는 사람이 없었다. 안의 집에 온 것은 그 전 주에 빈에서 도르젤 부부가 머문다는 이야기를 들었기 때문이다. 나르모프가 오스트리아에서 신세를 진 친구들은 그와 마찬가지로 가난했다. 그가 안 앞에 나타났을 때 걸치고 있었던 조금 우스꽝스러운 사냥복과 모자는 이 친구들에게서 받은 것이다.

도르젤 백작은 당황한 모습으로 가만히 있었다. 자신이 느껴보지 못한 것을 알맞게 표현할 방법을 몰랐기 때문이다. 놀라움이 가시자 드디어 그는 놀란 척을 할 수 있었다. 나르모프의 불행한 처지에 대해 듣고 그는 곧장 자신

---

*12 니콜라스 2세. 1917년 러시아혁명으로 퇴위. 1918년 7월 살해된다.

의 집에 머물라고 자발적으로 권했다. 도르젤 백작의 친절과 경솔함은 서로 꼭 달라붙어 있어 둘로 나눌 수 없을 정도이다. 단 하나, 그가 걱정하는 것이 있다. 공작이 오늘 밤 모임의 질서를 흐트러뜨리지는 않을까 하는 것이다. 물론 신비한 나라에서 온 이 공작보다 훌륭한 '여흥'은 없다. 그러나 나르모프가 아무런 예고도 없이 온 게 안 도르젤은 한 가문의 주인으로서 유감스러웠다. 그렇게 생각한 순간부터 이 인물을 공개하는 것은 오늘 밤이 아닌 정치적인 만찬회 때까지 미루기로 마음먹었다. 자칫하면 그는 공작을 물려서 대기실에 기다리게 한 뒤, 홀로 식사하는 누나를 상대하게 했을지도 모른다.

도르젤 백작 부인이 나타났다. 그녀는 품위를 잘 유지할 수 있을지 걱정스러웠다. 그만큼 약해져버린 것이다. 공작과 그녀는 금방 가까워졌다. 이날 밤 마오에게 감돌던 심란한 분위기는 나르모프에게 친근한 느낌을 주었다. 그녀는 파리 제품이 주는 듯한 침울함을 느끼게 하지 않았다. 도르젤 부인도 가슴앓이를 하고 있었기 때문에 상대에게 상냥히 대했다.

안은 식탁에 한 사람 분을 더 준비하라고 일렀다. 마오는 이 지시가 불필요하다고 생각했다. 그녀는 당장이라도 프랑수아가 전화를 걸어 못 온다고 거절해주기를 기대했다.

슬슬 손님이 도착했다. 안 도르젤은 손님 한 사람 한 사람이 들어올 때마다 새로운 길손이 온 것을 알려주는 게 당연하다고 생각했다. 그는 나르모프 공작의 처지가 어떤지 이야기했다. 게다가 사실을 좀더 꾸며서 말했으므로, 두 번째 말할 때는 이야기의 주인공이 말하는 사람 옆에서 이야기를 조금씩 고쳐줘야 했다.

"그렇지 않습니다. 나는 모스크바에서 이런 옷차림으로 곧장 온 게 아닙니다. 이 옷은 아직 입은 지 사흘밖에 되지 않았어요."

맨 먼저 도착한 손님은 폴 로뱅이었다. 안은 그를 나르모프에게 간단히 소개하는 데 그쳤다. 이때 도르젤 백작은 한 명의 손님만 바로 안내하는 것을 피하고, 많은 손님이 오기를 기다리는 성의 안내인 방식을 흉내 낸 것이다. 그는 신비와 마주한 폴을 무정하게 방치했다. 그 신비는 오래가지 않았다. 미르자와 그 조카가 와서 그를 거기서 끌어내주었다. 이 두 사람을 위해서는 대분수를 작동할 가치가 있었다. *13

안 도르젤의 대접에 그다지 만족하지 못한 나르모프는 대화 방향을 바꾸었다. 그는 미르자에게 전쟁 첫 무렵 페르시아에 가서 국왕을 방문했을 때 만나지 못하여 매우 아쉬웠다고 말했다. 미르자는 그때 나라 밖에 있었다며 사과했다.

폴 로뱅은 이 두 사람이 정중한 인사로 경쟁하는 것을 놀란 눈으로 보고 있었다. 나르모프는 끝까지 상대에게 지지 않으려 했다. 그는 미르자에게 영지를 지나갈 수 있게 해준 것에 감사 인사를 했다. 그 영지란 페르시아의 한 주(州)이며, 그곳에 들어가지 못하게 금하는 것은 미르자에게도 쉬운 일이 아닌 만큼 그는 인사를 듣고 깜짝 놀랐다. 나르모프는 미르자가 영지 어귀까지 마중을 나오지 않는다고 소란 피웠던 것을 까맣게 잊어버렸다.

불행은 나르모프 공작의 인격을 바꿨다. 그는 상냥해졌다. 본디 자존심을 잃고 만 것이다.

프랑수아는 늘 맨 처음 오는 사람이었다. 아직 모습을 나타내지 않은 것은 그와 오스테를리츠 공작 부인뿐이다. 도르젤 부인은 이제 그가 오지 않는 게 확실하다고 생각했다. 왠지 마음이 괴로운 것은 마지막 순간까지 그가 오리라 믿고 있었다는 증거였다. 오지 말라는 지시에 그가 따르는 게 순리라고 생각하면서도 그 지시를 저버리지 않은 건 역시 마음 아팠다.

프랑수아는 편지를 거듭 읽으며 길에서 우물쭈물하고 있었다. 그가 도르젤 저택 문 앞에서 초인종을 눌렀을 때 오르탕스 오스테를리츠가 막 차에서 내렸다. 그는 그녀를 기다렸다.

"당신을 보고 안심했어요. 늦은 줄 알았거든요." 그녀가 말했다.

마오는 프랑수아가 두 걸음 앞으로 다가올 때까지 알아차리지 못했다. 그녀는 조금 뒤로 물러섰다. 그러나 자연스러운 그의 모습을 보고 그가 아직 세리외즈 부인을 만나지 않았다고 판단했다.

그녀는 곧, 사랑하면서도 사랑하지 않으려는 여자, 더욱이 변함없이 정조를 지키려는 여자에게 일어나는 공통적인 한 가지 심리를 작동했다. 프랑수아가 여기에 오지 못하게 나는 온 힘을 기울이지 않았던가? 그러니 이 사람이 여기에 왔다고 해서 내 양심에 거리낄 것은 없다. 그리하여 그녀는 잠깐

＊13 대분수는 베르사유궁전에서 축제일에 특별히 작동한다.

의 유예, 이제 마지막일 저녁을 즐기고 싶었다.

나르모프는 만찬 처음부터 유쾌하게 떠들려고 했다. 그러나 그의 존재는 왠지 분위기를 차갑게 만들었다. 고뇌가 사람의 얼굴에 새겨놓은 것은 어떤 미소로도 지울 수 없다. 주름 때문이 아니다. 눈빛도 마찬가지이다. 괴로움을 겪은 사람은 꼭 그 때문에 늙지는 않는다. 변화는 훨씬 심각하다.

연미복과 야회복에 둘러싸인 채 나르모프는 혼자였다. 그는 이 고독을 자신의 옷차림 때문이라고 생각했다. 그가 같은 차림새를 하지 않아서 다른 손님들이 어색해하는 것이라고 생각할 만한 예전의 당당한 자신감이 지금의 그에게는 없었다. 밝은 빛이나 밝은 사람들 목소리는 그를 불안하게 했다. 옆자리에 있는 여자의 말도 잘 들리지 않아 몇 번이나 되묻곤 했다.

시시각각 변하는 다채로운 대화는 그를 밀어내고 따돌렸다. 그는 그 대화를 따라가지 못하고 헤맸다. 마치 도둑잡기 카드놀이에서 손끝이 무딘 사람이 그러하듯, 이야기 속도에 허둥댔다.

도르젤 부인은 나르모프의 당혹감을 이해했다. 그녀도 그와 같은 심정으로 편치 않았다. 그리하여 두 사람은 모두에게서 외따로 떨어졌다. 나르모프는 그녀에게 러시아 이야기를 했다. 도르젤 부인은 정신이 흐릿해지는 듯했다. 러시아 이야기는 그녀가 정신을 잃은 원인이 아니었지만 굳이 그것을 감추지 않아 좋은 핑계거리가 되었다. 나르모프는 그녀를 '속이 깊은 부인'이라고 생각했다.

마오는 프랑수아와 만나면 행복하리라 생각했다. 그러나 그의 모습을 보자 그저 고통스럽기만 했다. 그녀는 헛된 죄책감을 피하기 위해 그를 멀리하려 했다. 그렇게 생각하면서도 그녀는 이따금 그를 바라보지 않을 수 없었다. 그의 태도를 감시하기 위함이었다.

그의 옆에는 젊은 페르시아 왕녀가 있었다. 기쁨은 그를 상냥하게 만들었다. 우연인지 아니면 오히려 예의 때문인지 러시아 공작 옆에 도르젤 부인을, 프랑수아 옆에 젊은 미망인을 앉힌 것은 알맞은 처사였다. 마오는 가볍고 경솔한 사람 때문에 괴로워하지 않아도 되었으며, 무엇에든 잘 웃을 나이인 데다 이미 많은 눈물을 흘린 적 있는 왕녀가 옆자리인 것은 프랑수아에게도 더없이 좋은 일이었다. 그 웃음소리는 도르젤 부인의 마음을 찔렀다. '저 젊은 여인은 참으로 매력적이구나.' 그녀는 프랑수아를 힐끔거리며 생각했다.

그가 아직 아무것도 모른다고 생각하면서도 그의 태연하고 밝은 모습이 얄미웠다. 만일 그가 그녀를 사랑한다면 지금의 중대함을 알아차릴 만한 배려심을 지니고 있을 텐데. 그녀는 세리외즈 부인에게서 들은 것을 의심하기까지 했다. 그러나 한때 그녀의 마음이 부정했던 갖가지 사건들이 그녀의 사랑은 짝사랑이 아니라고 곧바로 증명해주었다. 하지만 남편 안에게서 잘못된 영향을 받아 사랑에 도회적인 세련미를 바라는 그녀는 프랑수아에게 마음을 꿰뚫어보는 통찰력이 없는 것이 불만스러웠다. 실제로 그러한 통찰력이 모자란 것은 그녀로, 프랑수아가 이렇게 밝은 것은 마오의 진심을 알게 되었기 때문이었다.

도르젤 부인은 처음으로 질투를 느껴보았다. 한 여자가 정조를 위해 사랑을 희생하려고 결심한 바로 그날, 이러한 감정을 느끼는 것은 옳은 일일까?

"당신은 그 사람들을 싫어하실 테죠. 볼셰비키들*14 말이에요!" 헤스터 웨인이 나르모프 공작에게 말했다.

안 도르젤은 이런 어리석고 과장스러운 말투에 짜증이 났다. 지금까지 그는 곡예사처럼 유연함을 발휘하여 러시아 이야기를 피해왔다. 그리고 속으로 아내의 태도에 감사하고 있었다. 자신의 유치한 배려를 아내도 같은 마음으로 하고 있다고 생각하며, 그녀가 나르모프와 단둘이 좌중에서 떨어져 이성가신 상황을 잘 피해가는 것을 감탄했다. 그녀는 경의를 잃지 않고 공작을 대하면서도 불행한 러시아 이야기가 퍼지지 않도록 신경을 썼던 것이다.

그런데 지금 이 한마디로 미국 부인은 걸작을 망치고 말았다.

나르모프 공작은 잠시 망설였지만 조금 말하기 어려운 듯한 말투로 대답했다. 이 말투가 꽤 평범한 말을 어쩐지 의미심장하게 만들었다.

"사람은 지진이 일어나는 데 책임을 져야 합니까? 일어나야만 하는 일은 언젠가 일어납니다. 프랑스 사람들은 러시아혁명을 너무 자기 나라 혁명을 기준으로 생각하려는 것 같습니다. 러시아처럼 거대한 나라에서는 사건이 일어나는 방식이 필연적으로 조금 다릅니다. 게다가 혁명이란 말은 우리나라에서 일어나는 일을 정의하기에 알맞지 않다고 늘 생각합니다. 하나의 자

---

*14 다수파란 뜻으로, 레닌을 지지한 러시아 공산당의 급진주의자.

연적인 대변동, 아니 뭐든지 자유롭게 이름을 붙여주세요. 어쨌든 나는 자신을 이렇게 불행하게 만든 자들을 비난할 생각이 없습니다."

나르모프는 계속 말을 이었다.

"여러분이 러시아에 대해 알고 있는 모든 게 반드시 정확하지만은 않다는 증거로, 내가 살해된 것으로 되어 있음을 떠올리면 되겠군요. 그러나 아무도 내 머리카락 한 올조차 건드리지 않았습니다. 사실 (그는 침울한 얼굴로) 그들은 나를 살려줬지만 내가 사는 의미를 빼앗았지요."

자신의 의견을 바꾸기란 매우 힘든 일이다. 공작은 이제야 이해할 수 있었다. 그가 지금 살아 있는 것이 세상의 소문을 부정하는 것이지만, 그가 살아남은 것은 옳지 않은 일이었다고.

"나르모프 공작이 말씀한 대로예요." 오스테를리츠 공작 부인이 옆에 있는 폴 로뱅을 보고 말했다. "어째서 늘 나쁜 일은 무엇이든 민중의 책임이라고 비난하는 걸까요? 어느 계급이든 잘못된 생각을 하는 사람이 있기 마련이에요. 하지만 정말로 착한 사람들도 있어요. 아마 다른 계급보다 가장 많을 거예요."

오르탕스 오스테를리츠는 이른바 '매수당했다'기보다, 더 정확하게 말하자면 이러한 것을 알기 위해 돈을 쓰고 있었다.

"어떤 자선사업과 관계가 있어서 나는 민중을 자주 접한답니다. 그래요! 만일 혁명이 일어난다 하더라도 절대로 그 사람들 쪽에서는 일어나지 않는다고 내가 보증하지요."

폴은 그녀의 말을 신의 계시처럼 놀라워하며 듣고 있었다. 오를레앙 문에서 갈채를 받은 일 이후 오르탕스 오스테를리츠에게는 얼토당토않은 권위가 생긴 듯했다. 그는 어떻게 생각해야 좋을지 몰랐다. 그가 가지고 있던 선입관은 무너져내렸다. 오스테를리츠 가문의 여자가 민중을 찬미한다! 러시아 황제의 측근이 볼셰비키를 저주하지 않는다!

용기라는 것은 늘 폴을 놀라게 했다. 그가 보기에 용기란 단지 경솔한 것이었기 때문이다. 그리고 경솔함을 보이려면 스스로에 대해 충분히 자신을 갖고 있어야 한다. 이 러시아인은 자신을 죽이려 한 자들을 비난하지 않으니 분명 뛰어난 인물이리라.

도르젤 백작은 아무런 편견이 없는 사람이다. 저녁 모임에 빛을 더해주는 것이라면 무엇이든 환영한다. 헤스터 웨인이 한마디 했을 때는 몹시 걱정했다. 이윽고 그는 감격스러워했다. 그는 생각했다. '이 러시아 망명자는 다른 이들보다 지루하지 않군.'

그리고 모두 안과 같은 생각이었다.

사람들은 나르모프가 그 조심스러움 때문에 비극에 이르렀음을 알지 못했다. 이 극적인 것에 사람들이 나타낸 태도를 보고 도르젤 부인은 홀로 분노를 느꼈다. 또 프랑수아가 나르모프의 이야기에 주의를 기울이지 않고, 여전히 옆자리에 앉은 여자만 상대하며 어른들의 대화에서 멀어진 것이 신경 쓰였다. 도르젤 부인말고는 미르자 한 사람만이 공작에게서 날카로운 기지 말고 다른 것을 보았다. 그는 자세히 질문했다.

"나르모프, 당신은 놀라운 분이군요." 오르탕스 오스테를리츠가 말했다. "전혀 변함이 없어요. 오히려 더 젊어진 것 같아요."

"나는 변함없습니다. 하지만 모든 것을 잃어버렸지요. 모두 잃었어요. (그는 부드러운 목소리로 되풀이했다) 내게 무엇이 남았습니까?" 그러고는 큰 소리로 웃으며 덧붙였다.

"슬라브인의 매력이 남아 있군요."

"슬라브인의 매력이 모든 것을 잊으려 파리에 왔습니다." 안은 연극 개막 인사를 하는 듯한 목소리로 말했다. "이 사람을 환대하죠. 그러나 볼셰비키의 악몽 이야기 따위를 해서 우울하게 만들지는 말아주세요."

만찬이 끝날 때까지 나르모프가 알게 모르게 이야기의 중심이 되었던 만큼, 이 말은 시기적절했다. 모두 식탁을 떠났다.

안은 이로써 상연 작품이 바뀌어 다른 무대가 되었다고 거만한 말투로 말했다.

드디어 가장무도회에 대한 이야기가 시작되자 사람들은 모두 정치 회담이라도 하듯 진지한 표정이 되었다.

프랑수아는 이 무도회 준비로 도르젤 백작이 맡긴 역할에 조금 부담을 느꼈다. 안은 프랑수아에 대한 우정을 나타내기 위해 늘 그를 중심인물로 다루는 것보다 더 좋은 방법은 없다고 생각하여 사소한 일까지 하나하나 상의했던 것이다. 사람들이 한마디도 말을 걸어주지 않아 기분이 상한 폴은 프랑수아가 기꺼이 자신의 처지와 맞바꿔주었을 행복을 깨닫지 못했다.

가장무도회는 확실한 방침을 하나 세워두지 않으면 사육제처럼 변질될 위험이 있다는 데 모두 동의했다. 전체를 아우를 주제가 필요하다. 그러나 이 주제에 대해서는 좀처럼 의견이 모아지지 않았다. 심상치 않은 분위기가 감돌았다. '내 의견을 듣지 않을 거면 나를 뭣하러 부른 거야.' 모두 그렇게 생각하며 당장이라도 물러나려고 했다.

안 도르젤은 예민해진 분위기를 누그러뜨리려 고군분투했다. 그는 마오의 태도가 마음에 들지 않았다. '나를 전혀 도와주지 않는군.' 사실 도르젤 부인은 모두의 토론에서 떨어져 나르모프와 계속 이야기를 하고 있었다.

공작은 자신도 다른 사람들 무리에 끼고 싶다고 생각하며 조금 놀랐다. 기억을 더듬어 무언가 밝은 광경을 떠올리려 애썼지만 그보다 최근 기억이 떠올라서 다시 우울해졌다.

프랑수아는 이렇게 된 이상 무슨 일이 있어도 이 상담에서 자신에게 주어진 역할을 다하리라 결심하고 무기력함과 피로와 싸웠다. 도르젤 백작을 속이기 위해 그는 이런 방법을 쓴 것이다. 그가 이렇게 시시한 것에 애쓰는 것을 마오는 슬픈 심정으로 바라봤다. 그녀는 굳은 표정이었다. 프랑수아는 가만히 그녀를 관찰했다. '뭐지! 저 냉담한 여자가 나를 사랑하고, 그 마음을 도무지 억누르지 못해 어머니에게 도움을 구하러 온 사람이란 말인가?' 그는 손을 주머니에 넣고 편지를 만져보았다. 편지를 꺼내 다시 읽어보고 싶은 욕망을 겨우 억눌렀다. 거기에 쓰인 말이 사라지지 않았는지, 또는 완전히 바뀌지 않았는지 걱정되었다.

헤스터 웨인은 무릎 위에 수첩을 펼쳐놓고 모양이 이상한 의상 디자인을 그렸다. 오르탕스 오스테를리츠는 즉석에서 자기 몸에 여러 가장을 해보았다. 그녀는 응접실을 돌아다니며 전등갓을 써보거나 갖가지 가장을 시험했다. 이는 지켜보던 안의 마음에 그와 신분이 같은 인간이 몇 세기를 거쳐 지녀온 가장 깊은 열정을 눈뜨게 했다.

도르젤 백작은 프랑수아에게 옷감을 갖고 내려오는 것을 도와달라고 부탁했다. 도면 디자인만으로는 안에게 의미가 없었다. 그는 전쟁에 몇 번이나 이기고도 지도를 읽지 못하는 선조들 같았다. 그는 서랍을 열면서 프랑수아에게 말했다.

"마오가 왜 저러는지 모르겠소. 오늘 밤은 너무하군."

프랑수아는 눈을 돌렸다. 그는 늘 안에게서 자연스레 보았던 우월감을 처음으로 느끼지 않았다. 그는 안을 비판했다. 유치하다고 생각했다. 그 사내가 숄과 터번을 걸치는 것을 가만히 바라보았다.

두 사람이 내려왔다. 그리고 융단 위에 색색의 옷감을 던졌다. 손님들은 앞다투어 그것을 집어 들었다. 그들은 이 옷감에서 저마다 자신이 되고 싶은 것이 될 수 있다는 가능성을 보았다. 프랑수아는 그들을 경멸했다. 그는 자기 말고 다른 무엇도 되고 싶지 않았다.

도르젤 부인은 옆에서 뭐라고 해도 다른 사람들과 섞이지 않았다. 그녀는 계속 나르모프와 함께했다. 나르모프는 이 응접실을 선대 백작 시절부터 알고 있었다. '전쟁이 모든 사람을 미치게 만들었군.' 그는 속으로 중얼거렸다.

즉흥적으로 시작된 이 소동 가운데 안 도르젤은 제정신이 아니었다. 그의 얼굴은 놀이로 신이 난 아이처럼 달아올라 있었다. 딱히 변화도 없는 변장을 잇따라 하며 갈채를 받고, 모습을 감추거나 드러내거나 했다. 헤스터 웨인은 유명한 조각상의 이름을 하나하나 큰 소리로 부르며 옷감을 몸에 두르고 자세를 취했다. 우습지 않아 아무도 웃지 않았는데 그녀는 모두가 감탄하고 있다고 믿었다.

세상의 많은 남편들이 아무리 솜씨를 보인들, 아내와 위험을 떼어놓는 데 안 도르젤이 아둔함으로 성공한 것만큼 잘해내지는 못했으리라. 이 아둔함은, 불꽃에 비유한다면 화려한 마지막 한 발을 쏘아 올리려고 했다. 또다시 모습을 감추었던 안이 이번에는 나르모프의 티롤모*15를 쓰고 나타났다. 그는 러시아 춤 스텝을 조금 밟아보았다. 러시아 민속의 혼란과 수탉의 깃털을 꽂은 녹색 모자를 보고 모두 웃음을 터뜨렸다. 딱 한 사람, 공작만이 이 익살을 재미있어하지 않았다. 그가 말했다.

"실례지만, 그 모자는 제 것입니다. 다른 것은 아무것도 주려고 하지 않던 오스트리아 친구가 준 겁니다."

---

*15 오스트리아 티롤 지방 사람들이 즐겨 쓰던 펠트 모자.

싸늘한 기운이 웃던 사람을 덮쳤다. 지금까지 소동으로 모두 나르모프의 존재를 거의 잊고 있었다. 바로 그가 재판장 같은 얼굴로 들뜬 분위기를 잠재우고, 불행에 대한 경의를 일깨운 것이다. 군중의 광기가 겉으로 드러났다. 저마다 자신을 끌어들인 다른 사람을 비난하기 시작했다. 점잖게 있었던 사람은 괜한 원망을 받았다.

도르젤 부인은 온몸의 힘이 빠져나간 듯한 기분이었다. 그녀의 남편은 나르모프가 한 말을 건성으로 흘려들었을 뿐만 아니라 아이같이 도취된 기분 속에서 신중한 마음을 모두 잊고 말았다. 남편을 훌륭하게 만들고 싶은 마음이 간절한 이 순간, 그가 천박해진 것이 무엇보다 가슴 아팠다. 안이 세리외즈가 보는 앞에서 시시한 인간이 되는 것은 그녀에게 견디기 어려운 일이었다. 이런 아이 같은 남자를 위해 자신의 사랑을 희생하느냐고 프랑수아가 비난한다면 그녀는 뭐라고 답해야 좋을까? 여기에 있는 것, 단지 그것만으로 프랑수아에게 잘못을 떠올리게 해야 하는 사람이 이렇게 익살을 부리는 모습을 보기란 괴로운 일이었다.

도르젤 부인의 추리는 옳았다. 위층 방에 옷감을 가지러 갔을 때부터 프랑수아의 눈에 비친 안은 그에게 반감을 지닌 사람이 흔히 말하는 모습대로였다. 그러나 프랑수아는 이 경박한 겉모습 아래 고상한 아름다움이 숨어 있음을 알고 있던 만큼 괴로웠다. 만일 지금까지 그가 안에게 우정을 느낀 적이 없었다면, 도르젤 부인의 눈에 비치는 것을 가만히 관찰했던 이 행동을 보고 기뻐해야 했다.

극은 흔히 좀더 쓸데없는 것을 중심으로 생겨나는 법이다. 그때, 한 모자조차도 얼마나 커다란 의미를 지녔던가! 백작 부인은 프랑수아의 마음속을 읽었다. 프랑수아가 자신의 속마음을 읽고 있는 것도 그녀는 알고 있었다. 그래서 그녀는 아무도 영웅의 위대함을 알아채지 못하는 만큼, 더욱 비장한 행동을 했다. 우리는 편견을 갖고 생각하며, 한 티롤모가 비극의 중심이 되는 것을 인정하지 않기에 깨닫지 못하는 것이다.

그녀는 이제 자신에게 딱 한 가지 수단밖에 없다고 생각했다. 그런 수단을 쓰는 것이 참으로 싫었지만, 그것이 그만큼 효과가 있다는 증거라고 생각했다. 즉 안이 한 행동을 자신도 도와 공범자가 되는 것이다. 한마디로 자신은 남편이 한 행동이 결코 싫지 않다고 말없이 프랑수아에게 답하는 일이었다.

나르모프의 무뚝뚝한 말을 듣자 그녀는 자리에서 벌떡 일어나 안이 있는 쪽으로 걸어갔다. 그녀는 죽음으로 나아간 것이다.

"그게 아니에요, 안. 그건 이렇게 하는 거예요."

이렇게 말하며 그녀는 모자를 뭉개버렸다.

모두가 느낀 어색함은 끝이 없었다. 안은 적어도 경솔함에 흥분한 나머지 무심코 그랬다는 변명을 댈 수 있다. 도르젤 부인의 행동은 그 효과를 더욱 강하게 하려는 차가운 의지를 똑똑히 보여주었다. 이는 나르모프가 말을 꺼낸 뒤라 참을 수 없는 것이었다.

그녀의 계산은 들어맞았다.

'안이 이 여자를 이렇게 나쁘게 만들었어!' 프랑수아는 생각했다.

만약 프랑수아의 사랑을 약하게 만드는 것이 있다면 마오가 한 희생의 효과가 곧바로 나타나야 했다. 그러나 사실 프랑수아는 연심을 더욱 크게 만드는 슬픔밖에 느끼지 않았다.

사람들 가운데 나르모프 공작이 가장 깜짝 놀랐다. 그는 치미는 화를 겨우 참았다. 그가 생각했다. '아니, 그녀가 이런 일을 자연스럽게 할 리 없어.' 그는 백작 부인의 인품을 높이 평가했고, 게다가 그의 옛 자존심은 이런 일로 사실을 잘못 보지 않으려고 했다.

이렇게 그녀를 아직 잘 모르는 한 사람만이 정확히 판단했다. 괴로움이 나르모프의 감각을 예리하게 만들었다. 또한 그는 러시아인이었다. 사람 마음의 변덕을 잘 이해할 수 있었다. 이것이 두 가지 이유이다. 그만이 진실에 가까웠다. '꿰뚫어본 것이다.' 도르젤 부인에게 비밀스러운 까닭이 있으리라 짐작했다. '그녀는 현명하니 남편이 한 행동을 부끄럽게 여긴 게 분명하다. 남편이 받을 비난을 자신도 함께 받으려는 거야.'

나르모프가 오해한 점은 이 행동에서 부부애를 본 것이다.

이처럼 그녀의 행동은 나르모프를 화나게 하지 않고 잘 참게 만들었다. 안 도르젤이 나왔을 때 웃지 않았던 사람은 그 혼자였다. 이번에는 그만이 큰 소리로 웃었다.

"브라보!" 그가 외쳤다.

이 갑작스러운 반전에 모두 깜짝 놀랐다. 처음 등장했을 때 자신의 행동을 조금 걱정했던 안은 이로써 자신감을 되찾았다. 공작이 브라보를 외치는 소리에 아무런 빈정거림이 느껴지지 않았기에 사람들은 모두 안도의 한숨을 쉬었다.

마오는 자리에 앉았다. '이보다 더 당당히 경멸받는 일은 없을 거야.' 그녀는 생각했다. 프랑수아가 그녀를 어떻게 판단했을지 생각하는 것은 그녀의 힘으로 도저히 할 수 없는 일이었다.

사람들은 요란한 옷들을 벗어서 슬쩍 내버렸다.

"이것 참, 무도회 상담은 잘되지 않았군요. 내 잘못입니다." 안이 말했다.

"이제 가는 건가요?" 모두 돌아가주기만을 바라는 마오가 미르자와 그 조카에게 말했다. 마음속으로는 '모두 안녕히 가세요!' 외치고 싶은 기분이었다. 이제 기진맥진이 되었다. '마지막 사람이 돌아갈 때까지 기절하지 않아야 할 텐데!' 이 마지막 사람은 프랑수아가 아닐까? 마오는 자신이 정신을 잃은 모습을 그에게 보이고 싶지 않았다.

나르모프 공작은 집에 묵는 손님이었다. 연회가 끝났다고 곧바로 상대하지 않을 수 없다. 그렇게 생각하자 기절할 것 같은 느낌이 무서운 속도로 덮쳐오는 듯했다.

'프랑수아가 얼른 돌아가주길. 오늘 밤 그는 아무것도 모른 채 하룻밤을 더 편히 보낼 수 있기를.' 도르젤 부인은 속으로 거듭 빌었다.

갑자기 눈앞이 어질어질한 상태에서, 세리외즈 부인에게 부탁을 했던 어리석은 일이 머릿속에 떠올랐다. 그의 어머니가 진실을 말하지 않는다면 무엇을 말할까? 두 사람 사이의 사랑, 이것 말고는 그들을 떨어뜨려놓아야 마땅한 이유가 있을 리 없다. 그런데 그녀는 아직 이 이유를 두고 이리저리 망설이고 있다. '세리외즈 부인이 거짓 이유를 지어냈다면 프랑수아는 분명 그 거짓말을 알아챘을 거야. 진실을 알고 싶어 달려오겠지.'

도르젤 부인은 헛소리를 할 것만 같은 상태였다. 그녀는 헤스터 웨인 앞에 가까스로 몸을 버티고 서 있었다.

이때 미르자를 따라갔던 백작이 아직 머물고 있는 옆 응접실에서 페르시아 여인의 웃음소리가 들렸다. 헤스터 웨인이 마오의 허리를 잡고 받쳐주었다. 그녀는 쓰러졌다. 사람들은 그녀를 눕혔다.

어떻게 생각하든 이런 경우에 그녀를 보살필 권리는 자기보다 그에게 있다고 생각한 반사작용으로 프랑수아는 도르젤 백작에게 달려갔다.

"마오가 쓰러졌습니다."

"이런!" 안 도르젤이 말했다.

그는 다른 사람들을 따라 원래 방으로 돌아왔다. 그러나 도르젤 부인은 벌써 의식을 차리고 다시 쓰러지지 않게끔 정신을 다잡고 있었다.

"프랑수아는 가끔씩 사람을 놀라게 하는군. 당신이 쓰러졌다지 뭐요!" 안이 소리쳤다.

사람들은 이 작은 사건이 내내 분위기가 무거웠던 저녁 모임의 클라이맥스라고 여겼다. 헤스터 웨인은 프랑수아 드 세리외즈와 마오 사이를 수군대는 소문이 떠돈 뒤로 마오를 싫어했다.

"저 사람은 바람둥이예요. 마오가 저 사람에게 푹 빠져서 이제 질린 거죠. 오늘 밤은 미르자의 조카를 꾀어내리려고 줄곧 애쓰더군요." 프랑수아가 인기가 많은 것에 깜짝 놀란 폴 로뱅에게 그녀는 두서없는 악담을 소곤거렸다.

"프랑수아가 잠시 당신 옆에 남아 있겠다는군." 끝으로 집을 나서려다가 그런 호의에 놀라 어안이 벙벙해진 손님 앞에서 안 도르젤은 순진하게 말했다.

"아니에요. 됐어요. 나 혼자 내버려두세요." 도르젤 부인이 큰 소리로 말했다. 그러고는 이 큰 소리가 조금 뜻밖이었던 탓에 그에게 손을 내밀고 덧붙였다.

"고마워요, 프랑수아. 하지만 나는 괜찮아요. 눈을 좀 붙이고 나면 나아질 거예요."

"내일 아침에 다시 뵈러 오죠." 세리외즈가 말했다.

마오는, 안과 함께 옆방으로 가며 사라지는 그를 애절히 바라봤다.

폴 로뱅은 추운 길가에서 친구를 기다렸다. 프랑수아가 무도회 이야기만 하자 그는 헤스터 웨인의 차를 타고 돌아가지 않은 것을 후회했다.

*

문이 다시 닫히는 소리를 듣는 고통 위에 마오에게 더해진 괴로움은, 전부터 그러려고 했지만 역시 안의 도움 없이는 안 되는 게 확실하다는 사실이었다. 그녀는 모자 사건도 있었으므로 프랑수아가 다시 찾아오리라 생각했다. 그리고 그를 만나는 일이 얼마나 위험한지 느꼈으니 반드시 안이 대신 만나주도록 부탁해야 한다고……

안이 돌아오자 그녀가 말했다.

"오늘 밤, 당신에게 할 이야기가 있어요."

"먼저 나르모프를 방으로 안내한 뒤 당신에게 가지."

옷을 벗는 동안 도르젤 부인은 아무런 생각이 들지 않고, 관련 없는 이미지만 머릿속에 뒤죽박죽 떠올랐다. 그녀는 프랑수아 드 세리외즈를 따라 길을 걷고 있다. 그와 함께 택시를 불러 세운다. 그와 바싹 붙어 생루이 섬에 있는 집의 곁방을 살금살금 걷는다. 프랑수아에게서 포어바흐 부인은 성녀 같은 사람이라고 자주 들었다. 그런 기억을 힘으로 삼아 마오는 자신의 정조를 생각하려고 애썼다. 그러나 아무리 해도 결국 이미지가 이기고 만다. 정조보다 포어바흐 집 사람들, 몸이 불편한 그 어머니와 아들 모습이 눈에 떠오르는 것이었다.

아내가 남편에게 할 이야기가 있다니, 도르젤 백작에게는 믿을 수 없는 일이었다. 그것이 어떤 이야기일지는 아무 의심도 하지 않았으며, 듣고 싶은 마음도 거의 없었다.

그는 나르모프의 방 안을 이리저리 서성였다.

"더 필요한 것은 없습니까? 이제 모두 갖춰졌나요?"

그는 응접실로 내려왔다. 의자 위에 내던져진 분장용품을 모으고, 나르모프의 모자를 현관에 가져다놓았다. 그런 뒤 2층으로 올라가 옷감을 서랍에 하나하나 넣었다. 이렇게 되도록 늦장을 부려 그사이에 마오가 잠들기를 바랐다.

운명이 우리에게 퍼붓는 야유 가운데 하나로, 도르젤 부인은 오늘 밤만큼 안을 애타게 기다린 적이 없었다. 행복을 기다릴 때 느껴야만 자연스러울 이러한 조바심이 그녀는 슬프게 여겨졌다. 고백을 하는 비극적인 순간을 가만히 기다릴 수 없어 스스로 맞이하러 나가고 싶었다. 확실히 그녀는 더 이상 자신감이 없었으며, 누군가가 시키는 대로 움직이고 싶을 정도였다. 그러나 이러한 초조함 가운데에는, 모자 사건을 하나의 상징으로 볼 수 있는 무의식적 태도를 벌하고 싶은 본능도 담겨 있지 않았을까?

안 도르젤이 들어왔다. 그는 아내의 침대 옆에 걸터앉았다.

먼저 그는 농담 섞인 말로 진지하게 훈계를 하려고 했다.

"나 참! 대체 왜 그런 거요? 사람들 앞에서 기절을 다 하고? 그런 건 좋지 않아요. 조금 참을 수 없었소?"

"아니요. 힘이 다 빠졌는걸요. 혼자서 계속 버틸 수 없었어요."

프랑수아가 그녀의 팔을 꽉 쥐었던 날, 아직 순수한 고백을 했던 날, 거짓말을 하려던 게 아니라 단지 이야기 흐름에 이끌려 마오가 거짓말했던 것을 우리는 기억한다. 한 마디 한 마디 겨우 토해내듯, 오히려 그러다 죽기를 바라면서 말해야 하는 것을 상대에게 따지는 듯한 말투로 그녀가 단번에 털어놓은 건 역시 그것과 같은 현상이었을까?

사람들은 이 장면에서 설명하기 어려운 분노가 도르젤 부인을 성가신 짓궂음으로 내몰았다고 아주 간단히 결론지을지도 모른다. 안도 거의 그런 생각이었다. 마오의 침착함을 보며, 그는 흔히 화난 사람들은 침착한 법이라고 생각했다. 그러나 침착함은 훨씬 깊은 원인에서 우러나오는 것이었다. 자신은 프랑수아를 사랑한다는 생각에 익숙해질 여유가 있었으므로 그녀는 이 고백 방법이 상대에게 어떤 영향을 줄지 잘 몰랐다. 그녀가 분명하게 말한 것은 이 때문이다. 도르젤 백작은 이런 명확함과 무미건조함 탓에 잘 이해하지 못했다. 그녀는 그것을 알아차리고 당황했다. 믿으려고 하지 않는 사람을 상대로 하면 누구나 쩔쩔매기 마련이다. 남편이 전혀 이해하려고 하지 않자 여태껏 자신의 잘못만을 나무랐던 아내는 격한 말을 쏟아냈다. 그리고 자신의 고백을 확실히 하기 위해 그녀는 안이 진지하게 상대하지 않는다는 불평을 늘어놓았으므로, 남편에게는 고백마저 거짓처럼 보였다.

안 도르젤의 속마음은 어땠을까? 그는 마오가 하는 말을 믿었을까? 그의 감정은 엄청난 고통으로 마비되어버렸을까? 아무튼 그는 아무것도 느끼지 못했다. 뭐든 아무래도 상관없다고 생각했고, 자신이 마오를 사랑하지 않는 것 같았다.

그녀는 두 손을 쥐어짜듯 모은 채 애원했다.

"못 믿겠다는 얼굴을 하지 마요. 아! 내가 얼마나 절망하고 있는지, 당신에게 이런 말까지 하게 만든 게 얼마나 잔혹한 일인지 알아준다면!"

그녀는 자신에게 가장 괴로운 일을 꺼내서 자신을 비난하다가 지쳐 목소리까지 쉬어버렸다. 남편이 이야기를 진심으로 들어주지 않는 것을 꿰뚫어 보고는 더욱 직접적으로 자존심에 상처를 주려 했다. 그가 나르모프에게 한 행동은 차마 말로 할 수 없는 짓이었다고 비난하고, 자신이 동참해 그런 일을 한 것은 진심이 아니었다고 털어놓았다.

지금껏 안 도르젤이 아무 말 하지 않은 것은 어쨌거나 자신이 감정에 관해 서툴다는 것을 잘 알고 있었던 탓이기도 하지만, 사교계 사람으로서 임무를 훌륭히 다하려 했기 때문이다. 그러므로 마오의 노림수는 정확했다. 하지만 그는 사교계 사람의 자부심을 위해 마오가 무슨 말을 하든 이성적으로 신중하게 대처하여 결코 상대처럼 되지 않으리라 결심했다.

"여보, 당신은 아픈 거요. 신경이 예민해진 거요. 터무니없는 소리를 늘어놓고 있어. 나는 나르모프를 잘 알아요. 만일 그가 화났다면 그것을 숨길 사람이 아니지. 지금도 우리는 아주 사이좋게 헤어졌소."

그는 계속 말했다.

"당신은 아이 같군. 당신의 생각은 모두 당신이 제대로 교육을 받지 못해서 생긴 것이오. (그는 거만한 태도로 한 마디씩 끊어 말했다) 무례한 말이지만, 마오. 내가 가장 잘 아는 걸 당신이 내게 가르치려고 간섭하는 것은 우스꽝스러워요. 당신이 나르모프 일로 나를 비난하는 것을 보면 똑똑히 알 수 있지. 당신이 걱정하는 모든 것은 그만큼 하찮고 어리석다는 걸…… 당신은 열이 있소. 내일 아침에 일어나면 분명 후회할 거요."

그가 일어섰다.

마오는 몸을 일으켜 침대 밖으로 내밀고 스스로도 놀라운 힘으로 그의 소매를 붙들었다.

"아니! 나가려고요? 가려는 거예요?"

절대로 자제심을 잃지 않기로 결심한 안은 한숨을 쉬며 다시 앉았다. 이 겉모습에 숨은 채 괴로워하는 한 남자가 안의 속에 있으리라는 것을 마오는 그제야 깨달았다. 그래서 거센 반발심으로 거세진 말투를 누그러뜨리며 말했다.

"그래요, 내 생각은 아주 어리석어요. 그래서 프랑수아의 어머니에게 편지를 썼어요. 그녀는 내게 와줬지요. 모두 알고 있어요. 그녀는 이 일이 유치하다고 말하지 않았어요."

"당신이 그런 일을 했다고?" 그는 말을 더듬었다.

그 목소리에서 울분과 분노가 확실히 느껴져 도르젤 부인은 처음으로 겁을 먹었다. 그녀는 자신을 변호하고 싶은 마음까지 들었다.

우리는 도르젤 백작이 사람들 앞에서 일어난 일만 현실로 받아들인다는 것을 알고 있다. 세리외즈 부인에게 편지를 썼다는 것으로 그는 마오의 말이 거짓이 아니며 그녀가 프랑수아를 사랑한다는 걸 처음으로 알게 된 것이 아닐까? 여태껏 냉정했던 안은 비로소 자신이 괴로운 처지임을 알아차렸다. 그는 괴로움 자체보다 그 때문에 취해야 하는 행동이 더욱 두려웠다. 이 고백은 아마 지금까지 자신이 고집해온 방침대로 대할 수 없으리라 예감했다. 즉 세상에 알려져서 일을 크게 만드는 신중하지 못한 처신처럼 말이다. 제멋대로 행동한 뒤 추문을 막으려고 생각하는 다른 사람들과 달리, 백작은 직업적으로 가장 급한 일에 주의를 돌렸다. 요컨대 자신이 받은 충격, 자신의 놀란 마음을 먼저 수습하려고 했던 것이다. 그리고 앞뒤 순서를 바꾸어 마음의 고문은 나중에 자기 혼자 있을 때를 위해 남겨두었다.

드디어 그는 사실을 이해하기 시작했다! 마오는 자신의 말이 효과를 거둔 것을 보았다. 폭풍이 불어닥치기를 기다리고, 그것을 바라면서 그녀는 눈을 감았다. 그런데 안은 벌써 큰 소리를 치고 평소의 체면을 잃은 채 무례하게 군 것을 후회하고 있었다. 부들부들 떨던 마오는 그가 아주 부드러운 목소리로 말하는 것을 들었다.

"바보 같은 짓이야……. 모든 것을 바로잡을 방법을 찾아야 하오."

이 두 사람 사이에는 큰 거리가 있었다. 그 거리 때문에 마오는 그가 어째서 이런 부드러운 말을 하게 됐는지 도저히 이해할 수 없었다. 그녀는 마지막에 몸이 낙하하는 꿈속에 있는 것처럼 베개 위에 누웠다. 이런 낙하는 번쩍 눈을 뜨게 만든다. 그녀는 깨어났다. 다시 자리에서 일어났다. 그녀는 남편을 가만히 바라봤다. 그러나 도르젤 백작은 자기 앞에 있는 사람이 지금까지와 다른 여인임을 깨닫지 못했다.

마오는 다른 세계에 앉아 남편을 바라보았다. 백작은 자신의 유성에 있으면서 변화가 일어난 것을 눈치채지 못했다. 그리고 실성한 듯한 여자 대신 이제는 한 조각상에게 말을 걸고 있었다.

"자! 마오, 진정해요. 여기는 식민지 섬이 아니야. 이미 일어난 일은 어쩔 수 없소. 마무리를 잘 지어야 해. 프랑수아는 무도회에 반드시 오라고 하지. 세리외즈 부인도 초대하는 게 좋겠소."

그러고는 그녀의 머리카락에 입을 맞추고 나가면서 말했다.

"프랑수아는 첫 춤을 출 때 꼭 함께 나오게 해야겠소. 당신이 괜찮은 복장을 골라줘요."

문틀에 선 안은 훌륭했다. 조금씩 뒷걸음질로 나가면서 머리를 과장스럽게 내저으며 저도 몰래 최면술사들이 자주 쓰는 말을 했을 때, 그는 실로 장대한 경솔함의 의무를 다한 것이 아닌가.

"자 이제, 마오. 그만 자요! 나는 그걸 원하오."

La Princesse de Clèves

클레브 공작부인

라 파예트

《클레브 부인》 참고계도

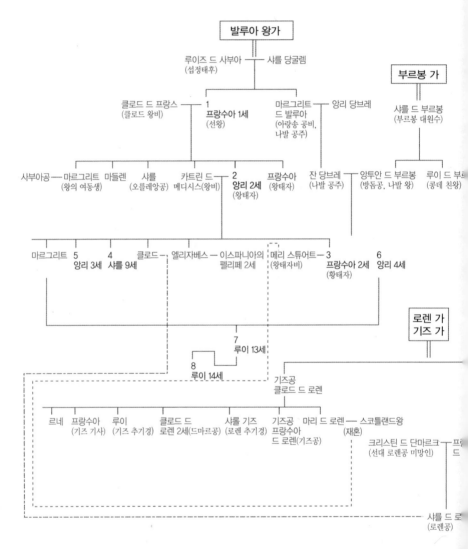

발루아 왕가

루이즈 드 사부아 ── 샤를 당굴렘
(섭정태후)

부르봉 가

클로드 드 프랑스 ──① 프랑수아 1세   마르그리트 ┬ 앙리 당브레   샤를 드 부르봉
(클로드 왕비)   (선왕)   드 발루아   (부르봉 대원수)
                     (아랑송 공비,
                     나발 공주)

사부아공 ── 마르그리트   마들렌   샤를   카트린 드 ┬② 앙리 2세   프랑수아   잔 당브레 ┬ 앙투안 드 부르봉   루이 드 부르봉
       (왕의 여동생)   (오를레앙공)   메디시스(왕비) (왕태자)   (왕태자)   (나발 공주)   (방돔공, 나발 왕)   (콩데 친왕)

마르그리트 ⑤   ④   클로드 ── 엘리자베스 ── 이스파니아의   메리 스튜어트 ──③   ⑥
        앙리 3세   샤를 9세   펠리페 2세   (왕태자비)   프랑수아 2세   앙리 4세
                                        (황태자)

**로렌 가
기즈 가**

⑦
루이 13세

⑧
루이 14세

기즈공
클로드 드 로렌

르네   프랑수아   루이   클로드 드   샤를 기즈   기즈공   마리 드 로렌 ── 스코틀랜드왕
      (기즈 기사)   (기즈 추기경)   로렌 2세(드마르공)   (로렌 추기경)   프랑수아   (재혼)
                                            드 로렌(기즈공)   크리스틴 드 단마르크 ┬ 프레데리크
                                                       (선대 로렌공 미망인)

샤를 드 로렌
(로렌공)

*두꺼운 글씨는 프랑스 국왕, 번호는 즉위 순서를 나타냄.

출판인의 말

이 책은 독자들에게 뜨거운 호응을 얻었지만, 작가는 아직 세상에 나올 결심을 하지 못했다. 작가는 자신의 이름이 이 책의 성공에 도리어 해가 되지나 않을까 걱정했다. 저자가 유명하지 않을 때는 그 작품마저 평가절하되며, 반대로 저자의 명성만으로 작품이 높이 평가되는 예도 적지 않음을 작가는 경험으로 잘 알고 있다. 그래서 작가는 자유롭고 공정한 비평을 위해 얼마 동안 지금처럼 이름을 숨기기로 했다. 만일 이 작품이 출판인의 바람대로 세상에서 크게 주목받는다면 언젠가 작가도 모습을 드러낼 것이다. [*1]

[*1] 초판(1678년)은 17세기 프랑스에서 가장 유명한 서점이자 몰리에르, 라신 등 동시대 대작가의 작품을 다수 간행한 클로드 바르뱅 서점에서 간행되었다. 여기서 설명되어 있듯이 이 작품은 초판 이후 오랫동안 익명으로 간행되었다. 라 파예트 부인의 이름이 표제와 나란히 인쇄되기 시작한 것은 1780년 디도판부터였다고 한다. 현재 파리 국민도서관 소장본을 보면 1678년, 1704년, 1719년, 1725년, 1741년, 1752년, 1764년판에는 저자명 없이 바르뱅의 머리말이 딸려 있으며, 1780년 디도판에서 처음으로 저자 이름이 적혀 있고 바르뱅의 머리말은 빠져 있다. 벨레트르판(1961년)의 교정자 알베르 카즈는 이 책의 본문이 4부로 나뉜 것은 라 파예트 부인의 의도가 아니라 인쇄소의 편의에 따른 것이라고 주장했다. 초판본이 4부로 나뉘어 간행된 것은 현대판과 똑같지만, 각 권 앞에 '제1부' '제2부' 등의 기재가 없다는 것이 그 근거이다.

제1부

.

앙리 2세의 재위 끝무렵*[2]만큼 사치스럽고 우아함을 숭상했던 적은 프랑스
에서도 유례가 없다. 국왕 자신이 우아하고 아름답고 사랑이 넘치는 왕이었
다. 발랑티누아 공비인 디안 드 푸아티에*[3]를 처음 사랑한 것은 벌써 20년도
전의 일이다. 그러나 이 공비에 대한 사랑은 퇴색하기는커녕 오히려 지극해
졌다.

어떤 무예·잡기에도 능한 국왕은 그런 것을 무엇보다도 중요한 일과로 삼
았다. 사냥, 테니스, 발레, 마상 경기 같은 행사가 매일같이 열렸다. 그때마
다 발랑티누아 부인이 좋아하는 색깔*[4]과 머리글자를 따서 만든 표식이 따라
다녔다. 공비도 혼기를 앞둔 손녀*[5] 라 마르크 공주에게나 어울릴 법한 옷차
림을 하고서 경기장에 몸소 납시었다.

그런 자리에는 왕비*[6]도 참석했으므로 발랑티누아 부인의 존재도 너그러이
용서되었다. 왕비는 싱싱한 젊음을 잃은 나이였지만 여전히 아름다웠으며,
성대한 것과 화려한 것과 유흥을 좋아했다. 국왕이 그녀와 결혼한 것은 아직

---

*2 앙리 2세는 프랑수아 1세와 왕비 클로드 드 프랑스의 둘째왕자. 1519년에 태어나 1547년
   에 프랑스 국왕이 되었으며 1559년 7월 10일에 죽었다. 《클레브 공작부인》은 작가가 브랑
   톰, 카스테르노, 마티외, 메즈레 등이 기록한 16세기 문헌과 사서에 바탕한 사실에 허구를
   섞어 지은 소설이다. 소설의 배경은 약 1558~59년, 즉 앙리 2세 치세 끝무렵부터 그 다
   음 프랑수아 2세 시대 첫무렵 몇 개월에 이른다.
*3 디안 드 푸아티에(1499~1566)는 생발리에의 영주 장 드 푸아티에의 딸. 1515년 노르망디
   주의 총책임자 루이 드 브레제와 결혼했다가 1531년에 과부가 된다. 그 뒤 곧 오를레앙 공
   (뒷날 앙리 2세)의 총비가 되어 1548년에 발랑티누아 공비라는 칭호를 받는다.
*4 그 무렵 귀부인은 저마다 자신을 상징하는 색깔을 정했으며, 남자 귀족은 그 부인에 대한
   경의의 표시로 그 색깔을 썼다.
*5 디안과 루이 드 브레제의 장녀의 딸. 1558년에 몽모랑시 대원수의 차남 당빌과 결혼했다.
*6 카트린 드 메디시스(1519~89). 피렌체 메디치 가문 출신. 프랑수아 2세, 샤를 9세, 앙리
   3세의 어머니.

오를레앙 공으로 불리던 시절, 즉 형님인 왕세자[7]가 살아 있던 무렵이었다 (1533년). 왕세자는 서열로 보나 성품으로 보나 부왕 프랑수아 1세의 후계자로 적합한 사람이었는데 뒷날 투르농에서 죽었다.

남자 못지않은 기상을 지닌 왕비는 나라를 다스리는 데 커다란 기쁨을 느꼈다. 폐하가 발랑티누아 부인에게 애정을 쏟아도 별로 신경 쓰이지 않는지 질투의 빛은 조금도 보이지 않았다. 그러나 왕비는 본디 속마음을 꼭꼭 숨겨 놓는 성격이었다. 따라서 진짜 속내를 짐작하기란 쉬운 일이 아니었다. 더구나 폐하를 자기편에 붙들어두기 위해서라도 어쩔 수 없이 발랑티누아 부인과 친하게 지내야 했다. 국왕은 총비로 삼을 마음이 있건 없건 여자들과 어울리기를 좋아했다. 날마다 왕비 방에서 모임이 있을 때면 폐하도 왕비의 처소에서 떠날 줄을 몰랐는데, 그것은 궁 최고의 선남선녀들이 모이는 자리였기 때문이다.

궁정에 절세가인과 영웅호걸들이 이토록 많이 모이는 일은 일찍이 없었다. 마치 조물주가 자신이 줄 수 있는 최고의 아름다움을 이 귀공자, 귀공녀들에게 선물하고 즐기는 자리 같았다. 뒷날 이스파니아의 왕비가 된 왕녀 엘리자베트 공주[8]는 놀라운 총명함과 저 비운의 원인이 된 빼어난 미모를 발산하기 시작했다. 앞서 언급한 프랑스 왕세자와 결혼해서 왕세자비라 불렸던 스코틀랜드의 여왕 메리 스튜어트[9]는 지성으로 보나 외모로 보나 나무랄 데 없는 인물이었다. 그녀는 프랑스 궁정에서 자란 덕에 우아한 태도가 몸에 뱄으며, 타고난 예술적 소질로 어린 나이에도 미술과 문예를 사랑했고 누구보다도 조예가 깊었다. 시어머니인 왕비와 시누이(마르그리트 드 프랑스, 1523~74)도 시가와 연극, 음악을 좋아했다. 이렇게 선왕 프랑수아 1세의

---

[7] 프랑수아 1세의 큰아들 프랑수아 드 발루아(1517~36).

[8] 앙리 2세의 왕녀 엘리자베트 드 프랑스(1545~68)는 이스파니아의 왕자 돈 카를로스와 결혼할 예정이었으나, 왕자의 아버지 펠리페 2세의 요청으로 펠리페 2세 자신과 1559년에 결혼했다. 23세에 죽었는데, 남편에게 독살당했다는 설이 있다.

[9] 스코틀랜드의 왕 제임스 5세와 마리 드 로렌의 딸(1542~89). 부왕이 죽자 갓난아기 때 스코틀랜드 왕위에 올랐으며, 1548년에는 프랑스의 왕세자 프랑수아 드 발루아와 약혼해서 프랑스로 건너갔다. 1558년에 결혼. 이듬해 왕세자가 아버지의 뒤를 이어 프랑수아 2세가 되자 프랑스의 왕비가 되지만, 남편이 죽자 1561년에 스코틀랜드로 돌아가 파란만장한 일생을 보내고 단두대에서 죽는다.

문예 취향이 프랑스를 풍미했던 데다 그 아들인 지금의 국왕 폐하도 무예를 무척 즐겼으므로, 궁정에는 온갖 오락거리가 넘쳐났다. 그러나 무엇보다 이 궁정에 장려함을 더해주는 곳은 탁월한 재능을 지닌 왕족과 대귀족이 수도 없이 모여 있다는 점이었다. 이제부터 내가 호명하는 사람은 모두 자기 방면에서 당대 최고로 추앙받았던 사람들이다.

나바르 왕*10은 그 고귀한 신분과 당당한 풍채로 모든 사람의 존경을 샀다. 그는 무용이 뛰어났는데, 기즈 공*11에 대한 경쟁심이 대단했다. 가끔 지휘관의 위치에서 벗어나 기즈 공과 함께 일부러 가장 위험한 전투에 일개 병졸로 참전할 정도였다. 이 기즈 공도 눈부신 무훈을 숱하게 세우며 수많은 승리를 거둔 사람이었다. 무장이라면 누구든 그를 선망의 눈길로 바라봤다. 공은 무용뿐만 아니라 모든 점에서 훌륭한 자질을 타고났다. 넓고 깊은 마음씨와 고결한 성품을 지녔으며, 정치에서도 전쟁터에서처럼 뛰어난 기량을 발휘했다. 기즈 공의 아우인 로렌 추기경*12은 지칠 줄 모르는 야심과 명민한 두뇌의 소유자로, 말재주가 뛰어났다. 학문도 깊어서, 그 무렵 위협받기 시작하던 가톨릭교회*13를 옹호하는 데 그 학문을 무기로 온 힘을 쏟아 크게 이름을 떨쳤다. 뒷날 대수도원장이라는 칭호를 얻은 말타의 기즈 기사*14는 누구에게나 사랑받는 귀공자로, 용모 수려한 재주꾼이었다. 용감무쌍한 그의 이름은 유럽 전역에 널리 퍼졌다. 콩데 친왕*15은 체구도 작고 용모도 그리 빼어나지 않지만, 고매한 성품으로 아름다운 귀부인들의 사랑을 한 몸에

*10 방돔 공 앙투안 드 부르봉(1518~62). 앙리 4세의 아버지.

*11 기즈 가문의 적자. 프랑수아 드 로렌이라고 불린다(1519~63). 종교전쟁 때 가톨릭 진영의 우두머리였다. 로렌 가문에 뿌리를 둔 기즈 가문은 그 무렵 궁정에서 일대 권력을 누렸다. 프랑수아의 아내 안 데스테는 페라라 공 에르콜레 2세의 딸. 메리 스튜어트는 그의 조카딸에 해당한다.

*12 샤를 드 기즈(1524~74). 1538년에 프랑스 대주교가 되었다가 1547년에 추기경이 되었다. 작품 중에서 로렌 추기경으로 등장한다.

*13 칼뱅의 교리를 믿는 프로테스탄트는 그 무렵 프랑스에서 세력을 확대하고 있었다. 1555년 무렵부터는 나바르 왕과 콩데 친왕 등을 비롯한 왕족과 대귀족 중에서도 프로테스탄트로 개종하는 사람이 줄줄이 등장했다. 가톨릭교회의 프로테스탄트 박해 정책도 점차 심해졌으며, 이윽고 1562년 바시에서 기즈 공의 군대가 일으킨 프로테스탄트 학살 사건을 계기로 종교전쟁이 시작된다.

*14 프랑수아 드 기즈(1534~63). 말타 종교병단의 회원.

*15 루이 드 부르봉(1530~69). 나바르 왕의 동생.

받는 재기발랄한 인물이었다. 느베르 공*¹⁶은 전쟁과 수많은 공무에서 훌륭한 성적을 거두어 영광에 찬 반평생을 보냈으며, 적지 않은 나이에도 궁정의 인기남이었다. 그에게는 무척 출중한 세 아들이 있었다. 클레브 공이라고 불리는 둘째아들*¹⁷은 가문의 영광을 대표하기에 손색이 없는 귀공자였다. 언제나 당당했으며, 나이에 비해 사려 깊고 분별력이 있었다. 샤르트르 주교대리*¹⁸는 왕족조차 그 이름을 물려받기를 마다치 않았을 정도로 유서 깊은 명문가인 방돔 가문 출신으로, 기개와 주색에서는 둘째가라면 서러웠다. 잘생기고 연애에 능숙했으며 용감무쌍하고 호탕했다. 이러한 미덕이 그를 더욱 돋보이게 했다. 요컨대 샤르트르 주교대리만이 느무르 공*¹⁹에 필적할 유일한 인물이었다. 느무르 공을 누군가와 비교하는 일이 가능하다면 말이다. 이 느무르 공은 그야말로 조물주의 걸작이라 할 인물이었다. 비할 데 없는 미남이었다는 것은 느무르 공의 장점 가운데 가장 시시한 장점이었다. 남들이 절대 흉내낼 수 없는 것은 그의 남다른 용기와 그 기지와 표정과 태도에 흘러넘치는 독특한 애교였다. 그는 남녀 모두를 기분 좋게 만드는 쾌활함을 갖추었으며, 모든 무예에서 발군의 실력을 자랑했다. 옷맵시는 어찌나 좋던지, 너도나도 그를 따라 했지만 그처럼 멋이 나는 사람은 없을 정도였다. 또한 뭐라 형용할 수 없는 분위기가 감돌아서, 그가 어디에 나타나든지 모두의 시선을 잡아끌었다. 느무르 공의 마음을 사로잡았다고 자랑할 수 있는 여자는 이 궁전에 한 사람도 없었으며, 공의 구애를 물리쳤다고 자신 있게 말할 수 있는 여자도 찾아보기 어려웠다. 정작 느무르 공에게는 강렬한 인상을 심어주지 못했으면서 그에게 빠져버린 여자도 수두룩했다. 그는 무척 다정하고 연애를 좋아해서, 자신에게 잘 보이려고 애쓰는 여자들에게는 어떤 식으로

*16 프랑수아 드 클레브(1516~62). 이 이야기에서는 1558년에 죽은 것으로 되어 있다.
*17 라 파예트 부인이 참조한 것으로 추정되는 기록 가운데 브랑톰, 르 라브뢰르는 느베르 공의 아들로 두 명만 거론했지만, 안셀름은 프랑수아, 자크, 앙리 등 세 사람의 이름을 기록했다. 이 자크 드 클레브는 1544년에 태어나 디안 드 푸아티에의 손녀와 결혼, 1564년에 죽었다. 병약하고 존재감이 희미한 인물이었다고 한다. 라 파예트 부인은 안셀름의 기록대로 자크 드 클레브도 아들로 간주했다. 단, 생존 시기는 임의로 바꾸었다.
*18 프랑수아 드 방돔(1524~62). 주교대리는 주교령 방위를 조건으로 세속적인 권한을 부여받은 자에게 주어지는 칭호였다.
*19 자크 드 사부아. 브랑톰에 따르면, 실제 느무르 공은 실속 없는 호색한이었다. 1531년에 태어났으며 1566년에 기즈 공의 미망인 안 데스테와 결혼, 1585년에 죽었다.

든 호의를 베풀었다. 따라서 느무르 공에게는 애인이 여럿 있었지만, 그가 진정으로 누구를 사랑하는지 알아내기란 어려웠다. 그는 왕세자비를 자주 방문했다. 이 왕세자비의 미모, 상냥한 마음씨, 누구에게나 호감을 얻고자 하는 배려, 그리고 특히 느무르 공을 각별히 아끼는 모습에서 공이 사랑하는 사람은 왕세자비가 아닐까 하는 추측도 많았다. 기즈 형제의 조카딸[20]인 메리 스튜어트가 왕세자비 자리에 오르면서 숙부들의 신임과 권세는 한층 견고해졌다. 기즈 형제의 야심은 왕족과 대등한 위치에서 몽모랑시 대원수[21]에 맞먹는 권력을 누리는 것이었다. 국왕은 국사 대부분을 대원수에게 맡겼으며, 기즈 공과 생탕드레 원수[22]를 총신으로 대우했다. 그러나 총신으로서든 정치적 이유에서든 폐하 가까이에 있는 자들은 발랑티누아 부인의 말에 따르지 않는 한 지위를 유지하기 어려웠다. 발랑티누아 부인은 젊음도 미모도 쇠퇴했지만, 폐하를 마음대로 휘둘렀다. 이 부인이 폐하와 국가의 실질적인 지배자라 해도 좋을 정도였다.

국왕은 오래전부터 몽모랑시 대원수를 좋게 봤다. 따라서 왕위에 오르자마자, 선왕 프랑수아 1세의 명으로 귀양을 가 있던 대원수를 불러들였다. [23] 궁정은 왕족이 지지하는 몽모랑시파와 기즈파로 갈려 있었다. 두 파 모두 오래전부터 발랑티누아 공비를 자기편으로 끌어들이려고 부심했다. 기즈 공의 동생 도말 공(클로드 드 로렌, 1526~73)이 발랑티누아 부인의 딸(루이즈 드 브레제)을 아내로 맞아들이자 대원수도 그러한 혼사를 원했다. 국왕과 피에몬테의 어느 여성 사이에서 태어난 디안 공주[24]를 큰아들(프랑수아, 1530?~79)과 결혼시킨 것으로는 만족하지 못했던 것이다(이 피에몬테의 여성은 공주를 낳고 얼마 안 있어 수도원에 들어갔다). 몽모랑시의 큰아들

---

*20 메리의 어머니는 마리 드 로렌(1515~60)으로, 기즈 형제의 누이. 첫 번째 남편 롱그빌 공 루이 도를레앙과 사별 뒤 재혼하여 스코틀랜드의 왕비가 되었다.

*21 안 드 몽모랑시(1493~1567). 앙리 2세 시대의 최고 중신. 대원수는 군인으로서 최고 자리인 동시에 수상에 맞먹는 정치 권한을 수반했다. 단, 상설직은 아니다.

*22 자크 달봉(1512~1562). 1547년에 프랑스 원수가 되었다. 샤를 9세 시대에 몽모랑시, 기즈 공과 손을 잡고 삼두정치를 했던 구교 측 중진.

*23 몽모랑시는 1538년 프랑수아 1세의 명령으로 대원수로 임명되었으나, 뒷날 독일 황제 카를 5세와 내통했다는 혐의를 뒤집어쓰고 1541년에 샹티이로 귀양을 갔다.

*24 1557년에 몽모랑시의 큰아들과 결혼. 그녀의 어머니에 관해서는 수녀가 되었다는 설과 그렇지 않다는 설이 있다.

은 이미 왕비의 시녀 피엔 양*25과 결혼한 상태였으므로 이 혼사는 순조롭게 이뤄지지 않았다. 국왕은 그 장해들이 없어지기까지 비상한 인내심과 호의로 기다려주었다. 그래도 대원수는 발랑티누아 부인을 기즈 가문에서 떼어내 확실히 자기편으로 끌어들이지 않은 채 폐하의 신임에만 의존할 수는 없다고 생각했다. 발랑티누아 부인도 기즈 가문의 세력이 나날이 융성하는 데에 불안감을 느끼기 시작했다. 부인은 왕세자와 스코틀랜드 여왕의 혼례를 되도록 지연시킨 인물이다. 그녀는 이 젊은 여왕의 미모와 나이에 걸맞지 않은 총명함, 그리고 이 혼인으로 기즈 가문의 지위가 상승한다는 사실이 견디기 어려웠다. 부인은 로렌 추기경을 특히 싫어했다. 추기경이 부인에게 듣기 거북한 모욕적인 언사를 서슴지 않았기 때문이다. 부인은 추기경이 왕비와 내통한다는 사실을 알고 있었다. 따라서 몽모랑시 대원수는 발랑티누아 부인이 자신과 손을 잡을 여지가 있다고 보았다. 손녀 라 마르크 양을 대원수의 둘째아들이자 뒷날 샤를 9세 치세 때 아버지의 중직을 물려받은 당빌 경과 결혼시켜서 부인과 인척 관계가 되는 것이 좋겠다는 판단이 섰다. 대원수는 큰아들과 달리 당빌 경에게는 결혼을 꺼릴 이유가 없다고 생각했다. 그러나 당빌 경이 숨겼을 뿐, 사실 큰아들 결혼 때에 버금가는 장해물이 있었다. 당빌 경은 왕세자비를 짝사랑했던 것이다. 이룰 수 없는 사랑임은 알면서도, 왕세자비에 대한 연정을 다른 여인에게 돌려야겠다는 결심을 하지 못하고 있었다. *26 생탕드레 원수는 이 궁정에서 어떤 파벌에도 속하지 않은 유일한 인물이었다. 원수는 폐하가 총애하는 신하였지만, 그것은 오로지 그의 인격 덕분이었다. 폐하는 왕세자 시절부터 그를 아꼈다. 그리하여 그 뒤, 관례상 권위를 내세우기에는 한참 어린 애송이에 불과한 생탕드레를 원수로 임명했다. 폐하의 총애는 생탕드레 원수를 화려한 존재로 만들어주었지만, 그 자신도 그에 걸맞은 재량을 갖추고 있었다. 호감형 외모와 요리나 가구에 대한 까다롭고 사치스러운 취향도 왕의 신망을 얻는 데 한몫했다. 이렇게 돈을 펑

---

*25 잔 드 아리안. 르 라브뢰르에 따르면, 프랑수아 드 몽모랑시는 그녀와 비밀리에 결혼했는데 교황이 이혼을 허락하지 않자 앙리 2세는 자신의 사생아 디안 공주의 결혼을 밀어붙이느라 대단히 애를 먹었다.

*26 당빌, 즉 앙리 드 몽모랑시(1534~1614)는 앞서 언급했듯이 1558년에 라 마르크 양과 결혼했다. 1593년에 앙리 4세는 그를 대원수로 임명했다. 르 라브뢰르에 따르면, 당빌이 메리 스튜어트를 사랑한 것은 메리가 과부가 되고 나서이다.

펑 쓸 수 있는 것도 폐하의 넉넉한 씀씀이 덕분이었다. 국왕은 자신이 좋아하는 사람에게는 지나칠 만큼 많은 은총을 베풀었다. 국왕은 완벽하다고는 할 수 없으나 군주로서 꽤 많은 장점을 지녔다. 특히 전쟁은 좋아하기도 하고 잘하기도 하여 수많은 전과를 올렸다. 생캉탱 전투(1557년)를 제외하면 이 국왕 치세 때는 연전연승의 행운이 뒤따랐다. 랑티 전투(1554년)는 직접 참전하여 승리를 거두었고, 피에몬테도 정복했으며(1551년), 영국 군대를 프랑스에서 몰아냈다(1558년에 기즈 공은 영국군의 손아귀에서 칼레를 탈환했다). 독일 황제 카를 5세*²⁷는 신성로마제국과 이스파니아의 병력을 메스 포위전(1552~53년)에 총동원했지만, 운명의 여신은 그를 저버렸다. 그러나 생캉탱에서 패배함으로써 프랑스도 승승장구하던 기세가 꺾여버렸다. 그 뒤로는 승기가 아군에게 있는지 적군에게 있는지 가늠할 수 없는 긴장 상태가 이어지면서, 두 나라 사이에는 자연스레 화평 분위기가 조성되었다.

왕세자가 결혼할 무렵부터 화평을 제안했던 선대 로렌 공의 미망인*²⁸은 계속해서 비밀 교섭을 진행했다. 그리하여 이윽고 아르투아 주의 세르캉이 화평회담 장소로 지정되었다(1558년 10월. 같은 달 17일에 휴전협정이 맺어졌다). 프랑스 측에서는 로렌 추기경, 몽모랑시 대원수, 생탕드레 원수가, 펠리페 2세*²⁹ 측에서는 알바 공*³⁰과 오렌지 공*³¹이 세르캉에 모였다. 로렌 공(샤를 드 로렌, 1545~1608)과 그 어머니인 선대 로렌 공의 미망인이 조정을 맡았다. 이 회의에서 결정된 주요 조항은 프랑스의 엘리자베트 공주와 이스파니아의 돈 카를로스 왕자의 결혼*³²과, 국왕의 여동생과 사부아 공(에마뉘엘 필리베르, 1528~80)의 결혼이었다.

＊27 신성로마제국의 황제이자 이스파니아의 왕 카를 5세(1500~58)는 네덜란드, 시칠리아 등도 지배하에 두었다. 프랑스의 프랑수아 1세, 영국의 헨리 8세와 유럽 전역에서 삼파전을 벌였다. 앙리 2세도 부왕의 뒤를 이어 카를 5세와 전쟁을 계속했다.

＊28 프랑수아 드 로렌 1세(1517~45)의 미망인 크리스틴 드 단마르크(1523~90)는 프랑스로서는 외국 가문인 로렌 가문의 사람이었으므로 중재 역할을 맡은 것이다. 프랑수아 드 로렌 공은 분가인 기즈 공 프랑수아 드 로렌(1519~63)과는 사촌지간이다.

＊29 펠리페 2세는 카를 5세의 아들. 카를 5세는 1556년 1월에 이스파니아 왕위를 그에게 물려주고 이스파니아 수도원에서 은거하다가 1558년 9월 21일에 그곳에서 죽었다.

＊30 이스파니아의 남작. 가혹한 탄압으로 유명한 페르디난드 알바레스 드 토레도(1508~82).

＊31 이스파니아의 지배에서 네덜란드를 해방하려 했던 초대 낫소 백작 윌리엄(1533~84).

＊32 앞에서 말했듯이 이는 뒷날 공주와 펠리페 2세의 결혼으로 바뀐다.

한편, 국경에 머물러 있던 국왕은 영국 메리 튜터 여왕*33의 부고 소식을 들었다. 국왕은 (엘리자베스*34의 즉위를 축하하기 위해) 랑당 백작을 사절로 보냈다(초판에는 괄호 안 표현이 없다). 엘리자베스 여왕은 이 사자를 기쁘게 맞이했다. 여왕으로서의 권위가 아직 공고하지 않은 터라 프랑스 국왕의 지지가 무척 큰 힘이 되었던 것이다. 랑당 백작이 만나 보니 엘리자베스 여왕은 프랑스의 궁정 사정과 그곳에 어떤 인재가 있는지에 정통했다. 특히 느무르 공의 평판에는 지대한 관심을 보이는 것 같았다. *35 여왕은 너무나 자주, 그리고 열띠게 느무르 공을 언급했다. 랑당 백작은 프랑스로 돌아가서 폐하에게 정황 보고를 하면서, 여왕이 느무르 공의 소원이라면 뭐든지 들어줄 것 같으며 결혼까지 생각하는 것 같더라고 말했다. 국왕은 그날 밤 당장 느무르 공에게 그 이야기를 전했다. 먼저 랑당 백작에게 엘리자베스 여왕하고 나눴던 대화를 모조리 말하게 한 뒤, 이런 큰 행운을 붙잡아보는 것이 어떻겠냐고 권유했다. 처음에 느무르 공은 국왕이 농담을 하는 거라고 생각했지만, 결코 그렇지 않다는 것을 깨달았다.

"폐하, 제가 폐하의 조언과 은총에 따라 이 꿈같은 일에 인생을 걸게 되더라도, 적어도 세상이 이해할 만한 성공을 거둘 때까지는 이 일을 비밀에 부쳐주십시오. 일면식도 없는 일국의 여왕에게 구혼을 받았다니 그런 자아도취가 어딨느냐고 뒤에서 손가락질받고 싶지는 않사옵니다."

국왕은 이 계획을 몽모랑시 대원수에게만 털어놓겠다고 약속했다. 그 자신도 성공을 기하려면 비밀에 부치는 편이 좋겠다고 생각했기 때문이다. 랑당 백작은 느무르 공에게 여행을 핑계로 영국을 방문해보라고 권유했지만, 공은 선뜻 결심이 서지 않았다. 그래서 먼저 엘리자베스 여왕의 마음을 떠보기 위해 자신의 심복인 리네롤이라는 총명한 젊은이를 보내기로 했다. 그리고 자신은 영국 여행의 결과 보고를 기다리며 사부아 공을 만나러 갔다. 사부아 공은 이스파니아 왕과 함께 브뤼셀에 가 있었다. 영국의 메리 여왕의 죽음은 화평에 커다란 장해를 가져왔다. 세르캉 화의는 11월 말에 결렬되었으며, 국왕도 파리로 귀환했다.

---

*33 헨리 8세와 캐서린 아라곤의 딸로, 엘리자베스 여왕의 이복자매(1516~58).
*34 헨리 8세와 앤 불린의 딸(1533~1603).
*35 브랑톰에 따르면, 이 일화는 프랑수아 2세 시절의 일이다.

그 무렵 한 미인이 궁정에 나타나 시선을 한 몸에 받았다. 미녀에 익숙한 이 세계에서 찬미받았을 정도이니 상당한 미모였으리라. 그녀는 샤르트르 주교대리의 친척으로, 프랑스에서도 손꼽히는 자산을 물려받을 아가씨였다. 아버지를 일찍 여의고 어머니인 샤르트르 부인의 손에 길러졌다. *36 샤르트르 부인은 재력이면 재력, 덕성이면 덕성, 인물이면 인물 모두 출중했다. 과부가 되고 나서는 오랫동안 궁정과 떨어져 딸을 교육하는 데만 전념했다. 교양과 미모만 길러준 것이 아니라, 덕성도 가볍게 여기지 않도록 유의해서 가르쳤다. 세상 어머니들은 딸 앞에서 연애 이야기를 말하지 않기만 하면 딸이 연애를 멀리할 거라고 착각한다. 샤르트르 부인의 생각은 그와 정반대였다. 부인은 딸 앞에서 사랑 이야기를 자주 꺼냈다. 사랑의 달콤함도 들려줬지만, 사랑의 무서운 면도 충분히 깨우쳐주기 위해서였다. 부인은 남자들이 얼마나 불성실하고 얼마나 잘 속이며 얼마나 잘 배신하는지, 애정이 어떤 불행을 가져오는지 설명했다. 정숙한 아내의 생애에는 어떤 마음의 평화가 찾아오는지, 정숙한 몸가짐은 아름답고 고귀하게 태어난 여성을 얼마나 더 빛나게 하고 가치를 높여주는지도 가르쳐주었다. 그러면서도 정조란 극단적으로 자기 스스로를 경계하면서 동시에 남편을 사랑하고 남편에게 사랑받는 일이 여자의 유일한 행복임을 가슴에 새기고 또 그렇게 되도록 노력하지 않는 한 얼마나 지키기 어려운지 설명하는 것도 잊지 않았다.

이 상속녀는 그 무렵 프랑스에서 가장 인기 있는 신붓감이었다. 따라서 아직 어린 나이임에도 여러 곳에서 중매가 들어왔다. 그러나 대단히 콧대가 높은 샤르트르 부인은 자기 딸에게 어울리는 혼담은 하나도 없다고 생각했다. 딸이 열여섯 살이 되자 부인은 딸을 궁정에 데리고 가야겠다고 생각했다. 부인의 입궁 소식에 샤르트르 주교대리가 마중을 나왔다. 주교대리는 샤르트르 양의 미모에 깜짝 놀랐다. 그도 그럴 것이 뽀얀 살결이며 빛나는 금발머리는 다른 아가씨에게서 찾아볼 수 없을 만큼 눈부시게 아름다웠기 때문이다. 생김새는 균형이 잡혔고, 표정과 자태에는 우아한 매력이 넘쳐흘렀다.

궁에 도착한 다음 날, 샤르트르 양은 장신구를 사러 이탈리아인이 경영하는 가게에 갔다. 그는 전세계 물품을 취급하는 보석상으로, 왕비를 따라 피

---

*36 이 이야기의 주인공인 클레브 부인(샤르트르 양)과 그 어머니는 가공의 인물이다.

렌체에서 프랑스로 넘어와 보석 장사로 엄청난 재산을 모았다. 그의 가게는 대귀족의 저택이라는 표현이 어울릴 정도로 으리으리했다. 샤르트르 양이 그 가게에 있을 때, 우연히 클레브 공도 가게에 들렀다. 공은 그녀의 미모에 놀라움을 감추지 못했다. 샤르트르 양도 공이 자기를 보고 그렇게나 동요하는 것을 보고는 뺨을 붉혔다. 그러나 곧 냉정함을 되찾고 예의를 갖춰 인사했다. 왠지 그래야 할 것 같은 차림새였기 때문이다. 그러나 귀족을 딱히 신경 쓰는 내색은 하지 않았다. 클레브 공은 아가씨를 황홀하게 뜯어봤으나, 이 낯선 미인이 누군지 도무지 알 수가 없었다. 몸짓이며 몸종의 차림새를 보아할 때 대단히 지체 높은 사람인 것은 분명했다. 나이로 보아 유부녀는 아닌 듯했지만, 그렇다면 어머니를 대동하지 않은 것이 이상했다. 그런데 이 탈리아인은 가게에 처음 찾아온 듯한 그녀를 '부인'이라고 불렀으므로 클레브 공은 더더욱 아리송해졌다. 그는 그저 경탄의 눈길로 바라보기만 했다. 그녀는 누가 자기를 빤히 쳐다보자 당혹스러워하는 것 같았다. 흔히 젊은 아가씨들은 자신의 미모가 상대방에게 강한 인상을 주면 매우 흡족해하지만, 그녀는 그 반대였다. 오히려 공이 그런 눈으로 바라보자 한시라도 빨리 그 자리를 뜨고 싶어하는 것처럼 보이기까지 했으며, 실제로 황급히 나가버렸다. 클레브 공은 그녀를 더 감상하지 못하는 것이 아쉬웠지만, 그녀가 사라지면 그녀가 누군지 알아낼 수 있으리라는 생각에 아쉬움을 달랬다. 그런데 놀랍게도 아무도 그녀의 정체를 몰랐다. 그녀의 아름다움과 조신한 태도에 깊이 감명받은 클레브 공은 그 순간부터 뜨거운 연정과 경의를 품게 되었다. 공은 그날 밤 왕의 여동생을 방문했다.

여동생에 대한 국왕의 신임은 두터웠다. 국왕은 화평 교섭 때 여동생과 사부아 공의 결혼 성사를 위해 피에몬테의 양도를 허락했을 정도로 여동생을 아꼈다. 그녀는 일찍부터 결혼을 갈망하면서도 한 나라의 원수가 아니면 결혼에 동의하지 않았다. 아직 방돔 공에 불과했던 나바르 왕과의 혼담을 물리친 것도 그 때문이었다. 그녀는 오래전부터 사부아 공과 맺어지기를 원했다. 프랑수아 1세와 교황 바오로 3세가 니스에서 회견*37했을 때 사부아 공을 처음 본 이래로 줄곧 호감을 품고 있었다. 교양 있는 귀족이라면 모두 재기 넘

---

*37 1538년, 교황 바오로 3세는 카를 5세와 프랑수아 1세를 중재하여 니스에서 화의를 열었다.

치고 예술에 조예가 깊은 그녀를 좋아했다. 때로는 온 궁정 사람이 그녀 처소에 모여들기도 했다.

클레브 공은 평소처럼 그녀의 처소를 찾았다. 그러나 샤르트르 양의 자태와 미모가 머리에 꽉 차 있었으므로 다른 이야기는 할 수 없었다. 낮에 있었던 일을 큰 소리로 떠들며, 그때 봤던 이름 모를 여성을 질리지도 않고 칭찬했다. 왕의 여동생은 세상에 그런 사람은 없으며, 설령 있다손 치더라도 어떻게 누구 하나 아는 사람이 없을 수 있느냐고 반박했다. 그녀의 시녀 당피에르 부인은 샤르트르 부인의 친구였다. 그녀는 그 대화를 듣자 공주에게 다가가, 클레브 공이 본 사람은 샤르트르 양이 틀림없다고 속삭였다. 공주는 클레브를 바라보며, 내일 다시 이 방에 오면 그토록 당신의 마음을 사로잡은 미인과 만나게 해주겠다고 말했다. 다음 날, 샤르트르 양은 정말로 궁에 나타났다. 왕비와 귀부인들은 반색하며 그녀를 맞이했다. 어디로 고개를 돌려도 찬사밖에 들리지 않을 지경이었다. 그래도 그녀는 실로 기품 있게 행동했다. 그런 찬사가 들리지 않거나, 들렸더라도 우쭐대지 않는 것처럼 보였다. 이어서 그녀는 공주의 처소를 방문했다. 공주는 그녀의 미모를 칭찬한 뒤, 클레브 공이 당신을 보고 깜짝 놀란 것 같더라고 전했다. 곧바로 그 클레브 공이 방으로 들어왔다.

"이리 오세요." 공주가 공을 불렀다. "와서, 제가 약속을 지켰는지 안 지켰는지 한번 보세요. 이 샤르트르 양을 보여드리면, 당신이 찾던 그 미인과 만나게 해주는 셈이죠. 안 그래요? 전 이분께 당신이 입에 침이 마르도록 칭찬했다고 이미 말씀드렸죠. 그것만으로도 제게 감사해야 할 거예요."

클레브 공은 뛸 듯이 기뻤다. 그토록 사랑스러웠던 여인이 그 미모에 걸맞은 훌륭한 신분임을 알게 됐기 때문이다. 그는 그녀에게 다가가, 바로 자신이 누구보다도 먼저 아가씨의 미모를 칭찬했으며 이름은 모를지언정 이미 아가씨에게 걸맞은 존경과 찬미의 마음을 품은 사람임을 잊지 말아달라고 간청했다.

클레브 공은 친구인 기즈 기사와 함께 공주의 처소에서 나왔다. 처음에는 둘 다 샤르트르 양을 정신없이 칭찬했다. 그러나 이내 자신들이 지나치게 칭찬을 늘어놓았음을 깨닫고 입을 다물어버렸다. 그러나 그 뒤 두 사람은 장소를 가리지 않고 만나기만 하면 그녀 이야기를 했다. 한동안은 혜성같이 나타난 이 미인이 모든 대화의 주제가 되었다. 왕비도 그녀를 크게 칭찬하며 남다른 호의를 보였다. 왕세자비는 그녀와 친해지고 싶어서 샤르트르 부인에게 그녀를 다시 자기 처소로 데려오라고 명령했다. 왕녀들은 어떤 놀이에도 그녀를 불러서 함께 놀았다. 요컨대 온 궁정 사람이 샤르트르 양을 사랑하고 칭찬했다. 그러나 발랑티누아 부인만은 예외였다. 그렇다고 부인이 샤르트르 양의 미모를 질투한 것은 아니다. 부인은 오랜 경험상 국왕의 변심을 걱정할 필요는 없다는 것을 잘 알았다. 다만 그녀는 샤르트르 주교대리를 몹시 증오했다. 주교대리를 자신의 딸과 결혼시킴으로써 자기편으로 만들려고 했는데 그가 왕비편에 붙어버렸기 때문이다. 그런 남자와 같은 성을 쓰고 더구나 그 남자에게 금지옥엽으로 자란 아가씨에게 호의를 품을 리가 없었다.

클레브 공은 샤르트르 양을 열렬히 사모하게 되었으며, 결혼을 갈망했다. 그러나 그는 그 콧대 높은 샤르트르 부인이 둘째아들인 자신에게 딸을 주는 것은 자신의 자존심에 상처를 입히는 일이라고 생각할까봐 걱정스러웠다. 그렇지만 그도 어엿한 명문가의 자제이며 큰아들 외 백작은 최근 왕가와 인척지간인 규수와 결혼했으니,*³⁸ 그의 걱정은 정당한 이유가 있어서라기보다는 사랑으로 말미암은 노파심 때문이었다. 그에게는 쟁쟁한 경쟁상대가 있었다. 그중에서도 기즈 기사는 신분으로 보나, 인물로 보나, 왕실의 특혜를 받는 훌륭한 가문이라는 점에서 보나, 가장 강력한 연적이었다. 기즈 공은 샤르트르 양을 처음 본 순간 사랑에 빠졌다. 클레브 공이 그의 마음을 눈치 챈 것과 동시에 기즈 공도 클레브 공의 사랑을 눈치챘다. 둘은 친한 친구였지만, 한 여성을 사이에 두고 거리감이 생겨 서로 말하기 껄끄러운 사이가 됐다. 이렇게 서로 속내를 털어놓을 용기를 못 내는 사이에 둘의 우정은 식어갔다. 클레브 공은 자신이 누구보다 먼저 샤르트르 양과 만났다는 사실이 길조로 느껴졌다. 바로 그래서 경쟁자들보다 얼마간 명분이 있는 듯한 기분도 들었다. 그러나 부군 느베르 공의 심한 반대도 예상되었다. 느베르 공은 발랑티누아 부인과 밀접한 관계였기 때문이다. 발랑티누아 부인은 샤르트르 주교대리의 적이었다. 그것 때문에라도 느베르 공은 자기 아들과 샤르트르 주교대리의 조카딸과의 사랑을 허락하지 않을 것이 분명했다.

---

*38 느베르 공의 큰아들 프랑수아는 1561년 9월에(이 이야기에서는 1558년으로 되어 있다) 왕족인 안 드 부르봉과 결혼했다.

그동안 그토록 열심히 딸에게 정조 관념을 불어넣었던 샤르트르 부인은 이런 때일수록 그런 교육이 더욱 필요하다 생각했으며, 안 좋은 본보기로 가득한 궁정에 오고 나서도 그런 주의를 게을리하지 않았다. 야심과 정사는 이 궁정의 혼이라고도 할 수 있었으며, 남녀를 가리지 않고 최대 관심사였다. 실제로 궁정에는 온갖 이해관계와 권모술수가 난무했으며, 여자가 거기서 차지하는 비중은 대단히 컸다. 정치에는 어김없이 연애 문제가 얽혀들었다. 정치는 연애와 떼려야 뗄 수 없는 관계였다. 평정 속에 조용히 있는 사람이나 그런 일에 초연한 사람은 한 명도 없었다. 하나같이 출세와 아첨과 조력과 중상모략밖에 생각하지 않았다. 권태도 모르고 여유도 몰랐다. 모두가 쾌락을 즐기고 술책을 부리느라 바빴다. 궁정 여인들은 예외 없이 왕비, 왕세자비, 나바르 여왕,*39 왕의 누이동생, 발랑티누아 부인 가운데 한 사람과 특별한 이해관계로 얽혀 있었다. 체면과 성격에 따라 비슷한 사람끼리 편이 갈렸다. 어느 정도 나이를 먹어 정숙한 몸가짐을 중요시하게 된 여인들은 왕비 쪽에 붙었다. 쾌락과 사랑의 줄다리기를 즐기는 젊은 여인들은 왕세자비를 따랐다. 나바르 여왕을 추종하는 여인들도 있었다. 나바르 여왕은 아직 젊고 부군인 나바르 왕을 뜻대로 조종했으며 부군은 몽모랑시 대원수와 친했으므로, 그런 점에서 여인들의 두터운 신망을 얻었다. 왕의 누이동생도 여전한 미모로 많은 여인을 거느렸다. 발랑티누아 공비는 자신이 점찍은 여자들을 한 명도 빠짐없이 자기편으로 만들었다. 그러나 그녀의 마음에 드는 여자는 그리 많지 않았다. 공비는 왕비의 모임을 흉내내서 궁정 사람을 처소로 불러들이는 날을 제외하고는, 자신이 신뢰하고 자신과 마음이 맞는 몇몇 측근이 아니면 아무도 처소에 들이지 않았다.

이 파벌들은 경쟁과 시기를 일삼았다. 심지어 한 당파 안에도 지위와 사랑을 둘러싼 질투가 존재했다. 권력욕이나 출세욕에는 그에 버금가게 지저분한 집념이 엉겨붙기 마련이다. 따라서 이 궁정에는 무질서까지는 아니지만 어떤 동요가 있었다. 궁은 활력이 넘치는 동시에 젊은 여성에게는 위험하기 그지없는 곳이기도 했다. 이 위험을 간파한 샤르트르 부인은 어떻게 하면 딸을 그 위험에서 지킬 수 있을지 고심했다. 부인은 딸에게 어머니로서보다는

---

*39 잔 달브레(1528~72). 앙투안 드 부르봉은 그녀와 결혼해서 나바르 왕이 되었다. 굉장히 똑똑했으며, 신교 권력의 중심인물이었다. 앙리 4세의 어머니.

친한 친구로서 허심탄회하게 말했다. 누가 연애를 걸어온다면 자신에게 모든 걸 솔직하게 털어놓으라 부탁하고, 젊을 때는 처신술에 약하기 마련이니 그럴 때는 힘이 되어주겠노라고 약속했다.

기즈 기사는 샤를 양에 대한 연정과 야심을 노골적으로 드러내고 다녔다. 지금은 그 사실을 모르는 사람이 없을 정도였다. 그렇지만 기즈 공은 자신의 소망은 절대로 이루어질 수 없으리라고도 생각했다. 신분은 높지만, 그것을 유지할 만한 재산이 없었기 때문이다. 자신은 샤르트르 양과 어울리는 상대가 아님을 자각하고 있었다. 더구나 적자가 아닌 명문가 자제는 집안의 격식을 떨어뜨리는 결혼을 하는 예가 흔했으므로, 형들은 미연에 그런 결혼을 허락하지 않을 것이 뻔했다. 곧 로렌 추기경의 태도가 이 예상이 옳았음을 증명해주었다. 추기경은 전에 없이 거친 어조로, 샤르트르 양에 대한 아우의 애정을 꾸짖었다. 그러나 추기경은 그 진짜 이유는 말하지 않았다. 사실 로렌 추기경은 샤르트르 주교대리를 증오했다. 그 증오심은 그 무렵에는 숨겨져 있었으나, 얼마 안 있어 밖으로 터져나올 정도로 격렬했다. 추기경은 아우가 샤르트르 주교대리 가문만 아니면 어떤 집안과 결혼해도 좋다고까지 생각했다. 추기경이 너무도 공공연하게 반대했으므로 샤르트르 부인은 몹시 기분이 상했다. 약이 오른 부인은 추기경의 걱정은 쓸데없는 일에 지나지 않으며 자신도 그런 결혼은 절대 반대라는 의견을 피력했다. 샤르트르 주교대리도 같은 태도를 취했다. 그러나 그는 로렌 추기경이 왜 결혼을 반대하는지 잘 알았으므로 부인보다 훨씬 불쾌해했다.

클레브 공도 샤르트르 양에 대한 연정을 기즈 공에게 뒤질세라 공공연히 드러내고 다녔다. 느베르 공은 아들의 집념이 영 못마땅했다. 그래도 알아듣게 타이르면 마음을 바꿔먹으리라고 생각했다. 그러나 샤르트르 양과 결혼하겠다는 클레브 공의 결심은 생각보다 굳건했다. 느베르 공은 아들의 계획을 비난하면서 분을 삭이지 못했다. 그 분노를 거리낌없이 드러내고 다녔으므로, 그 소문은 삽시간에 온 궁정에 퍼졌다. 샤르트르 부인의 귀에도 소문이 들어갔다. 그때까지 부인은 느베르 공이 아들과 샤르트르 양의 결혼을 유리하게 생각할 거라고 확신하고 있었다. 그런데 클레브 가문도 기즈 가문도 이 결혼을 원하기는커녕 두려워한다는 사실을 알자 기가 찼다. 자존심에 상처를 입은 샤르트르 부인은 자기 집안을 깔보는 사람들보다 높은 지위로 딸을 끌어올려줄 사람과 혼사를 이뤄야겠다고 생각했다. 이리저리 찾아낸 끝에 부인은 몽팡시에 공의 후계자*[40]를 점찍었다. 그는 마침 결혼할 나이도 된 데다가 궁정 최고의 귀공자였다. 샤르트르 부인은 기지가 번뜩이는 사람이었다. 더구나 대단한 실력가인 샤르트르 주교대리가 든든한 방패로 있었으며, 말이야 바른 말이지 샤르트르 양은 흠잡을 데 없는 신붓감이었다. 일은 일사천리로 진행되었다. 몽팡시에 공도 이 결혼을 바라는 눈치였다. 이제 결혼까지 걸림돌은 없을 것 같았다.

당빌 공이 왕세자비를 연모하고 있음을 잘 아는 샤르트르 주교대리는 조금의 허술함도 없도록 왕세자비의 힘을 좀 빌려야겠다고 생각했다. 즉 당빌 공을 움직여서 국왕과, 당빌 공의 절친한 친구인 젊은 몽팡시에가 샤르트르 양에게 호의를 갖도록 꾸밀 생각이었다. 주교대리가 왕세자비에게 부탁했더니 왕세자비는 자신이 평소 좋아하던 샤르트르 양의 출세와 직결된 이 계획에 기꺼이 동참할 뜻을 표명했다. 왕세자비는 샤르트르 후작에게 협력을 약속했다. 그랬다가는 숙부인 로렌 추기경의 분노를 살 테지만, 평소 조카인 자신은 내팽개치고 왕비의 비위만 맞추는 숙부에게 불만이 많았으니 그런 것은 조금도 개의치 않겠노라고도 덧붙였다.

남녀 문제를 즐기는 사람은 자신에게 빠진 남자에게 말을 걸 기회가 생기면 무척 기뻐하는 법이다. 샤르트르 주교대리가 물러나자마자 왕세자비는 당빌 공이 좋아하는 샤트라르를 불러서, 오늘 밤 자기 처소로 오란다고 전하라 했다. 샤트라르는 당빌 공이 왕세자비를 연모한다는 사실을 잘 알고 있었다. 그는 이 전언을 기쁘고 황공하게 받들었다. 이 샤트라르라는 인물은 도피네 주의 명문가 귀족이었는데, 그 외모와 지성으로 가문보다도 높게 평가받았다. 그는 궁정에서도 최고 대귀족들과 어울리며 인정받았다. 특히 몽모랑시 가문의 호의를 입어 당빌 공의 충실한 친구로 지냈다. 풍채도 좋고 모든 기예에 능했으며 노래도 잘하고 시도 잘 지었다. 특히 당빌 공은 부드럽고도 열정적인 그의 성격을 높이 사서 그에게 왕세자비에 대한 연모의 정을 숨김없이 털어놓았다. 그러다 보니 샤트라르는 왕세자비에게 접근하게 되고, 그렇게 이따금 왕세자비를 알현하는 사이에 싹튼 불운한 사랑이 이윽고

---

*40 프랑수아 드 부르봉(1542?~92)은 1582년에 아버지의 뒤를 이어 몽팡시에 공이 되었다. 라 파예트 부인은 이 인물을 주인공으로 단편 소설 《몽팡시에 공작부인》을 썼다.

그의 분별력을 빼앗고 마침내는 목숨까지 앗아간 것이었다. [41]

당빌 공은 어김없이 그날 밤 왕세자비를 방문했다. 그는 왕세자비가 바라는 일을 실현시키는 데 자기를 끼워주어 기쁘다며 분부에 충실히 따르겠노라고 맹세했다. 그러나 먼저 이 결혼 계획을 알게 된 발랑티누아 부인이 계획을 방해하고자 국왕에게 미리 이런저런 수를 써놓은 뒤였다. 따라서 당빌 공이 국왕에게 이 일을 청탁하자 국왕은 그 결혼은 허락할 수 없으며 몽팡시에에게도 그렇게 전하라고 명령했다. 그토록 바라던 일이 물거품이 되어버린 것을 알았을 때 샤르트르 부인이 어떤 심정이었을지는 쉽게 상상할 수 있다. 이 참담한 실패로 밉살스러운 적들은 더욱 의기양양해지고, 딸인 샤르트르 양은 체면에 심한 손상을 입은 것이었다.

왕세자비는 샤르트르 양을 따뜻하게 위로하면서, 아무 도움도 줄 수 없어 미안하다고 말했다.

"보시다시피 내 힘은 미약해요. 왕비 마마와 발랑티누아 부인은 날 미워하지요. 내가 뭘 하려고만 하면 본인이 직접 나서거나 측근들을 시켜서 날 철저하게 방해하기 때문에 내 뜻대로 되는 일이 없다니까요. 하지만 난 나름대로 그분들 맘에 들려고 노력한답니다. 그러니까 그분들이 나를 미워하는 건 다 스코틀랜드의 왕비(마리 드 로렌)인 내 어머니 탓인 게 분명해요. 어머닌 옛날에 그분들의 불안과 질투의 대상이었거든요. 폐하는 발랑티누아 부인을 사랑하시기 전에 우리 어머닐 사랑하셨어요. 왕비 마마와 결혼하시고 아직 아기씨가 안 계실 때도, 한편으로는 발랑티누아 부인을 사랑하셨지만 내 어머니와 결혼할 수만 있다면 왕비와 이혼이라도 하겠다고 서슴없이 말씀하셨을 정도였대요. 발랑티누아 부인은 내 어머니가 한때 폐하에게 사랑받는 몸이었으며, 더구나 자신에 대한 폐하의 총애가 약해질 만큼 우리 어머니가 아름답고 똑똑하다는 점을 불안해했어요. 그래서 몽모랑시 대원수와 결탁해버린 거죠. 대원수도 기즈 형제의 누이가 왕비가 되는 것을 탐탁하게 여기지 않으니까요. 두 사람은 선왕인 프랑수아 1세 폐하를 자기편으로 끌어들였어요. 선왕께서는 발랑티누아 부인은 죽도록 미워하셨지만 지금의 왕비 마마는 사랑하셨기 때문에, 두 사람과 협력해서 지금의 폐하의 이혼을

---

[41] 메리 스튜어트를 사랑한 샤트라르는 메리가 남편이 죽은 뒤 스코틀랜드로 돌아가게 되자 그녀를 따라갔다. 어느 날 그녀의 처소에 숨어 있다가 발각되어 참수형당한다.

극구 만류하셨죠. 세 분은 폐하가 우리 어머니를 완전히 포기할 수 있도록 어머니를 스코틀랜드 왕과 재혼시켜버렸어요. 스코틀랜드 왕은 지금의 폐하의 누이동생인 마들렌 공주님을 왕비로 맞아들였지만, 그분을 먼저 저세상으로 떠나보낸 상태였죠. 그래서 이 혼사는 척척 진행되었어요. 그러나 이 결혼은 이전부터 우리 어머니를 열렬히 사모하던 영국 국왕 헨리 8세와의 약속을 저버리는 꼴이 되었죠. 이 일이 화근이 되어 두 국왕은 사이가 틀어져버렸어요. 헨리 8세는 내 어머니와의 결혼이 좌절되자 크게 상심했어요. 프랑스 내의 공주란 공주는 다 추천했지만, 빼앗긴 그녀를 대신할 사람은 없다며 언제나 같은 말로 거절했대요. 아닌 게 아니라 우리 어머니는 흠잡을 데 없는 미인이셨어요. 아무리 그래도 고작 롱그빌 공의 미망인에 불과한 어머니를 세 국왕이 서로 아내로 삼겠다고 난리였다니 정말 놀랍죠? 가엾게도 어머니는 그중 가장 작은 나라의 왕비가 되어 고생만 잔뜩 하고 계시지만요. 난 어머닐 닮았다는 소리를 자주 듣지만, 불행까지 닮을까봐 걱정이랍니다. 앞길에 행운이 펼쳐져 있는 것처럼 보이긴 하지만, 내가 그 행운을 다 누릴 수 있을지 아무래도 의심스러워요."

샤르트르 양은 그런 불길한 예감은 아무런 근거도 없으니 곧 사라질 것이며, 왕세자비는 겉으로만이 아니라 실제로도 행복해질 수 있는 분이니 운명을 의심하지 말라고 말했다.

이제 샤르트르 양과의 결혼을 꿈꾸는 사람은 아무도 없었다. 국왕의 기분을 거스를까 두려워서이기도 하고, 왕가의 혈통을 이은 자를 사위로 삼고 싶어했던 어머니의 마음에 들 자신이 없어서이기도 했다. 단, 클레브 공만은 조금도 마음을 접지 않았다. 마침 부군 느베르 공이 얼마 전에 세상을 떠나서,[*42] 그는 마음껏 사랑할 자유가 생겼다. 법도에 따라 상복을 입는 기간이 지나기가 무섭게 그는 샤르트르 양과 결혼할 방법만 궁리했다. 그런 사건이 일어나 다른 경쟁자들이 모조리 손을 놓아 이제 거절당할 염려도 없어진 이 시점에 결혼을 신청할 수 있게 된 것이 기뻤다. 단, 그 기쁨을 방해하는 것은 샤르트르 양이 자신을 마음에 들어하지 않을지도 모른다는 불안감이었다. 그는 사랑받지 못한 채 결혼하느니 그녀의 마음에만 들었으면 좋겠다는

---

*42 실제 느베르 공은 1562년에 죽었다. 이야기에서는 1558년으로 되어 있다.

생각까지 했다.

기즈 기사는 클레브 공에게 질투 비슷한 감정을 느끼게 할 때가 있었다. 그러나 그것은 기즈 공의 장점 때문이지 샤르트르 양의 태도 때문은 아니었다. 클레브 공은 일단 그녀가 자신의 애정을 기쁘게 생각하는지만 확인하고 싶었다. 그는 왕비나 왕세자비의 처소 또는 모임 장소에서만 그녀를 만날 수 있을 뿐, 따로 만나기란 어려웠다. 그래도 그는 어떻게든 기회를 만들어, 그녀에게 자신의 열망과 사랑을 지극히 예의바르게 고백했다. 먼저 그는 자신이 그녀를 어떻게 생각하는지 꼭 들어달라고 간청한 뒤, 이를테면 그녀가 어머니의 뜻에 따르기 위해 마지못해 결혼을 승낙한다면 자신은 오히려 불행해질 거라고 생각할 만큼 그녀를 사랑한다고 말했다.

대단히 고결하고 고운 심성을 지닌 샤르트르 양은 클레브 공의 이런 태도에 진심으로 감동했으며, 그런 그녀의 답변에는 저절로 상냥함이 담겼다. 클레브 공처럼 사랑에 눈이 먼 남자에게는 그것만으로도 희망을 주기에 충분한 목소리였다. 그는 이미 소원의 일부를 이룬 듯한 느낌이었다.

그녀는 클레브 공과 나눈 대화 내용을 어머니에게 보고했다. 샤르트르 부인은 클레브 공이라면 아주 훌륭한 귀족이고 여러모로 뛰어난 장점을 지녔으며 나이에 걸맞지 않게 분별력도 있으니 너만 괜찮다면 나로서는 기꺼이 결혼에 찬성하겠다고 말했다. 샤르트르 양은 어머니 말씀처럼 클레브 공은 훌륭한 자질을 많이 지녔으며, 다른 사람의 아내가 되기보다는 그나마 그분과 결혼하는 편이 나을 것 같지만, 그렇다고 그에게 특별한 애정을 느끼는 것은 아니라고 대답했다.

클레브 공은 이튿날 당장 샤르트르 부인에게 사람을 보내 확답을 구했다. 부인은 승낙했다. 클레브 공을 사위로 삼는 것이, 딸에게 사랑할 수 없는 남편을 주는 것과 같은 꼴이 될지도 모른다는 생각을 부인은 꿈에도 하지 못했다. 이리하여 혼담이 성사되었다. 국왕에게도 보고가 올라갔으며, 이제 모두가 이 약혼 소식을 알게 되었다.

클레브 공은 행복했다. 그러나 완전히 만족한 것은 아니었다. 샤르트르 양의 마음이 존경과 감사 이상의 것이 아니라는 사실이 그는 무척 괴로웠다. 그녀가 그 이상의 따뜻한 감정을 숨기고 있으리라는 생각도 들지 않았다. 그녀가 아무리 정숙한 여인이라 해도, 약혼까지 한 이상 이제 그런 감정을 드러낸다고 해서 누가 뭐라 할 사람은 없기 때문이었다. 그는 거의 매일같이 불만을 하소연했다.

"당신과 결혼하게 되었는데 내가 행복하지 않다고 감히 말할 수 있겠습니까?" 클레브 공이 말했다. "하지만 나는 사실 행복하지 않습니다. 당신은 내게 호의 비슷한 것은 보이지만, 난 그것으로는 만족 못합니다. 당신한테서는 설렘이나 불안함이나 초조함 같은 감정을 찾아볼 수 없어요. 이토록 열렬한 내 사랑도 당신에게는 당신의 매력이 아니라 재산에 눈이 먼 탐욕스러운 마음 정도로만 느껴지는 것 같군요."

"그런 불평은 부당해요." 그녀가 대꾸했다. "도대체 제게 지금보다 뭘 더 원하시는지 모르겠군요. 남들 눈을 생각할 때도 이 이상을 허락하기는 어려울 것 같은데요."

"당신이 여러모로 마음 쓰고 있다는 건 인정합니다. 그 마음속에 더 강렬한 감정이 있다면 나도 만족할 겁니다. 하지만 당신은 남들 눈을 의식한다기보다는 남들 눈이 있어서 지금처럼 행동할 수 있는 것을 오히려 다행으로 여기는 것 같은데요. 난 당신 마음을 움직일 수 없어요. 내가 앞에 있어도 기쁘거나 떨리지 않잖아요?"

"당신을 보고도 제가 기뻐하지 않는다고 의심할 근거가 어디 있죠? 전 당신을 먼발치에서 보기만 해도 얼굴이 빨개지는걸요. 만나도 설레어하지 않는다니, 어떻게 그런 생각을 하시죠?"

"얼굴이 붉어진다는 것에 속을 것 같습니까? 그건 부끄럽기 때문이지 심장이 뛰어서가 아니잖아요. 괜한 착각으로 우쭐대고 싶지는 않군요."

샤르트르 양은 말문이 막혔다. 그런 미묘한 차이까지는 감지하지 못했던 것이다. 자신이 바라는 감정을 이해조차 하지 못하는 그녀를 보고 클레브 공은 그녀의 마음이 거기에서 얼마나 동떨어져 있는가를 뼈저리게 깨달았다.

기즈 기사는 클레브 공의 결혼식 며칠 전에 여행에서 돌아왔다. 그는 샤르트르 양과 결혼하고 싶었지만 극복할 수 없는 장해물이 너무도 많아 도저히 소원을 이루기란 불가능하겠다고 생각했었다. 그래도 다른 남자의 아내가 될 그녀를 보자 마음이 쓰라렸다. 그런 고통에도 사랑의 불길은 사그라지지 않았다. 기사는 여전히 그녀를 뜨겁게 가슴에 품었다. 샤르트르 양도 기즈 공의 그런 마음을 모르지 않았다. 여행에서 돌아와 샤르트르 양을 찾아간 기즈 공은 자신은 깊은 슬픔에 잠겨 있으며 그것은 당신 때문이라고 호소했다. 그가 불행에 빠지는 모습을 누구라도 태연히 지켜보지 못할 만큼 기즈 공은 멋지고 매력 있는 남자였다. 샤르트르 양은 연민을 느끼지 않을 수 없었다. 그렇지만 그 동정심이 다른 감정으로 발전하는 일은 없었다. 그녀는 어머니에게 기즈 공이 그토록 상심하는 것이 마음 아프다고 말했다.

샤르트르 부인은 딸의 솔직함에 탄복했다. 아닌 게 아니라 이 아가씨만큼 천진난만하고 솔직한 사람은 찾아보기 어려웠다. 그러나 샤르트르 부인이 그에 못지않게 놀란 것은 딸이 사랑이라는 것을 전혀 느끼지 않는다는 점이었다. 딸이 클레브 공에게조차 다른 사람과는 다른 특별한 애정을 주지 않는다는 사실을 잘 알기에 더욱 그런 마음이 들었다. 부인은 딸이 남편을 사랑할 수 있도록 충고하기로 했다. 클레브 공이 그녀의 신분을 알기도 전에 호감을 보여주었으며, 누구 하나 그녀를 거들떠보지 않게 되었을 때 제발 아내가 되어달라고 청혼할 만큼 사랑해주는 것을 감사해야 한다고 타일렀다.

드디어 루브르 궁에서 결혼식이 치러졌다. 그날 밤 국왕과 왕비와 왕세자비는 궁정 사람들을 빠짐없이 거느리고, 샤르트르 부인 집에서 열린 만찬회에 참석했다. 그들은 융숭한 대접을 받았다. 기즈 기사도 유별나게 보일까 봐 잔치에 참석했다. 그러나 슬픈 기색을 주체하지 못했으므로 곧 모두가 그의 감정을 눈치챘다.

클레브 공은 샤르트르 양이 성이 바뀐다고 해서 마음까지 바뀔 거라고는 기대하지 않았다. 그녀의 남편이 됨으로써 커다란 특권을 얻은 것은 사실이지만, 아내 마음속에서 자신의 위치는 변함이 없었다. 남편이 된 지금도 허한 마음은 여전했다. 그는 계속 연인인 채로 있는 기분이었다. 아내와 더없이 금실 좋게 지내면서도 완전히 행복하지는 않았다. 여전히 아내에 대한 극도로 불안한 정열이 남아 있었으며, 그 때문에 기쁨이 상쇄되었다. 이 고민에 질투는 조금도 섞이지 않았다. 클레브 공만큼 질투심 없는 남편도 없었으며, 클레브 부인만큼 질투의 원인을 제공하지 않는 아내도 없었다. 그러나 부인은 위험한 궁중에 노출되어 있었다. 그녀는 매일같이 왕비와 왕세자비와 왕의 누이동생의 처소를 드나들었다. 연애를 좋아하는 젊은이라면 부인의 저택이나 어떤 손님이든 환영하는 시숙 느무르 공의 저택에서 그녀를 만날 수 있었다. 그러나 클레브 부인에게는 가까이 다가서기 어려운 구석이 있었다. 그녀는 남녀 문제하고는 거리가 먼 분위기를 풍겼다. 느물느물하고 국왕의 후광까지 등에 업은 생탕드레 원수 같은 사람조차도 부인의 아름다움에 끌리면서도 호감과 예의를 표하는 정도로 만족할 수밖에 없었다. 원수랑 똑같이 느끼는 사람은 그 밖에도 많았다. 클레브 부인은 본디 총명한 데다 어머니 샤르트르 부인한테서 갖가지 예절을 배운지라 쉽게 접근할 수 없는 사람으로 보였다.

선대 로렌 공의 미망인은 화평에 힘쓰는 한편 아들인 당대 로렌 공의 결혼 준비로도 분주했다. 로렌 공과 국왕의 둘째딸 클로드 드 프랑스 공주의 혼사가 성립되어 2월에 결혼식이 치러질 예정이었다. *43

느무르 공은 브뤼셀에 머물며 예의 영국 건으로 눈코 뜰 새 없이 바쁜 나날을 보내고 있었다. 영국에서 쉼 없이 편지를 받고 답장을 보냈다. 날이 갈수록 공의 기대감은 부풀어갔다. 그리고 마침내 리네롤은 모든 일이 순조롭게 풀리고 있으니 슬슬 몸소 영국으로 건너와서 마무리를 지으라는 전갈을 보내왔다. 이 편지를 받은 공은 자신의 명성만으로 한 나라의 왕좌에 오르는 행운을 거머쥔 젊은 야심가로서의 기쁨을 마음껏 맛봤다. 그의 마음은 이 커다란 행운에 어느새 익숙해져버렸다. 처음에는 도저히 이룰 수 없는 꿈이라고 자포자기 상태였건만, 이제는 모든 어려움은 깨끗이 사라졌으며 앞길을 가로막는 것은 아무것도 없다는 생각이 들었다.

느무르 공은 자신이 찾아가는 목적에 걸맞게 호화로운 행렬을 계획하고, 서둘러 파리로 사람을 보내 모든 일을 빈틈없이 준비하게 시켰다. 그런 다음 자신도 로렌 공의 결혼식에 참석하기 위해 궁정으로 발걸음을 서둘렀다.

공은 약혼식 전날 도착했다. 그날 저녁 국왕을 알현해 계획의 진행 상황을 보고하고, 앞으로 어떻게 해야 좋을지 국왕의 지시와 조언을 구했다. 그 뒤 왕비와 왕세자비의 처소를 찾아가 문안 인사 했다. 클레브 부인은 그 자리에 없었으므로 느무르 공을 만나지 못했다. 공이 궁정에 돌아왔다는 사실조차 몰랐다. 그러나 부인은 사람들이 느무르 공을 가리켜 궁정에서 제일가는 미남이며 누구보다도 호감 가는 사람이라고 화제에 올리는 것을 들은 바 있었다. 특히 왕세자비가 그의 이야기를 틈만 나면 입에 올리고 싶어하며 따뜻한

---

*43 기록에 따르면 샤를 드 로렌의 결혼은 1558년 1월이었다.

말투로 변했으므로 그녀는 그의 얼굴이 무척·궁금해졌다.

약혼식 당일, 클레브 부인은 저녁에 루브르 궁에서 열리는 국왕 주최 무도회와 연회에 참석하기 위해 몸치장을 하면서 내내 집에 있었다. 궁정에 도착한 부인을 보고 사람들은 그 미모와 우아한 옷차림에 감탄했다. 무도회가 시작되어 클레브 부인이 기즈 공과 춤을 추고 있을 때였다. 홀 입구에 누군가가 등장했는지 모두가 길을 터주며 크게 술렁였다. 클레브 부인이 한 곡을 다 추고 다음 춤 상대를 눈으로 찾고 있는데 국왕이 말을 걸었다. 지금 들어온 사람과 추면 어떻겠냐는 것이었다. 부인은 그쪽을 돌아보았다. 한눈에도 느무르 공임을 알 수 있는 사람이 몇 자리를 지나 이쪽으로 오고 있었다. 안 그래도 처음 대면한 사람의 감탄을 자아내는 수려한 외모를 갖춘 느무르 공은 오늘따라 유난히 차림새도 멋들어져 눈부신 아름다움이 한층 빛나 보였다. 물론 클레브 부인을 처음 본 사람도 똑같이 경탄을 금하지 못했다.

클레브 부인의 미모에 깜짝 놀란 느무르 공은 부인이 다가와 인사하자 감탄사를 내뱉지 않을 수 없었다. 두 사람이 춤추기 시작하자 여기저기서 탄성이 쏟아져나왔다. 국왕과 왕비, 왕세자비는 이제껏 만난 적 없는 두 사람이 함께 춤추고 있다고 생각하니 묘한 기분이 들었다. 그래서 두 사람이 춤을 끝내자마자 누가 말을 붙일 틈도 주지 않고 그들을 불러서, 서로 상대가 누군지 알고 싶지 않은지, 전혀 짐작도 안 가는지 물어보았다.

"저는 금방 알아보았습니다." 느무르 공이 왕세자비에게 대답했다. "그럴 만한 이유가 있기 때문입니다. 하지만 클레브 공의 부인은 저와 같은 이유로 저를 알아보지 못하실 테니 부디 비전하께서 제 이름을 대신 말씀해주시지요."

왕세자비가 말했다. "당신이 이분의 이름을 아시는 것처럼 이분도 당신의 이름을 아실 거예요."

"마마." 클레브 부인이 조금 당황하며 말했다. "전 이분이 누군지 모르겠사옵니다."

"다 알면서 뭘 그래요." 왕세자비가 대꾸했다. "아직 만난 적은 없지만 저분이 누군지 안다고 솔직하게 말하지 않는 걸 보니 느무르 씨에게 호감이 있나 보군요."

왕비가 대화를 중단시키고 무도회를 이어가라고 지시했다. 느무르 공은 이번에는 왕세자비와 춤을 추었다. 이 왕세자비는 흠잡을 데 없이 아름다웠고, 플랑드르로 가기 전에는 느무르 공의 눈에도 그렇게 보였다. 그러나 그 날 밤은 처음부터 끝까지 클레브 부인만이 아름다워 보였다.

여전히 클레브 부인을 사모하는 기즈 기사는 부인에게서 줄곧 눈을 떼지 않았다. 그러다가 지금 막 일어난 일을 보고는 절망하지 않을 수 없었다. 느무르 공이 클레브 부인을 사랑하게 되리라는 예감이 들었던 것이다. 클레브 부인이 실제로 마음의 동요를 드러낸 건지 기즈 공이 질투심에 사실을 과장해서 본 것인지 알 수 없으나, 어쨌든 그는 부인이 느무르 공을 보고 마음이 흔들렸다고 믿었다. 그래서 부인에게 이처럼 매력적이고 특별한 계기로 당신과 알게 된 느무르 공은 행운의 사나이라고 말하지 않을 수 없었다.

클레브 부인은 집에 돌아온 뒤에도 무도회에서 일어났던 여러 가지 일로 머리가 복잡했다. 이미 밤도 깊었지만, 어머니 방으로 가서 그 이야기를 털어놓았다. 입에 침이 마르도록 느무르 공을 칭찬하는 딸을 보면서 샤르트르 부인도 기즈 공과 같은 생각을 품지 않을 수 없었다.

이튿날은 결혼식이었다. 그 자리에서 클레브 부인이 본 느무르 공의 자태는 눈부시도록 당당하고 우아했다. 부인은 전날보다 더 큰 감탄사를 내뱉었다.

그다음 날도, 또 그다음 날도, 클레브 부인은 왕세자비의 처소에서 느무르 공을 보고, 국왕과 테니스를 하는 느무르 공을 보고, 마상 경기장에서도 느무르 공을 보았다. 그의 목소리도 들었다. 그는 늘 다른 사람들보다 우월했으며, 그 품위 있는 자태와 눈부신 재치로 어디서나 대화를 이끌었다. 그리하여 그는 아주 짧은 시간 내에 클레브 부인의 마음을 사로잡아버렸다.

사실 느무르 공도 클레브 부인에게 강하게 이끌렸다. 그래서 얼른 그녀의 마음에 들고 싶은 일념에 평소보다 상냥하고 활발하게 굴었으므로 훨씬 매력적으로 보였던 것이다. 이런 식으로 두 사람은 자주 얼굴을 마주쳤으며 서로를 궁정 최고의 미남미녀로 인정했으므로 특별한 호감을 품지 않는 게 더 이상할 지경이었다.

발랑티누아 공비는 어떤 행사에도 반드시 참석했으며, 국왕은 공비를 처음 사랑했던 시절과 조금도 다름없는 열정과 애정을 보여주었다. 그러나 클레브 부인의 나이 때는 여자가 스물다섯 살이 넘어서도 사랑받을 수 있다는 생각은 하지 않는 법이다. 따라서 발랑티누아 부인이 이미 할머니라고 불리는 나이에, 그것도 최근 손녀를 한 명 시집보냈을 만큼 나이를 먹어서도 국왕에게 그만큼 사랑받는다는 사실이 놀랍기 그지없었다. 부인은 어머니 샤르트르 부인에게 가끔 이렇게 이야기했다.

"어머니, 폐하가 그렇게 옛날부터 발랑티누아 부인을 사랑하셨다는 게 사실이에요? 폐하는 어째서 그런 분을 사랑하게 되었을까요? 폐하보다 훨씬 나이도 많은 데다 부왕 마마의 애인이었던 사람을. 듣기로는 부인 말고도 애인이 많으시다던데."

"그래." 샤르트르 부인이 대답했다. "폐하께서 발랑티누아 부인에게 첫눈에 반하셨고 지금까지 그 사랑을 간직하시는 건 부인이 훌륭한 사람이어서도 아니고 진심으로 폐하를 섬기기 때문도 아니야. 그 점에서는 폐하도 참 딱하지만. 만일 부인이 좋은 가문 출신에 젊음과 미모까지 겸비하고도 다른 조건은 생각하지 않고 순수하게 폐하만을 사랑했더라면, 그것도 권력이나 명예가 목적이 아니라 폐하 자체를 소중히 여기고 오로지 폐하를 위해 몸바치는 사람이었더라면 폐하의 그 지극한 사랑을 칭찬하지 않는 사람은 없었을 테지."

샤르트르 부인은 이어서 말했다.

"네가 나를 옛날얘기만 좋아하는 늙은이라고 흉보지만 않는다면, 폐하와 공비의 사랑이 어떻게 시작되었는지 들려줄 텐데. 지금 궁궐에서 벌어지는 일들과 관계가 깊은 선왕 마마 시대의 여러 사건도 말이야."

"흉은커녕 지금 궁정에서 어떤 일들이 벌어지는지 여태껏 가르쳐주지 않으셨던 게 원망스러운걸요. 그동안 궁 안의 복잡한 이해관계며 연애관계를 말씀해주신 적이 없잖아요. 전 바로 얼마 전까지 대원수와 왕비 마마가 아주 친밀한 관계라고 생각할 만큼 궁궐 사정에 어두웠어요."

"진실과는 정반대로 생각했구나. 왕비 마마는 대원수를 싫어하셔. 왕비 마마에게 권력이 있다면 대원수에게 어떤 짓을 하실지 모를 정도로. 대원수가 폐하께 왕자공주 중 폐하를 닮은 자식은 서출들뿐이라고 틈만 나면 말한다는 걸 아시거든."

"그런 증오관계가 있는 줄은 꿈에도 몰랐어요." 클레브 부인이 끼어들었다. "왕비 마마는 대원수가 귀양 갔을 때 위로 편지까지 보내셨잖아요. 대원수가 복귀했을 때도 무척 기뻐하셨고, 언제나 폐하처럼 대원수를 '친애하는 대원수'라고 부르시고요."

"구중궁궐에서 겉모습만 믿다가는 뒤통수 얻어맞기 십상이란다. 겉모습과 속사정이 일치하는 일은 드물거든."

샤르트르 부인은 말을 이었다.

"다시 발랑티누아 부인 얘기로 돌아갈까? *44 부인의 이름이 디안 드 푸아티에라는 건 너도 알 거다. 그 집안은 대단한 명문이지. 유서 깊은 아키텐 공작집안 출신으로, 할머니는 루이11세의 첩이었단다. 출신만큼은 흠잡을 데 없는 사람이지. 아버지 생발리에 공은 부르봉 대원수 반역 사건*45에 연루되었단다. 이건 너도 들어서 알지? 결국 사형선고를 받고 단두대에 올랐는데, 그때 부인이 큰 활약을 했어. 부인은 대단한 미인이라서 오래전부터 선왕 마마(프랑수아 1세)의 눈에 들었었는데, 이때 큰 수완을 발휘해서—어떤 수를 썼는지는 모르겠지만—아버지의 목숨을 구해냈지. 처형 명령이 떨어지기만을 기다리던 때에 사면장이 도착한 거야. 하지만 그때 생발리에 공은 어찌나 공포에 떨었던지 혼수상태에 빠지더니 얼마 못 가 죽고 말았어. 그 딸은 선왕 마마의 총비가 되어 입궐했단다. 이탈리아 원정과 선왕 마마의 투옥*46으로 그 총애도 얼마 못 갔지만. 선왕 마마가 이스파니아에서 돌아오자 섭정 태후 마마(프랑수아 1세의 어머니 루이스 드 사부아)는 바욘까지 마중을 나갔는데, 그때 궁녀들을 다 데리고 가셨지. 거기에는 뒷날 데탕프 공비가 된 피슬뢰 양도 있었어. 선왕 마마는 피슬뢰 양과 사랑에 빠졌지. 데 탕프 부인은 발랑티누아 부인만큼 가문도 좋지 않고 지성도 미모도 뒤떨어졌지만, 젊음만은 앞섰지. 난 데탕프 부인이 '난 디안 드 푸아티에가 결혼한 날에 태어났어요'라고 말하는 걸 가끔 들었단다. 하지만 이건 질투에서 나온 말일 뿐, 사실은 아니야. 내가 정확히 아는데, 발랑티누아 부인이 노르망디 주의 총감독 브레제 공과 결혼한 건 선왕 마마가 데탕프 부인에게 첫눈에 반

---

*44 이하는 브랑톰, 메즈레, 마티외가 주로 덧붙인 이야기.

*45 샤를 드 부르봉 대원수(1484~1527)는 프랑수아 1세의 처우에 불만을 품고 1523년에 국외로 탈출하여 독일·신성로마제국의 카를 5세에게 붙었다.

*46 파비아 전쟁에서 독일 황제 카를 5세군에 패한 프랑수아 1세는 1525년 2월부터 1526년 3월까지 이스파니아(카를은 이스파니아 왕이기도 했다)의 마드리드에서 체포되어 있었다.

했을 때와 같은 시기니까. 이 두 여성만큼 서로 격렬하게 질투한 사람들은 그 뒤에도 앞에도 없단다. 발랑티누아 부인은 총비 자리를 빼앗아간 데탕프 부인을 용서할 수 없었고, 데탕프 부인은 선왕 마마가 여전히 발랑티누아 부인과 관계를 유지하자 부인을 죽도록 시샘했어. 선왕 마마는 누구를 특별히 더 아끼시지는 않았거든. 총비라는 지위와 명예를 가진 여인은 언제나 한 명은 있었지만, 흔히 '그다음 조'라고 불리는 여자들도 한 번씩은 폐하의 성은을 입었지. 그러던 어느 날 왕세자인 큰아들이 투르농에서 갑자기 죽었어. 그것도 독살이라는 믿기 어려운 사인으로. 선왕 마마는 몹시 비통해하셨지. 선왕 마마는 지금의 국왕, 즉 둘째아들을 죽은 왕세자만큼 사랑하지 않으셨고 별로 관심도 없었어. 호방함이나 정열이 부족하다고 생각하셨던 모양이야. 어느 날 선왕 마마는 이 불만을 발랑티누아 부인에게 털어놓았어. 그러자 부인은 왕자가 자기와 사랑에 빠지면 더 활발하고 매력적인 남자가 될 거라고 말했어. 그리고 보다시피 부인은 멋지게 성공했지. 벌써 20년도 전 일인데 그 사랑은 세월과 갖가지 장해물이 무색하게 변함없이 이어지고 있으니까.

처음에 선왕 마마는 반대했어. 아직도 질투를 느낄 정도로 발랑티누아 부인을 사랑해서였는지 왕세자(친왕 태자)가 밉살맞은 여자와 맺어지는 것을 분하게 여긴 데탕프 부인에게 설득당해서였는지는 모르지만, 아무튼 그 둘의 연애를 분노와 불쾌감이 뒤섞인 감정으로 지켜본 건 사실이었고, 매일같이 그 감정을 겉으로 드러냈어. 왕세자는 부왕의 분노와 증오에도 아랑곳하지 않았고, 열정을 자제하거나 감추려고도 하지 않았어. 도리어 아버지가 참는 데 익숙해지는 수밖에 없었지. 선왕 마마는 고분고분하지 않은 왕세자를 더욱 멀리하고, 셋째왕자인 오를레앙 공을 더욱더 애지중지하게 되었어. 이 오를레앙 공은 풍채도 훌륭하고 잘생긴 데다 정열적이고 패기만만했지. 단, 지나치다 싶을 정도로 끓는 혈기를 주체하지 못했기 때문에 자제력이 조금 아쉬웠지만, 나이를 좀더 먹고 분별력이 생기면 대단히 훌륭한 왕자가 될 거라고 생각했어.

왕세자에게는 맏아들이라는 지위가 있었고, 오를레앙 공에게는 왕의 총애가 있었던 셈이니 형제 사이에 증오에 가까운 적대 의식이 생겨난 것도 당연해. 그런데 이 경쟁심은 두 사람의 유년 시절부터 이어져온 것이었어. 왕세자는 프랑스를 방문한 카를 황제가[*47] 자신은 제쳐놓고 오를레앙 공에게만 관심을 보인 것에 앙심을 품고, 황제가 샹티이에 머물 때 부왕의 명령도 기다리지 않고 몽모랑시 대원수에게 황태자를 체포해오라고 명령했지. 대원수는 그 말을 거역했는데, 나중에 선왕 마마는 대원수가 왕세자의 명령을 거역한 것을 질책하지 않았어. 대원수가 궁정에서 추방된 데에는 이 사건이 단단히 한몫했단다.

두 왕자의 불화를 보면서 데탕프 부인은 오를레앙 공을 지지해야겠다고 생각했어. 그래야 발랑티누아 부인에 대한 선왕 마마의 총애를 저지할 수 있으리라고 생각한 거지. 그리고 멋지게 성공했단다. 오를레앙 공은 데탕프 부인에게 사랑을 느끼지는 않았지만, 왕세자가 발랑티누아 부인의 역성을 드는 것 못지않게 데탕프 부인편을 들어주었지. 결국 궁정은 두 파로 갈렸는데, 그게 어떤 것이었을지는 너도 짐작이 가겠지? 더구나 이 이전투구는 여자들의 세력 다툼만으로 끝나지 않았어.

오를레앙 공에게 호감이 있었던 독일 황제는 밀라노공국을 이 왕자에게 주겠다고 몇 번이나 제안했어. 그 뒤 강화조약을 체결할 때도 황제는 오를레앙 공에게 열일곱 개 주를 주고 그를 자신의 딸과 결혼시키고 싶다는 마음속을 내비쳤지. 왕세자는 카를 5세와 화평도, 그 결혼도 바라지 않았어. 그래서 여전히 충복으로 생각하던 몽모랑시 대원수에게 국왕에게 자기 대신 진언하라는 명령을 내렸어. '오를레앙 공이 독일 황제와 인척이 되어 열일곱 개 주를 받으면, 후계자인 왕세자는 강대한 권력을 가진 동생을 두게 되는 셈이니 그런 일은 결단코 피해야 한다'고 말이야. 대원수로서도 이 진언은 오를레앙 공의 출세를 간절히 바라는 밉살맞은 데탕프 부인의 뜻과 반대되는 것이었기에 기꺼이 왕세자에게 동조했지.

그 무렵 왕세자는 폐하의 군대를 이끌고 상파뉴 전투에서 독일 황제의 군대를 궁지로 몰아넣고 있었어. 그 기세대로였다면 황제군은 전멸했을 거야. 한편 데탕프 부인은 적군과 내통하여 식량이 풍부한 에페르네와 샤토티에리를 치도록 정보를 흘렸어. 아군이 너무 우세하면 화의도, 황제의 딸과 오를레앙 공의 혼인도 물거품으로 돌아갈까봐 걱정됐기 때문이었지. 적군은 그

<hr>

[*47] 1538년 니스에서 카를 5세는 10년 휴전 협정을 체결하고 영국(領國) 플랑드르로 돌아가는 도중 1540년 1월에 프랑스를 지나면서 각지에서 성대한 환대를 받았다.

말에 따랐고, 군대는 전원 무사히 살아남았지.

데탕프 부인은 이 배반의 성공에 오래 취해 있을 수 없었어. 얼마 안 있어 오를레앙 공이 파르무티에에서 전염병에 걸려 죽었기 때문이지. 이 왕자는 궁정에서 손꼽히는 미인과 은밀히 사랑하는 사이였어. 그 여인이 누군지는 말하지 않으마. 그 사람은 끝까지 정절을 지키며, 오를레앙 공에 대한 사랑을 드러내지 않으려고 지고지순하게 살았거든. 그런 사람의 명예에 손상을 줄 수는 없으니까. 그런데 운명의 장난인지, 이 부인은 오를레앙 공의 죽음을 안 바로 그날에 부군의 부고도 듣게 되었어. 그래서 세상에는 상심한 진짜 이유를 끝까지 감출 수 있었던 거야.

선왕 마마도 왕자의 뒤를 따라 2년 뒤에 승하하셨단다. 선왕 마마는 왕세자에게 투르농 추기경과 안느보 제독을 보좌로 삼으라고 유언을 남기셨어. 그때 샹티이로 귀양 가 있던 몽모랑시 대원수에 대해서는 한마디도 언급하지 않으셨지. 하지만 왕세자가 즉위하고 가장 처음 한 일은 대원수를 불러들여 나랏일을 맡긴 것이었어.

데탕프 부인은 추방당해서, 지금은 무서울 것이 없는 불구대천의 원수에게 온갖 핍박을 받고 있지. 발랑티누아 부인은 데탕프 부인뿐만 아니라 평소 껄끄럽게 생각했던 사람에게는 한 명도 빠짐없이 철저하게 복수했어. 폐하의 마음을 제멋대로 휘두르는 발랑티누아 부인의 힘은 왕세자 시절보다 지금이 훨씬 강력해. 폐하가 정권을 쥐신 지 12년이 지났지만, 그동안 하나부터 열까지 부인 천하였단다. 부인은 인사권에서 정무권까지 멋대로 처리하고 있어. 투르농 추기경, 올리비에 재무장관, 빌루아 경(재무장관 니콜라 드 누빌로 추정된다)까지 추방했을 정도야. 폐하께 부인의 소행에 관해 진언하려던 사람은 모두 패가망신했어. 포병 총사령관이었던 테 백작은 발랑티누아 부인을 몹시 싫어했지. 그는 부인의 애정 행각을, 특히 폐하가 심하게 질투하는 브리삭 백작과의 관계를 고자질하려고 했어. 그런데 발랑티누아 부인에게 선수를 빼앗기는 바람에 폐하의 분노를 사서 관직에서 쫓겨나고 말았지. 그것도 모자라 발랑티누아 부인은 브리삭 백작을 테 백작의 후임으로 앉히고, *48 프랑스 원수라는 칭호까지 선물했어. 정말 믿기 어려운 애기지만

---

*48 테 백작은 1546~47년 사이에 포병 총사령관이었고, 브리삭은 1546~50년까지 그 자리에 있었다.

말이야. 왕의 질투는 더 심해졌어. 궁정에서 백작의 얼굴을 보는 것만도 견디기 어려울 정도였지. 그렇지만 질투심을 격렬하게 표출하지는 않았어. 보통 질투를 하게 되면 이성을 잃을 만큼 감정이 격해지게 마련이지만, 폐하는 발랑티누아 부인을 크게 배려한 거야. 피에몬테 통치라는 명분을 붙여서 그를 멀리 쫓아 보낸 것이 최초의 시도였을 정도란다. 브리삭 경은 근무지에서 몇 년을 보낸 뒤 작년 겨울에 궁정으로 돌아왔어. 자기 군대에 필요한 보충 병력 따위를 요구한다는 핑계로 말이야. 사실은 발랑티누아 부인이 자기를 잊었을까봐 얼굴을 비치고 싶어서였겠지. 폐하는 아주 쌀쌀맞게 원수를 맞이하셨어. 기즈 형제는 그를 싫어했지만, 발랑티누아 부인 앞에서 공공연히 적의를 드러낼 수는 없는 노릇이었지. 그래서 이미 부인의 적으로 낙인찍힌 샤르트르 주교대리를 이용해서, 브리삭 원수의 요구가 하나도 받아들여지지 않도록 수를 썼어. 원수를 방해하기란 식은 죽 먹기였지. 폐하도 그를 눈엣가시처럼 미워했으니까. 결국, 브리삭 원수는 빈손으로 돌아갈 수밖에 없었단다. 꺼져가던 발랑티누아 부인의 가슴에 다시 불을 지피는 데는 성공했지만. 그 밖에도 폐하에게는 질투의 원인이 많았지만, 다른 건 별로 신경 쓰시지 않거나 일부러 모른 체하시는 것 같았어."

샤르트르 부인은 여기까지 말하고 짧게 덧붙였다.

"내 얘기가 너무 길어졌구나! 네가 별로 관심 없어하는 이야기까지 해버린 건 아닌지 모르겠다."

"당치 않아요." 클레브 부인이 대답했다. "어머니만 괜찮으시다면, 얘기를 더 들려달라고 조르고 싶은 심정인걸요."

클레브 부인에 대한 느무르 공의 연정은 곧 활활 불타올랐다. 여행지에서도 공은 그간 편지를 주고받았던 연인들에게 완전히 흥미를 잃었다. 그들을 떠올리는 일조차 없어졌다. 관계를 끊을 핑계도 찾으려고 하지 않았다. 상대방의 하소연을 들어주거나 비난에 대답해줄 느긋할 기분이 아니었기 때문이다. 한때는 꽤 진지하게 좋아했던 왕세자비조차도 지금 심정으로는 클레브 부인의 발끝에도 따라가지 못했다. 영국행에 그토록 들떴던 기분도 점점 가라앉았다. 출발 준비를 할 때만큼 신 나지 않았다. 느무르 공은 이따금 왕세자비를 알현했으나, 그것은 클레브 부인이 그곳에 자주 놀러 오기 때문이었다. 남들에게 자기가 왕세자비를 여전히 사랑한다고 보여줄 필요도 있었다.

공은 클레브 부인을 끔찍이 생각했다. 그래서 남들에게 이 연정이 알려지는 위험을 감수할 바엔 차라리 부인에게 마음을 전하지 않은 채로 지내리라 마음먹었다. 여태껏 모든 걸 털어놨던 절친한 벗 샤르트르 주교대리에게조차 비밀로 했을 정도였다. 공은 매우 분별력 있고 신중하게 행동했다. 따라서 공이 클레브 부인을 사랑한다는 사실을 눈치챈 사람은 기즈 기사 말고는 없었다. 당사자인 클레브 부인도 느무르 공에게 특별히 마음을 주어 주의 깊게 관찰하는 일은 없었으므로, 그 사실을 전혀 의심하지 않았다.

클레브 부인은 평소 누가 자기를 좋아하는 것 같으면 그 사실을 어머니에게 모조리 털어놨지만, 느무르 공의 마음에 대해서만큼은 그러고 싶지 않았다. 굳이 숨기려는 것은 아니지만, 어쨌든 어머니에게는 철저히 비밀로 했다. 그러나 샤르트르 부인은 느무르 공의 마음도, 딸이 공에게 호감이 있다는 사실도 훤히 꿰뚫어보았으며, 그렇기에 가슴이 몹시 아팠다. 느무르 공 같은 남자에게 사랑받고 또 그런 남자에게 끌리고 있으니, 앞으로 딸에게 어떤 일이 닥칠지 눈에 선히 보이는 듯했다. 부인의 이 걱정은 며칠 뒤 일어난 어떤 사건으로 뚜렷한 사실이 되었다.

틈만 나면 자신의 호화로운 생활을 과시하고 싶어하는 생탕드레 원수는 새로 지은 저택을 보여준다는 명목으로 폐하에게 왕비, 왕세자비와 함께 만찬회에 와주십사 청했다. 원수로서는 금으로 처바른 이 호화로운 저택을 클레브 부인에게 보여주는 것도 무척 기대되는 일이었다.

만찬회 며칠 전, 평소 허약한 왕세자는 병에 걸려서 아무도 만나지 못했다. 왕세자비만이 종일 곁을 지키며 간호했다. 그날 저녁, 상태가 호전된 왕세자는 접견실에 있던 귀족들을 모두 병실로 불렀다. 왕세자비는 처소로 돌아가서 제일 가까이 지내는 시녀 몇몇과 클레브 부인을 만났다.

왕세자비는 이미 시간에도 늦었고 옷도 갈아입지 못했다는 이유로 왕비 처소에는 가지 않기로 했다. 왕비에게 그렇게 전하라고 사람을 보낸 뒤, 왕세자비는 보석류를 꺼내어 생탕드레 원수의 무도회 때 쓸 것을 골랐다. 이전에 약속한 바도 있으므로, 클레브 부인에게도 고르라고 했다. 두 사람이 열심히 보석을 고르고 있는데 콩데 친왕이 들어왔다. 그는 누구도 토를 달 수 없는 신분이었으므로 누구 처소에나 자유롭게 드나들 수 있었다. 왕세자비는 친왕에게 왕세자의 처소에서 오신 것인지 확인하고 그 방에서 모두들 뭘 하고 있느냐고 물어보았다.

"모두 느무르 경과 토론을 벌이고 있습니다." 콩데 친왕이 대답했다. "그가 침을 튀겨가며 반론하는 걸 보니 아무래도 자기 이야기인 것 같습니다. 그에게는 연인이 있는데, 그 연인이 무도회에 참석하는 게 불안한가 봐요. 사랑하는 사람을 무도회에서 보는 것은 사랑에 빠진 남자로선 괴롭기 짝이 없는 일이라고 역설하더군요."

"세상에!" 왕세자비가 말했다. "느무르 공이 자기 연인이 무도회에 가는 게 싫다고 말했다고요? 남편이 아내를 무도회에 보내기 싫어하는 건 당연하지만, 애인한테도 그런다는 건 생각 밖의 일이군요."

"느무르 경의 의견으로는, 상대가 자기를 사랑하든 안 하든, 사랑에 빠진 남자로서는 무도회만큼 불안한 곳도 없다는군요. 서로 사랑하는 사이라면, 며칠 동안은 평소보다 덜 사랑받는 괴로움을 맛봐야 한다는 겁니다. 다시 말해, 몸치장에 정신이 팔려 애인을 뒷전으로 밀어두지 않는 여자는 세상에 한 명도 없다, 여자들의 머릿속은 어떻게 치장할까로 꽉 차버린다는 거지요. 게다가 그 치장은 사랑하는 남자만을 위해서가 아니라 모두를 위한 거라나요. 무도회가 시작되면, 자신을 쳐다봐주는 사람에게는 그가 누구든지 간에 애교를 떨어대고, 자신의 미모에 취해 있는 동안에는 애인 따위는 거들떠보지도 않는다는 겁니다. 짝사랑일 때는, 연회 자리에서 연인을 보는 일이 더더욱 괴롭다고도 했어요. 연인이 모두의 찬사를 받으면 받을수록, 그녀에게 사랑받지 못하는 사실이 더욱 불행하게 느껴지고, 그렇게 아름다운 여자라면 다른 남자가 나타나서 자기보다 그 여자를 훨씬 행복하게 해줄지도 모른다는 걱정에 마음을 졸여야 한대요. 요컨대 무도회에서 연인의 모습을 보는 괴로움은 비할 바가 없다는 겁니다. 딱 하나, 연인이 무도회에 참석한다는 걸 알면서 자기는 가지 못하는 괴로움을 빼고는요."

클레브 부인은 콩데 친왕의 말을 듣지 않는 척했지만, 사실은 주의 깊게 듣고 있었다. 느무르 공이 그 주장을 하면서 자기를 얼마나 의식했는지 금방 알 수 있었다. 특히, 사랑하는 여자가 참석하는 무도회에 나가지 못하는 괴로움에 관한 이야기를 듣자 짚이는 구석이 있었다. 느무르 공은 국왕의 명령으로 페라라 공을 마중하러 갈 예정이어서, 생탕드레 원수가 여는 연회에 참석하지 못하게 되어 있었던 것이다.

왕세자비는 콩데 친왕과 함께 깔깔거리며, 느무르 공의 의견에 동의하지 않는다고 말했다. 콩데 친왕이 말했다.

"좋아하는 사람이 무도회에 참석하는 데 느무르 경이 동의하는 경우가 딱 한 가지 있다고 합니다. 바로 주최자가 자신일 때지요. 작년 왕세자비를 위해 연회를 열었을 때는 사랑하는 사람이 비전하와 함께 와주었대요. 여자가 자신을 사랑하는 남자가 연 연회에 참석하는 것은 그 남자에 대한 호의의 표시이며, 남자로서도 궁중 사람들이 모이는 연회에서 자기가 주인공 역할을 하며 손님들을 훌륭히 접대하는 모습을 연인에게 보여주는 것은 기쁜 일이라고 합디다."

"느무르 공이 그 무도회에 연인이 참석하는 데 동의한 건 당연해요. 그때는 수많은 여자가 느무르 공에게 사랑받았는걸요. 그 사람들이 안 온다면 손님이 얼마나 줄었겠어요?*49"

콩데 친왕이 무도회에 관한 느무르 공의 의견을 전하기 시작하자마자, 클레브 부인은 생탕드레 원수가 주최하는 연회에 어떻게든 참석하지 말아야겠다는 생각이 들었다. 그 즉시 떠오른 것은, 자신을 연모하는 남자의 저택에는 가지 말아야 한다는 핑계였다. 부인은 그러한 결벽에 가까운 이유로 느무르 공을 기쁘게 해줄 수 있다고 생각하자 무척 설렜다. 그래도 왕세자비가 빌려준 보석은 가지고 돌아갔다. 그러나 그날 밤, 어머니에게 그것을 보여주면서, 이것을 쓸 생각은 없다고 말했다. 생탕드레 원수는 평소에도 자신에게 호의가 있다는 표시를 어떻게든 하려고 안달이니 이번 무도회 때도 분명 "이 무도회는 폐하를 위해 열었다고 말했지만, 사실은 당신을 위해서기도 합니다" 따위의 말을 할지도 모른다, 주최자라는 좋은 핑계로 당혹스러울 만큼 지나친 친절을 베풀 게 틀림없다고 주장했다.

샤르트르 부인은 그런 터무니없는 생각은 집어치우라며 한동안 반대했다. 그러나 딸이 황소고집을 피우자 꺾이고 말았다. 단, 그런 것은 정당한 이유가 될 수 없으니, 병에 걸렸다는 핑계를 대라고 조언했다. 그리고 남들이 눈치채지 못하도록 조심하라고 덧붙였다. 느무르 공이 오지 않을 장소에 자신도 가지 않기 위해, 클레브 부인은 기꺼이 며칠을 집에서 틀어박혀 지냈다.

---

*49 무도회를 둘러싼 이상의 화제는 17세기 살롱에서 오갔던 전형적인 대화의 예라고 일컬어진다.

한편 느무르 공은 클레브 부인이 이 무도회에 참석하지 않는다는 기쁜 사실을 모른 채 출발했다.

무도회 다음 날 도착한 느무르 공은 클레브 부인이 거기에 참석하지 않았다는 사실을 알았다. 그러나 왕세자의 처소에서 한 이야기가 부인의 귀에 들어갔을 줄은 꿈에도 몰랐으므로, 부인이 참석하지 않은 건 자기 때문이라는 기쁜 속뜻은 짐작할 리 만무했다.

그날 느무르 공이 왕비를 알현해서 왕세자비와 이야기를 나누고 있는데, 샤르트르 부인과 클레브 부인이 나타나 왕세자비에게 다가왔다. 클레브 부인은 정말 몸이 안 좋은 사람처럼 수수하게 차려입고 있었지만, 표정은 그런 차림과는 영 딴판이었다.

"아니, 아팠다는 사람이 이렇게 아름다워도 돼요?" 왕세자비가 말했다. "콩데 친왕께서 무도회에 관한 느무르 공의 의견을 말씀하시는 걸 듣고, 당신이 생탕드레 원수의 집에 가면 원수가 좋아할까봐 참석하지 말아야겠다고 생각한 거죠?"

왕세자비가 자기 마음을 정확히 맞추자, 그것도 느무르 공 앞에서 말하자 클레브 부인은 얼굴이 새빨개졌다.

샤르트르 부인은 그제야 딸이 왜 무도회에 가고 싶어하지 않았는지 깨달았다. 그래서 느무르 공도 자기처럼 생각하기 전에 천연덕스럽게 왕세자비에게 말했다.

"당치 않사옵니다. 그런 갸륵한 마음에서가 아니라 정말로 몸이 아팠어요. 제가 말리지 않았더라면, 이 아이는 분명 어젯밤 그 무도회가 얼마나 훌륭한지 보고 싶은 마음에, 자기 낯빛이 어떤지는 아랑곳하지 않은 채 비전하를 모시고 참석했을 겁니다."

왕세자비는 샤르트르 부인의 말을 믿었다. 애석하지만, 느무르 공도 그 말이 그럴싸하게 들렸다. 그러나 클레브 부인이 얼굴을 붉히는 것을 생각하면, 왕세자비의 말도 아주 틀린 것 같지는 않았다. 클레브 부인은 처음에는 자기가 생탕드레 원수의 집에 가지 않은 것은 느무르 공 때문이라는 사실이 들통날까 봐 걱정했지만, 그 뒤 어머니가 공의 그런 의심을 깨끗이 없애주는 말을 하자 이번에는 오히려 아쉬운 생각이 들었다.

세르캉 화의는 결렬되었지만, 화평교섭은 계속되어 2월 끝무렵에는 카토—캉브레지에서 다시 회의가 열렸다. *50 지난번과 같은 대표단이 그곳으로 향했다. 생탕드레도 궁정을 비우게 되었으므로, 느무르 공은 안심했다. 원수는 클레브 부인에게 접근하는 사람들을 빈틈없이 감시했으며 점점 부인의 마음에 들어가는 것 같았으므로, 느무르 공으로서는 가장 경계해야 할 연적이었다.

샤르트르 부인은 자신이 느무르 공에 대한 딸의 감정을 눈치챘다는 사실을 본인에게는 내색하지 않으려고 했다. 딸에게 알아듣게 타이르고 싶었지만, 그랬다가는 딸의 불신을 살까봐 염려스러웠기 때문이다. 어느 날 샤르트르 부인은 클레브 부인에게 느무르 공에 관해 이야기했다. 훌륭한 청년이라고 칭찬하면서도, 그 사람은 머리가 너무 좋아서 사랑 따위는 하지 못할 거라는 둥 진지한 사랑을 위해서가 아니라 쾌락을 위해서 여자랑 어울리는 듯하다는 둥 하며 가시 돋친 찬사를 잔뜩 섞어서 말했다.

"그래도 왕세자비만큼은 진심으로 사랑한다는 소문이더구나." 샤르트르 부인이 덧붙였다. "내가 보기에도 비전하의 처소를 뻔질나게 찾는 것 같고. 그러니까 넌 되도록 느무르 공과 말을 섞지 않는 편이 좋겠다. 특히 그 두 사람만 있을 때는. 비전하는 이렇게나 널 아껴주시는데, 네가 둘의 사랑을 방해한다는 소문이 퍼지면 곤란하잖니. 너도 알다시피 그런 소문은 들어서 좋을 게 하나 없어. 느무르 공의 소문이 계속되는 한은, 괜히 연애 문제에 휘말리지 않도록, 왕세자비의 처소를 방문하는 횟수를 줄이도록 하렴."

클레브 부인은 지금까지 느무르 공과 왕세자비가 어떤 사이라는 소문을 들은 적이 없었다. 부인은 어머니의 말에 몹시 놀랐다. 더구나 자기가 느무르 공의 감정에 대해 얼마나 착각하고 있었는지 깨닫자 얼굴빛이 창백해졌다. 샤르트르 부인은 그 변화를 놓치지 않았다. 그때 누가 찾아와서, 클레브 부인은 자기 방으로 돌아가서 혼자 틀어박혀버렸다.

어머니의 말을 듣고, 자기가 느무르 공에게 느꼈던 감정이 어떤 종류의 것이었는지 확실히 자각한 클레브 부인은 이루 표현할 수 없으리만큼 괴로웠다. 여태까지는 스스로 그 사실을 인정할 용기가 나지 않았던 것이다. 이때 부인은 느무르 공에 대한 이 감정이야말로 클레브 공이 그토록 바라던 것임

---

*50 1494년부터 계속된 이탈리아 전쟁에 마침표를 찍기 위해 카토—캉브레지 회의가 1559년 1월부터 열렸다.

을 깨달았다. 마땅히 그 사랑을 받아야 할 남편이 아니라 다른 남자에게 그런 감정을 느껴버린 자신이 부끄러웠다. 느무르 공이 왕세자비에게 접근하기 위해 자신을 이용했다고 생각하니 가슴이 찢어질 듯 아프고 혼란스러웠다. 그러자 지금껏 비밀로 해왔던 사실을 샤르트르 부인에게 털어놓아야겠다는 결심이 섰다.

이튿날 아침, 클레브 부인은 그 결심을 실행하려고 어머니 방으로 갔다. 그런데 샤르트르 부인은 미열이 나서 무슨 이야기를 나눌 상태가 아니었다. 그러나 열이 그다지 높은 것 같지는 않았으므로, 클레브 부인은 평소대로 오후에 왕세자비를 방문하기로 했다. 왕세자비는 최측근 시녀 두세 명과 방에 있었다.

"느무르 공에 관해 이야기하던 참이에요." 왕세자비가 클레브 부인을 보자마자 말을 꺼냈다. "브뤼셀에서 돌아온 뒤에 그분이 얼마나 변했는지 우리 모두 감탄했답니다. 그곳에 가기 전에는 그게 단점이라는 말을 들을 만큼 많은 애인을 뒀었잖아요. 괜찮은 여자든 그렇지 않은 여자든 아무에게나 잘해주셨으니까요. 그런데 귀국하고 나서는 누구에게든 생판 남 보듯 한다니까요. 이렇게 손바닥 뒤집듯 변한 사람은 처음이에요. 성격까지 바뀌어서, 전만큼 쾌활하지도 않아요."

클레브 부인은 뭐라고 대꾸하지 않았다. 자기가 착각했다는 걸 깨닫기 전이었다면 느무르 공의 변화를 자신에 대한 사랑의 증거로 오해했을 거라고 생각하니 부끄러웠다. 그 이유가 뭔지 누구보다 잘 알고 있으면서 놀란 척 은근히 질문을 던지는 왕세자비가 얄미웠다. 부인은 어떤 식으로든 그 심정을 왕세자비에게 전달해야만 속이 시원할 것 같았다. 그래서 다른 여자들이 물러가자 얼른 왕세자비 곁으로 다가가 이렇게 속삭였다.

"마마, 아까 그 말씀은 저 들으라고 하신 건가요? 느무르 공의 성격을 바꿔버린 당사자가 마마 자신이라는 사실을 저에게까지 감추시려고요?"

"무슨 그런 말을!" 왕세자비가 반박했다. "내가 당신에게 감추는 게 없다는 건 당신도 잘 알잖아요. 확실히 느무르 공은 브뤼셀에 가기 전에는 날 싫어하지 않는다는 기색을 내비치곤 했어요. 그런데 돌아오더니, 자기가 전에 했던 행동을 다 잊어버린 사람처럼 군다니까요. 나도 그가 왜 그렇게 변했는지 정말 궁금하다고요."

왕세자비는 이렇게 덧붙였다.

"하지만 그렇게 쉽게 속일 수는 없을 거예요. 그분의 친한 친구인 샤르트르 경께서는 한 여인과 사랑에 빠지셨는데, 그 여자는 내 말을 잘 듣거든요. 그 점을 이용해서, 느무르 경이 변한 원인을 캐내고야 말겠어요."

왕세자비의 말투로 봐서 클레브 부인은 그 말을 믿지 않을 수 없었다. 그리고 이유는 알 수 없지만, 마음이 아까보다 훨씬 가라앉고 차분해졌다.

클레브 부인이 어머니 방으로 돌아왔을 때, 어머니의 상태는 오전보다 나빠져 있었다. 다음 날에도, 그다음 날에도 열은 계속 오르기만 했다. 심각한 병에 걸린 것 같았다. 클레브 부인은 깊은 상심에 빠져 어머니 곁을 한시도 떠나지 않았다. 클레브 경도 매일같이 병문안을 왔다. 샤르트르 부인이 걱정되기도 했지만, 슬픔에 잠긴 아내의 기운을 북돋워주는 동시에 아내의 얼굴을 보고 싶어서이기도 했다. 이렇게 클레브 경의 애정은 결혼하고도 조금도 줄어들지 않았던 것이다.

느무르 공은 평소 클레브 경에게 깊은 우정을 느꼈으며, 브뤼셀에서 돌아온 뒤에도 계속 친하게 지냈다. 샤르트르 부인의 병환 중에 느무르 공은 클레브 경을 찾아온 척하거나 함께 산책하자고 제안하러 온 척하면서 클레브 부인을 방문할 기회를 틈틈이 만들었다. 그뿐만 아니라, 클레브 경이 집에 없는 시각인 걸 뻔히 알면서도 일부러 찾아와서는 경을 기다린다는 핑계로 샤르트르 부인의 접견실에 머물렀다. 그곳은 늘 귀족들로 붐볐다. 클레브 부인은 가끔 그 방을 찾았는데, 느무르 공의 눈에는 슬픔에 잠긴 부인이 오히려 더 아름다워 보였다. 공은 부인의 슬픔에 자기가 얼마나 공감하는지 표현하려고 대단히 상냥하고 조심스럽게 말을 건넸으며, 그렇게 함으로써 자기가 사랑하는 사람이 왕세자비가 아니라 클레브 부인이라는 사실을 넌지시 알리고야 말았다.

클레브 부인은 느무르 공을 보면 마음이 심하게 동요하면서도 기쁨을 억누르지 못했다. 그러나 공이 돌아간 뒤, 이토록 그에게 마음이 끌리는 것은 사랑의 시작이라는 생각에 괴로웠고, 자신을 이렇게 만드는 느무르 공에게 원망도 들었다.

샤르트르 부인의 병은 점점 악화해서 죽음을 준비해야 하는 상황에까지 이르렀다. 샤르트르 부인은 대단히 위독한 상태라고 선고하는 의사들의 말을 평소처럼 덕성과 경건함을 가지고 담담히 받아들였다. 의사들이 방에서 나가자, 샤르트르 부인은 사람들을 물러가게 한 뒤 클레브 부인을 머리맡으로 불렀다.

"이제 너하고도 헤어져야겠구나." 부인이 딸에게 손을 내밀면서 말했다. "너를 위험 속에 혼자 두고 떠나려니 가슴이 찢어지는 것 같구나. 너한테는 내가 필요한데 말이야. 네가 느무르 공에게 마음이 있다는 거 다 안다. 내게 고백하라는 게 아니야. 인제 와서 그런 고백을 들어봤자 널 이끌어 줄 수도 없는걸. 난 오래전부터 네 마음을 눈치챘단다. 하지만 내가 먼저 말을 꺼냈다가는 오히려 확실하게 자각시켜주는 꼴이 될까봐 모른 체했던 거야. 이제는 너도 네 마음을 잘 알지? 넌 가파른 벼랑 끝에 서 있단다. 떨어지지 않으려면 엄청난 노력과 자제심이 필요하지. 클레브 경에 대한 의무를 잊어선 안 된다. 너 자신에 대한 의무를 잊지 마. 네가 얻어왔던 좋은 평판은 나도 진심으로 원하던 것이란다. 그 평판을 잃어버릴 수도 있다는 점을 명심해. 힘을 내고 용기를 가져라. 궁정을 멀리하렴. 클레브 경에게 먼 곳으로 가자고 부탁해. 참을 수 없이 힘들고 어려워 보이는 일이라도 겁먹지 말고 해내야 해. 처음에는 싫더라도 말이야. 남녀관계다 사랑이다 하는 문제에서 오는 불행에 비하면 그런 것쯤은 힘든 것도 아니라는 걸 언젠가 알게 될 거야. 이렇게 부탁하는 데 정조나 의무 말고 무슨 이유가 더 필요하겠니? 난 이 세상을 떠나 행복한 세상으로 가지만, 만일 네가 다른 여자들과 똑같은 잘못을 알고도 저지른다면 나의 그 행복도 아무 소용없게 될 거다. 하지만 그 불행이 너에게 닥칠 필연적인 것이라면, 난 차라리 죽음을 맞이하는 편이 기쁘구나. 죽고 나면 이 눈으로 그 꼴을 보지 않아도 될 테니까."

클레브 부인은 어머니의 손을 꼭 붙잡고 하염없이 눈물을 흘렸다. 샤르트르 부인도 가슴이 찢어지는 심정으로 이렇게 말했다.

"잘 있어라, 내 딸. 이제 대화는 그만하자. 둘 다 슬퍼질 뿐이니까. 지금 내가 한 말을 되도록 가슴에 새기렴."

샤르트르 부인은 말을 마치고 돌아누운 채, 시녀를 불러달라는 말만 남기고 더는 딸의 말을 들으려고도 무슨 말을 하려고도 하지 않았다. 어머니 방에서 나왔을 때 클레브 부인의 심정이 어땠을지 상상하기란 어렵지 않다. 이제 샤르트르 부인은 홀로 죽음을 맞이하는 일에만 전념했다. 그로부터 이틀은 더 살았는데, 그동안 유일한 마음의 짐인 딸의 얼굴조차 보지 않았다.

클레브 부인은 크나큰 비탄에 빠졌다. 클레브 경은 아내 곁을 한시도 떨어지지 않고 지켰다. 경은 샤르트르 부인이 숨을 거두자 곧 아내를 시골로 데리고 갔다. 집에 남아 있어봐야 슬픔만 더할 뿐이기 때문이었다. 클레브 부인은 도무지 슬픔에서 헤어나오지를 못했다. 어머니에 대한 애정과 감사함에서 비롯한 슬픔이기도 했지만, 느무르 공에게서 자신을 지키려면 어머니의 존재가 꼭 필요하다는 마음도 크게 작용했다. 지금처럼 감정 조절이 안되어 동정과 격려를 해주는 사람이 절실히 필요한 때에 어머니가 돌아가시다니 더없는 불행이라며 부인은 한탄했다. 자신에 대한 클레브 경의 지극한 태도를 보면, 아내로서 해야 할 일을 한 치의 부족함도 없이 해야겠다는 마음이 한층 강하게 들었다. 부인은 클레브 경을 한결같이 깊은 애정과 상냥함으로 대하면서, 언제나 곁에 있어달라고 말했다. 남편에게 집착하면 느무르 공에게서 자신을 지킬 수 있을 것만 같았다.

느무르 공은 클레브 경을 만나러 시골까지 찾아왔다. 공은 부인과도 만나려고 수를 썼으나, 부인은 한사코 그를 만나지 않았다. 만나면 호감을 느낄 것이 뻔하므로 되도록 만날 기회를 피하기로 굳게 결심했던 것이다.

클레브 경은 국정 일로 파리로 떠나면서 다음 날에는 돌아오겠노라고 부인에게 약속했다. 그러나 경이 돌아온 것은 그다음 날이었다.

"어제는 종일 기다렸어요."

경이 돌아오자 부인이 말했다. "왜 약속대로 돌아오시지 않았죠? 정말 원망스러워요. 당신도 들으셨겠지만, 전 투르농 부인의 부음을 오늘 아침에 들었어요. 이렇게 크나큰 슬픔에 빠져 있는 이 시점에 말이에요. 전혀 모르는 분이라 해도 정말 슬펐을 거예요. 그처럼 젊고 아름다운 분이 병에 걸린 지이틀 만에 돌아가시다니 정말 불쌍하잖아요? 게다가 그분은 제가 아는 사람 중에 가장 마음에 들었던 사람이고, 성품도 훌륭하고 아주 지혜로웠거든요."

"어제 오지 못해서 정말 미안하오." 클레브 공이 말했다. "하지만 정말 위로가 필요한 불쌍한 남자를 그냥 두고 올 수는 없었거든. 투르농 부인을 존경스러운 사람이라고 생각해서 슬퍼하는 거라면 그럴 필요 없소."

"이상한 말씀을 하시네요. 궁정에서 그만큼 훌륭한 부인은 없는 것 같다고 당신도 이따금 말씀하셨잖아요."

"그랬지. 하지만 여자란 정말 알다가도 모르겠어. 이렇게 여러 여자를 보다 보면, 당신을 얻은 게 얼마나 큰 행복인지 다시 한 번 깨닫게 된다오."

"절 너무 높이 평가하시네요." 부인이 한숨을 내쉬며 말했다. "제가 당신에게 어울리는 여잔지 아닌지 판단하기는 아직 일러요. 그런데 투르농 부인을 왜 잘못 알고 있었다고 말씀하시는 거예요?"

"난 오래전부터 알고 있었소. 그 사람이 상세르 백작을 사랑한다는걸. 그에게 결혼 희망까지 안겨주면서 말이오."

"믿을 수 없어요. 투르농 부인은 과부가 된 뒤로 누구보다도 결혼을 증오했어요. 절대로 재혼하지 않겠다고 공언까지 했단 말이에요. 그런 분이 상세르 경에게 결혼을 약속하다니."

"상세르한테만 그랬다면 놀랄 일도 아니지. 황당한 것은, 에스투트빌에게도 동시에 같은 약속을 했다는 거요. 그 이야기를 다 해주겠소[51]"

---

[51] 이하의 일화는 사실과는 무관한 것으로 추정된다. 단 투르농, 상세르, 에스투트빌은 그 무렵 기록에도 가끔 등장하는 명문가이다.

제2부

"당신도 알다시피, 상세르와 나는 막역한 사이오. 그런데 그는 2년 전부터 투르농 부인을 사랑했으면서 누구에게도, 심지어 나에게도 그 사실을 비밀로 했지. 그런 줄 누가 꿈에나 알았겠소? 투르농 부인은 남편이 먼저 죽은 슬픔에서 헤어나오지 못하는 듯이 세상과 인연을 끊고 조용히 살았으니까 말이오. 만나는 사람도 거의 상세르의 누이가 유일했지. 바로 이 누이의 집에서 상세르는 투르농 부인에게 첫눈에 반했다오.

어느 밤이었소. 그날은 루브르 궁에서 연극이 공연될 예정이었소. 폐하와 발랑티누아 부인이 오지 않아 연극이 시작되지 못하고 있는데, 발랑티누아 부인의 몸이 안 좋아 폐하도 참석하지 못하게 됐다는 전갈이 왔소. 모두들 발랑티누아 부인이 병이 난 건 폐하와 뭔가 말다툼을 벌였기 때문일 거라고 짐작했지. 브리삭 원수가 궁정에 머무는 동안 폐하의 질투가 얼마나 심했는지 다들 알고 있었으니까. 한데 원수는 그 며칠 전에 피에몬테로 돌아갔거든. 그러니 그날 말다툼의 정확한 원인은 상상할 수가 없었소.

내가 상세르와 그런 이야기를 하고 있을 때, 당빌 경이 방으로 들어와서 내게 속삭였소. 폐하가 보기 안쓰러울 만큼 비통해하며 화를 내고 계신다고 말이오. 며칠 전에 폐하는 브리삭 원수 때문에 생긴 갈등도 풀 겸 발랑티누아 부인에게 반지를 선물했는데, 그걸 끼고 오라고 말씀하셨다 하오. 그런데 그날 연극 구경을 위해 몸치장하는 부인이 반지를 끼고 있지 않은 걸 보고 이유를 물으셨소. 그러자 부인은 깜짝 놀란 척을 하면서, 시녀들에게 반지를 가져오라고 시켰소. 그런데 재수 없게도 그 사정을 잘 모르는 시녀들이, 반지를 보지 못한 지 사오일은 된다고 대답해버린 거요. 당빌 경은 이렇게 말했소. '사오일이면 정확히 브리삭 원수가 돌아간 날이네. 그래서 폐하는 부인이 브리삭과 헤어질 때 그 반지를 준 게 틀림없다고 생각하신 거지. 그러자 아직 충분히 꺼지지 않았던 질투의 불길이 활활 타올라, 평소 같지 않게

격노하시면서 부인에게 온갖 비난을 퍼부으셨어. 폐하는 아주 괴로워하시며 처소로 돌아오셨네. 발랑티누아 부인이 정말로 반지를 줘버렸다고 믿었기 때문인지, 당신의 분노로 부인의 마음을 다치게 한 것이 괴로웠기 때문인지는 모르지만.'

당빌 경에게서 사건의 전말을 듣고 나는 상세르에게 그 이야기를 전했소. 그리고 이건 지금 막 들은 비밀이니 누구에게도 발설하지 말라고 당부했지.

다음 날 아침 일찍 나는 형수를 만나러 갔소. 그런데 투르농 부인이 침대 곁에 있질 않겠소? 그 부인은 자기도 발랑티누아 부인을 싫어하지만, 내 형수가 발랑티누아 부인을 좋아하지 않는다는 사실도 잘 아는 사람이오. 그런데 상세르는 전날 연극이 끝난 뒤 곧바로 투르농 부인을 찾아가서, 폐하와 발랑티누아 부인 사이에 있었던 일을 시시콜콜 말했나 보더라고. 아, 글쎄, 투르농 부인이 내 형수한테 그 이야기를 떠벌리기 시작하는 것 아니겠소? 자기 연인에게 그 이야기를 들려준 사람이 나인 줄은 까맣게 모르고 말이야.

내가 옆으로 다가가자, 형수는 투르농 부인에게 이 사람한테는 비밀 이야기를 해도 괜찮다고 말하면서 투르농 부인의 허락도 받지 않고 내게 그 이야기를 들려주는 거요. 내가 전날 했던 말을 토씨 하나 틀리지 않고. 내가 얼마나 놀랐을지 짐작이 가지? 내가 투르농 부인의 얼굴을 빤히 쳐다보자, 그 사람은 당황하는 것 같더군. 그 당혹스러운 표정에 나는 의심이 들었소. 나는 그 이야기를 상세르에게만 했는데, 그는 연극이 끝나자 이유도 말하지 않고 나와 헤어졌단 말이지. 그때 갑자기, 그가 입에 침이 마르도록 투르농 부인을 칭찬했던 일이 떠오르는 거야. 그제야 난 모든 걸 깨달았소. 상세르와 부인이 서로 사랑하는 사이고, 그는 나와 헤어진 다음에 부인과 만났다는 것을.

상세르가 이 연애 행각을 내게 숨겼다고 생각하자 나는 화가 나서 투르농 부인에게 뭐라고 해주었지. 그 조심성 없는 태도를 좀 깨달으라고 말이야. 그리고 부인이 마차에 오르려고 손을 내밀었을 때, 폐하와 발랑티누아 부인이 싸운 일을 당신에게 알려준 남자는 참 복받은 사람이로군요 하고 비아냥거려줬지.

나는 그길로 상세르를 찾아가, '넌 친구 자격도 없다, 네가 투르농 부인을 사랑한다는 걸 안다'고 몰아붙였소. 어떻게 알았는지는 말하지 않고. 그는 어쩔 수 없이 자백했소. 그제야 나도 어떻게 알게 되었는지 설명하고, 그에게서 둘이 좋아하게 된 계기를 들었다오. 그의 말로는, 자기는 막내라서 도저히 그렇게 훌륭한 상대와 결혼할 처지가 아닌데도 투르농 부인이 결혼을 약속해주었다는 거요. 난 몹시 놀랐소. 그리고 그 결혼은 서두르는 게 좋겠다고 충고했지. 겉으로만 슬퍼하면서 세상을 속여온 교활한 여자니까 무슨 짓을 할지 모른다고 말이야. 그는 투르농 부인의 슬픔은 진심이었고 그것을 자기에 대한 애정으로 극복했지만, 그렇다고 갑자기 돌변할 수는 없는 노릇 아니냐고 대꾸하더군. 그것 말고도 투르농 부인을 변호하는 말을 몇 가지 더 했어. 나도 그가 얼마나 부인을 사랑하는지 알겠더라고. 상세르는 나로 하여금 자신들의 사랑을 눈치채게 한 죄는 투르농 부인에게 있으니, 자기가 부인을 설득해서 이 사랑에 관한 모든 것을 내게 알려도 된다는 허락을 받겠노라고 약속했소. 실제로 그는 부인의 허락을 받았소. 엄청나게 애를 먹긴 한 모양이지만. 그래서 난 그들의 비밀을 더 많이 알게 됐지.

난 연인한테 그토록 정성을 바치고 그토록 다정하게 구는 여자를 본 적이 없소. 하지만 한편으로는 남들 앞에서 여전히 슬픈 척 가식을 떠는 것이 이상해 보였소. 상세르는 사랑에 눈이 먼 데다 부인의 다정함에 아주 만족해 있었소. 섣불리 결혼을 서두르다가 진짜 사랑이 아니라 욕심 때문에 결혼을 원하는 걸로 보일까봐 좀처럼 말도 꺼내지 못했다오. 그런데 막상 말을 꺼내보니, 부인도 그와 결혼하기로 결심한 듯했소. 거기다 칩거 생활을 그만두고 다시 사교계로 나오기 시작했지. 내 형수네 집에 궁정 사람들이 모이는 시각에도 얼굴을 비추게 되었소. 상세르는 가끔밖에 오지 않았지만, 저녁마다 오는 사람들은 이따금 그곳에서 투르농 부인을 보고 매우 좋은 인상을 받았다고 하오.

부인이 고독한 생활을 끝내자, 상세르는 곧 자신에 대한 부인의 사랑이 식기 시작한 듯한 생각이 들었소. 그는 나에게 몇 번이나 그런 고민을 털어놓았지만, 나는 아무런 근거도 없는 괜한 걱정이라고 여겼소. 그런데 결국 상세르에게서 부인이 결혼을 확정하기는커녕 연기하고 싶어한다는 소리를 듣자, 그가 불안해하는 것도 당연하다는 생각이 들더구려. 난 그에게 말했소. 투르농 부인의 사랑이 벌써 2년이나 되었으니 이제는 식었다 해도 놀랄 일은 아니며, 혹 식지는 않았을지언정 결혼에 이를 만큼 강하지 않더라도 불만을 품어서는 안 된다. 애초에 투르농 부인은 자네와 신분부터 다른 데다가, 재혼하면 평판이 훼손될 테니 이 결혼은 부인에게 대단히 불리하다. 그러니 부인이 바람을 피우거나 괜한 기대감만 품게 하는 게 아니라면 그 걸로 만족해라. 더 나아가 부인이 결혼할 용기를 내지 못하거나 다른 남자를 사랑한다고 고백한다손 치더라도, 화내거나 원망해서는 안 된다. 그녀에게 경의와 감사의 마음을 계속 가져야 한다.

'자네만을 위한 충고는 아니네.' 난 말했소. '이건 나 자신이 가슴에 새기려고 노력하는 바이기도 하네. 난 솔직함을 대단히 중요한 덕목으로 여기네. 그러니 만약 내 연인이, 아니 설령 아내라 해도, 다른 남자가 좋아졌다고 솔직하게 고백한다면, 분명 슬프기는 하겠지만 화는 내지 않을 걸세. 그리고 연인이니 남편이니 하는 처지를 떠나 조언해주고 진심으로 동정할 걸세.'"

이 말에 클레브 부인은 얼굴을 붉혔다. 지금 자신의 처지와 비슷한 것 같아 괜히 찔려서 한동안은 가슴이 쿵쾅댔다.

"상세르는 내 충고대로 투르농 부인에게 말했소." 클레브 경이 말을 이었다. "하지만 부인은 갖은 말로 그를 안심시켰소. 괜한 의심을 받은 것에 기분 나빠하는 모습조차 보이자 상세르의 걱정도 깨끗이 사라져 버렸소. 그러면서도 부인은 결혼 날짜를 그의 출장 이후로 미뤘소. 상세르는 꽤 오랫동안 출장을 다녀올 예정이었지. 그래도 그가 출발하기 전까지 그에게 성심성의를 다했고, 그의 출장을 무척 슬퍼하는 기색도 보였소. 상세르뿐만 아니라 나조차도 부인이 진심으로 그를 사랑한다고 믿었을 정도였다오. 상세르는 지금으로부터 석 달 전에 출발했소. 그가 없는 동안 나는 거의 투르농 부인을 보지 못했소. 내 머리는 상세르가 곧 돌아올 거라는 사실을 제외하고는 당신 생각으로 가득했거든.

엊그제 파리에 도착한 나는 투르농 부인의 부고를 듣고, 상세르한테서 무슨 연락은 없었는지 알아보려고 그의 집으로 사람을 보냈소. 그는 그 전날, 그러니까 투르농 부인이 죽은 날 돌아왔다는 것이었소. 나는 그가 크게 상심했으리라 생각하며 한달음에 그에게 달려갔소. 그런데 그의 슬픔은 내 예상보다 훨씬 크더라고.

그토록 깊고 비통한 슬픔은 본 적이 없소. 내 얼굴을 보자마자 그는 내게 안겨 눈물을 쏟으며 울부짖었소. '이제는 그녀를 만날 수 없네. 두 번 다시!

그녀는 죽어버렸어! 역시 이룰 수 없는 사랑이었나 보네. 나도 그녀의 뒤를 따라갈 거야!'

그러고는 한동안 아무 말이 없다가 다시 '그녀는 죽어버렸어. 다시는 만날 수 없어!' 반복하면서 울부짖는 거요. 이성을 잃은 사람 같더군. 그는 출장 중에 투르농 부인에게서 편지를 자주 받지 못했다고 했소. 하지만 편지가 남들 눈에 띌까봐 조심했을 거라며 부인의 심정을 이해한다는 거요. 출장에서 돌아오면 결혼할 예정이었는데, 세상에 그처럼 사랑스럽고 정숙한 여인은 없었는데, 그녀가 진심으로 자신을 사랑한다고 믿었는데 영원히 맺어지려는 찰나에 죽어버렸다고 한탄했소. 이런 식으로 상세르는 깊은 상심에 잠겨 슬픔을 주체하지 못했소. 그 모습을 보고 나도 가슴이 찢어지는 것 같더구려.

난 폐하를 알현하러 가야 해서 어쩔 수 없이 그의 집에서 나왔소. 곧 돌아오겠다고 약속하고서. 그리고 그 약속대로 돌아왔는데, 그의 상태가 아까와는 딴판으로 변해 있는 게 아니겠소? 난 깜짝 놀랐소. 그는 험악한 표정으로 방 안을 서성이다가 멈췄다 했소. 꼭 미친 사람처럼 말이오. 그러더니 내게 말했소. '이리 와서 좀 보게. 난 이 세상에서 가장 절망한 남잘세. 난 아까보다 천배는 불행한 남자네. 조금 전에 들은 투르농 부인에 관한 이야기는 부인의 죽음보다 끔찍해!'

난 그가 괴로운 나머지 정신착란을 일으켰나 했소. 사랑하고 사랑받았던 사람의 죽음보다 끔찍한 게 있으리라고는 상상할 수 없었으니까. 난 그에게 아무리 슬퍼해도 정도를 지킬 줄 안다면 얼마든지 동정하겠지만, 그렇게 절망에 몸을 맡기고 이성을 잃는다면 동정할 마음도 사라져버린다고 말했소. 그러자 그가 이렇게 외치는 거요. '이성? 흥! 목숨이라도 잃을 수만 있다면 얼마나 기쁘겠나! 투르농 부인은 날 속였어. 불륜을 저지르고 날 배신했다고. 그 사실을 그 사람이 죽은 바로 다음 날 알게 되다니! 내 마음이 이토록 깊은 슬픔과 절절한 애정으로 넘쳐흐를 때에! 그녀가 살아 있을 때의 모습을 이 세상에서 가장 완벽한 사람으로서 내 가슴에 품고 있던 바로 그때 그런 사실을 알다니! 그동안 나는 속아왔고, 그녀를 위해 눈물을 흘릴 필요도 없다는 사실을! 그런데도 그녀의 죽음은 충실한 애인의 죽음만큼이나 슬프고, 그녀의 불륜은 산 사람에게 배신당한 것만큼이나 쓰라리네. 그녀가 죽기 전에 마음이 변했다는 사실을 알았더라면, 질투와 분노와 증오심이 끓어

올라 그녀의 죽음도 얼마간은 견디기 쉬웠을 텐데. 하지만 지금 난 그녀를 용서할 수도, 증오할 수도 없지 않은가.'

상세르의 말에 내가 얼마나 놀랐을지 당신도 짐작이 갈 거요. 난 어떻게 그 사실을 알게 되었는지 물었소. 그는 이렇게 말했다오. 내가 그의 방에서 나가자마자 다른 친구가 그를 찾아왔소. 투르농 부인과 그의 관계에 대해서는 전혀 모르는 에스투트빌이라는 친구였지. 에스투트빌은 의자에 앉자마자 와락 울음을 터트리면서, 지금껏 자신이 숨겨온 어떤 비밀을 용서해달라고 상세르에게 말했소. 다 털어놓을 마음으로 왔으니 부디 자신을 불쌍히 여겨달라고 하면서, 자신은 투르농 부인의 죽음을 누구보다도 슬퍼한다고 했다더군. 상세르는 내게 이렇게 말했소.

'그 이름이 그의 입에서 나오자 나는 뒤통수를 얻어맞은 기분이었네. 나는 얼른 나야말로 자네보다 슬픔이 깊다고 말하려 했지만, 입이 떨어지지 않았지. 에스투트빌은 말을 계속했네. 여섯 달 전부터 자신은 투르농 부인에게 사랑을 느꼈는데, 이 사실을 내게 말할까 말까 고민하던 차에 부인이 절대로 말하지 말라고 엄포를 놓기에 도저히 말할 수가 없었대. 에스투트빌이 부인을 사랑한 것과 거의 동시에 부인도 그를 사랑하게 됐다더군. 둘은 그 사랑을 감추었네. 그가 공공연히 부인을 방문한 적도 단 한 번 없었어. 에스투트빌 덕분에 투르농 부인은 남편의 죽음으로 받은 슬픔을 잊을 수 있었고, 둘은 결혼하기로 했는데, 바로 직전에 그녀가 죽고 만 거지. 게다가 사실은 연애결혼이면서, 남들한테는 부모끼리 한 정혼에 복종하는 것처럼 보이려고 수를 썼다는 거야. 즉 투르농 부인은 아버지에게 부탁해서 결혼을 강요하는 모양새를 꾸몄네. 재혼 따위는 생각도 안 한다던 자신의 태도와 모순되지 않도록 말이야.

나는 에스투트빌의 말이 그럴싸하게 들렸네. 그가 투르농 부인을 사랑하기 시작한 시기가 나에 대한 부인의 태도가 변했던 때와 일치했으니까. 그런데 그가 말을 마치자마자, 에스투트빌이 거짓말쟁이거나 적어도 망상에 사로잡혔다는 생각이 드는 거야. 나는 곧바로 그렇게 말해주려다가 마음을 고쳐먹었지. 더 자세한 이야기를 캐내고 싶었거든. 내가 미심쩍은 얼굴로 질문 공세를 퍼부었네. 그게 결국 내 불행을 확인하는 결과를 가져왔지만. 마침내 그가 나에게 투르농 부인의 글씨체를 아느냐고 묻더군. 그러면서 그녀의 편지 네 통과 초상화 한 장을 내 침대 위에 꺼내놓았네. 바로 그때 형이 방으로 들어왔어. 에스투트빌은 눈물로 범벅이 된 얼굴을 보이지 않으려고 방에서 나갔네. 오늘 밤 가지러 올 때까지 그 물건들을 잘 보관해달라는 말을 남기고서. 난 몸이 좋지 않다는 핑계로 형을 돌려보냈네. 에스투트빌이 남기고 간 편지를 한시라도 빨리 읽고 싶었거든. 그걸 읽으면 에스투트빌의 말이 거짓이라는 게 밝혀지지나 않을까 하는 실낱같은 희망을 품고 있었던 거야. 그런데, 아아! 아무리 뜯어봐도 틀림없었어! 그 절절한 사랑의 말들! 사랑의 맹세! 그 굳은 결혼 약속! 그런 편지였네! 나한테는 그런 편지를 단 한 번도 준 적 없으면서 말이야. 이렇게 난 사별의 아픔과 배신의 아픔을 동시에 맛보게 되었네. 이 두 가지 불행은 자주 비교되지만, 한 사람이 동시에 양쪽을 맛봤다는 이야기는 들어본 적이 없네. 부끄러움을 무릅쓰고 고백하자면, 난 그녀의 죽음이 그녀의 변심보다 가슴 아프네. 죽어도 싸다고 생각할 만큼 그녀를 나쁘게는 생각하지 않아. 살아 있었다면 그녀를 실컷 비난하고, 나를 속인 것에 대해 사과하게 하면서 복수하는 기쁨이라도 맛볼 텐데. 하지만 이제는 두 번 다시 그녀를 볼 수 없네. 다시는 그녀를 볼 수 없어. 이만큼 괴로운 일은 없다네. 내 목숨과 바꿔서 그녀를 되살리고 싶을 정도야. 아니, 그래서 뭐 한담! 다시 살아나도 에스투트빌을 위해서만 살아갈 텐데. 어제의 나는 얼마나 행복했던가!' 상세르는 절규했소. '어제의 나는 세상에서 가장 슬픈 남자였지만, 그 슬픔에는 정당한 이유가 있었네. 게다가 영원히 위로받을 길이 없으리라 생각하면 오히려 마음이 따뜻해지기까지 했어. 한데 오늘 내 감정은 하나같이 부당하군. 그녀의 애정은 거짓이었는데도, 나는 진실한 사랑에 바쳐야 할 애도를 그녀에게 바치고 있으니까. 난 그녀와의 추억을 미워할 수도 사랑할 수도 없네. 단념도 한탄도 할 수 없어.' 상세르가 갑자기 나를 돌아보며 외쳤소. '부탁이니, 적어도 내가 에스투트빌의 얼굴을 다시는 보지 않게끔 해주게! 그의 이름을 입에 담는 것만으로도 소름이 돋을 지경이야. 그를 원망할 이유가 없다는 건 나도 잘 아네. 투르농 부인을 사랑한다는 사실을 그에게 숨긴 내가 잘못이지. 그런 줄 알았다면 그는 그녀에게 연정을 품지 않았을 것이고, 그녀도 나를 배신하지 않았을 테니까. 그가 날 찾아온 건 내게 괴로움을 털어놓기 위해서였네. 불쌍한 남자야. 아아! 무리도 아니지. 투르농 부인과 서로 사랑하는 사이였는데 두 번 다시 못 보게 되었으니까. 그렇지만 안 그러려고 해도 자꾸만 그가 미워지는구먼. 그러니 다시 한 번 부탁하겠네. 어떻게든 내가 그를 절대로 만나는 일이 없도록 해줘!'

상세르는 다시 와락 울음을 터트리면서, 더없이 다정한 말로 투르농 부인을 그리워했소. 그러더니 느닷없이 증오, 원망, 비난, 저주의 말을 쏟아내는 거야. 아무튼, 그가 너무 흥분해 있어서 나 혼자 힘으로는 도저히 말릴 수 없을 것 같기에 누군가를 불러야겠다고 생각했소. 그래서 조금 전에 폐하의 처소에서 헤어진 상세르의 형을 불러오라고 사람을 보냈지. 난 그의 형을 방으로 들여보내기 전에 옆방에서 상세르가 어떤 상태에 있는지 짧게 설명했소. 우리는 그 집 하인들에게 에스투트빌을 집 안으로 절대 들이지 말라고 명령한 뒤, 밤늦게까지 상세르를 진정시키려고 노력했소. 하지만 오늘 아침에 봤을 때, 어제보다 더 슬퍼하는 것 같더군. 그래도 형이 곁을 지켜주어서 난 이렇게 당신 곁으로 돌아온 거요."

이야기를 다 들은 클레브 부인이 말했다.

"정말 놀라운 얘기군요. 투르농 부인은 사랑이니 배신이니 하는 것과는 거리가 먼 줄 알았는데."

"교활함이나 기만에 관한 한, 내가 들은 최악이오. 생각해보시오. 상세르가 변심을 의심했을 때, 정말로 그 여자는 에스투트빌에게 마음을 주고 사랑을 시작한 거요. 에스투트빌에게, 당신 덕분에 남편을 잃은 슬픔이 위로되었다, 당신을 위해 은둔 생활을 그만두겠다, 라고 말한 거라니까. 그런데도 상세르는 그녀가 전보다 밝아진 건 자기들의 결심 때문이라고 생각했단 말이오. 그 여자는 에스투트빌에게 자기 둘만의 약속을 아무에게도 말하지 말라고 엄포를 놓고, 아버지의 명령으로 어쩔 수 없이 결혼하는 것처럼 보이자는 데 동의하도록 강요했소. 체면 핑계를 댔지만, 실은 상세르를 버렸을 때 원망을 듣지 않기 위해서였던 거지. 난 다시 그 불쌍한 남자의 상태를 살피러 가야 하는데, 당신도 같이 가는 편이 좋지 않을까? 슬슬 사람들도 만나고 손님도 맞이하고 그래야지. 언젠가는 그래야 하니까."

클레브 부인은 남편의 권유에 따라 다음 날 파리로 돌아왔다. 부인은 느무르 공에 대한 마음이 이전보다 가라앉아 있었다. 어머니가 임종 때 남긴 말과 그 죽음에 대한 슬픔으로 그때까지의 감정이 중단되는 바람에 그런 마음은 이미 다 사라졌다고 그녀는 생각했다.

클레브 부인이 돌아온 날 저녁, 왕세자비는 기다렸다는 듯이 부인을 찾아와서 심심한 위로의 말을 전했다. 그러고는 슬픔을 잠시나마 잊을 수 있도록, 부인이 없는 사이에 궁정에서 일어났던 일들을 모조리 들려주겠다면서, 여러 흥미로운 이야기를 말해주었다.

"가장 먼저 알려드리고 싶은 게 있어요." 왕세자비가 말을 이었다. "느무르 공이 사랑에 빠진 게 확실하다는 거예요. 그것뿐만 아니라, 아주 친한 친구에게조차 털어놓지 않는 데다 상대 여성이 누군지 아무도 모른다는군요. 하지만 그 사랑이 얼마나 대단한지, 느무르 경은 그 때문에 왕위에 오르는 일이야 어떻든 상관없다, 아니, 그깟 왕위쯤은 버려도 좋다고까지 생각하고 있어요."

여기서 왕세자비는 영국에서 일어나고 있는 일에 관해 다음과 같이 낱낱이 알려주었다.

"지금 건 당빌 경한테 들은 이야기예요. 오늘 아침, 폐하께서 어젯밤 리네롤의 편지를 받으시고는 느무르 경을 곧장 불러들이셨대요. 리네롤이 편지에 쓰기를, 느무르 경이 지나치게 꾸물대고 있어서 이 이상 지체하다가는 영국 여왕에게 체면이 서질 않으니 당장 귀국 허가를 내달라고 했다는 거예요. 여왕도 슬슬 불쾌해하기 시작했대요. 확실한 말로 청한 적은 없지만 그렇게까지 언질을 주었는데도 느무르 공이 영국행을 결심하지 못하고 있으니까요. 폐하께서 이 편지를 읽어주시자, 느무르 공은 처음처럼 진지하게 대답하지 않고 농담으로 웃어넘기려고만 하면서 리네롤의 간절한 청을 조롱하더래요. 성공한다는 보장도 없는데 여왕에게 청혼하러 영국까지 간다면, 온 유럽 사람이 그 경솔함을 비난할 거라고 했다나요. 그리고 이렇게 덧붙였대요.

'이스파니아 왕이 영국 여왕과의 결혼을 그렇게나 바라는 이 시점에 영국으로 떠나는 것은 시의적절하지 않다고 생각되옵니다. 물론 연애 문제에 관한 한, 이스파니아 왕은 그리 두려운 경쟁 상대는 아닐지도 모릅니다. 하지만 결혼 문제로 저와 이스파니아 왕이 싸우게 되는 것은 폐하께서도 바라지 않으실 테지요.'

그러자 폐하께서 이러셨대요.

'그래도 그렇게 하기를 권하는 바이네. 이스파니아 왕과 싸우는 일은 없을 거야. 난 이스파니아 왕이 딴생각을 품고 있다는 걸 아네. 게다가 설사 그렇지 않더라도, 죽은 메리 여왕이 이스파니아의 굴레에서 얼마나 힘들어했는지[1]를 생각해봐. 그런데도 그 동생인 엘리자베스가 어마어마한 수의 왕관에 현혹되어 다시 그런 굴레를 쓰기를 바라겠는가?'

그러자 느무르 공이 이렇게 말했대요.

'현혹되지 않았을 수는 있죠. 하지만 사랑을 얻음으로써 행복해지기를 바라는 것처럼 보이는 건 사실입니다. 벌써 몇 년 전 일이지만, 엘리자베스 여왕은 코트니 경[2]을 사랑했습니다. 메리 여왕도 경을 사랑해서, 온 영국 국민의 승낙을 얻어 결혼할 생각이었지요. 하지만 코트니 경이 한 나라의 원수 자리보다 여동생 엘리자베스 공주의 젊음과 미모에 더 관심이 있음을 메리 여왕은 알아버렸어요. 폐하께서도 아시다시피, 메리 여왕은 질투심이 대단합니다. 여왕은 그 둘을 감옥에 가두고, 마침내 코트니 경을 추방한 뒤, 자신은 이스파니아 왕과 결혼하기로 했지요. 이건 제 생각입니다만, 현재 왕위에 오른 엘리자베스 여왕은 곧 코트니 경을 불러들일 것입니다. 저처럼 일면식도 없는 남자보다는, 한때 사랑했고 실제로도 사랑받을 자격이 충분한 인물이자 여왕을 위해 모진 시련을 견딘 코트니 경을 선택할 게 분명합니다.'

그러자 폐하가 말씀하셨대요.

'나도 자네처럼 생각했을 걸세. 코트니가 살아 있다면 말이야. 하지만 나는 그가 며칠 전에 유배지인 파도바에서 죽었다는 소식을 들었네.'

마지막으로 폐하는 느무르 경에게 이렇게 말씀하셨대요.

'왕세자와 마찬가지로 자네도 혼인을 시켜야겠네. 대사를 파견하도록 하지.'

이때 느무르 경과 함께 폐하 처소에 있었던 당빌 경과 샤르트르 주교대리는, 느무르 경이 그렇게까지 출세에 관심이 없는 건 연애에 온 정신을 빼앗겼기 때문이라고 생각했대요. 느무르 경과 누구보다도 친한 주교대리조차 마르티그 부인에게 느무르 경이 완전히 다른 사람이 되었다고 말했을 정도니까요. 특히 샤르트르 주교대리가 놀란 점은, 느무르 경이 딱히 여자랑 어

---

[1] 메리 여왕은 카를 5세의 획책에 빠져 카를의 아들(뒷날 펠리페 2세가 된 이스파니아의 왕세자)과 1554년에 결혼하여 영국 국민의 반감을 샀다.

[2] 에드워드 코트니, 데번셔 백작(1526~56). 이 일화는 르 라브뢰르의 기록에 있다.

울리거나 남몰래 은밀한 시간을 갖는 듯하지 않다는 사실이에요. 그 말인즉 슨 느무르 경의 마음이 좋아하는 여성에게 조금도 전달되고 있지 않다는 증거니까요. 어떤 답도 주지 않는 여자를 계속 사랑하다니, 예전의 느무르 경이라면 상상도 할 수 없는 일이죠."

왕세자비의 이 말은 클레브 부인의 마음에 얼마나 지독한 독이었는지! 그 수수께끼의 여인이 누군지 어찌 짐작이 가지 않으랴? 자신도 마음이 끌리고 있는 느무르 공이 그 사랑을 세상에 철저히 숨긴 채 그 사랑을 위해 왕위조차 포기하겠다고 했다는 사실을 이토록 확실히 알고 나니 감사와 애정으로 마음이 심하게 요동쳤다. 클레브 부인은 뭐라 표현할 수 없는 두근거림을 느꼈다. 왕세자비가 주의 깊게 살펴봤더라면, 지금 이야기가 부인과 얼마나 관계 깊은 것이었는지 금방 눈치챘을 것이다. 그러나 그런 줄은 꿈에도 모르는 왕세자비는 일말의 의심조차 품지 않은 채 말을 이었다.

"아까도 말했듯이, 당빌 경은 그 이야기를 세세하게 전달해주었지만, 실은 내가 더 많은 내용을 안다고 생각하세요. 그분은 내 매력을 대단히 높이 평가하신답니다. 느무르 경을 그렇게까지 사랑에 빠뜨리게 할 사람은 나밖에 없다고 생각하신다니까요."

왕세자비의 이 마지막 말에 클레브 부인은 아까와는 다른 두근거림을 느꼈다.

"저도 당빌 경의 생각에 동의하고 싶어지네요." 클레브 부인이 말했다. "아무리 생각해도, 영국 여왕을 우습게 여기게 할 만한 사람은 비전하님을 빼고는 없을 것 같아요."

"내가 아는 게 있다면 당신한테 말해줄 텐데." 왕세자비가 말을 이었다. "아니, 그게 만일 사실이라면 내가 진작 알았겠죠. 그런 불같은 정열을 그 당사자가 모를 리는 없거든요. 누구보다 먼저 깨닫겠죠. 느무르 경은 여태껏 내게 자그마한 호의 이상은 보여주지 않았지만, 이전과 지금을 비교하면 그 것도 많이 다르답니다. 그래서 난 확신할 수 있어요. 그분이 영국 왕위에 무관심 한 건 나 때문이 아니란 것을요."

마침내 왕세자비는 화제를 돌렸다. "당신과 이야기하는 데 정신이 팔려서 왕녀님을 찾아뵙는 걸 깜빡했어요. 화평 조약이 곧 성사될 거라는 건 당신도 알죠? 하지만 이스파니아 왕이 아들인 돈 카를로스 대신에 자기가 프랑스 왕녀와 결혼하지 못한다면 강화조약에도 동의하지 않겠다고 고집을 피웠다는 이야기는 모르실 거예요. 폐하께서는 좀처럼 마음을 굳히지 못하셨지만, 결국은 승낙하기로 하셨대요. 그래서 아까 왕녀님께 그 취지를 전하러 가셨답니다. 왕녀님은 참담한 심정이겠죠. 이스파니아 왕같이 늙고 성미도 고약한 남자와 결혼하게 됐는데 기쁠 리 있겠어요? 그것도 그처럼 아름답고 싱싱한 꽃다운 나이에. 더구나 젊은 돈 카를로스 왕세자에게는 만나기 전부터 호감을 느끼고, 시집가는 날을 기대했단 말이에요. 과연 폐하의 기대대로 얌전하게 분부에 따를지 걱정이네요. 폐하께서는 왕녀님이 나를 잘 따른다는 걸 아세요. 그래서 나라면 왕녀님의 마음을 얼마간 움직일 수 있으리라고 기대하시고 나더러 가보라고 하셨죠. 그다음엔 또 가볼 곳이 있답니다. 폐하의 누이동생께 축하 인사를 드리러 말이에요. 사부아 공과 결혼하시기로 결정됐거든요. 사부아 공은 머잖아 이곳에 도착할 예정이래요. 그 나이(36세)에 그토록 결혼을 진심으로 기뻐하는 사람은 본 적이 없어요. 이 왕실도 전에 없이 화려한 대가족이 될 거예요. 그러니 당신도 슬픔을 떨치고 꼭 나와주셔야 해요. 이 궁정의 여자들이 특별한 미인이라는 사실을 외국 손님들에게 보여주자고요."

　이런 말을 남기고 왕세자비는 클레브 부인을 떠났다. 이튿날, 왕녀의 결혼 소식이 발표되었다. 그 뒤 며칠 사이로 국왕, 왕비, 왕세자비가 클레브 부인을 보러 왔다. 클레브 부인의 귀환을 목 빠지게 기다렸던 느무르 공은 부인과 단둘이 대화하고 싶었다. 그래서 손님들이 다 돌아가고 아무도 다시 돌아올 위험이 없는 시각을 노렸다가 부인을 만나러 갔다. 공은 마지막 방문객이 나오는 시간에 마침 도착했다.

　클레브 부인은 침대에서 쉬고 있었다. 날이 더운 데다 뜻밖에 느무르 공을 보자 부인은 얼굴이 새빨개졌지만, 미모는 여전히 아름다웠다. 사랑이 너무 열렬하다 보면 오히려 불안해지고 위축되는 법이다. 느무르 공은 바로 그런 감정을 느끼면서 부인과 마주 앉았다. 공은 잠시 아무 말이 없었다. 클레브 부인도 입을 열지 않았다. 두 사람은 오랫동안 침묵에 빠져 있었다. 드디어 느무르 공이 입을 열어 애도의 뜻을 표했다. 이 화제로 대화를 이어갈 수 있게 되어 마음이 놓인 클레브 부인은 자신이 얼마나 비통했는지를 꽤 오랫동안 이야기했다. 마지막으로, 시간이 흐르면서 슬픔은 옅어지겠지만 그 마음의 상처는 오래도록 진하게 남아 자기 성격까지 바꿔버릴 것이라고 말했다. 그러자 느무르 공이 대답했다.

"커다란 슬픔이나 격렬한 사랑은 사람의 마음을 크게 바꿔버리지요. 저도 플랑드르에서 돌아온 뒤로, 제가 느끼기에도 딴사람이 되어버렸답니다. 수많은 사람이 제 변화를 눈치챘지요. 왕세자비께서도 어제 다시 그런 지적을 하시더군요."

클레브 부인이 맞장구쳤다. "비전하가 눈치채신 건 맞아요. 저도 비전하께서 그런 말씀을 하시는 걸 들은 적이 있답니다."

"비전하께서 눈치채셨다니, 저로선 오히려 기쁩니다. 비전하뿐만이 아니라 다른 사람도 눈치채준다면 더 기쁘겠지만요. 사랑의 증거를 내보이고 싶어도, 그 사람과 관계없는 것들에 의존해서가 아니면 그 마음을 전달하지 못하는 남자가 있어요. 사랑한다고 분명하게 말로 표현하지는 못하고, 자기가 다른 어떤 여자의 사랑에도 무심하다는 사실을 그 사람이 알아주기만을 바라죠. 아무리 고귀한 미인에게도 조금이나마 마음이 끌리지 않는다는 사실을, 또 그 사람과 만나지 못할 바엔 왕관조차 돌 보듯 한다는 사실을 사랑하는 사람에게 알리고 싶은 겁니다. 그렇지만 여자란 자기에게 아첨하거나 달콤한 말을 속삭여주는 남자일수록 자기를 사랑한다고 착각하죠. 조금이라도 사랑한다면, 그 여자에게 그런 말을 해주는 건 어려운 일이 아닙니다. 어려운 것은 사랑하는 사람 곁에 있고 싶은 마음을 이겨내는 일입니다. 그 사람에 대한 사랑을 세상에, 아니 그 당사자에게조차 알리지 않으려고 그 사람을 피하는 일입니다. 그리고 진정한 사랑을 무엇보다도 잘 증명해주는 것은, 그 사랑 때문에 완전히 딴사람이 되어버린 일, 야심과 쾌락에 빠져 있던 남자가 그것들을 내팽개쳐버린 일입니다."

클레브 부인은 그 말이 자기를 염두에 둔 것임을 쉽게 알 수 있었다. 뭐라고 대꾸를 해야 할 것만 같았다. 그러나 못 들은 척, 그게 자기를 가리키는 말인지 모르는 척해야 할 것도 같았다. 뭔가 말해야 할 것도 같았고, 말하면 안 될 것도 같았다. 느무르 공의 말이 기쁘기도 하고, 그만큼 언짢기도 했다. 왕세자비의 말을 듣고 상상한 것은 이로써 모두 증명된 듯싶었다. 느무르 공의 말투는 세련되고 공손했지만, 동시에 대담하고 지나치게 노골적인 구석이 있었다. 평소 공에게 마음이 있었던 클레브 부인은 쿵쾅대는 가슴을 진정시킬 수가 없었다. 좋아하는 사람의 모호한 사랑 고백은 싫어하는 남자의 노골적인 사랑 고백보다 가슴을 설레게 하는 법이다. 부인은 굳게 입을 다물고 있었다. 느무르 공은 부인이 침묵하고 있다는 걸 눈치챘다. 그때 마침 클레브 경이 들어오는 바람에 대화가 중단되었다. 그렇지 않았더라면, 느무르 공은 부인의 이 침묵에서 그다지 나쁘지 않은 징조를 읽을 수 있었을지도 모른다.

클레브 경은 상세르의 소식을 전하려고 온 것이었다. 그러나 부인은 그 사건에 별로 관심이 없었다. 지금 일어난 일로 머리가 혼란스럽고, 당황한 모습을 감추기만으로도 벅찼기 때문이다. 혼자 자유롭게 생각할 수 있는 시간이 되자, 느무르 공을 냉정한 마음으로 바라볼 수 있게 되었다는 생각은 착각이었음을 깨달았다. 느무르 공의 말은 그가 바랐던 효과를 발휘한 셈이었다. 이제 부인은 그에게 사랑받고 있다는 사실을 받아들여야 했다. 느무르 공의 행동이 그의 말과 정확히 일치했으므로 그의 말은 의심의 여지가 없었다. 공을 사랑하지 않고 지낼 자신도 이제는 없어져버렸다. 이렇게 된 이상, 자신의 감정을 느무르 공이 절대로 눈치채지 못하도록 하는 수밖에 없었다. 그것은 어려운 일이었다. 클레브 부인은 벌써 그 괴로움을 알 것 같았다. 유일한 해결책은 느무르 공과 만나지 않는 것이었다. 부인은 그것을 잘 알았다. 다행히 평소보다 외출을 삼가도 되는 상중이었으므로, 느무르 공과 마주칠 법한 곳에는 그 핑계를 내세워 절대로 가지 않기로 했다. 부인은 대단히 깊은 상심에 빠졌다. 그러나 사람들은 그것을 어머니의 죽음 때문이라고 생각할 뿐 다른 이유는 찾지 않았다.

느무르 공은 클레브 부인이 좀처럼 보이지 않자 미칠 것 같았다. 클레브 부인을 볼 수 없는 자리일 때는, 온 궁정 사람이 모이는 모임이나 연회에도 가고 싶지 않았다. 공은 사냥에 미친 척하면서, 왕비나 왕세자비의 처소에서 모임이 있는 날에 맞춰 사냥 대회를 열었다. 가벼운 병에 걸리자 옳다구나 하고 오랫동안 집에 틀어박힌 채, 클레브 부인이 오지 않을 것으로 예상되는 곳에는 일절 발걸음을 하지 않았다.

클레브 경도 그와 거의 비슷한 시기에 병에 걸렸다. 클레브 부인은 남편의 병환 중에는 그 방에서 한 발짝도 나가지 않았다. 클레브 경의 상태가 호전되어 손님도 만날 수 있게 되자 느무르 공도 병문안을 하겠다며 찾아와서는,

자기도 아직 몸이 안 좋다는 핑계를 대고 하루의 대부분을 클레브 경과 함께 보냈다. 부인은 거기 있어서는 안 되겠다고 판단했다. 그래도 바로 나가고 싶지는 않았다. 오랫동안 공을 만나지 않은 터라, 그러지 않으려고 해도 자꾸만 시선이 갔다. 느무르 공은 꾀를 냈다. 가벼운 화제를 던지는 척하면서, 지난번에 클레브 부인에게 했던 말과 관련 있는 말로 부인에게 자신의 마음을 전달했던 것이다. 이렇게 하여 공은 자신이 사냥에 가는 것은 사색에 잠기기 위해서이며 모임에 가지 않는 것은 부인을 볼 수 없기 때문이라는 사실을 클레브 부인에게 이해시켰다.

마침내 클레브 부인은 느무르 공이 오면 남편의 방에서 나가겠다는 최초의 결심을 드디어 실행에 옮겼다. 그러나 그러기 위해 지독한 고통을 참아내야 했다. 느무르 공은 부인이 자신을 피하려 한다는 것을 알고 가슴이 찢어지는 심정이었다.

클레브 경은 처음에는 부인의 태도에 신경 쓰지 않았다. 그러나 이윽고 자기 방에 손님이 있으면 아내가 그 자리를 뜨고 싶어한다는 것을 눈치챘다. 경이 그렇게 말하자, 부인은 밤마다 궁정의 젊은 사람들과 동석하는 것은 남들 보기에 좋지 않다고 변명했다. 그리고 인격자였던 어머니가 방패가 되어준 동안에는 어떤 행동을 해도 괜찮았지만 자신처럼 젊은 여자 혼자서는 버거우니 앞으로는 지금보다 더 단절된 생활을 하게 해달라고 간곡히 부탁했다.

클레브 경은 본디 대단히 상냥하고 부인을 배려하는 성격이었지만, 이때만큼은 한사코 그 부탁을 들어주지 않았다. 부인은 느무르 공이 자기를 사랑한다는 소문이 돌고 있다고 말해버릴까 싶었지만, 차마 그 이름을 입에 올릴 용기가 나지 않았다. 더구나 자기를 그토록 아껴주는 남편에게 거짓 이유를 들어 진실을 숨기는 것은 부끄러운 일처럼 느껴졌다.

며칠 뒤 왕비의 처소에서 열린 모임에 국왕도 참석했다. 별점과 예언에 관한 토론이 벌어졌다. 그런 것들을 어느 정도까지 믿어야 하는지에 관해 다양한 의견이 나왔다. 열렬한 신봉자인 왕비는 정말 많은 일이 예언대로 일어나는 것을 보면 뭔가 분명한 근거가 있는 게 틀림없다고 주장했다. 반대로, 셀수 없이 많은 예언 가운데 실현된 것은 극히 소수에 불과한 사실을 보면 그런 것도 다 우연에 지나지 않음을 알 수 있다고 주장하는 사람도 있었다.

"전에는 나도 운세에 대단히 관심이 있었소." 국왕이 말했다. "하지만 사실과 다르거나 터무니없는 말을 하도 많이 들어서 이제는 미래를 맞추는 점이란 없다고 믿게 되었소. 몇 년 전에 별점으로 이름난 남자가 여길 찾아왔었지. *3 너도나도 점을 보겠다며 그에게 우르르 몰려가더군. 나도 기즈 공과 데스카르(앙리 2세의 총신)를 앞장세워 그를 찾아갔소. 그 남자에게는 내 정체를 밝히지 않았지. 그래도 그 점성술사는 내가 주인이라는 걸 알았는지 먼저 내게 말을 걸더군. 전에 내 얼굴을 본 적이 있는지도 모르지만. 그런데 내 정체를 알고 있는 것치고는 나에 대해 맞추는 것이 하나도 없질 않겠소? 나더러 결투를 하다가 죽을 운명이라는 둥 말이오. 기즈 공에게는 뒤에서 습격을 당해 죽을 수 있다 하고, 데스카르에게는 말에게 머리를 채여 죽을 거라고 했지. 기즈 공은 적에게 약점 잡힌 게 있다는 말을 들은 사람처럼 기분 나빠했소. 데스카르도 그런 비참한 사고로 삶을 마감한다는 말에 기분이 좋을 리가 없었지. 결국, 우리는 몹시 기분이 상한 채 그 집을 나왔소. 기즈 공과 데스카르가 어떤 운명인지는 몰라도, 내가 결투로 죽는다는 건 황당무계하지 않소? 이스파니아 왕과 내가 강화조약을 맺은 게 얼마 전인데 말이야. 조약이 체결되지 않았다 하더라도, 그와 내가 결투를 벌이는 일이 있을 리 없지. 결투는커녕, 선왕이 카를 5세에게 도전했던*4 것처럼 내가 이스파니아 왕에게 싸움을 거는 일은 없을걸."

불길한 예언을 들었다는 국왕의 말을 듣자, 그때까지 점성술 편을 들었던 사람들도 그런 건 조금도 믿을 게 못 된다고 주장을 싹 바꿨다.

느무르 공이 우렁찬 목소리로 말했다. "저야말로 누구보다도 예언을 믿지 않는 사람입니다." 그러고는 바로 옆에 있던 클레브 부인을 돌아보며 작은 목소리로 속삭였다. "제가 궁정의 어떤 부인에게 열렬한 사랑과 존경을 바칠 것이며, 그분이 호의를 보임으로써 제가 행복해질 거라고 예언한 사람이 있습니다. 제가 그 예언을 믿어야 할지 말아야 할지 부인은 판단이 서시겠지요."

왕세자비는 느무르 공이 처음에는 큰 목소리로 말하고 나중에는 작은 소

---

*3 이하의 일화는 르 라브뢰르가 기록한 실화.

*4 1528년에 카를 5세가 프랑스 사절을 푸대접하자 프랑수아 1세는 황제에게 도전장을 던졌다. 카를 5세가 이에 응함으로써 두 사람이 결투를 하는 형국이 되었다.

리로 속삭이는 것은 점이 빗나갔다는 이야기를 하는 것이라고 생각했다. 그래서 공에게 지금 클레브 부인에게 뭐라고 말했느냐고 물었다. 느무르 공이 재치 없는 사람이었다면 그 질문에 당황했을 것이다. 그러나 공은 조금도 주저하지 않고 이렇게 대답했다.

"제가 신분에 넘치는 행복을 누릴 거라는 예언을 들은 적이 있는데, 전 그런 행복은 꿈도 꾸고 있지 않다고 말했습니다."

왕세자비는 영국 건이 생각나 빙그레 웃으며 말했다. "그런 예언을 들으셨다면, 점술사를 믿을 수 없다고 단정하실 수는 없을 텐데요. 오히려 점을 믿어야 하는 것 아닌가요?"

클레브 부인은 왕세자비의 말뜻을 알아차렸다. 그러나 그와 동시에, 느무르 공이 말한 행운이란 영국 국왕 자리가 아니라는 것도 알았다.

어머니가 돌아가신 지 꽤 많은 날이 지났음에도 클레브 부인은 좀처럼 사교계에 얼굴을 내밀거나 궁정에 드나들려고 하지 않았다. 왕세자비를 찾아가면 느무르 공을 만났다. 클레브 경의 방에 가도 느무르 공이 남들 이목을 끌지 않도록 동년배 귀족들과 함께 자주 찾아오는 바람에 얼굴을 마주치게 됐다. 더구나 만날 때마다 부인은 크게 동요했으므로, 느무르 공은 쉽게 그것을 눈치챘다.

느무르 공의 시선을 피하고 다른 사람보다 말하는 횟수도 줄이려고 아무리 애써도 부인은 사소한 계기로 속내를 내비치고야 말았다. 공은 부인이 자신에게 무관심하지 않다는 사실을 알아차렸다. 느무르 공만큼 날카로운 눈을 가진 사람이 아니라면 간파하지 못했을지도 모르지만, 수많은 여자를 사랑한 전력이 있는 만큼 공은 누가 자기에게 호감이 있다는 사실을 절대로 간과하지 않았다. 느무르 공은 기즈 기사가 연적이라는 것을 꿰뚫어보았으며, 기즈 경 역시 느무르 공이 연적이라는 사실을 알았다. 기즈 경은 궁정에서 이 진실을 아는 유일한 사람이었다. 자신과도 관련이 있는 일이었으므로, 다른 누구보다도 날카로운 통찰력이 작동한 것이다. 서로 속내를 아는 만큼 이 둘 사이에는 매사에 위태로운 기류가 흘렀다. 남들의 이목이 쏠릴 만한 다툼 같은 것은 없었지만, 사사건건 대립했다. 마상 시합이나 야외 시합, 그 밖에 국왕이 주최하는 각종 시합 때 두 사람은 반드시 반대편으로 갈라졌다. 이 격렬한 적개심은 무엇으로도 감춰지지 않았다.

클레브 부인은 영국 건이 머리에서 떠나지 않았다. 제아무리 느무르 공이라 해도 국왕의 권유와 리네롤의 간청은 뿌리치지 못할 것 같았다. 리네롤이 아직도 귀국하지 않는 게 불안하고, 어서 돌아왔으면 싶었다. 마음대로 행동할 수 있다면, 부인은 일의 진척 상황을 꼬치꼬치 캐묻고 다녔을 것이다. 그러나 그 호기심의 밑바탕에 있는 감정은 그 호기심을 드러내지 말라는 명령도 동시에 내렸다. 그래서 클레브 부인은 엘리자베스 여왕의 미모와 지성과 기질에 관해 묻는 것만으로 그 호기심을 억눌렀다. 여왕의 초상화가 국왕에게 배달되었는데, 클레브 부인이 은근히 바라는 것보다 아름다운 얼굴이었다. 부인은 저도 모르게, 실물보다 훨씬 잘 그려진 것 같다고 말해버렸다. 그 자리에 있던 왕세자비가 말했다.

"난 그렇게 생각하지 않아요. 그분은 미인이고 남다른 지성의 소유자라는 평판이 자자해요. 나도 그분을 본받아야 된다는 말을 자주 들었지요. 어머니 앤 불린*5과 닮았다면 분명히 아름다울 거예요. 앤 불린만큼 매력적인 외모와 매력적인 성품을 가진 사람은 없었다고 하니까요. 생기 넘치고 얼굴은 개성적이며, 흔해 빠진 영국 미인다운 구석은 조금도 없었다고 들었어요.

"프랑스에서 태어나셨다고 들었는데요."

클레브 부인이 끼어들었다.

"그건 착각이에요. 지금부터 그분에 관한 이야기를 간략하게 들려드리죠. 앤 불린은 영국 명문가에서 태어났어요. 헨리 8세는 그분의 언니와 어머니를 동시에 사랑했어요. 그 때문에 앤 불린은 헨리 8세의 딸이 아니냐는 소문까지 돌았지요. 헨리 8세의 누이동생*6이 프랑스의 루이 12세에게 시집갔을 때, 그분도 따라서 프랑스로 왔어요. 사치를 좋아하는 젊은 왕비는 남편인 루이 12세가 돌아가시자 무척 아쉬워하며 프랑스 궁정을 떠났다고 해요. 왕비와 똑같은 취향을 갖고 있었던 앤 불린도 프랑스를 떠나고 싶어하지 않았어요. 앤 불린은 죽은 프랑수아 1세의 은총으로 클로드 왕비의 시녀로서 남게 되었답니다. 클로드 왕비가 돌아가시자, 이번에는 프랑수아 1세의 손위

＊5 앤 불린(1507~36). 헨리 8세의 두 번째 부인. 이하의 일화는 샌더스 고드윈 등 영국인이
　　기록한 것을 프랑스어로 번역한 것이거나 르 라브뢰르의 기록에서 발췌한 것.
＊6 루이 12세(1462~1515)의 세 번째 왕비가 된 마리 당글테르(1497~1534)는 헨리 7세
　　(1457~1509)의 여동생이 아니라 헨리 7세의 딸이자 헨리 8세의 여동생이다.

누이이자 알랑송 공비인 마르그리트 님*7이 앤 불린을 곁에 두셨어요—이분은 뒷날 나바르 여왕이 되셨답니다. 이분에 대해서는 당신도 책을 읽은 적이 있을 거예요. 이때 앤 불린은 프로테스탄트의 영향을 받았어요. 그 뒤 영국으로 돌아간 그녀는 모두를 사로잡았답니다. 어느 나라 사람이나 좋아하는 프랑스풍이 완벽하게 몸에 배어 있었던 데다 노래도 잘하고 춤도 멋지게 췄으니까요. 그녀가 아라곤의 캐서린 왕비*8의 시녀가 되었을 때, 헨리 8세는 그녀에게 완전히 빠져버렸어요.

헨리 8세의 충복이자 재상이었던 울지 추기경(토마스 울지, 1475?~1530)은 교황까지 꿈꾼 야심가였어요. 하지만 독일 황제 카를 5세가 자신을 지지해주지 않자 앙심을 품고 주군인 헨리 8세를 프랑스와 결탁시키기로 했어요. 울지는 헨리 8세에게 카를 5세의 숙모*9와 결혼한 것은 무효라고 믿게 한 다음, 마침 그 무렵 과부가 되었던 알랑송 공비와 결혼하라고 부추겼어요. 야심가 앤 불린은 이 이혼이야말로 자기를 왕위에 올려줄 지름길이라 생각했어요. 그래서 영국 왕에게는 루터파 교리를 주입하고, 프랑수아 1세에게는 누이 알랑송 공비의 재혼을 위해 로마 교황에게 헨리 8세의 이혼을 허락하라고 압력을 가하게 했죠. 울지 추기경은 이 맹약을 성사시키기 위해 겉으로는 다른 명목으로 프랑스에 파견되었어요. 하지만 정작 헨리 8세는 결혼을 슬쩍 제안하는 정도도 영 마음이 내키지 않았어요. 그래서 칼레에 있던 울지에게 결혼 이야기는 꺼내지도 말라고 명령했답니다.

프랑스에서 돌아온 울지 추기경은 왕에 버금가는 성대한 환대를 받았어요. 일개 총신의 몸으로 이때의 울지만큼 기세등등하게 허영심을 충족한 사람은 없을 거예요. 울지의 획책으로 두 국왕은 불로뉴에서 만나게 되었어

---

*7 마르그리트 드 나바르(마르그리트 드 발루아)(1492~1549)는 프랑수아 1세의 손위 누이인 동시에 복음주의에 호의를 느껴 가톨릭교회의 박해에서 많은 문인 및 예술가를 보호한 학식 있는 여성이었다. 그녀의 이야기집 《엡타메롱》이 1558년과 1559년(개정판)에 간행되었다.

*8 아라곤의 캐서린(1485~1536)은 헨리 8세의 첫 번째 왕비. 헨리 8세가 앤 불린과 결혼하기 위해 캐서린과 이혼하려던 것이 로마 교회와 갈등을 일으켜 영국 종교개혁의 발단이 되었다.

*9 캐서린은 이스파니아의 통일을 처음으로 실현한 아라곤의 페르난드 2세(카스티야 왕으로서는 페르난드 5세)와 카스티야 여왕 이사벨의 막내딸. 카를 5세의 어머니인 카스티야 여왕 파나는 캐서린의 언니.

요. *10 프랑수아 1세는 헨리 8세와 손을 잡으려고 했지만, 헨리 8세는 좀처럼 받아들이지 않았다고 해요. 두 사람은 서로 성대하기 그지없는 향응을 제공했어요. 그리고 각각 본인이 입는 옷과 똑같이 만든 옷을 선물로 교환했지요. 선왕 마마께서 영국 왕에게 선물한 옷은 진홍 새틴 바탕에 진주와 다이아몬드를 삼각형으로 박은 것으로, 위에 걸치는 것은 금실로 박음질한 하얀 벨벳이었다고 들었어요. 불로뉴에 며칠 머무른 뒤, 두 분은 칼레로 이동하셨어요. 앤 불린은 헨리 8세의 숙소에서 왕비나 다름없는 사치를 누렸지요. 프랑수아 1세는 왕비에게나 할 법한 갖가지 선물을 앤 불린에게 함으로써 예를 표했대요. 결국, 헨리 8세는 오래전부터 로마 교황(클레멘스 7세)에게 청원했던 이혼 허가를 얻지 못한 채 9년간의 사랑 끝에 앤 불린과 결혼하셨지요. 교황은 즉시 헨리 8세에게 파문을 선고했어요. 이에 몹시 화가 난 헨리 8세는 자기도 그리스도교의 수장이라고 선언하며 영국 전체를 지금과 같은 불행 속으로 빠뜨렸답니다.

앤 불린은 영화를 오래 누리지 못했어요. 아라곤의 캐서린 왕비의 죽음으로 자신의 지위가 더욱 확고해졌다고 생각할 틈도 없었지요. 어느 날 오빠 로슈포르 자작이 연 마상 경기를 궁정 사람들과 함께 구경하러 갔는데, 헨리 8세가 극심한 질투심을 느끼고 느닷없이 자리를 박차고서 런던으로 떠나버리더니 앤 왕비, 로슈포르 자작, 그리고 왕비의 연인이나 심복으로 의심되는 수많은 사람을 체포해버린 거예요. 헨리 8세의 질투는 갑작스럽게 보이지만, 실은 얼마 전에 로슈포르 자작부인이 왕에게 귀띔한 바가 있었답니다. 자기 남편과 왕비가 이상하리만치 가까운 것에 화가 난 부인이 둘이 근친상간이라도 한다는 식으로 국왕에게 일러바친 거예요. 한편 이미 제인 시모어에게 사랑이 옮겨간 헨리 8세는 그 무렵 앤 불린을 내칠 궁리만 하던 차였어요. 왕은 그로부터 3주도 지나지 않아 앤 여왕과 그 오빠를 재판에 걸어 참수형을 내리고 제인 시모어와 결혼했답니다. *11 헨리 8세는 그 뒤에도 여러

---

*10 헨리 8세와 프랑수아 1세의 회견은 1532년 10월, 프랑스 동북부 불로뉴 쉬르 메르에서 열렸다.

*11 라 파예트 부인이 참고했다고 추정되는 고드윈의 기술에는, 헨리 8세는 1536년 5월 2일에 앤을 체포하고 15일에 사형을 선고했으며, 17일에는 오빠를, 19일에는 앤을 처형했다고 되어 있다. 제인 시모어(1509~37)는 헨리 8세의 세 번째 아내. 헨리 8세는 제인 말고도 클레브스의 앤, 캐서린 하워드, 캐서린 파 등 총 여섯 명의 아내를 두었다.

아내를 맞으면서 차례로 이혼하거나 처형했어요. 캐서린 하워드도 그중 한 사람이죠. 그녀의 심복이었던 로슈포르 자작부인도 덩달아 목이 날아갔답니다. 앤 불린을 비방한 벌을 받은 거지요. 헨리 8세는 뒤룩뒤룩 살이 쪄서 죽었어요."

왕세자비의 이야기에 귀를 기울이던 귀족들은 어떻게 영국의 궁정 사정을 그리도 잘 아냐며 입을 모아 칭찬했다. 특히 클레브 부인은 엘리자베스 여왕에 관해 몇 가지를 더 묻지 않을 수 없었다.

왕세자비는 어머니인 스코틀랜드 왕비에게 보낼 거라며, 궁정 미인들 전원의 초상화를 작게 그리게 했다. 클레브 부인의 초상화가 완성되던 날, 왕세자비는 부인의 저택에서 오후를 보냈다. 느무르 공도 이때다 하고 자리에 끼었다. 공은 겉으로 티는 안 낼지언정, 클레브 부인을 만날 기회를 절대로 놓치지 않았다. 이날 클레브 부인은 무척 아름다웠다. 공이 사랑에 빠지지 않았더라도 이날만큼은 사랑에 빠지지 않을 수 없을 정도였다. 그러나 느무르 공은 화가가 그림을 그리는 동안 부인을 내내 지켜볼 용기도 없던 데다가, 부인을 보고 너무 좋아하는 모습을 남들에게 들키면 곤란하다는 생각에 자제했다.

왕세자비는 클레브 경에게 지금 완성돼가는 부인의 소형 초상화와 비교하고 싶으니 경이 갖고 있는 부인의 초상화를 보여달라고 말했다. 일동은 저마다 소감을 얘기했다. 클레브 부인은 가지고 온 초상화의 머리카락 부분을 조금 수정해달라고 화가에게 부탁했다. 화가는 초상화를 상자에서 꺼내어 수정한 뒤 탁자 위에 놓았다.

느무르 공은 예전부터 클레브 부인의 초상화가 갖고 싶었다. 클레브 경이 갖고 있는 초상화를 보자, 느무르 공은 부인에게 따뜻한 사랑을 받고 있을 이 남편에게서 그것을 몰래 훔쳐내고 싶은 충동을 억누를 수 없었다. 게다가 그곳에 있는 많은 사람 가운데 딱히 자기만 의심받을 이유도 없어 보였다.

왕세자비는 침대에 앉아서, 앞에 서 있는 클레브 부인과 뭔가 속삭이고 있었다. 클레브 부인 쪽에서는 침대 발치 탁자에 등을 돌리고 서 있는 느무르 공이 반쯤 걷힌 비단 휘장 사이로 보였다. 그래서 부인은 공이 고개는 돌리지 않고 민첩한 손놀림으로 탁자 위에 있던 무언가를 가져가는 모습을 보고야 말았다. 그것이 자기 초상화라는 것은 안 봐도 뻔했다. 부인은 가슴이 쿵쾅거려서 왕세자비의 말을 듣는 둥 마는 둥 했다. 그것을 눈치챈 왕세자비가 뭘 보고 그러느냐고 큰 소리로 물었다. 그 목소리에 이쪽을 돌아본 느무르 공은 자신에게서 눈을 떼지 않고 있던 클레브 부인과 시선이 마주쳤다. 공은 방금 자기가 저지른 짓을 부인이 보았을지도 모른다는 생각이 들었다.

클레브 부인은 여간 당황하지 않았다. 이성은 초상화를 되찾아오라고 명령했다. 그러나 그랬다가는 그가 자신을 사랑한다는 사실을 만천하에 공개하는 셈이 된다. 그렇다고 단둘이 있을 때 얘기를 꺼낼 수도 없었다. 느무르 공에게 사랑 고백을 할 기회를 주는 셈이기 때문이다. 결국, 부인은 가만히 있는 것이 가장 좋겠다고 판단했다. 게다가 자신의 호의를 드러내지 않고 느무르 공을 기쁘게 할 수 있다는 것이 즐겁기도 했다. 부인의 당황한 모습에 그 원인도 대충 짐작이 간 느무르 공은 부인 곁으로 다가와 작게 속삭였다.

"제 대담한 행동을 보셨을지도 모르지만, 그냥 모른 척해주십시오. 그 이상은 감히 부탁하지도 못하겠지만."

말을 마친 공은 대답도 듣지 않고 떠나버렸다.

왕세자비는 시녀들을 모조리 데리고 산책하러 나갔다. 클레브 부인의 초상화를 손에 넣은 기쁨을 도무지 감출 자신이 없는 느무르 공은 집으로 돌아가서 자기 방에 틀어박혀버렸다. 공은 사랑이 주는 가장 감미로운 감정을 맛보았다. 궁정에서 가장 사랑스러운 여인을 사랑하고, 그 사람의 마음을 휘어잡아 자신을 사랑하게 했다. 그 사람의 어떤 몸짓에서도 젊고 순수한 사랑이 불러일으키는 설렘과 당혹감이 느껴졌다.

그날 밤, 사람들은 그 초상화를 찾기 위해 방을 샅샅이 뒤졌다. 초상화 상자는 그대로 있으니 누가 훔친 게 아니라 어딘가에 떨어져 있을 거라고들 생각했다. 클레브 공은 부인의 초상화를 잃어버려 몹시 속이 상했다. 아무리 찾아도 끝내 나오지 않자, 그는 아내에게—진심으로 그렇게 생각하는 게 아니라는 걸 분명히 알 수 있는 말투로—당신이 숨겨놓은 애인에게 초상화를 주거나 그 사람이 훔친 것 아니냐, 애인이 아니라면 누가 상자는 놔두고 초상화만 가져가겠느냐고 말했다.

물론 농담이었지만, 클레브 부인은 가슴이 뜨끔했다. 부인은 자책감에 휩싸였다. 느무르 공을 향한 이 걷잡을 수 없는 이끌림을 어찌할 것인가! 이제는 목소리나 표정을 제어하기도 불가능해진 것 같았다. 리네롤도 돌아왔겠다, 영국 일은 더는 걱정되지 않았다. 왕세자비에게 품었던 의심도 사라졌다. 즉, 자신을 지켜주는 건 이제 아무것도 없었다. 이 궁정을 멀리하는 것 말고는 안전한 방법은 없었다. 그렇다고 자유롭게 멀리 갈 수 있는 처지도 아니었다. 클레브 부인은 궁지에 몰린 기분이었다. 가장 두려운 불행이라고 생각했던 사태, 다시 말해 느무르 공에게 연정을 들켜버리는 사태가 당장에라도 벌어질 것만 같았다. 샤르트르 부인이 죽기 전에 남긴 말이 떠올랐다. 어머니는 부정한 연애에 빠지느니 힘들더라도 다른 길을 선택해야 한다고 충고했었다. 클레브 경이 투르농 부인의 이야기를 들려주면서 솔직함에 관해 했던 이야기가 떠올랐다. 느무르 공을 사랑한다고 남편에게 털어놓아야 할 것 같았다. 그 생각만이 마음을 가득 채웠다. 그러다가 그런 생각을 하고 있는 자신에게 놀라 어이가 없어졌다. 도대체 어찌하면 좋을지 알 수가 없었다.

조약이 체결되었다.*12 엘리자베스 공주는 무척이나 싫었지만, 결국은 아버지의 명령에 따르기로 했다. 이스파니아 왕실 대사로 임명된 알바 공이 결혼식을 위해 곧 프랑스에 도착할 예정이었다. 왕의 누이동생과 결혼할 사부아 공의 도착도 임박했다. 두 사람의 결혼식은 동시에 치러질 예정이었다. 국왕은 궁정 사람들의 화려함과 기량을 발휘할 수 있는 다양한 볼거리로 이 결혼식을 성대하게 치르고 싶어서 내심 고민했다. 발레와 연극을 호화롭게 하면 어떻겠느냐는 제안이 나왔지만, 국왕은 그것만으로는 너무 평범한 것 같았다. 왕은 더 화려한 걸 원했다. 국왕이 생각해낸 것은 마상 시합이었다. 외국 사절도 초대하고, 일반 국민도 관람할 수 있게 하는 것이었다. 왕족 귀부인과 젊은 귀족들은 무척 기뻐하며 이 계획에 찬성했다. 그런 무예라면 둘째가라면 서러운 페라라 공과 기즈 공, 느무르 공은 특히 반겼다. 국왕은 이들을 자신과 함께할 주전자(主戰者)로 뽑았다.

프랑스 전국에 방이 붙었다. 6월 15일 파리에서 공개 시합이 열리며, 국왕 폐하 및 페라라 공 알퐁스 데스트, 기즈 공 프랑수아 드 로렌, 느무르 공 자크 드 사부아 등 세 사람이 모든 도전자에게 맞선다. 첫 번째 시합은 이중

---

*12 카토-캉브레지 조약은 1559년 4월 3일에 체결되었다. 엘리자베스 공주와 펠리페 2세의 결혼식은 같은 해 6월 22일에, 왕의 누이동생인 마르그리트와 사부아 공의 결혼식은 7월 9일에 거행되었다.

갑옷 착용하고 말 위에서 장창으로 네 번을 겨루는 것으로, 제1격은 귀부인들에게 바친다. 두 번째 시합은 단도 겨루기며, 시합 주임관의 판단에 따라 1대 1 또는 2대 2로 치러진다. 세 번째 시합은 말에서 내려 단창 세 번 겨루기와 단도 여섯 번 겨루기로 승패를 가른다. 장창, 단도, 단창은 주전자 측이 제공하며, 도전자가 그중에서 고른다. 질주 중에 적의 말을 찌르면 실격이다. 시합 진행과 경기장 정리를 위해 시합 주임관은 네 명이 본다. 가장 많은 적의 창을 부러뜨리고 가장 눈부신 기량을 선보인 사람에게는 심판관이 정한 상금이 주어진다. 모든 도전자는 프랑스인이든 외국인이든 미리 와서, 경기장 끝에 걸린 방패 중 하나 이상을 만져야 한다. 그곳에 있는 등록 담당관은 그들의 신분과 그들이 만진 방패에 따라 그들의 이름을 명단에 적는다. 도전자는 시합 개시 사흘 전에, 문장이 들어간 방패를 경기장에 가져다놓아야 한다. 그러지 않으면, 주전자의 허가가 없는 한 시합에 참가할 수 없다. 이것이 주요 내용이었다.

바스티유 근처에 넓은 경기장이 지어졌다. 투르넬 이궁부터 생탕투안 거리를 가로질러 왕실 마구간으로 이어지는 규모였다. 좌우에는 층계석과 지붕이 딸린 특등석이 마련되었다. 칸막이처럼 생긴 특등석은 보기에도 아름다웠지만, 헤아릴 수 없을 만큼 많은 관람객을 수용할 수도 있었다. 왕족과 귀족들은 자기 자리를 꾸미느라 여념이 없었다. 가문의 문장에 들어갈 머리글자나 글귀에 애인과 관계있는 멋진 문구를 넣으려고 고심하는 것이었다.

알바 공의 도착을 앞둔 어느 날, 국왕은 느무르 공, 기즈 기사, 샤르트르 주교대리와 함께 테니스를 쳤다. 왕비와 왕세자비는 시녀들을 거느리고 구경했다. 클레브 부인도 그 자리에 있었다. 시합이 끝나고 일동이 경기장에서 나가려는데 샤트라르가 왕세자비에게 다가가더니, 자신이 느무르 공의 품에서 떨어진 연애편지 한 통을 우연히 주웠다고 말했다. 느무르 공과 관련된 것이라면 무슨 일에든 관심을 보이는 왕세자비는 그 편지를 이리 내라고 말했다. 왕세자비는 편지를 받아들고, 국왕과 함께 경기장 공사 현황을 보러 가는 시어머니를 뒤따라 나섰다. 현장을 한 바퀴 둘러본 뒤, 국왕은 최근에 산 말을 끌고 오라고 명령했다. 말은 조련이 덜 된 상태였지만, 국왕은 그래도 한번 타보자며 귀족들에게 말을 골고루 나눠주었다. 국왕과 느무르 공은 가장 사나운 말을 탔는데, 이 두 말이 서로 싸움이 붙었다. 느무르 공은 국왕이 다칠까봐 말을 급하게 후진시키다가 조련장 기둥에 부딪히는 바람에 말에서 떨어지고 말았다. 다들 그가 심한 부상을 당했으리라 생각하고 우르르 달려왔다. 클레브 부인은 특히 걱정했다. 느무르 공에게 마음이 있는 그녀는 남들 눈을 의식해야 한다는 사실도 잊을 정도로 불안감에 동요했다. 부인은 왕비와 왕세자비와 함께 느무르 공에게 달려갔는데, 어찌나 사색이 됐던지, 기즈 공만큼 그녀에게 관심이 있는 사람이 아니더라도 그 얼굴을 봤다면 그녀의 마음을 눈치챘을 것이다. 그러니 기즈 공은 오죽했으랴. 기즈 공은 느무르 공보다 클레브 부인의 상태를 주의 깊게 관찰했다. 부딪힌 충격에 심한 어지럼증을 느낀 느무르 공은 한동안 사람들에게 머리를 기댄 채로 있었다. 이윽고 고개를 일으킨 공의 눈에 가장 처음 들어온 것은 클레브 부인이었다. 공은 부인의 얼굴에 깃든 연민의 빛을 읽고서, 그 마음에 얼마나 감동했는지 말하려는 듯한 강렬한 눈빛으로 부인을 바라봤다. 그런 뒤 왕비와 왕세자비에게 걱정해주어서 고맙다고 말하고, 흉한 꼴을 보여드려 죄송하다고 사과했다. 국왕은 공에게 돌아가서 좀 쉬라고 명령했다.

공포심에서 벗어나 정신을 차린 클레브 부인은 자기가 방금 얼마나 표나게 걱정했는지 반성했다. 아무도 눈치채지 못했으리라는 일말의 희망도 품어봤지만, 기즈 공이 곧 그 희망을 여지없이 깨고 말았다. 기즈 공이 부인을 에스코트해서 경기장 밖으로 데리고 나가며 이렇게 말한 것이다.

"부인께서 더 큰 동정을 보내야 할 사람은 느무르 공이 아니라 바로 접니다. 지금까지 가만히 있다가 갑자기 이런 말씀을 드려서 죄송합니다. 아까 목격한 장면을 안타깝게 여기는 점도 용서해주십시오. 이렇게 용기 내어 말씀드리는 일도 처음이자 마지막입니다. 전 이곳을 떠나 죽으러 갈 겁니다. 적어도 두 번 다시 돌아오는 일은 없을 겁니다. 당신을 연모하는 사람은 모두 저처럼 불행한 사람일 거라는 믿음만이 최소한의 위안이었는데, 조금 전에 그 믿음이 깨져버린 이상 이제 이곳에 있을 수가 없군요."

클레브 부인은 기즈 경의 말을 알아듣지 못하는 척하며 엉뚱한 대답만 몇 마디 했다. 이런 상황이 아니었다면, 부인은 기즈 경의 사랑 고백에 화를 냈을 것이다. 그러나 이때 부인은 느무르 공에 대한 감정을 간파당해 슬프다는 생각밖에 들지 않았다. 부인의 마음을 정확히 꿰뚫어본 기즈 기사는 가슴이 찢어지는 듯이 아팠다. 그는 그녀의 사랑을 얻을 수 있다는 생각을 오늘부터 버리기로 마음먹었다. 그러나 이렇게 어렵고 영광스러운 생각을 실행하려면, 그 대신 마음을 완전히 쏟아부을 만한 웅대한 계획이 필요했다. 기즈 경은 전부터 소문으로 들었던 로도스 섬 공격*13 작전에 가담하기로 했다. 경은 당대 최고의 귀족이라는 칭송 속에서 꽃다운 나이에 세상을 떠났는데, 죽음에 임한 경이 유일하게 아쉽게 생각했던 것은 성공을 확신했던 이 거사를 끝내 이루지 못했다는 점이었다.

경기장에서 나온 클레브 부인은 방금 일어난 일에 머리가 복잡해진 채로 왕비의 처소를 찾아갔다. 곧 느무르 공이 사고를 당한 사람이라고는 생각할 수 없을 만큼 멋지게 차려입고 나타났다. 평소보다 기운차 보였을 정도였다. 조금 전 자기가 분명히 봤다고 믿는 그 기쁜 기억 때문에 기분이 좋은 공은 한결 매력적으로 보였다. 공을 보고 깜짝 놀란 일동은 너도나도 몸 상태를 물어보았다. 클레브 부인만은 난롯가를 떠나지 않은 채, 느무르 공을 못 본 척했다. 왕비의 처소를 찾은 국왕이 사람들 가운데 느무르 공을 발견하고는 경위를 묻고 싶다며 그를 불렀다. 느무르 공이 클레브 부인의 옆을 지나가면서 속삭였다.

"오늘은 당신의 동정표를 얻었습니다. 하지만 제가 받아야 할 것은 그런 것이 아닙니다."

클레브 부인은 조금 전 일로 느무르 공이 자기 감정을 알아버렸을 수도 있다고 생각했는데, 이 말을 들으니 역시 틀린 생각이 아니었다. 그녀는 본심을 감추지 못하고 기즈 공에게 들켜버렸다는 사실이 못내 괴로웠는데, 느무르 공까지 알아버렸으니 더더욱 괴로웠다. 하지만 이 두 번째 괴로움은 마냥 괴롭지만은 않았다. 거기에는 약간의 감미로움도 섞여 있었다.

샤트라르가 준 편지의 내용이 궁금해서 안달이 난 왕세자비가 클레브 부인에게 다가가 말했다.

"이 편지를 읽어보세요. 느무르 경한테 온 편진데, 아무래도 그의 눈을 멀게 한 연인이 보낸 편지 같아요. 지금 읽지 못하겠으면 가지고 돌아갔다가, 오늘 밤 내가 자기 전에 도로 가지고 와요. 그때 글씨체가 누구 건지 가르쳐주세요."

---

*13 터키 지배하에 있던 로도스 섬을 탈취하려는 마르타 기사단의 공략은 1565년 무렵에 가장 활발했다. 기록에 따르면, 기즈 기사는 1563년에 병사했다.

왕세자비는 이 말을 남기고 저쪽으로 휙 가버렸다. 클레브 부인은 너무 놀랍고 충격적이어서 한동안 그 자리에 못 박힌 듯 서 있었다. 심장은 벌렁거리고 머리는 복잡했다. 왕비의 처소에 더 있을 수가 없어서, 아직 돌아갈 시각이 아닌데도 집으로 돌아가버렸다. 편지를 쥔 손이 벌벌 떨렸다. 온갖 생각이 뒤죽박죽되어서 무엇 하나 제대로 생각할 수가 없었다. 지금껏 경험한 적 없는, 알 수 없는 고통에 가슴이 메었다. 방에 들어서자마자 펼친 편지에는 다음과 같이 적혀 있었다.

"당신이 목격한 내 변심을 바람기 탓이라고 믿게 해두려고 했지만, 도저히 그럴 수 없을 만큼 당신을 사랑하게 된 것 같아요. 분명히 말씀드리지요. 이렇게 된 건 당신의 불륜 때문이에요. 이렇게 말하면 당신은 깜짝 놀라실 테지요. 내가 알고 있다는 사실에 당신이 놀라는 것도 무리는 아니에요. 당신은 정말 교묘하게 감춰왔고, 나도 계속 모르는 척해왔으니까요. 지금껏 용케 당신에게 내색하지 않은 것이 나 자신도 놀라워요. 살면서 이렇게 괴로운 적은 없었다고 생각할 만큼 괴로웠으니까요. 난 당신이 나를 열렬히 사랑한다고 믿어왔고, 나도 당신에 대한 사랑을 감추려고 하지 않았어요. 그런데 당신에게 진심을 완전히 털어놓으려는 그 순간, 난 당신이 날 배신하고 다른 여자를 사랑한다는 걸 알았어요. 아무리 봐도 당신은 그 새 연인 때문에 날 짓밟고 있다는 것을요. 마상경기가 열렸던 날 그것을 알게 되었지요. 그래서 구경하러 가지 않은 겁니다. 난 혼란스러운 마음을 감추려고 꾀병을 부렸어요. 그런데 정말로 병이 나고 말았죠. 너무 심란해서 몸도 견디질 못했나 봐요. 회복이 되고 나서도, 당신과 만나거나 편지를 쓰는 일이 없도록 나는 계속 아픈 척을 했어요. 당신을 어떻게 대해야 할지 결정할 시간이 필요했어요. 결심했다가 그만두기를 스무 번은 되풀이했을 거예요. 하지만 마지막에는 생각했죠. 당신은 내 괴로움을 볼 자격이 없는 사람이라고요. 내 사랑이 저절로 식은 것처럼 보여서 당신의 자존심에 상처를 주고 싶었어요. 그렇게 하면 당신이 버리려는 사랑의 가치가 떨어지는 셈이잖아요. 당신이 내 사랑을 과시하면 그 여자의 눈에 당신은 그만큼 더 사랑스럽게 비치겠죠. 난 당신한테 그런 기쁨을 선물하고 싶지 않았어요. 난 미지근하고 권태로운 편지를 쓰기로 했어요—당신이 그 편지를 보여줄 여자가 내가 당신을 더는 사랑하지 않는다고 믿게 하려고요. 내 패배를 인정해서 그 여자를 기쁘게 하거나, 절망과 원망을 내비쳐서 그 여자에게 우월감을 주기는 싫었어요. 난 단순히 관계를 끊어서는 당신을 충분히 괴롭힐 수 없다고 생각했어요. 당신이 나를 사랑하지 않는 동안 나도 당신을 사랑하지 않았다고 말하는 것만으로는 충분한 고통이 되지 않으리라고 생각했어요. 사랑받지 못하는 고통을 이토록 무자비하게 맛보고 있는 이상, 당신한테도 똑같은 고통을 주고 싶었어요. 그러려면 당신이 나를 사랑하게 만들어야 했죠. 이전에 당신이 나에게 품었던 감정을 다시 일깨워줄 수단이 있다면, 그건 당신으로 하여금 내가 변심했다고 믿게 하는 것이었어요. 그리고 그 사실을 끝까지 숨기는 척하는 거죠. 당신에게 털어놓을 용기가 없는 것처럼 보여야 하니까요. 난 이렇게 결심했어요. 하지만 그런 각오를 하기가 얼마나 괴로웠는지 모른답니다! 게다가 당신의 얼굴을 보면 도저히 자신이 없어졌어요. 분함과 슬픔을 억누르지 못할 뻔한 적도 수없이 많았지요. 난 아직 건강이 좋지 않은 척하면서 당신에게 심란함과 안타까움을 내색하지 않았어요. 그다음부터는 당신이 나를 속였듯이 나도 당신을 속인다는 기쁨으로 버텨왔지요. 하지만 당신을 사랑한다고 말하거나 쓸 때 아무래도 진심이 담기지 않았는지, 당신은 내 예상보다 빨리 내 변심을 눈치챘어요. 당신은 기분이 상해서 나를 비난했지요. 나는 당신을 달래려고 했지만, 그게 너무 어색해서 당신은 내가 당신을 사랑하지 않게 되었다고 도리어 확신하게 됐어요. 그로써 내 계획은 성공한 셈이었죠. 변덕스러운 당신 마음은 내가 멀어지려 한다는 걸 눈치채자 내게로 돌아왔어요. 난 복수의 기쁨을 실컷 맛보았지요. 당신은 전에 없이 날 깊이 사랑하는 것 같았고, 난 당신을 사랑하지 않는 척을 멋지게 해냈으니까요. 당신은 날 버리고 달려간 여자를 거들떠보지도 않는 것 같았어요. 당신이 그 여자한테는 나에 관해 한마디도 하지 않았다는 사실도 확인했죠. 하지만 사랑이 되돌아왔다는 사실과 나에 관해 함부로 말하지 않았다는 사실만 가지고는 당신의 불륜을 보상할 수 없어요. 당신은 나와 또 한 여자에게 동시에 마음을 주었다가 나를 배신했어요. 그렇게 생각하는 것만으로도, 다시 당신에게 사랑받게 된 것도 전혀 기쁘지가 않아요. 그래서 당신을 다시는 보지 않겠다는 결심을 밀어붙이기로 했답니다. 당신은 놀라겠지만.”

클레브 부인은 이 편지를 몇 번이고 되풀이해서 읽었다. 그러나 뜻을 전혀 이해할 수 없었다. 겨우 이해한 것은 느무르 공이 지금까지 상상했던 것과는 달리 자기만 사랑한 게 아니라 다른 사람도 사랑했으며, 모두를 속여왔다는 사실이었다. 클레브 부인 같은 기질을 지닌 사람에게, 더구나 열렬한 사랑에 빠진 사람에게 이것은 어마어마한 발견이자 깨달음이었다! 거기다 바로 조금 전 마음을 들켜버린 두 남자 중 한 사람은 그런 사랑을 받을 가치가 없고, 다른 한 사람은 그 비열한 남자를 사랑하는 바람에 푸대접한 사람이었다! 그것은 형언할 수 없이 날카롭고 극심한 고통이었다. 부인은 이 쓰라린 고통이 오늘 일어난 사건 탓이라고 생각했다. 느무르 공에게 마음을 들키지 않았더라면, 공이 다른 여자를 사랑하건 말건 아무렇지도 않았을 거라고 생각했다. 그러나 그런 생각은 자기기만이었다. 이 견디기 어려운 고통이야말로 불쾌함을 동반하는 질투였던 것이다. 이 편지를 통해, 느무르 공에게 오래전부터 연인이 있었다는 사실을 알았다. 이 편지를 쓴 사람은 똑똑하고 품위 있으며 사랑받을 자격이 충분해 보였다. 자기보다 용기 있는 사람인 것 같았다. 느무르 공에게 본심을 끝까지 숨긴 당찬 기질이 부러웠다. 편지의 마지막 부분을 보면, 이 사람은 아직도 느무르 공에게 사랑받고 있다고 믿고 있었다. 클레브 부인은 느무르 공의 신중함에 감동했었는데, 그것은 사실 그 여자를 사랑하는 공이 그녀의 기분을 해칠까봐 두려워서가 아니었나 하는 생각이 들었다. 이렇게 클레브 부인은 괴로움과 절망을 더하는 생각만 계속했다. 아무리 자책해도 부족한 기분이었다! 어머니의 충고가 새록새록 떠올랐다! 클레브 경의 뜻을 거슬러서라도 사교계에서 발을 뺐어야 하는 건데! 아니면 느무르 공을 좋아한다고 남편에게 고백할까 고민했을 때 과감하게 실행에 옮겼어야 했는데! 자기를 속이고, 자기를 짓밟고, 단지 자만심과 허영심 때문에 사랑을 구하는 비열한 남자에게 마음을 들키기보다는 다정한 남편, 아마 그런 고백을 들어도 끝까지 비밀을 지켜주었을 남편에게 털어놓는 편이 나았다. 마침내 부인은 지금 이렇게 느무르 공에게 마음을 들킨 마당에 공이 다른 여자를 사랑한다는 사실을 안 괴로움에 비하면 그 어떤 재앙과 그 어떤 궁지도 편할 것 같다는 생각까지 들었다. 그나마 위안은 이 사실을 안 이상 이제 조금도 두려울 것이 없으며, 느무르 공에 대한 사랑에서 완전히 벗어날 수 있을 것 같다는 생각이 든다는 점이었다.

클레브 부인은 자기 전에 오라고 했던 왕세자비의 말도 떠올리지 못한 채 자리에 누워 아픈 척을 했다. 그래서 클레브 경은 국왕을 만나고 돌아왔을 때, 부인이 이미 잠자리에 들었다는 하인의 보고를 받아야 했다. 그러나 부인은 편안히 잠을 자기는커녕 편지를 읽고 또 읽느라 뜬눈으로 밤을 새웠다.

이 편지에 잠을 설친 사람은 클레브 부인만이 아니었다. 편지를 떨어뜨린 샤르트르 주교대리—느무르 공이 아니었다—도 안절부절못했다. 주교대리는 기즈 공이 처남 페라라 공*[14]과 궁정의 젊은 귀공자들을 초대해 베푼 대만찬회에 밤새 있었다. 그 자리에서 우연히 연애편지가 화제에 올랐다. 샤르트르 주교대리는 자기가 지금 세상에서 가장 아름다운 연애편지를 갖고 있다고 큰소리쳤다. 다들 보자고 야단이었지만, 주교대리는 보여주려 하지 않았다. 느무르 공이 편지도 없으면서 허세를 부린다고 단정하자, 샤르트르 주교대리는 그런 말을 들은 이상 뺄 순 없지만 그렇다고 편지를 보여줄 순 없으니 몇 군데를 읽어주겠다고 대답했다. 그리고 그것만으로도 웬만한 남자는 받지 못할 편지임을 알 수 있을 거라고 덧붙였다. 그런데 대답하면서 편지를 뒤져도 잡히지 않는 것이었다. 아무리 찾아봐도 없었다. 모두 주교대리를 놀려대다가 그의 표정이 심상치 않자 입을 다물었다. 샤르트르 주교대리는 집에 두고 온 것 같다며 가장 먼저 자리에서 일어나 황급히 저택으로 돌아갔다. 한참 찾고 있는데 왕비의 일등 시종관이 찾아왔다. 위제스 자작부인이 급히 알릴 내용이 있다며 자기를 보냈다고 했다. 샤르트르 주교대리가 테니스를 치다가 품에서 연애편지 한 통을 떨어뜨렸다는 이야기가 왕비 처소까지 전해지고 편지 내용도 알려지자 왕비는 그 편지를 꼭 읽고 싶어하며 사람을 보내 어느 시종에게 물어봤는데, 그 시종이 대답하길 편지는 이미 샤트라르가 가지고 갔다는 것이었다.

왕비의 일등 시종관은 그 밖에도 많은 이야기를 전해주었다. 샤르트르 주교대리는 완전히 공황 상태에 빠졌다. 그는 샤트라르와 친한 귀족을 다급히 찾아갔다. 꽤 늦은 시각이긴 했지만, 주교대리는 그 사람을 깨워서, 당장 샤트라르를 찾아가 편지를 되찾아와달라고 간청했다. 단, 의뢰주의 이름과 편지를 잃어버린 사람의 이름은 밝히지 않았다. 샤트라르는 그 편지가 느무르

---

*14 기즈 공과 1548년에 결혼한 안 데스트는 선대 페라라 공 에르콜레 데스트와 르네 드 프랑스의 아들, 즉 페라라 공 알퐁스 데스트의 손윗누이이다.

공의 것이며, 느무르 공은 왕세자비를 사랑한다고 믿었다. 따라서 의뢰주는 느무르 공이 틀림없다고 생각했다. 그래서 심술궂은 웃음을 지으면서, 그 편지는 왕세자비에게 주었다고 대답했다. 친구인 귀족은 샤르트르 주교대리에게 그 대답을 전했다. 주교대리의 불안감은 한층 심해지고 새로운 걱정이 늘었다. 어떻게 할까 한참을 망설인 끝에, 현재의 위기에서 벗어나기 위해 기댈 곳은 느무르 공밖에 없다는 결론을 내렸다.

샤르트르 주교대리는 느무르 공의 방에 들어간 것은 막 동이 틀 무렵이었다. 느무르 공은 곤히 잠들어 있었다. 전날 클레브 부인의 태도를 보고 즐거운 꿈을 꾸는 중이었다. 샤르트르 주교대리의 방문에 잠에서 깬 느무르 공은 깜짝 놀랐다. 이렇게 남의 잠을 방해하러 온 것은 어제 만찬회에서 한 말에 대한 앙갚음이냐고 물어보았다. 그러나 샤르트르 주교대리의 표정은 고작 그런 일이 아니라 더 진지한 용건으로 왔다고 말하고 있었다.

"내 인생에서 가장 중대한 문제를 고백하러 왔네." 샤르트르 주교대리가 말했다. "귀찮게 해서 미안하지만, 자네 도움이 절실히 필요해서 처음 하는 이야길세. 하지만 지금부터 할 이야기를 필요도 없는데 공연히 떠벌렸다가는 분명 자네한테 신용을 잃었을 거야. 어젯밤에 자랑했던 그 연애편지를 잃어버리고 말았네. 그 편지가 내 거라는 게 알려지는 날엔 난 끝이야. 어제 테니스장에서 떨어뜨린 모양인데. 거기 있던 많은 사람이 그 편지를 본 것 같아. 그런데 자네도 거기 있었지 않았나. 그러니 제발 그 편지를 자네가 떨어뜨린 거라고 말해주게."

"그런 부탁을 하는 걸 보니, 나한텐 연인이 한 명도 없다고 생각하는 모양이군요?" 느무르 공이 싱글거리며 대답했다. "나라면 그런 편지를 받아도 누구하고도 사이가 틀어질 일이 없다고 단정하는 모양이에요."

"제발 진지하게 들어주게. 만일 자네한테 애인이 있다고 해도─뭐 분명히 있겠지. 누군지는 모르지만─자네라면 떳떳하게 나설 수 있지 않나. 내가 반드시 성공할 방법도 전수해줄 거고, 혹 해명에 실패하더라도, 자네라면 잠깐 사이가 틀어지는 정도로 끝나잖아. 하지만 나는 이 일로, 날 깊이 사랑해준 대단히 존경스러운 부인의 이름에 먹칠을 하고 그분의 엄청난 노여움을 살지도 몰라. 그랬다가는 지위뿐만이 아니라 그보다 더한 것도 잃게 될 걸세."

"무슨 말인지는 잘 모르겠지만, 보아하니 어느 귀부인이 당신에게 관심이 있다는 소문이 아주 거짓말은 아닌 모양이군요."

"그래. 거짓말이 아니야. 차라리 거짓말이라면 얼마나 좋겠나! 그랬다면 이런 난처한 지경에 몰리는 일도 없었을 텐데. 어쨌거나 내가 얼마나 위험한 처지에 놓였는지를 알게 하려면, 그동안 있었던 일을 모조리 털어놔야겠군. *15

내가 궁정에 드나들기 시작할 무렵부터 왕비님은 나를 각별히 아껴주셨지. 특별한 호의를 품고 있다는 생각이 들 정도로 말이야. 그렇지만 무슨 특별한 일도 없었고, 왕비님께 존경 이외의 감정을 품으려고 생각한 적조차 없었어. 오히려 난 테민 부인에게 빠져 있었지. 그런 여자에게 사랑받는 사람이라면 그쪽도 그녀에게 열렬히 빠져들 거라는 점은 자네도 그녀를 보면 쉽게 인정할 걸세. 그리고 난 그녀를 사랑했던 거야. 지금으로부터 2년여 전, 궁정 사람들이 퐁텐블로 이궁에 있을 때 일이네. 난 극소수만 모이는 모임에서 왕비님과 두세 번 대화를 나누었지. 그런데 왕비님은 내 재기가 마음에 드셨는지, 내가 무슨 말을 하건 공감해주셨어. 한번은 다 같이 신뢰를 주제로 이야기한 적이 있었지. 나는 진심으로 신뢰할 수 있는 사람이 한 사람도 없다, 사람을 믿으면 반드시 후회하게 된다, 나는 절대로 발설하지 않지만 많은 비밀을 알고 있다고 말했네. 그런데 왕비님은 그런 말을 들으니 내가 더욱 존경스럽다고 하시는 거야. 프랑스에 와서 비밀이야기를 나눌 만한 사람을 한 명도 찾지 못했다, 이렇게 남을 믿는 기쁨을 누리지 못하는 것은 불행한 일이다, 특히 자기 같은 지위에 있는 사람한테는 뭐든지 털어놓을 수 있는 상대가 필요하다, 살기 위해 필요하다, 이렇게 말씀하시면서. 그 뒤에도 왕비님은 몇 번이나 같은 주제를 꺼내시면서, 그 무렵의 은밀한 이야기들을 들려주셨네. 마침내 나는 왕비님께서 내가 얼마나 믿을 만한 사람인지 확인하려고 자신의 비밀이야기를 들려주시는 거라고 생각하게 되었지. 그렇게 생각하자 왕비님에 대한 친밀감이 솟아났어. 특별히 눈여겨주시는 점이 고맙기도 하고. 나는 그때까지보다 더욱 충성을 다했네. 그러던 어느 저녁이었어. 폐하께서 궁정 귀부인들을 모두 데리고 숲으로 산책을 나가셨는데, 왕비

---

*15 이하의 일화는 르 라브뢰르의 글에서 대강의 줄거리를 따서 만든 것. 구체적인 점은 모두 작가가 창작해낸 것으로 추정된다.

님은 몸이 좋지 않다며 따라나서지 않으셨지. 나도 왕비님 곁에 남았어. 왕비님은 연못가로 내려가서 자유롭게 거닐고 싶다며 시녀들을 물리치셨네. 그러고는 한참 산책하시더니 내게 와서 자기를 따라오라고 하시더군.

'할 말이 있어요. 그걸 들으면 내가 당신 편이라는 걸 알게 될 거예요.'

그러고는 내 얼굴을 빤히 쳐다보셨어. 그리고 덧붙이셨지.

'당신은 사랑을 하고 있군요. 그 사실을 아무에게도 말하지 않았으니, 그 사랑을 아는 사람도 아무도 없으리라고 생각하고 있고요. 하지만 빤히 보이는걸요―직접 연관이 있는 사람에게도 말이에요. 당신은 감시당하고 있어요. 연인과 밀회하는 장소도 다 드러났고요. 그곳에서 당신을 불시에 덮치려는 계획도 있답니다. 난 당신의 연인이 누군지 모르고, 가르쳐달라고도 안 할 거예요. 하지만 당신이 불행해지지 않도록 도와주고는 싶군요.'

알겠나? 왕비님은 내게 이런 함정을 놓으신 거야. 거기에 빠지지 않는 게 얼마나 어려운 일인지는 짐작이 가겠지? 왕비님은 나한테 연인이 있는지 궁금했지만, 상대 여성의 이름을 묻지도 않고, 오로지 나를 위해 계획을 짜는 척하셨네. 호기심이나 특별한 속내가 있다는 의심을 하지 못하도록 말이야.

하지만 나는 겉모습에 속지 않고 진실을 정확히 간파했어. 난 테민 부인을 사랑했고 부인에게 사랑받기도 했지만, 남의 눈을 피해서 은밀히 만날 정도의 사이는 아니었거든. 그래서 난 왕비님께서 테민 부인을 암시한 것이 아니라는 사실을 알았지. 그때 난 테민 부인만큼 아름답지도 견실하지도 않은 다른 여성과 연애관계에 있었는데, 그 여인과 밀회하는 장소를 들킨 거라는 생각이 들었어. 만전을 기하기 위해 그 여인과의 만남을 중단하기는 쉬운 일이었네. 난 그녀를 별로 사랑하지 않았거든. 난 왕비님께는 사소한 사실이라도 털어놓지 않기로 결심했네. 오히려 왕비님을 안심시키기 위해 이런 말을 했지. 날 사랑해주는 여자는 모두 제대로 된 사랑을 하기에 적합하지 않으며, 나는 아주 오래전부터 그런 여자들에게 사랑받고 싶은 생각이 추호도 없었다, 내 마음을 사로잡으려면 더 고귀한 신분이어야 한다고 말이야.

'솔직하지 않군요.' 왕비님께서 말씀하셨네. '난 사실이 그 반대라는 걸 알아요. 내가 솔직하게 말하면 당신도 뭘 숨길 수 없겠죠. 난 당신과 친구가 되고 싶어요. 하지만 친구 사이면서 당신이 어떤 사랑을 하고 있는지 모르는 채로 있는 건 싫어요. 내 친구가 되기 위해서라면 털어놓아도 좋겠는지 아닌지 한번 생각해보세요. 딱 이틀 시간을 드리죠. 그 이틀이 지나면 신중한 답변을 해주세요. 혹 나중에라도 당신이 내게 거짓말을 했다는 사실이 드러나면, 난 죽을 때까지 당신을 용서하지 않겠어요. 이 점을 각오해두세요.'

그러고는 내 대답도 기다리지 않고 저쪽으로 가버리셨네. 그런 말까지 듣고서 어찌 고심하지 않을 수 있었겠나? 이틀을 벌긴 했지만, 결심을 하기엔 부족한 시간이었지. 왕비께서 내가 사랑을 하는지 안 하는지 확인하고 싶어 하시면서도 내심 아니길 바란다는 건 확실했어. 내 결단에 따라 벌어질 일들과 그 결과가 훤히 보였네. 한 나라의 왕비, 게다가 대단히 매력적인 외모를 갖고 계신 왕비님과 특별한 관계를 맺는다고 생각하면 얼마쯤 우쭐해지는 것도 사실이었네. 하지만 난 테민 부인을 사랑했네. 아까 말한 다른 여성과 이른바 바람을 피우면서도 부인과 헤어질 생각은 꿈에도 하지 않았지. 그렇지만 왕비님을 속였다간 어떤 위험에 처할지 알 수 없고, 왕비님을 끝까지 속일 수 있으리라고도 생각되지 않았네. 그러면서도 난 이 뜻밖의 행운을 거절할 결심이 서질 않았어. 그래서 위험을 무릅쓰기로 각오했지. 즉 관계가 알려질 위험이 있는 그 여자와는 관계를 끊고, 테민 부인과의 관계는 숨기기로 한 거야.

주어진 이틀이 지나고 나는 귀부인들이 모이는 시각에 왕비님의 처소를 찾았네. 그러자 왕비님께서 깜짝 놀랄 만큼 진지한 표정으로 '요전에 부탁한 일은 생각해보셨나요? 답이 나왔나요?' 라고 큰 소리로 물으시는 거야. 내가 '네, 왕비님. 그날 말씀드린 대로입니다' 대답하자, '오늘 저녁 내가 글 쓰는 시각에 다시 오세요. 그때 다시 이야기하도록 하죠' 하시더군.

난 잠자코 고개만 숙였지만, 지정된 시각에 정확히 다시 찾아갔네. 왕비께서는 서기 역할을 하는 시녀를 거느리고 회랑에 계시더군. 날 보시자 얼른 이쪽으로 와서 회랑 끄트머리로 날 데리고 가셨네. 그리고 말씀하셨지.

'나한테 비밀이 하나도 없다는 게 정말 곰곰이 생각하고 내린 결론인가요? 이렇게까지 하는데도 솔직하게 말해주지 않는 거예요?'

난 말했네. '솔직하니까 아무것도 드릴 말씀이 없는 겁니다. 조심스럽게 왕비님께 맹세하지요. 전 이 궁정의 어떤 부인도 사랑하지 않습니다.'

'그렇게 믿고 싶군요. 처음부터 그러길 바랐어요. 그건 당신 마음이 오로지 내 것이었으면 좋겠고, 만일 당신이 다른 사람을 사랑한다면 난 당신의 우정에만 만족할 수 없기 때문이죠. 사랑에 빠진 사람은 믿을 수 없어요. 비밀을 지켜줄 수 있을지 없을지 알 수 없으니까요. 이야기를 건성으로 듣거나 딴생각을 하기도 하죠. 사랑하는 여자가 제일 소중하니까요. 내가 당신에게 바라는 건 그런 우정이 아니에요. 다른 좋아하는 여자가 없다는 당신의 말을 믿으니까, 내가 진심으로 신뢰할 수 있는 상대로 당신을 골랐다는 사실을 잊지 마세요. 내가 당신의 신뢰를 독점하고 싶어한다는 사실을 명심하세요. 여자든 남자든 내 마음에 드는 사람이 아니면 당신 친구로 삼지 마세요. 모든 것을 버리고, 오로지 날 기쁘게 하는 일에만 전념해주었으면 해요. 출세까지 잊으라고는 못하지만요. 출세는 내가 당신보다 신경써서 밀어줄게요. 당신을 위해 아무리 힘을 쏟아붓더라도, 난 당신이 내가 바라는 사람만 되어준다면 그 보상은 충분하다고 생각해요. 내가 당신을 고른 건 힘든 일들을 허심탄회하게 이야기함으로써 그 고통을 나누고 싶기 때문이에요. 아시다시피 내 고통은 평범한 수준이 아니랍니다. 내가 발랑티누아 부인에 대한 폐하의 총애를 아무렇지도 않게 용서한 것처럼 보이죠? 하지만 사실은 참을 수 없어요. 그 여자는 폐하를 멋대로 조종하고 폐하를 속이기까지 해요. 또 나를 경멸하죠. 내 주위에는 그 여자의 사람들이 쫙 깔려 있어요. 며느리인 왕세자비는 미모와 숙부들의 권세를 등에 업고 날 완전히 무시하죠. 몽모랑시 대원수는 제 잘났다고 폐하와 나랏일을 맘대로 지배하고, 날 미워해서, 내게 도저히 잊을 수 없는 심한 모욕을 줬어요. 생탕드레 원수는 또 어떻고요? 그는 젊고 거만한 총신이어서 나 같은 건 아예 안중에도 없죠. 이런 식으로 내 처지를 일일이 설명하면 당신도 내가 불쌍해지겠죠? 지금까지 난 누구에게도 본심을 털어놓고 싶지 않았어요. 그런데 당신이니까 말하는 거예요. 내가 후회하지 않을 수 있게 해주세요. 그리고 적어도 당신만은 내 마음의 위안이 되어주세요.'

이렇게 말하면서 왕비님은 눈시울을 붉히셨네. 난 그렇게까지 속내를 털어놓는 데 진심으로 감동했지. 왕비님의 발치에 몸을 던지고 싶다는 생각까지 들 정도로. 그날부터 왕비님은 날 진심으로 믿고, 나와 의논하지 않고는 그 어떤 행동도 하지 않게 되셨네. 그 관계는 지금까지 쭉 지속되고 있지."

제3부

"하지만 난 왕비님과의 새로운 관계에 아무리 정신을 빼앗기고 구속되어
도 테민 부인에 대한 마음을 죽일 수가 없었네. 그녀와는 자연스러운 애정으
로 연결되어 있었으니까. 그런데 괜히 찔려서 그런지 몰라도, 부인이 왠지
서먹해진 기분이 들더군. 분별 있는 남자라면 부인의 태도가 변한 걸 이용해
서 사랑을 청산했겠지만, 난 오히려 사랑이 깊어져버려서 어설픈 실수만 하
고 말았지. 결국 왕비님도 어렴풋이 눈치를 채신 것 같아. 그런데 불같은 질
투심은 왕비님의 고국(이탈리아)에서는 본능과도 같은 것 아닌가. 더구나
왕비님은 자신이 생각하는 것 이상으로 날 사랑하시는 것 같으니까. 어쨌든,
내가 누군가를 사랑한다는 소문을 들은 왕비님은 걱정과 분노에 휩싸이셨
네. 난 이제 왕비님께 버림받았다고 몇 번이나 생각했는지 몰라. 달래고 어
르고 거짓 맹세도 하면서 어떻게든 왕비님을 안심시키려고 했지만, 테민 부
인이 변심해서 두말없이 날 떠나지 않았더라면, 난 그 이상은 도저히 왕비님
을 속일 수 없었을 걸세. 테민 부인은 이젠 날 사랑하지 않는다는 표시를 확
실히 했네. 난 완전히 그런 줄로만 알고 어쩔 수 없이 그녀를 그만 놔주기로
했지. 얼마 뒤에 테민 부인은 내게 편지를 한 통 주었네. 그게 바로 내가 떨
어뜨린 그 편지야. 아까 얘기한 또 한 명의 여자와 내 관계를 테민 부인이
알았다는 사실을 그 편지를 읽고 알게 되었네. 그녀가 변한 건 그 때문이었
던 거지. 어쨌든 그로써 내 마음이 다른 곳으로 옮겨갈 일도 완전히 없어지
자 왕비님은 내게 꽤 만족하셨네. 하지만 왕비님에 대한 내 마음은 다른 여
자에게는 눈길도 주지 않을 정도는 아니었고, 애초에 사랑은 뜻대로 되는 것
도 아니지 않은가? 난 마르티그 부인을 사랑하게 되었네. 실은 그녀가 아직
왕세자비의 시녀이던 빌몽테 양 시절부터 난 그녀에게 무척 끌렸지. 그쪽도
내가 싫진 않았던 것 같아. 내가 조심스러워하는 이유를 아는 만큼 좋게 보
였을지도 모르지. 마르티그 부인에 대해서는 왕비님도 전혀 눈치채지 못하

셨네. 그런데 알고 보니 그보다 더 이상한 의심을 품고 계시더군. 마르티그 부인은 언제나 왕세자비를 보필하니 나도 전보다 훨씬 그곳을 자주 찾게 되었네. 그러다 보니 왕비님은 내가 왕세자비를 사랑한다고 착각하신 거야. 왕세자비라는 신분은 왕비만큼 고귀하고, 미모나 젊음에 관한 한 왕세자비가 훨씬 우월하지 않나. 왕비님은 나와 며느리에게 적의를 고스란히 드러낼 정도로 불같이 질투하셨지. 엎친 데 덮친 격으로, 옛날부터 왕비의 총애를 얻으려고 안달하던 로렌 추기경이 자기가 노리던 지위를 내가 얻는 것을 보고는 왕세자비와 왕비의 사이를 화해시킨다며 둘 사이에 끼어들었네. 로렌 추기경이 왕비의 적의가 무엇 때문인지 간파했으리란 것은 의심할 여지도 없지. 분명 그는 왕비에게 속내를 들키지 않도록 조심하면서 날 골탕 먹이려고 온갖 함정을 팔 거야. 내가 지금 어떤 처지에 있는지 이제 알겠지? 내가 떨어뜨린 그 편지가 어떤 결과를 가져올지 잘 생각해주게. 테민 부인에게 돌려줄 생각으로 그걸 호주머니에 넣은 게 화근이었네. 왕비님이 그것을 읽으시면, 내가 바람피운 일이 발각되고 마네. 테민 부인 때문에 왕비님을 배신한 것과 거의 같은 시기에 또 다른 여자 때문에 테민 부인을 속였던 일도 밝혀지겠지. 그러면 왕비님이 날 어떻게 생각하시겠나? 그다음부터는 내 말이라면 한마디도 믿지 않게 될 걸세. 왕비님이 그 편지를 잃지 않으셨다 해도 난 어떻게 변명하면 좋은가? 왕비님은 그 편지가 왕세자비 손에 넘어갔다는 걸 아시네. 분명 샤트라르가 왕세자비의 글씨체라고 오해해서 그런 거겠지. 즉, 그게 왕세자비의 편지라고 생각하실 거란 말일세. 그 편지 속에서 질투의 대상이 된 여성이란 바로 자기를 가리킨다고 오해할지도 몰라. 그러면 왕비님은 어떤 행동도 마다하지 않으실 거야. 그 일로 난 또 어떻게 될까 생각하면 두려워서 견딜 수가 없네. 그뿐만이 아니야. 왕세자비는 그 편지를 내가 진심으로 사랑하는 마르티그 부인에게 보여줄 게 뻔하네. 그러면 부인은 그게 아주 최근에 쓰인 편지란 사실을 알아보겠지. 다시 말해 나는 이 세상에서 가장 사랑하는 사람과 가장 두려운 사람을 동시에 분노하게 할 거네. 어떤가? 이제 그 편지를 자네가 받은 걸로 해달라는 내 절박한 부탁이 이해가 가지? 왕세자비의 손에서 그 편지를 되찾아달라는 부탁도?"

"확실히 당신이 궁지에 몰렸다는 건 잘 알겠습니다." 느무르 공이 말했다. "하지만 솔직히 말해서 인과응보 아닌가요? 나도 바람둥이다, 문어발 연애를 하는 비열한 남자다 하는 소리는 들은 적이 있습니다. 하지만 당신은 나보다 훨씬 심해요. 그런 어처구니없는 연애를 하다니, 난 상상조차 되지 않는군요. 왕비님과 그런 관계에 있으면서 테민 부인과도 헤어지지 않을 생각이었다니! 그러면서 왕비님을 끝까지 속일 수 있다고 생각했나요? 상대는 이탈리아 태생에 한 나라의 왕비입니다. 다시 말해 의심과 질투와 자존심 덩어리란 말이죠. 당신은 품행이 좋아서가 아니라 요행 덕분에 오래된 관계를 정리할 기회를 얻어놓고도 다시 새로운 관계를 만들었습니다. 그리고 감히 궁정같이 수천 개의 눈이 지켜보는 곳에서 마르티그 부인과 연애를 해도 왕비님께 들키지 않을 거라고 생각했지요. 부끄러움을 무릅쓰고 먼저 당신에게 다가오신 왕비님을 생각하면 아무리 조심했어도 모자랄 판에 말이에요. 왕비님은 당신을 열렬히 사랑하십니다. 당신은 그렇게 말하기를 꺼리고 있고, 나도 굳이 확인하고 싶지는 않지만. 어쨌든 왕비님은 당신을 사랑하고, 당신을 의심하고 계십니다. 그리고 진실은 당신한테 불리한 것뿐이지요."

"자네한테 날 비난할 자격이 있나?" 샤르트르 주교대리가 반박했다. "자네의 과거를 되돌아본다면 내 잘못을 너그럽게 용서해주어야 하는 것 아닌가? 물론 나도 잘못한 건 인정하네. 그거야 어쨌든 일단 발등의 불을 끌 방법부터 좀 가르쳐주게. 일생일대의 부탁이야. 난 자네가 왕세자비님이 일어나신 직후에 찾아가서 그 편지를 돌려달라고 말해보는 것이 가장 좋을 성싶네만."

"아까도 말했지만, 당신의 부탁은 너무 비상식적이에요. 나도 그렇게 덮어놓고 부탁할 수는 없는 처지고요. 더구나 그 편지가 당신 호주머니에서 떨어지는 걸 본 사람이 뻔히 있는데 인제 와서 그게 내 거라고 주장한다면 누가 믿겠습니까?"

"아, 내가 그 말을 안 했던가? 실은 그 편지가 자네 호주머니에서 떨어졌다고 왕세자비님에게 말한 사람이 있네."

"뭐라고요?"

느무르 공은 어이가 없어서 물었다. 그런 오해가 빚어졌다면 클레브 부인이 자신을 오해할지도 모른다는 생각이 순간적으로 들었기 때문이다.

"그 편지를 떨어뜨린 게 나라고 왕세자비님한테 말한 사람이 있단 말입니까?"

"그래." 샤르트르 주교대리가 대답했다. "그런 오해가 생긴 연유는 이렇네. 내 옷이 놓여 있던 테니스장 대기실에는 왕비와 왕세자비를 보필하는 귀족들이 있었는데, 내 하인이 거기로 옷을 가지러 갔었지. 마침 그때 편지가 바닥으로 떨어졌고, 귀족들은 그것을 주워서 큰 소리로 읽었네. 그들 중 일부는 그게 자네의 편지라고 생각했고, 일부는 내 편지라고 생각했네. 편지를 가지고 돌아간 사람은 샤트라르였지. 아까 내가 말했지? 편지를 찾아오라고 그에게 사람을 보냈더니, 그가 그걸 느무르 공의 편지로 착각해서 그새 왕세자비에게 전달했더라고. 그런데 재수 없게도, 왕비님께 이 이야기를 한 작자들은 그게 내 편지라고 말한 모양이야. 그러니까 자네가 내 부탁을 들어줘서 날 이 곤경에서 구해줘도 된단 말일세."

느무르 공은 평소에도 샤르트르 주교대리를 매우 좋아했지만, 그가 클레브 부인의 친척이라는 사실을 알자 그를 더욱 각별한 친구로 여겼다. 그렇지만 그 편지가 자신과 관련이 있다는 이야기가 클레브 부인의 귀에 들어가는 위험은 무릅쓰고 싶지 않았다. 느무르 공은 심각하게 고민했다. 그 원인을 짐작한 샤르트르 주교대리가 말했다.

"사랑하는 사람과 갈등이 생길까봐 그러지? 아무래도 그 상대가 왕세자비일 것 같다는 생각이 드는구먼. 가만, 당빌 경을 조금도 질투하지 않는 걸 보면 그렇지도 않은가? 어쨌거나 날 안심시키자고 자기 마음의 평화를 희생하고 싶지는 않은 건 당연해. 이렇게 하면 어떻겠나? 그 편지가 내 것이고, 자네와는 아무 상관 없다는 걸 자네 연인에게 증명할 방법을 알려주겠네. 여기 당부아즈 부인의 편지가 있네. 당부아즈 부인은 테민 부인의 친한 친구로, 테민 부인은 나에 대한 마음을 이 부인에게 숨김없이 이야기하지. 당부아즈 부인은 친한 친구의 편지, 그러니까 그 떨어뜨린 편지를 자기에게 돌려달라고 이 편지에 썼네. 내 이름이 겉봉에 정확히 쓰여 있고, 내용을 읽으면, 여기서 돌려달라고 한 편지가 그런 식으로 남의 손에 넘어간 편지를 말한다는 걸 정확히 알 수 있네. 이 당빌 부인의 편지를 줄 테니, 자네는 결백을 증명할 때 이걸 연인에게 보여주게. 어쨌든 1초도 허비하지 않도록, 아침이 되자마자 왕세자비를 찾아가주게. 부탁이네."

느무르 공은 샤르트르 주교대리에게 그러겠다고 약속하고, 당부아즈 부인의 편지를 받아들었다. 그러나 곧장 왕세자비를 만날 생각은 없었다. 그보다 먼저 해야 할 일이 있었다. 왕세자비가 클레브 부인에게 편지 이야기를 안 했을 리가 없었다. 이토록 열렬히 사랑하는 클레브 부인에게 다른 여자를 사랑한다는 인상을 주기는 죽기보다 싫었다.

느무르 공은 클레브 부인이 일어날 시각에 맞춰 저택을 방문했다. 그리고 하인에게, 이렇게 비상식적인 시각에 할 부탁은 아니지만 정말 중요한 용건이 있어서 꼭 만나뵈었으면 한다고 전하라 명령했다. 클레브 부인은 뜬눈으로 밤을 지새우느라 신경이 잔뜩 곤두선 채 아직 침대 속에 있었다. 느무르 공이 찾아왔다는 전갈에 부인은 깜짝 놀랐다. 예민해져 있던 부인은 지금 병이 나서 누구와도 이야기를 나눌 수 없다고 즉시 거절하게 했다.

느무르 공은 문전박대를 당하고도 불쾌하지 않았다. 클레브 부인이 질투하고 있을지도 모른다고 생각할 때 이렇게 냉담한 대접을 받은 것이다. 이것은 나쁜 징후가 아니었다. 공은 클레브 경의 방으로 가서, 실은 샤르트르 주교대리에게 매우 중요한 일로 의논할 게 있어서 부인을 찾아왔지만 만나주지 않아 난처하다고 말했다. 클레브 경에게 사태의 심각성을 간략하게 설명하자, 클레브 경은 즉시 느무르 공을 부인의 방으로 안내했다. 클레브 부인은 어둠 속에 있었기에 망정이지, 안 그랬다면, 남편에게 안내받아 들어오는 느무르 공을 보고 당황함과 놀라움을 감추지 못했을 것이다. 클레브 경은 부인에게 느무르 공이 어떤 편지 일로 샤르트르 주교대리를 도와달라고 부탁하러 왔으니 그와 잘 의논해서 방법을 찾아보라고 말했다. 자신은 폐하의 부름으로 외출해야 한다고 했다.

느무르 공은 소원대로 클레브 부인과 단둘이 되었다.

"물어보고 싶은 게 있어서 왔습니다." 느무르 공이 말했다. "어제 샤트라르가 왕세자비께 드린 편지에 관해 비전하게 뭐 들으신 말씀 없습니까?"

"좀 듣긴 들었어요." 클레브 부인이 대답했다. "하지만 그 편지가 숙부님과 어떤 상관이 있는지 모르겠군요. 숙부님 이름이 쓰여 있지 않은 건 분명한데요."

"확실히 이름은 쓰여 있지 않죠. 하지만 그 편지는 샤르트르 주교대리의 것입니다. 그리고 당신이 왕세자비에게서 그것을 찾아다주시지 않는다면 샤르트르 주교대리는 큰 변을 당하게 될 것입니다."

"무슨 소린지 잘 모르겠군요. 왜 그 편지를 남이 보면 숙부에게 누가 되는

지요? 왜 숙부님의 이름을 들먹이면서 꼭 찾아와야 한다고 하시는 거죠?"

"잠시 귀를 빌려주신다면 당장 사정을 말씀드리죠. 샤르트르 주교대리에게는 아주 중요한 일입니다. 당신을 만나게 해달라고 부탁해야 하는 상황이 아니었다면 클레브 경에게조차 털어놓지 않았을 만큼 중요한 일이지요. 그걸 말씀드리겠습니다."

"아무리 친절하게 설명하셔도 전 도와드리지 않을 거예요." 클레브 부인이 쌀쌀맞게 대답했다. "그러니 당장 왕세자비를 뵈러 가시는 편이 좋을 거예요. 그리고 변명 같은 건 집어치우고, 그게 당신에게 중요한 편지라고 말씀하세요. 그건 당신이 떨어뜨린 거라고 말하는 사람도 있으니까요."

클레브 부인의 가시 돋친 말에 느무르 공은 이제껏 맛본 적 없는 강렬한 기쁨을 느꼈다. 당장 사실을 말할 수 없는 게 안타까울 정도였다.

"왕세자비께 누가 어떻게 말했는지는 모르겠지만, 어쨌든 저는 그 편지하고 눈곱만큼도 관련 없습니다. 그건 샤르트르 주교대리의 편지니까요."

"그럴지도 모르죠. 하지만 왕세자비께서는 다르게 들으셨던데요. 게다가 샤르트르 주교대리의 편지가 당신 호주머니에서 떨어지는 일은 있을 수 없다고 생각해요. 혹시 우리는 모르는 사정이 있어서 왕세자비께 진실을 감춰야 하는 상황이라면 모를까, 그렇지 않다면 솔직하게 고백하는 편이 좋을 거예요."

"전 왕세자비께 고백할 게 전혀 없습니다. 그 편지는 제 것이 아니고, 제가 그 사실을 꼭 이해시키고 싶은 사람은 왕세자비가 아니니까요. 어쨌든 이건 샤르트르 주교대리의 일신에 관련된 중대 문제니까 제 말을 좀 들어보세요. 보통 얘기가 아니라는 점에서도 들을 가치는 있을 겁니다."

클레브 부인은 계속하라는 듯이 입을 다물고 있었다. 느무르 공은 아까 샤르트르 주교대리에게서 들은 이야기를 되도록 짧게 전했다. 놀랍고도 두려운 이야기였지만, 클레브 부인은 대단히 침착하게 들었다. 진짜라고 믿지 않거나 전혀 무관심한 태도였다. 느무르 공이 샤르트르 주교대리에게 보낸 당부아즈 부인의 편지, 즉 지금 한 이야기의 증거가 되는 편지에 관해 말할 때까지 클레브 부인은 그런 차가운 태도를 유지했다. 당부아즈 부인의 이름이 나온 순간, 그녀가 테민 부인의 친구임을 아는 클레브 부인은 느무르 공의 이야기가 얼마쯤 진짜 같이 느껴져, 그 편지도 느무르 공의 것이 아닐지도 모른다는 생각이 들었다. 그러자 부인은 그때까지 유지했던 냉정함을 잃고 말았다. 느무르 공은 증거 편지를 읽어준 뒤, 클레브 부인에게 그것을 내밀고, 이 글씨체를 본 적이 있는지 물었다. 클레브 부인은 그 편지를 받아서, 받는 이에 샤르트르 주교대리의 이름이 적혀 있는지, 그 내용을 읽고 거기서 돌려달라고 하는 편지가 과연 자기가 갖고 있는 그 편지가 맞는지 확인하고 싶은 충동에 져버렸다. 느무르 공은 온갖 말로 부인을 설득했다. 본디 그렇게 믿고 싶어하는 진실을 믿게 하기란 쉬운 일이다. 공은 자신이 그 편지와 관계가 없다는 사실을 클레브 부인에게 완전히 이해시켰다.

　클레브 부인은 느무르 공과 단둘이서 샤르트르 주교대리가 놓인 난처하고 위험한 처지에 관해 의견을 교환하기도 하고, 대책 없는 사람이라고 개탄하기도 하고, 어떻게든 위기에서 그를 구하려고 방법을 찾아보기도 했다. 부인은 왕비에게 놀라기도 하고, 자기가 지금 그 편지를 갖고 있다고 밝히기도 했다. 즉 느무르 공의 결백을 믿은 순간, 클레브 부인은 조금 전에는 들을 생각조차 안 하던 그 사안에 관해 침착한 마음으로 순순히 의논할 마음이 생긴 것이다. 편지를 왕세자비에게 돌려줘서는 안 된다는 것이 두 사람의 일치된 의견이었다. 왕세자비가 마르티그 부인에게 그것을 보여줄 염려가 있었기 때문이다. 마르티그 부인은 테민 부인의 글씨체를 알고 있는 데다 샤르트르 주교대리에게 매우 관심이 있었으므로, 그 편지가 샤르트르 주교대리의 것이라는 걸 단박에 눈치챌 것이었다. 또한, 두 사람은 왕세자비에게 시어머니인 왕비의 일신상 비밀을 밝혀서는 안 된다고 생각했다. 클레브 부인은 숙부의 중대 사건을 핑계로 느무르 공이 자기에게 이런 비밀을 털어놓은 것이 기뻤다.

　느무르 공은 언제까지고 샤르트르 주교대리의 이야기만 하기는 싫었다. 클레브 부인과 자유롭게 이야기할 수 있는 지금이라면 처음으로 과감한 말을 할 수 있을 것 같았다. 그러나 하필 그때 사자가 찾아와, 왕세자비가 당장 클레브 부인을 만나고 싶어한다는 명령을 전달했다. 느무르 공도 작별 인사를 해야 했다. 공은 샤르트르 주교대리를 만나러 갔다. 그는 주교대리에게, 아까 헤어진 뒤 직접 왕세자비를 만나러가기보다는 주교대리의 조카인 클레브 부인과 의논하는 편이 좋겠다고 생각을 바꿨다고 설명했다. 공은 자기가 왜 그런 조치를 취했는지 그럴싸한 핑계로 그 정당함을 이해시키고, 이제 모든 일이 잘 풀릴 거라고 믿게 했다.

한편 클레브 부인은 서둘러 몸단장을 마치고 왕세자비를 찾아갔다. 부인을 본 왕세자비가 얼른 그녀를 불러서 이렇게 속삭였다.

"벌써 두 시간이나 당신을 기다렸어요. 사실을 얼버무리는 데 오늘 아침만큼 애먹은 적은 없답니다. 어제 당신에게 준 편지에 관한 일이 왕비님의 귀에 들어갔어요. 왕비님은 그것을 떨어뜨린 사람이 샤르트르 주교대리라고 생각하세요. 왕비님이 주교대리에게 관심이 있다는 건 당신도 알죠? 왕비님은 그 편지의 행방을 찾게 했어요. 샤트라르에게도 행방을 물었고, 샤트라르는 그걸 나한테 줬다고 말했지요. 그래서 사자가 편지를 가지러 날 찾아왔어요. 왕비님께서 아름다운 연애편지라는 소문을 듣고 보고 싶어하신다나요. 난 그게 당신한테 있다고 말하지 않았어요. 그러면 왕비님은 내가 샤르트르 주교대리가 당신 숙부인 걸 알고 당신한테 그 편지를 넘겼다고 생각할 테고, 주교대리와 내가 아주 친한 사이라고 오해하지 않겠어요? 전부터 느꼈던 건데, 왕비님은 샤트르트 주교대리가 가끔 날 찾아오는 게 못마땅하신 모양이니까요. 그래서 난, 어제 입었던 옷 속에 편지가 들어 있는데, 의상 담당 시녀가 옷 방 열쇠를 갖고 돌아가버렸다고 대답했지요. 자, 당장 그 편지를 돌려줘요. 왕비님께 그걸 가져가서 그 앞에서 내가 직접 읽고, 누구 글씨체인지 확인시켜드리고 싶으니까."

클레브 부인은 예상보다 난처한 상황에 놓인 셈이었다.

"비전하께서 어떻게 둘러대실지는 모르겠지만, 사실 남편에게 그 편지를 읽어보라고 줬는데 남편이 그걸 느무르 공에게 다시 줬다지 뭐예요? 오늘 아침 일찍 느무르 공이 와서, 비전하께서 편지를 도로 가져오라 하신다고 했거든요. 편지를 갖고 있다고 무심코 말해버린 남편도 잘못이지만, 느무르 공이 너무 열심히 졸라대는 바람에 어쩔 수가 없었나 봐요."

"맙소사! 정말 상상도 못했던 궁지로 나를 몰아넣는군요. 편지를 느무르 공한테 줘버리면 어떡해요? 어떻게 내가 준 편지를 내 허락도 없이 줄 수가 있죠? 왕비님께는 뭐라고 말하면 좋담? 왕비님이 뭐라고 하실까? 분명 그게 나와 관련이 있는 편지고, 샤르트르 주교대리와 내가 특별한 관계라고 오해하실 거야. 틀림없어요. 느무르 경의 편지라고 아무리 말해봤자 믿어주지 않을 테죠."

"저 때문에 난처하게 돼서 정말 송구합니다. 얼마나 곤란하게 되셨는지 저도 상상이 가요. 하지만 그건 제 잘못이 아니라 남편 잘못입니다."

"당신 잘못이죠. 편지를 클레브 경한테 준 건 당신이잖아요. 알고 있는 걸 시시콜콜 남편에게 일러바치는 아내는 세상에 당신 한 명일 거예요."

"물론 저도 잘못했죠. 하지만 인제 와서 제 잘못을 따져봐야 무슨 소용이 겠어요? 그보다 어떻게 하면 좋을지 그 방법을 가르쳐주세요."

"그 편지에 대충 어떤 내용이 쓰여 있었는지 기억해요?"

"기억하죠. 몇 번이나 읽었는걸요."

"그럼 당장, 글씨체가 알려지지 않은 사람을 구해서 그 내용을 쓰게 하세요. 내가 그걸 여왕님께 가지고 가죠. 그 편지를 이미 본 사람한테 왕비님께서 그 편지를 보여주실 염려는 없을 거예요. 만일 그런 일이 생긴다면, 내가 샤르트르한테서 받은 편지는 그게 맞다고 우길게요. 샤르트르가 그게 거짓이라고 폭로하는 일은 절대로 없을 테니까요."

클레브 부인은 그 생각에 찬성했다. 느무르 공에게 진짜 편지를 가지고 오게 해서 글씨체를 흉내내서 한 글자 한 글자 베껴 쓰게 하면 되겠다 싶어 적극적으로 찬성했던 것이다. 이로써 확실히 왕비를 속일 수 있다고 생각했다. 부인은 저택으로 돌아오자마자 왕세자비의 고충을 남편에게 이야기하고, 느무르 공을 부르러 사람을 보내라고 부탁했다. 느무르 공은 전갈을 듣자마자 한달음에 달려왔다. 클레브 부인은 조금 전 남편에게 한 이야기를 공에게도 반복하고, 편지를 돌려달라고 부탁했다. 그러나 느무르 공은 그 편지를 이미 샤르트르 주교대리에게 줘버렸다고 대답했다. 엎친 데 덮친 격으로 샤르트르 주교대리는 편지를 되찾은 기쁨에 재빨리 테민 부인의 친구(당부아즈 부인)에게 그것을 보냈다는 것이었다. 클레브 부인은 다시금 곤경에 처했다. 결국, 갖은 고민 끝에 모두 기억을 더듬어 편지를 작성하기로 했다. 세 사람은 작업을 위해 한방에 틀어박혔다. 하인에게 누구도 방에 들이지 말라 명령하고, 느무르 공의 수행 하인도 모두 돌려보냈다. 이런 비밀스러운 오붓한 분위기에 느무르 공은 심상치 않은 설렘을 느꼈다. 클레브 부인도 마찬가지였다. 남편도 옆에 있고, 이게 다 숙부 샤르트르 주교대리를 위한 일이라고 생각하면 부인은 어쩐지 마음이 편안해졌다. 부인은 느무르 공을 바로 옆에서 바라보는 기쁨밖에 느끼지 못했다. 지금껏 느껴본 적 없는 순수하고 티

없는 기쁨이었다. 이 기쁨 때문에 클레브 부인은 어린아이처럼 들뜬 기분이 되었고, 부인의 그런 얼굴을 처음 보는 느무르 공은 그녀가 더욱 사랑스러워졌다. 난생처음 느끼는 즐거운 기분에 그는 평소보다 더욱 기지를 발휘했다. 그리고 클레브 부인이 편지 내용을 떠올리고 그것을 쓰려고 하면 진지하게 작업을 돕는 대신 훼방을 놓고 실없는 소리만 해댔다. 클레브 부인도 거기에 장단을 맞췄다. 그런 식이었으므로, 방 안에 틀어박힌 지 벌써 오랜 시간이 흐르고 왕세자비도 편지를 재촉하러 두 번이나 사자를 보냈음에도 편지 쓰기는 절반도 진행되지 못했다.

느무르 공은 이 즐거운 한때가 늘어나는 것이 기뻐서 친구 일은 안중에도 없었다. 클레브 부인도 즐거운 나머지 숙부 걱정 따위는 까맣게 잊었다. 4시쯤이 되어서야 편지가 겨우 완성되었다. 그러나 내용도 엉망이고, 글씨체도 전혀 비슷하지 않았다. 왕비가 여간 진상을 캐낼 마음이 없지 않은 한 위조 편지라는 것이 발각될 것은 뻔했다. 실제로 왕비는 이 편지가 느무르 공의 것이라고 아무리 주장해도 속지 않았다. 더구나 이것이 샤르트르 주교대리의 것이라고 단정을 내렸을 뿐만 아니라, 여기에는 왕세자비가 관련되어 있으며 주교대리와 왕세자비가 짜고서 자기를 속였다고 생각하기에 이르렀다. 왕세자비에 대한 왕비의 증오는 더욱 커졌다. 이 일로 왕비는 끝까지 왕세자비를 용서하지 않고 온갖 구박을 한 끝에 결국에는 프랑스에서 추방해버렸다.

한편 샤르트르 주교대리는 왕비의 신뢰를 완전히 잃었다. 이 무렵 이미 로렌 추기경이 왕비의 마음을 차지하고 있었기 때문인지, 샤르트르 주교대리의 애정행각을 낱낱이 밝힌 이 편지 사건을 계기로, 그 이전에 벌였던 주교대리의 기만행위들을 알아챘기 때문인지는 모르나, 어쨌든 왕비는 이후 결코 샤르트르 주교대리에게 마음을 열지 않았다. 두 사람의 관계는 단절되었으며, 뒷날 일어난 앙부아즈 소동*1 때는 이 사건에 연루된 샤르트르 주교대리를 사형시켰다.

---

*1 1560년 3월 17일, 국왕 프랑수아 2세와 모후 카트린 드 메디시스를 같은 편으로 끌어들이려고 쿠데타를 꾀한 프로테스탄트 일당은 두 사람이 머무르던 앙부아즈 궁을 습격해 국왕을 납치하려고 했다. 그러나 사전에 기즈 공 등 가톨릭 편과 내통하던 자가 있어 습격 중 괴멸하고 잔혹하게 처형당했다. 이를 앙부아즈 소동이라고 일컫는다.

왕세자비에게 편지를 보낸 뒤 클레브 경과 느무르 공은 방에서 나갔다. 홀로 남은 클레브 부인은 사랑하는 사람 곁에 있는 기쁨으로 한껏 부풀어올랐던 마음이 가라앉는 동시에 꿈에서 깬 기분이었다. 어젯밤과 비교해 지금 기분이 믿을 수 없을 정도로 달라진 데 망연자실했다. 테민 부인의 편지를 느무르 공의 것이라고 착각했던 동안 자신이 공에게 보인 가시 돋치고 차가운 태도가 새록새록 되살아났다. 그런데 느무르 공의 해명을 듣고, 그 편지가 공과 아무런 관련이 없다는 사실을 믿게 된 순간 자기는 얼마나 온화하고 부드러워졌던가! 어제 낮에는 느무르 공에게 형식적인 동정이라고도 해석할 수 있는 정도의 다정함을 보인 것만으로 후회스러웠는데, 그다음에는 홧김에 사랑의 확실한 증거인 질투심을 고스란히 드러내고 말았다. 이렇게 생각하자 부인은 자기도 자기 마음을 알 수 없어 혼란스러워졌다. 느무르 공은 자기가 그에 대한 사랑을 자각한 사실을 알고 있고, 그러면서도 자기가 남편 앞에서조차 공을 냉담하게 대하기는커녕 더없이 다정하게 대했던 것도 똑똑히 보았다. 거기다 자신이 먼저 클레브 경에게 부탁해 느무르 공을 불러와서 셋이서 오후를 보냈다. 이런 사실들을 종합해보면, 자기가 느무르 공과 짜고 남편을 배신한 것만 같은 생각이 들었다. 사랑하는 사람 눈에도 몹시 경박한 여자로 비쳤을 것 같아 수치스러웠다. 그러나 가장 견디기 어려운 것은, 지금도 잊히지 않는 어젯밤 심정이었다. 느무르 공이 다른 여자를 사랑하고 자기를 배신했다고 생각한 순간 느꼈던 그 심장을 도려내는 듯한 고통이었다.

　　그때까지 클레브 부인은 의심과 질투가 가져오는 극심한 고통이 어떤 것인지 몰랐다. 느무르 공을 사랑해서는 안 된다고 마음을 다잡기에도 버거웠기에, 공이 다른 여자에게 마음을 줄지도 모른다는 걱정까지는 하지도 못했던 것이다. 그 편지가 낳은 의심은 일단 해소되었지만, 그 쓰라린 경험은 부인의 눈을 뜨게 했다. 언젠가는 느무르 공에게 배신당할지도 모른다는 걱정을 일깨워주고, 일찍이 품은 적 없는 의심과 질투를 그 마음에 새겼다. 느무르 공처럼 줄곧 호색한 기질을 자랑해온 사람이 변함없는 성실한 사랑을 하리라고는 도저히 생각되지 않았다. 지금까지 이런 걱정을 한 번도 하지 않았다니, 자기가 생각해도 어처구니가 없었다. 그런 사람에게 사랑을 받는 일이 마냥 기쁠 리만은 없었다. '그런데 기쁘다고 쳐도, 그래서 난 뭘 어쩌고 싶은 거지? 난 그분의 사랑을 받고 싶은 걸까? 그 사랑에 응답하려는 것일까? 연애에 발을 들이고 싶은 걸까? 클레브 경을 속이고서? 나 자신을 배신하고서? 사랑의 쓰라린 후회와 극심한 고통에 몸을 던지려는 걸까? 난 주체할 수 없는 사랑에 패하고 굴복해서 점점 수렁으로 빠져들고 있어. 무슨 결심을 하든지 모두 물거품이 되어버리지. 오늘 생각한 건 어제도 생각한 거잖아. 그런데 오늘 한 일은 어제 결심한 것과 정반대야. 어떻게 해서든지 느무르 공에게서 멀어져야 해. 시골로 내려가자. 변덕스러운 여행이라고 생각돼도 좋아. 클레브 경이 끝까지 말리거나 이유를 캐물으면 속 시원하게 말해버리자. 남편도 나도 괴롭겠지만.' 이렇게 결심한 클레브 부인은 그날 밤은 그 위조 편지가 어떻게 되었는지 왕세자비에게 물어보러 가지도 않고 집 안에서 틀어박혀 지냈다.

클레브 경이 돌아오자, 부인은 몸이 좋지 않아 좋은 공기를 마시러 시골로 가고 싶다고 말했다. 그러나 부인은 병자 같지 않게 혈색이 좋았으므로, 클레브 경은 부인을 비웃으면서 이렇게 말했다. "공주의 혼례와 기마 시합이 코앞이라는 걸 잊었소? 다른 귀부인들 못지않게 멋지게 차려입으려면 지금부터 준비해도 늦을 정도요." 클레브 경의 이 일리 있는 주장도 부인의 결심을 꺾지는 못했다. 부인은 클레브 경에게 그가 국왕을 따라 콩피에뉴 이궁에 가 있는 동안 자기를 쿨로미에로 보내달라고 부탁했다. 쿨로미에는 파리에서 하루 거리로, 그곳에는 클레브 경 부부가 지은 멋들어진 별장이 있었다. 클레브 경은 이 부탁을 들어주었다. 부인은 얼마 동안 돌아오지 않을 생각으로 쿨로미에로 출발했다. 국왕 일행도 콩피에뉴로 향했지만, 그것은 불과 며칠 예정이었다.

느무르 공은 클레브 부인과 그토록 즐거운 오후를 보낸 뒤 기대감은 더욱더 부풀어가는데 그 이후 한 번도 부인을 만나지 못하자 전전긍긍하고 있었다. 공은 한시라도 빨리 부인을 보고 싶어서 안절부절못했다. 그래서 국왕이 파리로 돌아오자마자, 공은 쿨로미에에서 아주 가까운 시골에 사는 여동생 메르퀴르 공작부인(잔 드 사부아, 1532~68)을 보러 가기로 했다. 샤르트르 주교대리에게도 같이 가자고 제안했더니 그는 금방 승낙했다. 주교대리와 함께라면 클레브 부인을 만날 수도 있고 찾아갈 수도 있으리라 생각하고 그렇게 제안했던 것이다.

메르퀴르 부인은 두 사람을 반갑게 맞이하고, 모처럼 시골에서 즐거운 시간을 만끽하게 하려고 세심하게 배려했다. 다 같이 사슴을 사냥하러 갔을 때였다. 느무르 공은 숲속에서 길을 잃고 말았다. 길을 되짚어가던 중, 쿨로미에 근처까지 와 있다는 것을 알았다. 쿨로미에라는 말을 들은 순간, 느무르 공은 자신도 어쩔 셈인지 모르는 채 무작정 쿨로미에를 향해 전속력으로 말을 달렸다. 쿨로미에 숲에 접어들고 나서는, 누가 봐도 성관으로 통하는 길임을 알 수 있게 잘 포장된 길을 더듬어갔다. 그 길 끝에 별채가 하나 있었다. 1층은 넓은 홀로, 작은 방들이 딸려 있었다. 방 하나는 화원과 접해 있으며, 그 너머는 나무 울타리를 경계로 숲이 펼쳐졌다. 다른 방은 정원의 넓은 가로수길 쪽으로 나 있었다. 느무르 공은 이 별채에 들어갔다. 아름다운 실내를 한 바퀴 돌아보려는 찰나, 수많은 하인을 거느린 클레브 공 부부가 정원 가로수길 저쪽에서 걸어오는 것이 보였다. 국왕 앞에서 클레브 경과 헤어지고 온 느무르 공은 설마 그를 이곳에서 만날 줄은 예상도 못했다. 그는 깜짝 놀라 재빨리 몸을 숨겼다. 공은 화원으로 통하는 방으로 도망쳤다. 숲을 향해 열린 문으로 빠져나갈 생각이었던 것이다. 그런데 클레브 부인이 남편과 나란히 처마 밑에 앉고, 하인들은 정원에 남아버렸다. 이제 하인들이 부부 앞을 지나지 않고는 자기가 있는 곳까지 오지 못한다는 걸 알자, 느무르 공은 클레브 부인을 감상하는 기쁨을 도저히 버리고 싶지가 않아졌다. 어떤 연적보다 질투의 대상인 클레브 경이 부인과 어떤 대화를 나누는지 엿듣고 싶은 호기심도 억누를 수가 없었다.

클레브 경이 부인에게 이렇게 말하는 것이 들렸다.

"왜 파리로 돌아가기 싫다는 것이오? 도대체 왜 시골에 있으려는 거요? 얼마 전부터 당신은 계속 혼자 있고 싶어하는구려. 난 당황스럽기도 하고, 당신과 떨어져 지내야 하는 것이 괴롭기도 하오. 게다가 당신은 평소보다 슬퍼 보이기조차 하오. 뭔가 고민거리라도 있는 건 아닌지 걱정스럽구려."

"걱정거리 같은 건 없어요." 부인이 쭈뼛거리며 대답했다. "다만 파리에 있으면 몸도 마음도 지치기 때문이에요. 궁정은 그토록 사건이 많은 곳이고, 집에 있어도 늘 많은 손님이 찾아오잖아요. 난 휴식이 필요하다고요."

"휴식? 당신같이 젊은 사람에게는 어울리지 않는 단어 같소만. 집에서든 궁정에서든 그렇게 지치지 않고도 얼마든지 지낼 수 있소. 오히려 난 당신이 내게서 멀어지고 싶어하는 건 아닌지 그게 더 걱정스럽소."

"당신도 참, 왜 그런 생각을 하세요?" 부인이 더욱 당황해서 말했다. "어쨌든 절 그냥 이곳에서 지내게 해주세요. 당신도 함께할 수 있다면 정말 기쁘겠지만…… 단, 당신 혼자만요. 그리고 언제나 우리를 따라다니는 그 헤아릴 수 없이 많은 사람을 여기로 부르지만 않는다면요."

"아아!" 클레브 경이 외쳤다. "당신의 그 얼굴을 봐도 그 말을 들어도, 난 당신이 혼자 있고 싶어하는 이유가 따로 있다는 걸 아오. 내가 모르는 이유가 말이오. 제발 그 이유를 가르쳐주시오."

클레브 경은 그 이유를 가르쳐달라고 끈질기게 부탁했지만, 끝내 부인의 입을 열지 못했다. 부인이 고집을 부리면 부릴수록 클레브 경의 궁금증은 더욱 커졌다. 마침내 부인은 눈을 내리깐 채, 꿀 먹은 벙어리처럼 입을 꾹 다물고 말았다. 그러다가 불쑥 남편을 쳐다보더니 입을 열었다.

"억지로 말하게 하지 마세요. 저도 몇 번이나 털어놓으려고 했지만, 도저히 용기가 나지 않는단 말이에요. 다만 저처럼 젊고 보호자도 없는 여자가 궁정 사람들 눈에 노출되어 있는 건 현명한 일이 아니라는 점만 명심해두세요."

"도대체 내가 무슨 상상을 하길 바라고 그런 소릴 하는 거요!" 클레브 경이 소리쳤다. "당신에게 상처를 줄까봐 입에 담기도 꺼려지는구려."

클레브 부인은 한 마디도 대꾸가 없었다. 그 침묵으로 자신의 상상이 옳다는 것을 확실히 깨달은 클레브 경이 말을 이었다.

"대답이 없구려. 그러니까 내가 틀리지 않았다고 말하는 셈이오."

"제 말을 들어보세요." 부인이 남편 무릎 앞에 무너지듯 앉으면서 말했다. "지금까지 어떤 여자도 남편에게 한 적 없는 고백을 하겠어요. 이런 용기가 생긴 것도 다 제 행동이나 마음가짐에 조금도 찔리는 구석이 없기 때문이에요. 당신 말이 맞아요. 저에겐 궁정을 멀리해야 하는 이유가 있어요. 저처럼 젊은 여자가 빠지기 쉬운 위험을 피하고 싶기 때문이죠. 전 이제껏 남 앞에 약한 마음을 드러낸 적이 없어요. 궁정에서 몸을 뺄 수 있도록 당신이 허락해주신다면, 앞으로도 그럴 염려는 없고요. 어머니만 살아 계신다면, 어떻게 행동하라고 가르쳐주시겠지만. 이런 과감한 결정도, 당신의 아내로서 부끄럽지 않은 여자로 남고 싶으니까 기꺼이 할 수 있는 거예요. 오, 당신 마음에 상처를 주는 감정을 품어버린 절 용서해주세요. 하지만 당신을 슬프게 하는 행동은 결단코 하지 않았답니다. 생각해보세요. 지금 제 행동도 남편에게 크나큰 애정과 존경이 없으면 할 수 없는 거잖아요? 절 이끌어주세요. 동정해주세요. 그리고 그럴 수만 있다면, 앞으로도 사랑해주세요."

부인이 말하는 동안 클레브 경은 줄곧 머리를 싸안은 채 넋이 나가 있었다. 부인을 부축해서 일으킬 생각조차 하지 않았다. 부인이 말을 다 마치고 나서야 그쪽을 쳐다본 클레브 경은 자기 무릎에 매달린 채 눈물로 얼굴을 적신 부인의 아름다움에 죽을 만큼 괴로웠다. 경은 부인을 안아 일으키면서 말했다.

"아니오. 나야말로 동정을 구하오. 난 불쌍한 남자요. 당신의 그 훌륭한 태도에 어울리는 대답을 해야 한다고 계속해서 생각은 하지만, 이렇게나 큰 충격을 받은 직후라 그럴 수가 없구려. 날 용서하시오. 당신은 이 세상 어떤 여자보다 존경받고 칭찬받아 마땅한 사람이오. 그런 반면에 나만큼 불행한 남자도 없지. 당신을 처음 본 그 순간부터 난 당신을 열렬히 사랑했소. 당신이 마음을 열어주지 않았던 것도, 당신을 아내로 얻은 것도 내 정열을 삭이지는 못했소. 그 정열은 지금도 변함이 없지. 난 당신 마음에 사랑의 감정을 불러일으키지 못했소. 그런데 지금 당신은 다른 남자를 사랑하는 게 아닐까 불안해하는구려. 도대체 누구요? 당신에게 그런 불안감을 느끼게 한 그 행복한 남자가? 그가 언제부터 당신 마음을 사로잡은 것이오? 어떻게 당신을 유혹했지? 당신 마음에 닿는 길을 그 남자는 어떻게 발견한 것이오? 당신 마음을 움직이지 못한 난 어떤 남자도 당신 마음을 움직이지 못하리라고 애써 생각했소. 그것만이 그나마 위안이었기 때문이오. 그런데 그 남자는 내가 못한 일을 해냈구려. 난 남편으로서, 또 연인으로서 이중으로 질투를 느끼오. 하지만 당신의 성실한 행동을 보면 남편으로서 질투할 수는 없구려. 아주 훌륭해서 일말의 의심조차 사라졌으니까. 당신을 사랑하는 남자로서의 괴로움조차 누그러질 정도요. 당신이 내게 보여준 신뢰와 성의는 헤아릴 수 없을 만큼 고귀하오. 당신은 내가 그 고백을 괘씸하게 여길 남자가 아니라는 점을 인정해주었구려. 그렇소. 난 그러지 않을 거요. 당신에 대한 애정이 그것 때문에 약해지는 일도 없을 거요. 하지만 당신은 아내가 남편에게 보여줄 수 있는 최대한의 정절을 증명하려고 날 불행에 빠뜨렸소. 자, 끝까지 말해보시오. 당신이 피하고 싶어하는 그 사람의 이름을 가르쳐주시오."

"부탁이에요. 그것만은 묻지 마세요. 전 말하지 않기로 결심했어요. 그리고 이름을 말하는 건 경솔한 행동이라고 생각해요."

"두려워할 것 없소. 나도 그렇게 꽉 막힌 사람은 아니오. 남편의 존재를 무시할 생각이 없어도 그만 그 부인을 사랑해버리는 남자가 있다는 것 정도는 알지. 난 그런 남자를 증오할망정 복수할 생각은 없소. 그러니 제발 내가 알고 싶어하는 사실을 가르쳐주시오."

"아무리 물어보셔도 소용없어요. 난 말하지 않기로 한 건 끝까지 입 밖에 내지 않는답니다. 당신한테 고백한 것도 마음이 약해서가 아니에요. 그런 사실은 끝까지 감추기보다는 밝히는 편이 용기 있는 행동이기 때문이죠."

느무르 공은 이 부부의 대화를 한마디도 놓치지 않았다. 클레브 부인의 말은 느무르 공의 마음에도 클레브 경 못지않은 질투심을 불러일으켰다. 부인을 사랑한 나머지 분별력을 잃은 공은 모든 남자가 자기처럼 그녀를 사랑한다고 생각했던 것이다. 확실히 연적은 몇 명이나 있었다. 그러나 공에게는 실제보다 훨씬 많은 연적이 있는 것처럼 느껴졌다. 공은 부인의 마음속에 있는 남자가 누군지 알아내려고 이리저리 머리를 굴리기 시작했다. 공은 부인이 자기를 싫어하지 않는다는 생각은 몇 번이고 했지만, 지금 생각해보니, 그렇게 판단한 근거가 모두 대단히 하찮게 느껴졌다. 그래서 부인이 이렇게 과감한 방법으로 호소하지 않으면 해소되지 않을 만큼 격렬한 사랑을 품은 대상이 자신일 리 없다고 생각한 것이었다. 공은 눈앞의 광경이 눈에 들어오지 않을 만큼 이성을 잃었다. 왜 클레브 경이 부인을 더 다그쳐서 그 이름을 뱉어내게 하지 않는 건지 화조차 났다.

물론 클레브 경도 그 이름을 알아내려고 온갖 방법을 동원했다. 이렇게 헛된 질문이 계속된 끝에 부인이 말했다.

"제 성의에만 만족해주셔도 좋을 텐데. 이 이상은 묻지 마세요. 제가 지금 한 행동을 후회하지 않도록 해주세요. 다시 한 번 맹세코 말하건대, 전 제 마음을 표시하는 행동은 단 한 번도 하지 않았고, 상대에게서 실례되는 말을 들은 적도 없어요. 이 정도로 이해해주세요."

"아니, 난 당신을 믿을 수 없소." 갑자기 클레브 경이 쏘아붙였다. "초상화가 없어진 날 당신이 당황했던 걸 난 기억하오. 당신이 그 남자한테 준 거야. 그 초상화를 준 거라고. 그토록 내가 아꼈던, 그리고 누구보다도 나에게 소유권이 있는 그 초상화를. 당신은 마음을 끝까지 숨기지 못했소. 당신은 사랑에 빠졌어. 상대도 그걸 알지. 당신의 정숙함이 그 이상 깊이 빠져드는 것을 막고 있을 뿐이오."

"어쩔 수 없이 고백한 것도 아닌데 이 고백에 거짓이 있다고 생각하시는 건가요? 제 말을 믿으세요. 제가 큰 희생을 치렀기 때문에 당신에게 믿어 달라고 말할 수도 있는 거예요. 그러니 제발 믿어주세요. 그 초상화는 누구한테 준 게 아니에요. 가지고 가는 걸 본 건 사실이지만, 제가 봤다는 걸 눈치채지 못하게 했어요. 그 사람이 저한테 대놓고 고백하지 않는 것도, 제가 마음을 들키지 않도록 철저히 숨기고 있기 때문이에요."

"그 사람이 당신을 사랑한다는 걸 어떻게 알았지? 그 사람이 어떤 사랑의 증거를 보여줬기에?"

"제발 진정하세요. 그걸 여기서 말하기는 너무 괴로워요. 저 자신도 왜 그런 걸 받았는지 부끄러워질 만큼 하찮은 것이었고, 그것 때문에 제 나약함을 뼈저리게 깨달았으니까."

"내 질문이 지나쳤던 것 같군. 미안하오. 앞으로도 내가 그런 질문을 한다면, 대답하기 싫다고 말해주시오. 그런 걸 물었다고 화는 내지 말고."

그때, 가로수길에서 기다리던 하인 몇 사람이 오더니, 폐하의 사자가 와서 클레브 경에게 오늘 밤 파리로 돌아오라는 명령을 전하고 갔다고 말했다. 클레브 경은 갈 수밖에 없었다. 경은 부인에게 자세한 이야기를 할 여유가 없었다. 그는 그저 내일은 파리로 돌아오라 부탁하고, 자신은 슬프기는 하지만 여전히 당신을 사랑하고 소중히 생각하니까 부디 안심하라는 말을 남기고 떠났다.

클레브 경이 떠나자, 홀로 남은 부인은 자신의 행동을 돌이켜보고 망연자실해졌다. 실제로 일어난 일이라고는 믿어지지 않을 정도였다. 남편의 애정과 신뢰를 뿌리치고 자기 손으로 깊은 구덩이를 판 격이었다. 이제 거기서 탈출할 수는 없을 것이다. 어쩌다 그렇게 과감한 짓을 저질러버렸을까? 거의 그럴 마음도 없었는데 그래 버렸다. 그런 고백은 난생처음인 데다가 너무도 특수해서 그것 때문에 무슨 일이 일어날지 짐작할 수조차 없었다.

그러나 아무리 과감한 행동이었다 해도, 느무르 공에게서 자신을 보호할 유일한 수단이었다고 생각하면 전혀 후회스럽지도 않았고, 그리 경솔했다고도 생각되지 않았다. 부인은 밤새 걱정스럽고 불안한 마음에 잠을 설쳤지만, 결국에는 마음의 평화를 되찾았다. 클레브 경은 끝까지 자기를 위로하고 사랑해줄 것이고, 아까도 그것을 새삼 느끼게 하는 태도로 고백을 들어주었다. 그러니 아내로서 그런 성의를 보이는 것은 당연했다. 부인은 거기서 조용한 기쁨조차 발견했다.

한편 느무르 공은 마음을 송두리째 뒤흔드는 그 대화를 들은 뒤, 숨어 있던 곳에서 나와 숲으로 들어갔다. 클레브 부인이 초상화에 관해 말하는 것을 듣고, 부인이 사랑하는 사람이 자기라는 사실을 알게 된 공은 다시 태어난 기분이었다. 처음에는 그 기쁨에서 헤어나오지 못했다. 그러나 그것도 오래 가지 않았다. 따지고 보면, 클레브 부인이 자기를 사랑한다는 사실이 공에게 알려진 지금의 이 사태 자체가, 앞으로 부인에게서 사랑의 증표를 받을 일이 결코 없을 거라는 반증이기도 했다. 공은 이런 과감한 수단에 호소해서라도 사랑의 병을 치유하려는 사람의 마음을 자유롭게 하기란 불가능하다는 사실을 깨달았다. 그래도 느무르 공은 클레브 부인을 이렇게 난처한 상황에 몰아넣은 장본인이 자기라고 생각하면 뛸 듯이 기뻤다. 다른 여자와는 격이 다른 이런 여성에게 사랑받는 자신이 자랑스럽기까지 했다. 느무르 공은 자기가 세상에서 가장 행복하고, 동시에 가장 불행한 남자인 것 같았다. 숲을 빠져나가기도 전에 해가 저물어버렸다. 느무르 공은 한참을 헤맨 끝에, 메르쾨르 부인의 집으로 돌아가는 길에 겨우 접어들었다. 도착한 것은 새벽녘이었다. 공은 이렇게 귀가가 늦어진 이유를 설명하느라 진땀을 뺐다. 어쨌든 최대한 그럴싸한 변명으로 위기를 모면한 뒤, 그날 중으로 샤르트르 주교대리와 파리로 돌아갔다.

느무르 공은 사랑에 눈이 먼 데다 너무도 뜻밖의 대화를 엿들은 뒤인지라, 이런 상황에서 저지르기 쉬운 경솔한 짓을 저지르고 말았다. 즉 자기의 개인적인 감정을 일반적인 표현을 빌려 말하고, 자기에게 일어난 일을 남의 일처럼 말한 것이다. 파리로 가는 내내 느무르 공은 화제를 계속 연애로 돌렸으며, 사랑받을 가치가 있는 사람을 사랑하는 기쁨을 강조했다. 공은 이런 사랑의 더없이 진귀한 효력에 관해 논한 끝에, 클레브 부인의 행동에서 받은 놀라움을 혼자만 간직하고 있을 수가 없어져서 샤르트르 주교대리에게 말해버렸다. 물론 상대방의 이름과 자신이 그 일에 관련되어 있다는 사실은 말하지 않았다. 그러나 너무 열띠게 감탄하며 말했으므로, 샤르트르 주교대리는 곧 이 이야기가 공과 관련되었다는 사실을 간파했다. 샤르트르 주교대리는 솔직히 말하라고 공을 다그쳤다. 오래전부터 그가 열렬한 사랑에 빠졌다는 사실은 알고 있었으며, 일신상 최대 비밀을 털어놓은 친구를 믿지 못하는 건 부당하다고 주장했다. 느무르 공의 사랑은 아주 진지했으므로, 그는 누구에게 말할 마음이 전혀 없었다. 궁정에서 가장 절친한 샤르트르 주교대리에게 조차 지금까지 숨겼을 정도였다. 느무르 공은 자기도 이 이야기를 절대로 발설하지 않는 조건으로 어떤 친구한테서 들은 것이니 꼭 비밀을 지켜주어야 한다고 다짐을 받았다. 샤르트르 주교대리는 누구에게도 말하지 않겠다고 약속했지만, 그래도 느무르 공은 경솔하게 입을 놀린 것을 후회했다.

한편, 클레브 경은 찢어지는 가슴을 안고 국왕에게 돌아갔다. 클레브 경만큼 자기 아내를 열렬히 사랑하고 존경하는 남편은 없었다. 그런 사실을 안 다음에도 존경심은 없어지지 않았지만, 그것은 지금까지와는 다른 종류의 존경심이었다. 클레브 경의 마음을 차지한 것은 아내에게 사랑받는 남자의 정체를 알고 싶은 호기심뿐이었다. 궁정에서 가장 매혹적인 인물인 느무르 공이 제일 먼저 떠올랐다. 다음으로 기즈 기사와 생탕드레 원수가 떠올랐다. 모두 클레브 부인의 마음에 들려고 안달을 부렸던 사람들이고, 지금도 각별한 친절을 베풀고 있기 때문이었다. 결국 클레브 경은 이 세 사람 가운데 한 명이 틀림없다는 결론을 내렸다. 클레브 경이 루브르 궁에 도착하자 국왕이 경을 방으로 데리고 가더니, 공주를 따라 이스파니아로 가라고 명령했다. 클레브 공이야말로 이 임무에 가장 적합한 사람이며, 클레브 부인 이상으로 파리가 자랑하는 부인은 없다는 것이었다. 클레브 경은 이 막중한 임무를 조심스럽게 수락했다. 이 여행은 남들 이목을 끌지 않고 아내를 궁정에서 멀어지게 할 핑계가 될 거라고 생각했다. 그러나 출발은 아직 멀었으므로 지금 상황을 해결하는 데는 도움이 안 됐다. 클레브 경은 재빨리 부인에게 편지를 써서 국왕의 명령을 전하고, 꼭 파리로 돌아오라고 거듭 당부했다. 부인은 당부대로 돌아왔지만, 이렇게 다시 얼굴을 마주하고 보니 둘 다 뭐라 말할 수 없는 슬픔에 휩싸이고 말았다. 클레브 경이 아내에게 그런 신뢰를 받기에 적합한, 흠잡을 데 없는 태도로 말했다.

"난 당신이 조금도 불안하지 않소. 당신은 스스로 생각하는 것 이상으로 강하고 정숙한 사람이니까. 날 괴롭히는 건 앞날에 대한 두려움도 아니오. 다만, 내가 당신에게 느끼게 하지 못했던 기분을 다른 남자에게 느꼈다는 사실이 괴롭소."

"입이 열 개라도 할 말이 없어요. 입에 담기에도 부끄러워서 쥐구멍에라도 숨고 싶은 심정인걸요. 그렇게 괴로우시다면 그 이야기는 이제 그만하기로 해요. 제가 잘못된 길을 가지 않도록 도와주세요. 누구와도 만나지 않고 지낼 수 있게 해주세요. 그게 유일한 소원이에요. 제발 그 말만은 다시 하지 않게 해주세요. 당신의 아내로서 어울리지 않는, 스스로 생각해도 면목 없는 이야기니까요."

"그렇게 말하는 것도 무리는 아니지. 내가 당신의 상냥함과 신뢰에 지나치게 기댔나 보오. 하지만 당신 때문에 이렇게 돼버린 날 조금은 가엾게 여겨주시오. 다른 건 다 들었지만 정작 중요한 그 이름은 듣지 못해 사는 게 사는 것 같지 않은 내 괴로움도 알아주었으면 좋겠구려. 당신이 그 호기심을 채워주리라고는 생각하지 않소. 단, 이것만은 말해주시오. 내가 원수로 생각해야 할 그 사람이 생탕드레 원수, 느무르 공, 기즈 기사, 이 셋 중 있는 게 맞소?"

"전 뭐라고도 대답할 수 없어요." 부인이 얼굴을 붉히면서 말했다. "대답했다가는 당신의 의심을 줄이거나 늘리는 꼴이 될 테니까요. 그렇다고 당신이 날 관찰해서 확인하려고 하시면, 난 당황해서 남들 이목을 끌고 말 거예요. 제발 병에 걸렸다는 핑계로 누구도 만나지 않아도 되도록 해주세요."

"아니, 그런 건 핑계라는 걸 금방 간파당할걸. 게다가 난 당신 말고는 그어떤 것도 의지하고 싶지 않소. 난 기분상으로도 그렇게 하는 게 가장 좋을 것 같고, 이성으로 판단해도 그렇소. 당신의 성격을 생각해볼 때, 당신을 자유롭게 놔두는 것이 당신에게 가장 엄격하게 제약을 가하는 길이라고 생각하니까."

클레브 경의 생각은 옳았다. 남편이 보여준 신뢰는 어떤 구속보다도 강하게 부인을 느무르 공에게서 자기 자신을 지키고 결심을 굳히는 힘이 되어주었다. 이리하여 부인은 지금까지와 변함없이 루브르 궁에 드나들며 왕세자비를 보필했다. 그러나 느무르 공과 자리를 같이하거나 얼굴을 마주하는 일은 철저하게 피했다. 부인에게 사랑받는다고 믿었던 느무르 공의 기쁨도 거의 사라져버렸다. 공은 클레브 부인의 태도를 보면, 아무래도 자기를 사랑하고 있다고는 생각되지 않았다. 그때 들었던 내용과 현실이 너무도 달라서 그게 꿈이 아니었을까 하는 생각마저 들었다. 그것이 착각이 아니었다고 안심하게 해주는 유일한 증거는 클레브 부인의 매우 슬픈 표정이었다. 부인이 아무리 열심히 감추려고 해도 그 표정은 드러나버렸다. 아무리 다정한 눈빛과 말도 부인의 이러한 조심스러운 태도만큼 느무르 공의 사랑을 부추기지는 못했을 것이다.

어느 밤, 클레브 부부가 왕비를 알현하고 있을 때였다. 누군가가, 국왕이 공주가 이스파니아로 갈 때 귀족 한 사람을 더 딸려 보낼 것이라는 이야기를 꺼냈다. 그는 아마 기즈 기사나 생탕드레 원수가 될 것 같다고 덧붙였다. 그동안 클레브 경은 조용히 부인을 지켜보았다. 경은 부인이 이 두 사람의 이름을 듣고도, 또 그와 함께 여행을 떠날지도 모른다는 말을 듣고도 전혀 동요하지 않는 것을 확인했다. 그것으로 부인이 두려워하는 상대는 이 두 사람이 아니라고 확신하게 되었다. 클레브 경은 이참에 의심을 말끔히 해소하려고, 국왕이 있는 왕비의 처소로 들어갔다. 그는 한동안 그곳에 있다가 아내 곁으로 돌아와서, 지금 폐하께 물었더니 같이 스페인으로 갈 사람이 느무르 공이라 하더라고 귓속말로 전했다.

느무르 공의 이름을 듣고, 오랜 여정 동안, 그것도 남편이 보는 앞에서 날마다 느무르 공과 얼굴을 마주해야 한다고 생각하자 클레브 부인은 자제력을 잃고 당황해버렸다. 그녀는 황급히 다른 이유를 댔다.

"그분이 뽑히면 당신한테는 매우 불쾌한 일이 될 거예요. 그분이 모든 명예의 절반을 가져가버릴 테니까요. 폐하께 다른 사람을 뽑으시라고 말씀드리는 편이 낫지 않을까요?"

"느무르 공이 함께 가는 걸 두려워하는 건 명예 때문이 아니겠지. 당신은 다른 이유로 걱정하고 있어. 다른 여자였다면 기쁜 표정을 짓는 걸 보고 알수 있었겠지만, 당신은 그 슬픈 표정으로 알 수 있지. 하지만 걱정하지 마시오. 지금 한 말은 사실이 아니니까. 전부터 의심했던 걸 확인하려고 거짓말을 한 거요."

클레브 경은 이렇게 말을 마치고 방에서 나갔다. 자기가 그곳에 남아 있으면, 안 그래도 어쩔 줄 몰라 하는 아내를 더욱 궁지에 몰아넣는 꼴인데, 그러고 싶지는 않았기 때문이다.

클레브 경이 나가자마자 느무르 공이 들어왔다. 그는 곧 클레브 부인의 심상치 않은 모습을 발견했다. 공은 부인에게 다가가, 평소보다 수심에 잠겨 있는 것 같은데 실례가 안 된다면 그 이유를 물어도 되겠느냐고 속삭였다. 느무르 공의 목소리를 듣고 퍼뜩 정신이 든 부인은 자신의 생각과 느무르 공과 단둘이 있는 장면을 남편에게 들키면 안 된다는 불안감에 상대의 말도 귀에 들어오지 않았다. 그녀가 공을 바라보면서 말했다.

"부탁이에요. 절 가만 내버려두세요."

"그게 무슨 말씀이십니까?" 느무르 공이 대답했다. "지금도 지나칠 정도로 가만 놔두고 있는데. 뭣 때문에 그러십니까? 전 부인께 말 걸기조차 조심스러운데요. 얼굴은 감히 쳐다보지도 못합니다. 이렇게 가까이 다가오기도 벌벌 떨리는걸요. 그런 제가 왜 지금과 같은 말을 들어야 하지요? 제가 부인이 걱정하는 행동을 왜 하겠습니까?"

클레브 부인은 느무르 공에게 전에 없이 확실히 속내를 고백할 기회를 줘버린 것이 몹시 후회스러웠다. 부인은 아무 대꾸도 없이 그 자리를 떠나 집으로 돌아왔지만, 마음은 몹시 혼란스러웠다. 클레브 경은 부인이 아까보다 심하게 동요하고 있는 것을 알아챘다. 아까 일어났던 일에 관해 경이 다시 말을 꺼낼까봐 전전긍긍하는 모습이 역력히 보였다. 경은 부인의 뒤를 따라 방으로 들어갔다.

"날 피하지 마시오." 클레브 경이 말했다. "기분 상할 말은 일절 하지 않을 테니까. 아까는 놀라게 해서 미안했소. 아까 알아낸 사실만으로도 난 벌써 충분히 벌을 받은 셈이오. 느무르 공은 내가 가장 두려워했던 남자요. 당신이 어떤 위험에 빠졌는지 이제 나도 잘 알겠소. 부디 자신을 잃지 마시오. 당신을 위해, 그리고 이렇게 말해도 좋다면 나를 위해서도. 남편으로서 부탁하는 게 아니오. 당신에게서만 행복을 발견하는 남자로서, 그리고 당신 마음이 선택한 남자보다도 훨씬 따뜻하고 강한 애정을 당신에게 바치는 남자로서 부탁하는 거요."

클레브 경은 이 마지막 말을 하면서 울컥해서 힘겹게 말을 맺었다. 부인은 가슴이 후벼 파지는 심정으로 눈물을 뚝뚝 흘리며 다정하고 애절하게 남편을 끌어안았다. 클레브 경도 절절한 애정을 느꼈다. 두 사람은 한동안 아무 말 없이 그 자세로 있다가 서로 말할 기력도 없이 헤어졌다.

공주의 결혼 준비는 무사히 끝났다. 결혼식에 참석하기 위해 도착한 왕실 대사 알바 공은 관례에 따라 엄격한 예법에 맞춰 크게 환대받았다. 국왕은 콩데 친왕, 로렌 추기경, 기즈 추기경, 로렌 공, 페라라 공, 도말 공, 부이용 공, 기즈 공, 느무르 공*²을 환영단으로 꾸렸다. 이들은 또 저마다 수많은 시종과 각 가문의 옷을 입은 수많은 시동을 대동했다. 국왕은 몽모랑시 대원수 이하 대신 이백 명과 함께 몸소 루브르 궁의 대문까지 마중 나왔다. 알바 공이 국왕 앞으로 와서 몸을 굽히고 무릎을 꿇으려고 했다. 국왕이 그를 저지하고 자기와 나란히 걷게 한 뒤 왕비 방과 공주 방을 차례로 안내했다. 알바 공은 주군 이스파니아 왕이 보낸 훌륭한 선물을 공주에게 전달했다. 이어서 왕의 여동생인 마르그리트 공주에게는 사부아 공의 안부 인사와 그가 머잖아 도착할 거라는 소식을 전했다. 알바 공과 그를 수행하는 오렌지 공에게 궁정 미녀들을 소개하기 위해 루브르 궁에서 성대한 연회가 열렸다.

클레브 부인은 그런 모임에 가고 싶지 않았지만, 꼭 참석하라고 당부하는 남편을 거스르지 않기 위해 어쩔 수 없이 가기로 했다. 특히 부인이 결심한 것은 느무르 공이 그 자리에 참석하지 않는다는 소식을 들었기 때문이었다. 사부아 공을 마중하러 갔던 느무르 공은 그가 도착한 이후에는 줄곧 그를 따라다니며 결혼 준비를 도와야 했던 것이다. 클레브 부인은 평소보다 느무르 공을 만날 기회가 적어져서 얼마간 마음이 놓였다.

샤르트르 주교대리는 어제 느무르 공과 나눈 대화를 잊지 않았다. 주교대리는 그 사건이 느무르 공에게 일어난 일이라 확신하고서 그를 주의 깊게 관찰했다. 알바 공과 사부아 공의 도착으로 궁정 생활이 달라져서 단서가 될 만한 일들을 놓칠 만큼 바쁘지 않았더라면 진상을 꿰뚫어보았을 것이다. 샤르트르 주교대리는 진실을 밝히기보다는 사랑하는 사람에게는 뭐든지 털어놓고 싶은 자연스러운 마음에서 마르티그 부인에게, 다른 남자에 대한 사랑을 남편에게 고백한 여자의 기구한 사연을 이야기해버렸다. 주교대리는 이 열렬한 사랑의 대상이 느무르 공이 확실하니 같이 그 사람을 관찰해달라고

---

*2 이 인물 가운데 로렌 추기경은 샤를 드 기즈를 말함. 기즈 추기경은 그의 동생 루이 드 기즈, 로렌 공은 본가의 샤를 드 로렌, 기즈 공은 분가 기즈 가문의 적자로, 로렌 추기경과 기즈 추기경 및 도말 공(클로드 드 로렌)의 형에 해당한다.

부탁했다. 마르티그 부인은 이 이야기를 듣고 무척 기뻐했다. 부인은 왕세자비가 예전부터 느무르 공에 관한 일에는 대단히 흥미를 보인다는 사실을 아는 만큼 진상을 꼭 밝히고 싶어졌다.

결혼 예정일 며칠 전에 왕세자비는 시아버지인 국왕과 발랑티누아 부인을 만찬에 초대했다. 클레브 부인은 옷 입는 데 시간이 걸려 평소보다 늦게 루브르 궁으로 출발했다. 도중에 부인을 마중 나온 왕세자비의 시종을 만났다. 부인은 처소로 들어갔다. 침대에 있던 왕세자비가 거기에 앉은 채로, 당신이 오기를 눈이 빠지게 기다렸다고 큰 목소리로 말했다.

"절 그렇게나 기다리셨다는 말씀에도 감사 인사를 드릴 수가 없군요. 제 얼굴을 보고 싶으셔서가 아니라 다른 이유가 있어서일 테니까요."

클레브 부인의 말에 왕세자비가 대답했다.

"맞아요. 그래도 고마워는 해야 할 거예요. 이제부터 내가 할 이야기는 당신도 듣길 잘했다고 생각할 테니까요."

클레브 부인은 왕세자비의 침대 앞에 무릎을 꿇었는데, 운 좋게 얼굴은 그늘에 가렸다.

왕세자비가 이야기를 시작했다. "아시다시피 우린 오래전부터 느무르 공이 왜 그토록 변했는지 알고 싶어했어요. 그런데 드디어 그 이유를 알게 됐지 뭐예요. 그것도 당신이 깜짝 놀랄 이유랍니다. 느무르 경은 궁정에서 손꼽히는 미인을 열렬히 사랑하는데, 그 사람도 그를 아주 사랑한대요."

자기가 느무르 공을 사랑한다는 사실을 아는 사람이 있을 줄은 꿈에도 생각하지 못한 클레브 부인은 왕세자비가 말하는 사람이 자기라고는 상상도 못했다. 그런 부인에게 왕세자비의 말이 얼마나 큰 고통이었을지는 쉽게 상상이 갈 것이다.

"느무르 공과 비슷한 나이에 그토록 훌륭한 사람이라면 별로 놀랍지 않습니다만."

클레브 부인이 말했다.

"당신이 놀랄 거라고는 생각하지 않아요. 놀라운 건, 느무르 공을 사랑하는 그 사람이 자기 마음을 겉으로 전혀 드러내지 않았다는 사실이죠. 그뿐만이 아니에요. 자기 사랑을 주체하지 못하게 될까봐 남편에게 그 사실을 털어놓고, 궁정에서 몸을 빼게 해달라고 부탁했대요. 그런데 더 놀라운 점은, 이 이야기를 한 사람이 바로 느무르 공 본인이라는 거예요."

클레브 부인이 처음 맛본 고통이 이 이야기가 자기와 상관없는 것이라고 생각했기 때문이라면, 왕세자비의 이 나중 얘기는 너무도 자기와 관련 있다는 확신이 들어서 부인은 절망에 빠졌다. 그녀는 뭐라 대꾸하지도 못하고, 왕세자비가 이야기를 계속하는 동안 줄곧 침대 쪽으로 고개를 숙이고 있었다. 왕세자비는 이야기에 열중해 있어서 부인의 낭패한 기색을 알아차리지 못했다. 클레브 부인이 얼마쯤 마음을 가라앉히고 말했다.

"그 이야기는 도저히 믿기지가 않네요. 비전하께서는 누구한테서 그 이야기를 들으셨는지요?"

"마르티그 부인이요. 그 사람은 샤르트르 주교대리한테서 들었대요. 주교대리가 그 사람을 좋아하는 건 아시죠? 샤르트르 주교대리는 비밀로 하라고 했다는데, 그한테 말한 사람이 바로 느무르 경이에요. 물론 느무르 경은 그 여자의 이름도 말하지 않았고, 그 사랑의 대상이 자기라는 사실도 밝히지 않았다고 하지만, 샤르트르 주교대리는 그가 틀림없다고 확신하고 있지요."

왕세자비가 이렇게 말했을 때 누군가가 침대로 다가왔다. 클레브 부인은 그쪽을 등지고 있어서 그 사람의 모습이 보이지 않았다. 그러나 왕세자비가 "어머, 호랑이도 제 말하면 온다더니! 이분한테 진실을 말해달라고 하면 되겠군요" 하고 호들갑을 떠는 것을 보는 순간 의심의 여지는 없어졌다.

클레브 부인은 뒤를 돌아보지 않고도 그 사람이 느무르 공임을 알 수 있었고, 실제로 그는 느무르 공이었다. 그녀는 황급히 왕세자비 옆으로 가서, 느무르 공이 샤르트르 주교대리에게만 털어놓은 이야기이므로 지금 여기서 말했다가는 둘이 싸움이 날지도 모른다고 아주 작게 속삭였다. 왕세자비는 지나친 노파심이라며 웃어넘기고는 느무르 공 쪽으로 몸을 돌려 앉았다. 느무르 공은 그날 저녁 연회 때문에 정장을 하고 있었다. 그가 특유의 자연스러운 애교 섞인 투로 말했다.

"아무래도 제가 비전하께서 제 이야기를 하시는 중에 들어온 모양이군요. 비전하께서는 제게 뭔가 묻고 싶은 것이 있고, 클레브 부인은 그 반대인 것 같고요."

"맞아요." 왕세자비가 말했다. "하지만 오늘은 평소처럼 클레브 부인의 말대로 할 생각은 없어요. 내가 어떤 사람한테 들은 이야기가 있는데, 당신 입으로 그 이야기가 사실인지 아닌지 확인해주세요. 즉, 연정을 상대방에게 끝까지 숨기고 있을 뿐만 아니라 자기 남편에게 그 사실을 고백한 궁정 여자와 서로 사랑하는 사람이 바로 당신이 아니냐는 거예요."

클레브 부인은 가슴이 벌렁벌렁하고 뭘 어찌해야 좋을지 알 수 없었다. 이 궁지에서 벗어나기 위해 죽을 수만 있다면 차라리 그편이 낫겠다는 생각까지 들었다. 그러나 느무르 공은 그 이상으로—그 이상이 있을 수 있다면— 당황했다. 자기를 싫어하지 않는다고 생각했던 왕세자비가, 궁정의 누구보다도 왕세자비에게 신뢰받고 또 왕세자비를 신뢰하는 클레브 부인의 눈앞에서 그런 말을 하다니! 느무르 공은 뭐라 형용할 수 없는 복잡한 심경이 되었다. 평온한 표정을 지으려고 했지만 잘 되지 않았다. 자신의 경솔함 때문에 클레브 부인이 이런 궁지에 몰린 이상 자신은 이제 미움받을 것이 뻔했다. 가슴이 꽉 죄여와서 아무런 대꾸도 할 수가 없었다. 왕세자비가 완전히 얼이 빠진 느무르 공을 보며 클레브 부인에게 말했다.

"이것 봐요. 이분 좀 보라니까. 이래도 그 이야기가 이분 이야기가 아니라는 거예요?"

그러나 느무르 공은 어떻게든 이 위기에서 벗어나야 한다고 깨닫자 처음의 충격에서 벗어나 즉시 마음을 가라앉혔다. 그가 정색하고 말했다.

"사실 이렇게 갑작스럽고 슬픈 일은 없군요. 샤르트르 주교대리를 믿고 친구의 이야기를 털어놓은 건데, 그가 절 배신하고 그걸 퍼트렸으니까요. 이렇게 된 이상 제가 그에게 보복을 한다 해도 괜찮을 겁니다." 그는 차분하게 말을 계속했다. 그 침착한 태도는 왕세자비가 방금 품었던 의혹을 말끔히 없애주기에 충분했다. "그가 저한테 털어놓은 심상치 않은 중대한 비밀이 있거든요. 그런데 비전하께서는 왜 제가 그 사건과 관련이 있다고 생각하셨습니까? 샤르트르 주교대리에게는 제 일이 아니라고 말해놓았으니 그가 그렇게 이야기했을 리는 없는데요. 물론 사랑에 빠진 남자 역할이 저한테 어울리긴 하죠. 하지만 사랑받는 남자 역할이라면, 전 비전하께 그런 말을 들을 자격이 없습니다."

느무르 공은 이렇게 한때 자기가 왕세자비에게 내비쳤던 마음을 상기시키는 발언을 하면 왕세자비의 생각을 돌릴 수 있으리라 판단하고 안심했다. 확실히 왕세자비는 느무르 공의 의도를 알아차렸다. 그러나 거기에는 대답하지 않고, 느무르 공이 당황한 것을 놀려댔다.

느무르 공이 반박했다. "제가 당황한 것은 친구가 걱정되어서였습니다. 그가 목숨보다 소중히 여기는 비밀을 발설했다는 게 밝혀지면, 전 그 어떤 비난을 받아도 할 말이 없으니까요. 그렇지만 그는 털어놓다 말았습니다. 사랑하는 숙녀의 이름도 가르쳐주지 않았죠. 제가 아는 건 그가 세상에서 가장 진지한 사랑을 하고 있으며, 세상에서 가장 불쌍한 남자라는 사실뿐입니다."

"그렇게 불쌍하다고 생각해요?" 왕세자비가 물었다. "하지만 그분도 사랑받고 있잖아요?"

"사랑받고 있다고 생각하십니까? 정말로 사랑하는 여자가 남편에게 그 사실을 털어놓을까요? 분명 그 숙녀는 사랑을 모르는 사람입니다. 누군가에게 사랑받고 우쭐해진 마음을 사랑이라고 착각하는 거겠죠. 제 친구한테는 일말의 희망도 없습니다. 불행한 남자일지언정, 그는 그 숙녀에게 사랑을 두려워하는 마음을 심어준 것만으로도 행복하게 생각하고 있습니다. 아마 세상에서 가장 행복한 연인이 되게 해준다고 해도 지금 상태를 버리지 않을 겁니다."

"당신 친구분의 사랑은 아주 사소한 일에 만족하는군요." 왕세자비가 말했다. "그 말을 들으니, 아무래도 당신 이야기가 아닌 것 같아졌어요. 클레브 경의 말이 맞는 것 같군요. 그분이 말하길, 그런 일이 실제로 일어났을 리가 없다고 했거든요."

"저도 그런 것 같아요." 그때까지 잠자코 있던 클레브 부인이 말했다. "게다가 설사 사실이라고 해도, 어떻게 남이 그 사실을 알겠어요? 그렇게 과감한 고백을 한 여자가 남한테 그 사실을 발설할 정도로 생각이 없을 것 같진 않은데요. 그분의 남편도 그 사실을 입 밖에 내지 않을 테죠. 그런 말을 할 사람이라면, 부인의 그 용감한 고백을 들을 자격도 없는 남편 아니겠어요?"

클레브 부인이 남편을 의심하는 것 같자 느무르 공은 옳다구나 하고 한술 거들었다. 클레브 경이야말로 사라져줘야 할 최대의 연적이라 생각했기 때문이다.

공이 말했다. "질투심과 호기심에 사로잡혀서 남편이 경솔한 짓을 했을 수도 있죠."

클레브 부인은 온몸의 기운이 쭉 빠져나가는 기분이었다. 더는 대화를 계속할 수 없을 것 같아 몸이 안 좋다고 말하려는 찰나, 마침 발랑티누아 부인이 방으로 들어와 곧 폐하가 납실 거라고 왕세자비에게 알렸다. 왕세자비는 몸단장을 하러 내실로 들어갔다. 클레브 부인이 그 뒤를 따라가려고 하자 느무르 공이 다가왔다.

"목숨을 걸고 한마디만 하겠습니다." 공이 말했다. "당신에게 드릴 말씀 가운데 중요하지 않은 것은 없지만, 이걸 먼저 말해야겠습니다. 아까 왕세자비께 의미심장하게 했던 말은 사실 그분과 아무 관계도 없는 이유에서 한 말이라는 걸 믿어주십시오."

클레브 부인은 느무르 공의 말을 못 들은 척했다. 그리고 공을 쳐다보지도 않고 그 자리를 떠나, 마침 방으로 들어온 국왕의 뒤를 따랐다. 수많은 사람 때문에 혼잡해서 부인은 옷자락을 밟고 넘어질 뻔했다. 도저히 있고 싶지 않은 그 자리를 벗어나는 좋은 핑계가 생겼으므로, 부인은 서 있을 수가 없다는 이유를 대고 집으로 돌아왔다.

루브르 궁으로 온 클레브 경은 아내가 보이지 않자 깜짝 놀랐다. 사람들에게 물으니, 부인이 다쳤다고 했다. 경은 즉시 상태를 보러 집으로 돌아갔다. 부인은 잠자리에 누워 있었는데, 대단한 상처는 없는 것 같았다. 잠시 곁을 지키고 있던 경은 부인이 몹시 슬픈 표정을 하고 있는 것을 알아차렸다.

"무슨 일이오? 입으로 호소하는 것과는 다른 고통이 있는 것 같은데."

"지금처럼 괴롭고 슬픈 적은 처음이에요. 전 그토록 절대적인, 아니 어리석은 신뢰를 당신에게 보냈는데, 당신은 도대체 무슨 짓을 한 거죠? 절 위해 비밀을 지켜야겠다는 생각은 못하셨나요? 설사 저한테 그럴 만한 가치가 없다고 해도, 당신 자신을 위해서 비밀을 지킬 생각은 안 하셨어요? 아무리 알고 싶어도 그렇지, 제가 도저히 알려드릴 수 없는 이름을 남한테 말해가면서까지 확인해야만 했어요? 그렇게 생각 없고 부분별한 짓을 하다니, 단순한 호기심 때문이 아니면 뭣 때문이겠어요? 그 결과 전 세상에서 가장 난처한 처지가 되고 말았어요. 그 비밀은 만천하에 알려졌어요. 그 비밀이 제 입에서 나온 줄도 모르고 거꾸로 저한테 그 비밀을 이야기한 사람이 있다고요."

"그게 무슨 말이오? 지금 내가 당신과 나 사이에 있었던 일을 남한테 이야기했다고 탓하는 것이오? 그 비밀이 다른 사람한테 알려졌다고? 비밀을 발설했느냐 아니냐에 대해서는 해명하지 않겠소. 당신도 그럴 리 없다는 걸 잘 알 테니까. 당신, 다른 사람 이야기를 당신 이야기로 착각하는 것 아니오?"

"아아! 이런 일이 세상에 또 있을 리 없잖아요. 그런 마음을 품을 수 있는 여자는 저 말고 없어요. 지어낸 이야기가 우연히 일치했다고도 볼 수 없죠. 상상하려야 상상할 수도 없는 일이고, 그런 상상을 해낼 수 있는 사람은 저 말고 없을 테니까요. 왕세자비께서 그 이야기를 저한테 처음부터 끝까지 들려주시더라고요. 샤르트르 주교대리한테 들으셨대요. 주교대리는 느무르 공한테서 들었고요."

"느무르 공이라고!" 클레브 경이 깜짝 놀라며, 절망한 몸짓으로 외쳤다. "어떻게 그럴 수가! 느무르 공이 당신이 자기를 사랑하는 줄도 알고, 내가 그 사실을 안다는 사실도 안다고?"

"당신은 그 사람이 느무르 공이라고 믿고 싶은 모양이군요. 전에도 말했지만, 전 당신의 의심에 절대로 대답하지 않겠어요. 그 일과 나와의 관계나, 당신이 느무르 공을 의심한다는 사실을 그분이 아는지 어떤지 전 몰라요. 샤르트르 주교대리에게 이야기한 사람은 느무르 공이지만, 느무르 공은 또 어떤 친구한테 들었대요. 상대방 여성의 이름까지는 알려주지 않았다지만. 느무르 공의 친구라는 사람은 분명 당신하고 아는 사이일 거예요. 당신이 진상을 알고 싶어서 그 사람에게 비밀을 털어놓은 거겠죠."

"그런 비밀을 털어놓을 수 있는 친구가 세상에 어디 있겠소? 세상에 어떤 사람이 자기 자신에게조차 감추고 싶은 비밀을 남한테 말해가면서까지 알아내고 싶겠소? 당신이야말로 누구한테 말하지 않았는지 잘 생각해보시오. 그 비밀이 새나갔다면, 내 입에서가 아니라 당신 입에서 나갔을 가능성이 더 크지 않겠소? 당신은 고심 끝에 마음의 짐을 가볍게 하고자 믿을 만한 여자친구에게 비밀을 털어놓았고, 그 친구가 당신을 배신한 거요."

"그만하세요. 자기 죄를 저한테 뒤집어씌우다니 정말 너무하군요. 어떻게 제가 떠벌리고 다녔다고 생각할 수 있죠? 아무리 당신한테 털어놓았다고 해도, 제가 다른 사람한테까지 그런 걸 말할 여자던가요?"

클레브 부인이 남편에게 한 고백은 부인의 결백함을 유감없이 말해주는 것이었고, 그런 부인이 누구에게도 말하지 않았다고 단호하게 부정하니, 클레브 경은 어떻게 생각해야 좋을지 알 수 없었다. 그렇다고 자기가 남한테 말한 기억도 없었다. 그런 일을 타인이 억측할 수 있을 리도 없었다. 그런데도 그 일을 아는 사람이 있다니. 아무리 생각해도, 둘 중 한 사람이 말했다는 결론밖에 나오지 않았다. 그러나 클레브 경에게 특히 견디기 어려운 고통을 준 것은 그 비밀이 누군가의 손아귀로 들어가버렸고, 이윽고 만천하에 알려지리라 예상된다는 점이었다.

클레브 부인도 같은 생각을 했다. 남편이 말했을 것 같기도 하고, 말하지 않았을 것 같기도 했다. 남편이 호기심에 무분별한 행동을 했을 수도 있다고 했던 느무르 공의 말은 클레브 경의 처지와 너무나 정확히 일치했다. 아귀가 너무 딱딱 맞아서 클레브 부인은 아무래도 남편이 자신의 신뢰를 저버렸다고밖에 생각되지 않았다. 두 사람은 저마다 자기 생각에 사로잡힌 채 오랫동안 침묵에 잠겼다. 입을 열면, 이미 몇 번이나 했던 말을 또 반복할 뿐이었다. 두 사람은 전에 없는 거리감과 어색함을 느꼈다.

두 사람이 그날 밤을 어떤 기분으로 보냈을지는 상상하기 어렵지 않다. 클레브 경은 사랑하는 아내가 외간 남자를 사랑한다는 사실을 안 아픔에 견디는 것만으로도 기력을 다 써버렸다. 이제 끌어올릴 용기도 없었다. 애초에 자신의 이름과 긍지에 깊은 상처를 받은 지금 상황에서는 용기 같은 건 필요 없다는 생각마저 들었다. 클레브 경은 아내를 어떻게 생각해야 좋을지 알 수 없었다. 아내를 어떻게 대해야 할지, 자신은 어떻게 행동해야 할지 갈피를 잡을 수가 없었다. 어느 쪽을 보아도 절벽과 심연이었다. 결국 기나긴 고뇌와 망설임 끝에, 클레브 경은 곧 이스파니아로 떠날 예정임을 떠올리고서, 자신의 비참한 상황에 관한 사람들의 억측과 지식을 조장하는 행동은 일절 삼가기로 결심했다. 경은 부인을 찾아가서, 지금은 비밀을 누가 발설했는지 따질 때가 아니며 사람들로 하여금 그 이야기가 당신과 아무런 상관도 없다고 믿게 해야 한다고 말했다. 당신이 어떻게 행동하느냐에 따라 느무르 공을 비롯한 모두에게 그렇게 믿게 할 수 있다. 그러려면 느무르 공을 자기에게 사랑을 속삭인 남자를 대할 때처럼 꼿꼿하고 냉담한 태도로 대해야 한다. 그러면 당신이 느무르 공을 사랑한다고 생각하는 사람은 없을 것이다. 느무르 공이 어떻게 생각하든지 동정할 필요는 없다. 이쪽이 계속 약한 모습을 보이지 않으면 느무르 공의 마음도 곧 식을 것이다. 가장 중요한 것은 루브르 궁이나 다른 모임에 변함없이 얼굴을 내미는 것이다.

　이렇게 말을 마치자 클레브 경은 대답도 듣지 않고 휙 나가버렸다. 클레브 부인은 남편의 조언이 지극히 옳다고 생각했다. 거기다 지금은 느무르 공에게 분노를 느끼고 있어서, 남편의 말을 실행하기란 아주 쉬운 일처럼 생각됐다. 그러나 다양한 결혼식 행사에 참석하여 태연한 표정과 평정심을 유지하기란 어려울 것 같았다. 그렇지만 부인은 왕세자비의 옷자락을 들기로 되어 있었다. 수많은 귀부인 중에서 특별히 뽑힌 역할이므로, 그것을 거절했다가는 구설수에 올라 불필요한 오해를 살 것이 뻔했다. 부인은 그냥 그 역할을 수행하기로 했다. 그날은 그 준비와 이런저런 생각을 하느라 하루를 보냈다. 부인은 자기 방에 틀어박혔다. 여러 괴로운 일 가운데 특별히 가슴 아픈 것은 느무르 공을 비난해야만 하며, 도저히 공을 변호할 방법을 찾을 수 없다는 것이었다. 느무르 공이 샤르트르 주교대리에게 그 이야기를 한 것은 의심할 여지가 없었다. 공이 직접 시인한 것이다. 더욱이 공의 말투로 추정해보건대, 그것이 부인과 관련된 일이라는 점도 공은 분명히 알고 있다. 이토록 경솔한 행동을 어떻게 용서할 수 있으랴? 느무르 공의 지극히 조심스러운 태도를 진심으로 고맙게 여겼는데 그 신중함은 어디로 가버린 걸까?

　'그 사람은 사랑받지 않는다고 생각할 때는 신중하게 행동했어. 그런데 어렴풋하게나마 사랑받고 있다고 확신한 순간 그 신중함은 사라져버렸나 봐. 혼자서만 생각하지 못하고 입이 근질거려서 남한테 말할 수 있는 건 모조리 말해버렸어. 난 내가 사랑하는 사람이 그 사람이라고는 말하지 않았는데, 그 사람은 지레짐작으로 남한테 자기 추측을 진짜처럼 말했어. 확실한 증거를 잡았더라도 똑같이 했겠지. 명예로운 일을 비밀로 해둘 남자도 있다고 가볍게 생각했던 내가 잘못이야. 아무튼 그 사람만큼은 다른 남자랑은 전혀 다를 거라고 생각한 탓에, 다른 여자랑은 비슷하지도 않은 내가 다른 여자랑 똑같은 꼴을 당해버린 거야. 남편이야말로 내 행복의 전부였는데, 그 남편의 사랑도 존경도 잃어버렸어. 이제는 온 세상이 날 어리석고 미친 사랑에 빠진 여자라고 비난할 테지. 내가 그 사랑을 바치는 사람은 이제 그 사실을 알아. 이런 불행을 피하려고 내 마음의 평화와 내 일생을 내던지는 심정으로 과감한 고백을 한 건데.'

　슬픈 생각을 하다가 부인은 서럽게 울었다. 그러나 이렇게 괴로워하면서도, 만약 느무르 공에 대한 불만조차 없었더라면 이 고통을 견뎌낼 기운조차 내지 못했을 거라고 생각했다.

느무르 공도 이보다 편한 마음은 아니었다. 샤르트르 주교대리에게 발설해버린 경솔함과 그 경솔함이 부른 이 난처한 사태에 견디기 어려운 죄책감을 느꼈다. 클레브 부인이 느낄 당혹감, 동요, 비탄을 생각하니 암담한 심정이었다. 더구나 나중에 왜 부인에게 쓸데없는 말까지 했을까 생각하니 돌이킬 수 없는 기분이었다. 아무리 사랑해서라고는 하나 그런 말을 하다니, 마치 열렬한 사랑에 빠진 여성은 그녀고 그 상대는 자기라는 걸 안다는 꼴과 같지 않은가. 돌이켜 생각해보니, 그런 무례한 말이 없었다. 부인과 대화라도 나누고 싶은 마음이 들다가도, 그런 것은 바랄 일이 아니라 오히려 두려워해야 할 일이라고 퍼뜩 깨닫기도 했다.

'만나서 무슨 말을 하려고? 이미 그녀에게 충분히 밝힌 사실을 새삼 다시 밝힐 셈인가? 사랑을 입에 담기에도 주저해왔던 내가, 당신이 날 사랑한다는 걸 안다고 그녀에게 과시할 셈인가? 숨김 없이 사랑을 고백할 셈인가? 그랬다가는, 희망이 있을 거라고 착각하는 남자로 비치고 말 것이다. 애당초 난 그녀에게 접근조차 맘대로 할 수 없지 않은가. 그녀 눈앞에 나타나 그녀를 난처하게 하는 뻔뻔스러운 행동을 할 수 있는가? 어떻게 변명해야 좋을까? 사과할 말도 없다. 난 클레브 부인을 볼 낯도 없고, 그녀도 날 다시는 만나주지 않을 것이다. 그녀가 나를 어떻게 해서든 피하려고 하면서도 그 수단을 찾지 못해 안달하던 차에, 난 내 손으로 더없이 좋은 핑계를 그녀에게 주고 말았다. 내 경솔한 행동으로 세상에서 가장 사랑스럽고 존경스러운 여성에게 사랑받는 행복과 명예를 잃었구나. 그래도 그녀에게 고통이나 지독한 아픔을 주지 않고 그것들을 잃었더라면 조금이나마 나았을 텐데. 지금은 내가 그녀 때문에 맛보는 고통보다 그녀를 고통스럽게 했다는 게 견딜 수 없구나.'

느무르 공은 이렇게 오래도록 같은 생각만 하면서 탄식했다. 클레브 부인과 이야기하고 싶다는 생각이 머리에서 떠나지를 않았다. 어떻게든 말을 걸 기회를 만들어야겠다고 생각하기도 하고 편지를 쓰려고도 했다. 그러나 결국 공은 그런 잘못을 저지른 뒤라는 점과 부인의 심경을 헤아려볼 때, 지금 최선책은 부인 앞에 나서기조차 꺼리는 마음이 전달되도록 슬픔과 침묵으로 깊은 경의를 표하여 이윽고 시간의 경과와 우연과 부인이 자신에게 품고 있는 호의가 자신에게 득이 되기를 기다리는 것이라고 생각했다. 또한 공은 샤르트르 주교대리의 의심을 깊게 하지 않기 위해, 그에게 배신행위를 따지는 일도 그만두기로 했다.

그다음 날에는 공주의 약혼식이 열렸고, 또 그다음 날에는 결혼식이었다. 온 궁정 사람이 눈코 뜰 새 없이 바빠서 클레브 부인과 느무르 공은 슬픔과 동요를 쉽게 감출 수 있었다. 왕세자비조차 클레브 부인에게 느무르 공과의 대화에 관해 어쩌다가 한마디 한 게 다였다. 클레브 경도 거기에 관해서는 한마디도 꺼내지 않는 것 같았다. 그래서 클레브 부인은 걱정했던 것만큼 난처한 처지에는 몰리지 않았다.

약혼식은 루브르 궁에서 열렸다. 연회와 무도회가 끝난 뒤, 국왕 일가는 관례에 따라 주교관(파리 주교의 관저)에서 하룻밤을 묵었다. 이튿날 아침, 그동안 줄곧 아주 수수한 옷만 입었던 알바 공은 비취색, 노란색, 검은색이 섞인 바탕에 보석을 한가득 수놓은 비단 웃옷을 입고, 머리에는 왕관을 썼다. 그에 못지않게 호화롭게 차려입은 오렌지 공은 자신의 수행자와, 또 각각 수행자를 거느린 이스파니아 사절들과 함께 알바 공의 숙소인 빌루아 저택으로 그를 마중하러 갔다. 그는 네 명씩 열을 지어 걸어서 주교관으로 향했다. 알바 공이 도착하자 일행은 즉시 대오를 정비하여 교회(노트르담 드 파리)로 갔다. 먼저 국왕이 왕관을 쓴 공주의 손을 잡고 선두에 서고, 몽팡시에 공주와 롱그빌 공주가 공주의 옷자락을 들었다. 왕비가 관을 쓰지 않은 채로 그 뒤를 따랐다. 왕세자비, 왕의 여동생, 로렌 공비, 나바르 공주가 각각 궁정 귀부인에게 옷자락을 들게 하고 뒤를 이었다. 모두 자신을 따르는 시녀에게 자기와 똑같은 색의 화려한 옷을 입혔으므로, 의상 색깔만으로 누가 누구의 시녀인지 구분이 갔다. 일동이 교회당 내부에 설치된 단으로 올라가자 결혼식이 시작되었다. 식이 끝난 다음에는 주교관에서 오찬이 있었고, 5시쯤에는 다시 그곳에서 재판소(공식 대연회 장소로 재판소의 홀이 자주 쓰였다)로 이동했다. 이곳에서는 최고법원, 최고재판소, 파리 시청 관계자들이 초청된 연회가 열릴 예정이었다. 국왕, 왕비, 왕세자비, 왕족 귀부인들이 재판소 홀에 마련된 대리석 식탁에 앉았다. 알바 공은 새로운 이스파니아 왕비 옆에 앉았다. 대리석 식탁에서 뒤로 조금 떨어진 곳에는 국왕의 오른쪽으로 외국 사절, 대주교, 공훈자들의 식탁이 있고, 그 반대편에는 최고법원의 고관들이 앉는 식탁이 있었다.

기즈 공이 비단 관의를 입고 국왕의 시종장을 맡고, 콩데 친왕이 빵을, 느무르 공이 술을 각각 담당했다. 식탁이 치워지자 무도회가 시작되었다. 도중에 발레와 대규모 연극이 공연되었다가 다시 무도회가 이어졌다. 국왕을 비롯한 궁정 사람들은 자정이 넘어서야 루브르 궁으로 돌아갔다. 클레브 부인은 계속 표정이 어두웠지만, 역시 누구의 눈에도, 특히 느무르 공의 눈에는 발군의 아름다움 그 자체였다. 혼잡한 연회를 틈타서 클레브 부인에게 말을 걸 기회는 몇 번이나 있었지만, 느무르 공은 그러지 않았다. 그러나 정작 클레브 부인은 느무르 공이 다가가기도 꺼려질 만큼 몹시 침울해 보여서 별다른 변명이 없어도 그가 그리 나쁘게 여겨지지 않았다. 느무르 공은 그 뒤에도 같은 태도를 유지했다. 그것은 클레브 부인의 마음에 같은 효과를 발휘했다.

마침내 경사스러운 기마시합 날*³이 되었다. 왕비와 왕세자비는 특별히 마련된 관람석에 앉았다. 네 사람의 주전자(主戰者)가 수많은 말과 종자를 거느리고 시합장 한쪽에 나타났을 때는 프랑스에서도 유례가 없는 장관이었다.

국왕은 상징 색으로 흰색과 검은색만 썼다. 과부인 발랑티누아 부인을 위해 언제나 이 색깔만 다는 것이었다. 페라라 공과 그 종자는 노란색과 빨간색을, 기즈 공은 비취색과 흰색을 달고 나타났다. 처음에는 모두 기즈 공이 왜 그 색을 썼는지 몰랐다. 그러나 이윽고 그 색은 그 아름다운 여성을 상징하는 색으로, 공은 그녀가 처녀 적에 그녀를 사랑했으며 지금도 겉으로는 표현하지 않지만 여전히 사랑한다는 사실을 떠올렸다. 느무르 공은 노란색과 검은색이었는데, 그 이유는 끝내 알려지지 않았다. 클레브 부인만은 금세 알아차렸다. 이전에 느무르 공 앞에서, 자기는 노란색을 좋아하지만 머리카락이 금발이어서 노란색 리본을 달 수 없어 안타깝다고 말한 기억이 있기 때문이었다. 느무르 공은 클레브 부인이 노란색 리본을 달지 않는 이상 누구도 그것이 부인의 색임을 짐작하지 못할 테니 그 색깔을 달고 사람들 앞에 나서

---

*3 실제로는 1559년 6월 28일부터 30일까지 사흘에 걸쳐서 열렸다.

도 실례가 아닐 거라고 생각했던 것이다.

그날 네 명의 주전자가 발휘한 수련 솜씨는 그야말로 공전의 것이었다. 국왕은 왕국 제일의 기사였지만, 네 명 다 누구에게도 뒤지지 않는 실력자였다. 느무르 공의 옷차림에는 늘 독특한 매력이 있어서, 클레브 부인만큼 관심이 없는 사람도 무심코 그의 편을 들고 싶어졌다. 경기장 한쪽 구석에 느무르 공이 나타난 순간부터 클레브 부인은 뭐라 말할 수 없이 심장이 두근거리고, 순서가 돌아와 느무르 공이 경기장 끝까지 무사히 질주할 때마다 기쁨을 감추느라 애를 먹었다.

저녁이 다 돼서 행사가 거의 끝나고 일동이 돌아가려고 할 때였다. 국왕이 장창 시합을 다시 하자고 제안했다. 그리고 이 제안이 프랑스를 불행에 빠뜨리는 결과를 가져왔다. 국왕은 명수 몽고메리 백작*4에게 경기장으로 나오라고 명령했다. 백작은 온갖 이유를 들어 거듭 사양했지만, 국왕은 반드시 나와서 상대하라고 역정을 냈다. 왕비도, 이미 기량은 충분히 보여주셨으니 시합은 그만두고 자기 옆으로 와서 앉으라고 간청했다. 국왕은, 왕비에게 바치기 위해 다시 한 번 해야 한다고 대답하고는 경기장 안으로 들어갔다. 왕비는 사부아 공에게 국왕을 말려달라고 부탁했다. 그러나 모두 헛수고였다. 국왕은 시합을 개시했다. 두 사람의 장창이 모두 부러진 순간, 몽고메리 백작이 든 창의 파편이 국왕의 눈알에 박혀버렸다. 국왕은 말 위에서 쿵하고 떨어졌다. 장관들과 감사 중 한 명인 몽모랑시 경이 달려왔다. 부상이 심해서 모두 깜짝 놀랐으나 국왕은 매우 침착했다. 국왕은 대단한 상처가 아니며, 몽고메리 백작의 실수를 용서하겠다고 말했다. 경사스러운 날에 이런 불상사가 일어났으니 모두 얼마나 당황하고 슬퍼했을지 짐작이 가고도 남는다. 황급히 국왕을 침대에 뉘이고 외과의에게 환부를 보였더니 심각한 중상이라는 진단이 나왔다. 이때 몽모랑시 대원수는 국왕이 기마시합을 하다 목숨을 잃을 거라는 예언을 떠올리고서, 그 예언이 실현되리라 직감했다.

그 무렵 브뤼셀에 있던 이스파냐 왕은 이 불상사를 듣고 자신의 고명한 전속 의사를 파견했다. 그러나 이 명의도 국왕의 용태는 절망적이라고 진찰했다.

---

*4 가브리엘 드 로르주(1574년 죽음). 앙리 2세의 스코틀랜드 위병대장.

몇 개 파로 갈려 대립하는 이해관계로 가득한 이 궁정은 국왕의 죽음이라는 대사건을 눈앞에 두고 심상치 않은 불안 정국으로 빠져들었다. 물론 모든 혼란은 겉으로 드러나지 않았으며, 너도나도 다른 일은 제쳐두고 오로지 국왕의 용태를 걱정하는 듯이 보였다. 왕비, 왕세자비, 왕족 귀부인들은 거의 알현실에 붙어 있다시피 했다.

클레브 부인은 자기도 거기에 있어야 된다고 생각했다. 그러나 그랬다가는 느무르 공과 마주칠 것이고, 그랬을 때 당황한 기색을 감출 자신이 없었다. 게다가 느무르 공의 얼굴을 보기만 해도 모든 것을 용서하고 싶어져서 모든 결심이 무너지리라는 것도 알고 있었다. 그래서 부인은 꾀병을 부리기로 했다. 궁정 사람들은 다른 일로 머리가 복잡했으므로, 클레브 부인의 행동에 주목하거나 진짜 병인지 아닌지 알아볼 여유가 없었다. 클레브 경만은 진실을 알았지만, 부인으로서는 그게 차라리 다행이었다. 그리하여 클레브 부인은 궁정에서 일어날지도 모르는 커다란 변화에도 거의 신경쓰지 않은 채 집 안에 틀어박혀서 혼자 자유롭게 상념에 잠길 수가 있었다. 모든 사람이 국왕의 처소로 몰려가 있었다. 클레브 경은 이따금 돌아와서 부인에게 국왕의 상태를 전했다. 경은 부인을 평소와 다름없이 대했다. 다만 단둘이 되면 얼마쯤 차갑고 어색하게 느껴질 뿐이었다. 클레브 경은 그 사건을 두 번 다시 입에 담지 않았고, 부인도 그럴 용기가 나지 않았다. 그 이야기를 다시 꺼내기에 적절한 시기인 것 같지도 않았다.

느무르 공은 클레브 부인에게 말을 걸 기회가 있을 줄 알았는데 코빼기조차 보이지 않자 대단히 당혹스럽고 슬펐다. 국왕의 부상은 매우 심해서, 이레째에는 의사들도 손을 놓고 말았다. 국왕은 보기 드문 의연한 자세로 죽음 선고를 받아들였다. 그런 불행한 사고로 목숨을 잃었다는 점, 한창 꽃다운 나이였다는 점, 국민에게 사랑받고 자기가 열렬히 사랑하는 총비에게도 사랑받는 행복한 군주였다는 점을 생각하면, 국왕의 이 당당한 태도는 더욱더 칭송받아 마땅하다. 죽기 전날 국왕은 누이동생과 사부아 공의 혼례를 가족끼리 치르게 했다. 발랑티누아 부인이 어떤 심경이었을지 쉽게 상상이 갈 것이다. 왕비는 부인을 국왕에게 접근하지 못하게 했으며, 부인이 갖고 있던 옥새와 왕실 대대로 내려오는 보석류를 내놓으라고 사람을 보내서 요구했다. 발랑티누아 부인은 국왕이 운명했는지 물었다. 그렇지 않다고 대답하자 부인이 말했다.

"그럼 아직 날 지배할 수 있는 사람은 없는 셈이군요. 폐하께서 날 신뢰해서 주신 것을 내놓으라고 강요하다니, 그런 짓은 아무도 할 수 없어요."

국왕이 투르넬 이궁에서 숨을 거두자마자*5 페라라 공, 기즈 공, 느무르 공 등등은 새 왕태후,*6 국왕,*7 왕비*8 등 세 사람을 루브르 궁으로 모셔갔다. 느무르 공은 왕태후를 호위했다. 일행이 걸음을 옮겼을 때, 왕태후가 몇 걸음 물러서더니 며느리인 새 왕비에게 앞장서라고 말했다. 그러나 이 인사말에는 예절보다는 가시 돋친 분위기가 역력히 묻어났다.

---

*5 앙리 2세의 죽음은 7월 10일 오전 10시로 전해진다.
*6 앙리 2세의 왕비, 프랑수아 2세의 어머니, 카트린 드 메디시스. 이 이야기에서 지금까지 왕비라고 불렸지만, 앙리 2세의 죽음으로 이하 왕태후가 된다.
*7 지금까지 왕세자라 불렸던 프랑수아 2세. 1560년 12월에 죽었으니 치세는 1년 남짓이다.
*8 지금까지 왕세자비였던 메리 스튜어트. 이하에서도 가끔 왕세자비로 표기된다.

제4부

이제 로렌 추기경은 왕태후의 기분을 마음대로 지배했다. 샤르트르 주교 대리는 왕태후의 총애를 완전히 잃었다. 그러나 마르티그 부인에게 푹 빠져서 자유의 기쁨에 젖어 사는 그는 총애를 잃은 데서 오는 고통은 눈곱만큼도 느끼지 않았다. 로렌 추기경은 선왕이 병상에 있었던 열흘간 찬찬히 계획을 세우고 왕태후를 조종해 자기 계획대로 결단하게 했다. 즉 선왕이 죽자마자 왕태후는 몽모랑시 대원수에게 투르넬 이궁에 안치된 선왕의 시체 곁에 머물면서 관례대로 제사를 지내라고 명령했다. 이 임무를 위해 대원수는 다른 모든 임무에서 멀어졌으며, 행동의 자유도 빼앗기고 말았다. 대원수는 나바르 왕에게 편지를 보내서, 기즈 일가가 강대한 권력에 기대는 것을 막기 위해 급히 수도로 올라와 힘을 보태달라고 요청했다. 군대 통수권은 기즈 공에게, 재정 실권은 로렌 추기경에게 돌아갔다. 발랑티누아 부인은 궁정에서 추방되었다. 몽모랑시 대원수의 숙적인 투르농 추기경과 발랑티누아 부인의 숙적인 올리비에 재상이 다시 권력의 자리에 앉았다. 이리하여 궁정의 구도는 아주 달라졌다. 장례식 때는 기즈 공이 왕족에 버금가는 자격으로 친왕의 망토 자락을 들었다. 기즈 공 형제가 완전히 실권을 장악한 것은 로렌 추기경이 왕태후의 마음을 지배했기 때문이지만, 한편으로는 다른 이유도 있었다. 왕태후가, 왕족의 지배를 받는 대원수는 추방할 수 없지만 기즈 형제라면 자신을 위협할 위험이 있을 때 언제든지 물리칠 수 있다고 생각했기 때문이다.

친왕은 장례식이 다 끝나고 루브르 궁에 입궐한 몽모랑시 대원수를 아주 차갑게 맞이했다. 대원수는 국왕과 독대를 요청했지만, 국왕은 기즈 형제를 불러서 그들이 보는 앞에서 대원수에게 휴양을 권했다. 재정과 군대 통수는 다른 사람에게 맡기고, 대원수는 조언이 필요할 때만 불러들이겠다는 것이었다. 왕태후는 국왕보다 더 차갑게 대원수를 대했다. 왕태후는 일찍이 대원수가 선왕에게 "왕비의 자식은 국왕과 조금도 닮지 않았다"고 말했던 일까지 들먹이면서 그를 비난했다. 나바르 왕이 궁정에 도착했지만, 그도 전혀 환영받지 못했다. 형(나바르 왕)만큼 인내심이 강하지 않은 콩데 친왕은 분명한 불복의 뜻을 밝혔다. 그러나 그 호소도 헛되게, 콩데 친왕은 강화 비준을 위해 플랑드르로 파견한다는 명목으로 궁정에서 멀어지고 말았다. 사람들은 이스파니아 왕이 나바르 왕이 영토 침해를 꾀한다고 고자질하는 것처럼 문서를 위조해서 나바르 왕에게 보임으로써 영지에 대한 불안감을 느끼게 했다. 즉 나바르 왕에게 베아른*¹으로 돌아가야만 할 것 같은 강박관념을 심은 것이다. 왕태후는 그 계기를 만들려고 나바르 왕에게 엘리자베트 공주(이스파니아 왕비가 되었다)를 따라가게 하고, 거기다 공주보다 한 걸음 먼저 출발시켰다. 이리하여 궁정에는 기즈 일가의 권세를 위협할 인물이 모두 사라졌다.

클레브 공은 엘리자베스 공주를 수행하지 못하게 돼 아쉬웠지만, 자기 대신 선택된 사람이 나바르 왕이라는 지체 높은 인물인지라 불복할 수가 없었다. 클레브 공이 이 임무를 아쉬워한 것은 명예를 놓쳤기 때문이라기보다는 그것이 자기 의도대로 부인을 궁정에서 멀어지게 하는 기회가 될 것이었기 때문이었다.

선왕이 승하한지 얼마 지나지 않아 대관식을 위해 랭스*²로 가게 되었다. 이 여행 얘기가 나오자마자, 그때까지 줄곧 집 안에만 틀어박혀 있던 클레브 부인은 다시 아픈 척을 했다. 그리고 남편에게, 궁정 일을 함께 해주지 못해 미안하며, 자신은 쿨로미에로 가서 깨끗한 공기를 마시고 건강을 회복하고 싶다고 간청했다. 클레브 경은, 랭스에 가지 못하는 것이 정말 건강 때문인지 캐묻고 싶은 마음은 없지만 어쨌든 가지 않아도 좋다고 대답했다. 클레브 경이 흔쾌히 허락한 것은 처음부터 그렇게 결정해두었기 때문이었다. 아내의 곧은 절개를 굳게 믿는다고는 하나, 사랑하는 남자와 얼굴을 마주하게 하는 위험한 상태에 아내를 이 이상 놔두는 일은 현명하지 않다고 판단했던 것

---

*¹ 나바르 왕의 영지 대부분은 베아른 주라 불리는 지방이며, 나바르 지방은 오히려 피레네 산맥의 남쪽, 스페인 영내 쪽으로 퍼져 있다. 이 때문에 영지 분쟁이 가끔 일어났다.

*² 필립 오귀스트 이래 역대 프랑스 왕은 랭스 대성당에서 대관식을 치르는 것이 관례가 되었다.

이다.

느무르 공은 클레브 부인이 궁정 사람들과 동행하지 않는다는 사실을 곧 알게 되었다. 부인의 얼굴을 보지 않고 떠날 결심은 서지 않았다. 출발 전날, 그는 부인이 혼자 있을 때 만나고 싶어서, 상식이 허락하는 가장 늦은 시각에 클레브 저택을 방문했다. 다행히 공의 생각대로 되었다. 안뜰에 들어섰을 때, 마침 돌아가려던 느베르 부인과 마르티그 부인을 만났는데, 그들이 클레브 부인이 집에 혼자 있다고 가르쳐주었던 것이다. 느무르 공은 불안감에 떨리는 가슴을 안고 계단을 올라갔다. 이때 심경과 비교할 수 있는 것이 있다면, 그것은 느무르 공의 방문을 전해들은 클레브 부인의 심경뿐일 것이다. 느무르 공이 사랑을 고백하지나 않을까 하는 두려움, 자기가 거기에 부드럽게 대답해 버릴 것만 같은 염려, 이 방문이 남편에게 안겨줄 불안감, 남편에게 알리든 숨기든 그 때문에 겪게 될 고통. 이러한 것들이 한꺼번에 떠올라 클레브 부인은 머리가 복잡해져서, 마음속으로는 무엇보다도 바라던 일을 피하기로 결심했다. 부인은 응접실에 있는 느무르 공에게, 모처럼 와주셨는데 조금 전부터 몸이 안 좋아서 뵐 수 없을 것 같다고 시녀를 통해 전했다. 느무르 공으로서는 클레브 부인을 만나지 못한 것이, 그것도 부인이 일부러 만나주지 않는 것이 얼마나 괴로웠겠는가! 느무르 공은 그다음 날 출발했다. 이제 요행을 기대하는 마음도 완전히 사라져버렸다. 왕세자비의 처소에서 그 대화를 나눈 이래 공은 부인에게 말 한마디 건네지 못했다. 샤르트르 후작에게 잘못 입을 놀린 자신의 실수가 모든 희망을 산산조각 내버렸다고밖에 생각할 수 없었다. 느무르 공은 가슴이 찢어지는 고통을 느끼면서 여행길에 올랐다.

느무르 공의 방문을 안 순간 쿵쾅대던 심장이 어느 정도 가라앉자 클레브 부인은 면회를 거절했던 갖가지 이유를 완전히 잊어버렸다. 뭔가 나쁜 짓을 한 기분이었다. 용기만 있다면, 또 아직 늦지 않았다면 다시 부르고 싶은 심정이었다.

느베르 부인과 마르티그 부인은 클레브 부인의 집을 나와서 왕세자비(새 왕비)를 방문했다. 그 자리에는 클레브 공도 있었다. 왕세자비는 두 사람에게 지금까지 어디에 있었는지 물었다. 두 사람은 클레브 부인 댁에서 많은 손님과 함께 오후를 보낸 뒤 느무르 공만 남겨두고 오는 참이라고 대답했다.

두 사람이 아주 사소하게 생각했던 이 이야기가 클레브 경에게는 사소한 일이 아니었다. 느무르 공이 아내에게 말을 걸 기회는 얼마든지 있을 거라고 상상은 했지만, 지금 이 순간 느무르 공이 다른 손님도 없이 혼자 아내 방에서 아내에게 사랑을 고백할 수도 있다고 생각하자 하늘이 무너져내리는 기분이었다. 질투의 불길이 전에 없이 활활 타올랐다. 클레브 경은 왕비의 처소에 더는 있을 수가 없었다. 왜 자신이 집으로 돌아가는지, 정말로 느무르 공의 이야기를 방해할 마음인지 아닌지도 모르는 채 그는 왕비의 처소에서 물러났다. 집 근처까지 왔을 때, 클레브 경은 느무르 공이 아직 집에 있는지 알아낼 방법이 없을까 하고 주위를 둘러봤다. 공이 집에 없다는 걸 알자 한숨이 놓였다. 그만큼 오래 있지는 않았다는 뜻이므로 무척 기뻤다. 어쩌면 질투할 상대는 느무르 공이 아닐지도 모른다는 생각도 들었다. 그럴 리 없다는 걸 알면서도 그냥 의심해보고 싶었다. 그러나 이미 그토록 많은 증거를 확보한지라 언제까지 이렇게 반신반의만 하고 있을 수는 없었다. 경은 즉시 아내의 방으로 갔다. 잠깐 잡담을 나누다가 인내심의 한계를 느끼고, 오늘은 뭘 했는지 누구를 만났는지 물었다. 부인은 빠짐없이 보고했다. 그러나 느무르 공의 이름이 나올 기미를 보이지 않자, 클레브 경은 오늘 만난 사람이 그게 다냐고 쭈뼛쭈뼛 물었다. 그 이름을 숨기는 괴로움에서 부인을 구해주고자, 그런 식으로 느무르 공의 이름을 자연스럽게 말할 기회를 준 것이다. 그러나 부인은 실제로 느무르 공을 만나지 않았으므로 끝까지 그 이름을 말하지 않았다. 클레브 경이 고뇌가 역력히 묻어나는 투로 물었다.

"느무르 공은? 그는 만나지 않았소? 아니면 잊어버렸나?"

"그 사람은 직접 만나지 않았어요. 몸이 안 좋다고 시녀한테 핑계를 대게 했거든요."

"그렇다면 느무르 공이 왔을 때만 병이 났던 셈이군. 다른 사람은 다 만나면서 왜 느무르 공만 만나지 않았지? 당신에게 그 사람이 다른 사람과 어디가 다르다는 거요? 왜 그 사람을 만나기를 두려워하지? 왜 그 사람에게 두려워하는 인상을 주는 거요? 당신을 사랑하는 그 사람의 약점을 이용해 제멋대로 굴고 있다는 인상을 왜 주느냔 말이오. 당신이 그가 신중함과 무례함을 구별할 사람이라고 믿지 않았다면, 당신은 과연 만나고 싶지 않다고 말할 수 있었을까? 왜 그 사람한테는 조심스럽게 대할 필요가 있지? 당신 같은 사람은 무슨 행동을 하건 상대를 기쁘게 한단 말이오. 무관심만 빼고는 말이지."

"당신이 느무르 공을 의심한다는 건 알지만, 설마 그 사람을 만나지 않았다고 비난받을 줄은 몰랐네요."

"어떻게 비난하지 않을 수 있겠소? 근거까지 있는 마당에. 그 사람이 무슨 말을 한 게 아니라면 왜 만나려고 하지 않지? 그래, 그 사람이 당신에게 마음을 고백한 거야. 은근히 연정만 내비친 정도라면, 당신 마음에 그렇게 깊은 흔적을 남길 리가 없지. 당신은 차마 나한테 사실을 모조리 털어놓을 수가 없어서 중요한 부분은 감추고 있는 거야. 거기까지만 털어놓는 것도 후회스러워서 더 고백할 용기도 사라진 거겠지. 난 생각했던 것보다 불행한 남자요. 누구보다도 불행한 남자요. 당신은 내 아내고, 난 당신을 애인처럼 사랑하는데, 당신은 다른 남자를 사랑하오. 그 사람은 궁정에서 가장 매력적인 남자고, 날마다 당신과 얼굴을 마주하오. 더군다나 당신이 자기를 사랑한다는 사실까지 알지. 그런데 나는 당신이 그 사랑을 극복했다고 믿었소! 그런 일이 가능하다고 믿다니, 나도 어지간히 이성을 잃었나 보오."

"제 용감한 행동을 훌륭하다고 생각해주셨던 당신이 잘못이었다는 건가요? 아니면 당신이라면 분명 제 진심을 알아줄 거라고 믿었던 제가 잘못이었다는 건가요?"

클레브 부인이 서글프게 말했다.

"물론 당신이 잘못이지. 내가 당신한테 기대했던 것만큼이나 불가능한 일을 당신은 나한테 기대했소. 내가 분별력을 잃지 않을 거라고 어떻게 기대할 수 있지? 내가 미칠 만큼 당신을 사랑한다는 사실을, 그리고 내가 당신 남편이라는 사실을 잊었소? 이 둘 중 하나만으로도 자제심을 잃기에는 충분하오. 그런데 그걸 둘 다 잃었으니 어떻겠소? 실제로 이렇게 비참한 꼴이 되지 않았소? 난 처참하고 불안한 마음뿐이오. 나도 내 마음을 어떻게 할 수가 없어. 내가 당신한테 어울리지 않는 남자가 된 것 같은 생각도 들고, 당신이 나한테 어울리지 않는 사람이 된 것 같은 생각도 드오. 당신이 사랑스럽소. 당신이 밉소. 당신을 화나게 하고, 당신한테 사과하고 싶소. 당신을 훌륭한 여자라고 생각하면서도, 그렇게 생각하는 내가 수치스럽소. 간단히 말해 난 평정심도 이성도 잃었소. 당신이 쿨로미에에서 그 이야기를 했던 날부터, 그 이야기가 세상에 알려졌다는 사실을 당신이 비전하게 듣고 온 그날부터 오늘까지 내가 살아 있는 게 기특할 정도요. 왜 그 이야기가 세상에 알려졌는지, 그 일과 관련해서 당신과 느무르 공 사이에 무슨 일이 있었는지 난 짐작조차 가지 않소. 당신은 죽어도 설명해주지 않을 거고, 나도 설명을 바라지 않소. 단, 당신 때문에 내가 세상에서 가장 불행한 남자가 되었다는 사실만 알아두시오."

클레브 경은 말을 마치고 아내 방에서 훌쩍 나가버렸으며, 다음 날에도 부인을 보지 않고 출발했다. 그러나 경은 슬픔과 진심과 다정함이 가득 담긴 편지를 놓고 떠났다. 부인도 지금까지 자신은 결백하다는 것과 앞으로도 결백하게 살겠다고 맹세한 절절한 답장을 썼다. 클레브 경은 사실에 근거한 거짓 없는 아내의 편지에 감동하여 얼마쯤 마음을 가라앉혔다. 느무르 공도 자기와 마찬가지로 국왕을 수행하고 있었으므로, 공이 아내와 같은 장소에 있지 않다는 안도감도 있었다. 클레브 부인은 남편과 이야기할 때마다, 남편에게 정열, 진심, 애정, 의무감 따위를 보여야 한다고 강하게 의식했기에 그 자리에서는 느무르 공에 대한 연정도 얼마간 잊었다. 그러나 그것은 오래가지 않았다. 느무르 공을 보면 즉시 전보다 강하고 선명하게 그 연정이 되살아나는 것이었다.

느무르 공이 출발하고 얼마 동안은 클레브 부인은 공의 부재를 느끼지 않았다. 그런데 점점 그 빈자리가 크게 느껴졌다. 느무르 공을 사랑한 이래로 공을 만나기를 두려워하거나 바라지 않은 날은 하루도 없었다. 그런데 지금은 그를 우연히 만날 가능성이 전혀 없다고 생각하니 안타까워서 견딜 수가 없었다.

클레브 부인은 쿨로미에로 갔다. 출발하면서 부인은 발랑티누아 부인이 아네에 있는 아름다운 별장을 장식하기 위해 주문한 커다란 그림의 모사를 잊지 않고 챙겼다. 그 그림들은 죽은 국왕 치세의 빛나는 사적을 빠짐없이 말해주는 내용이었다. 그중에 메스 포위전을 그린 그림이 있었다. 이 전투에서 눈부신 활약을 한 사람들이 실물 크기로 그려져 있었다. 느무르 공도 그 가운데 한 명이었다. 그리고 어쩌면 그 이유 때문에 클레브 부인은 이 모사가 갖고 싶어진 것이다.

궁정 사람들과 함께 떠나지 못한 마르티그 부인은 쿨로미에로 와서 며칠 보내겠다고 클레브 부인에게 약속했었다. 두 사람은 모두 왕비(전 왕세자비)의 총애를 받았지만, 서로 시기하거나 껄끄러워하지 않는 좋은 친구였다. 그러나 둘 다 속내를 드러내는 일은 없었다. 클레브 부인은 마르티그 부인이 샤르트르 주교대리를 사랑한다는 사실을 알고 있었다. 그러나 마르티그 부인은 클레브 부인이 느무르 공을 사랑한다는 사실도, 느무르 공이 그녀를 사랑한다는 사실도 몰랐다. 마르티그 부인은 클레브 부인이 주교대리의 조카인 만큼 이 친구가 한층 친근하게 여겨졌다. 클레브 부인의 마르티그 부인에 대한 우정에는, 이 사람도 자기처럼 사랑에 빠져 있으며 그 상대가 자기 연인의 친구라는 생각이 섞여 있었다.

마르티그 부인은 약속대로 쿨로미에에 찾아왔다. 클레브 부인은 이곳에서 그야말로 조용히 지내고 있었다. 심지어 완전히 혼자가 되려고, 밤에 하인도 대동하지 않고 정원에서 한때를 보내는 것이 일과였다. 부인은 느무르 공이 이야기를 엿들었던 그 별채까지 와서는, 정원으로 통하는 방에 들어가곤 했다. 시녀와 하인들은 부인이 부르지 않는 한 다른 방이나 홀에서 기다렸다. 쿨로미에를 처음 방문한 마르티그 부인은 하나부터 열까지 그 아름다움에 놀랐다. 특히 이 별채가 마음에 들었다. 클레브 부인과 마르티그 부인은 밤마다 그곳에서 시간을 보냈다. 늦은 밤 아름답기 그지없는 곳에서 단둘이 있으려니 마음이 푸근해져서 이 두 젊은 부인은 그칠 줄 모르고 이야기를 나눴다. 둘 다 마음속에 격렬한 사랑을 숨기고 있었으므로 더욱 그랬다. 서로 비밀이야기는 하지 않았지만, 이렇게 대화를 나눈다는 데서 큰 기쁨을 발견했다. 마르티그 부인은 이제 가야 할 곳이 샤르트르 주교대리가 있는 곳이 아니었다면 쿨로미에를 떠나기 싫어했을 것이다. 부인은 그곳을 떠나, 궁정 사람들이 있는 샹보르 궁*3으로 갔다.

대관식은 로렌 추기경의 주재로 랭스에서 치러졌다. 사람들은 새로 지어진 샹보르 궁에서 남은 여름을 보내기로 했다. 왕비는 마르티그 부인이 도착했다는 소식에 매우 기뻐했다. 왕비는 그간 못 들었던 소식들을 전해들은 뒤, 클레브 부인은 시골에서 뭘 하고 지내느냐고 물었다. 느무르 공과 클레브 경도 마침 그 자리에 있었다. 쿨로미에에 감동한 마르티그 부인은 그 아

---

*3 샹보르 궁은 프랑수아 1세가 1524년 무렵에 착공했으며, 1557년에는 거의 완공되었다.

름다움을 상세하게 설명했다. 특히 숲에 있는 별채에 관해 장황하게 묘사하면서, 클레브 부인은 밤마다 그 주위를 즐겨 산책한다고 말했다. 그 장소를 아는 만큼 마르티그 부인의 이야기를 잘 이해한 느무르 공은 밤을 이용하면 다른 사람에게 들키지 않고 클레브 부인을 만날 수 있겠다고 생각했다. 공은 정보를 더 자세히 알아내려고 마르티그 부인에게 두세 가지 질문을 던졌다. 마르티그 부인이 이야기하는 동안 느무르 공에게서 눈을 떼지 않고 있던 클레브 경은 이때 느무르 공의 머리에 떠오른 생각이 어떤 것인지 알 것 같았다. 느무르 공의 질문으로 짐작이 확신으로 바뀌자 클레브 경은 느무르 공이 아내를 만나러 갈 계획이라는 것을 믿어 의심치 않았다. 클레브 경의 추측은 정확했다. 이 계획에 열중한 느무르 공은 밤새 온갖 실행 수단을 생각한 끝에, 다음 날 아침, 핑계를 대고 국왕에게 파리로 가도 좋다는 허락을 받았다.

클레브 경에게 느무르 공의 여행 목적은 의심할 여지가 없는 것이었다. 그러나 경은 이 기회에 아내의 행동을 똑똑히 관찰해서 지금의 괴로운 반신반의 상태에서 벗어나기로 결심했다. 경은 자기도 느무르 공과 동시에 이곳을 떠나 그의 여행을 처음부터 끝까지 은밀히 지켜봐야겠다고 생각했다. 그러나 직접 움직였다가는 심상치 않은 인상을 주어 느무르 공이 그것을 눈치채고 계획을 바꿀지도 몰랐다. 그래서 예전부터 충실하고 눈치 빠르다고 생각하던 한 시종에게 그 일을 맡기기로 했다. 경은 그에게 자신이 처한 상황과 지금까지 클레브 부인이 정절을 지켰다는 사실을 설명했다. 그런 뒤, 느무르 공이 쿨로미에로 가는지, 밤이 되어 정원으로 들어가는지 그를 미행하면서 정확히 관찰하라고 명령했다.

이런 임무에 관한 한 매우 유능한 이 시종은 그 이상 바랄 수 없을 만큼 충실하게 사명을 다했다. 그가 느무르 공을 따라가 보니, 공은 쿨로미에에서 반 리 정도 앞에 있는 마을에서 걸음을 멈추었다. 시종은 그것이 해가 저물기를 기다리기 위해서임을 간단히 추측해냈다. 그는 자기도 같은 곳에서 기다리는 것은 좋은 방법이 아니라고 생각했다. 그래서 마을에서 나와 숲으로 들어가서, 느무르 공이 나타날 법한 장소에 잠복했다. 모든 것이 이 사나이의 예상대로였다. 밤이 되자마자 발소리가 들렸다. 주위는 캄캄했지만, 곧 느무르 공임을 알아보았다. 공은 남들 눈을 피해 가장 숨기 쉬운 장소를 고르려는 듯이 정원 주위를 맴돌았다. 나무 울타리는 키가 매우 높았으며, 사람이 들어갈 수 없도록 이중으로 둘러쳐져 있었다. 따라서 그곳으로 숨어들기란 매우 어려운 일이었다. 그래도 느무르 공은 어찌어찌하여 성공했다. 일단 정원으로 들어가자 공은 클레브 부인이 있는 곳을 금방 짐작할 수 있었다. 방에 불이 잔뜩 켜져 있는 것이 보였다. 창문은 모두 활짝 열려 있었다. 느무르 공은 울타리를 따라 살금살금 다가갔다. 긴장된 나머지 심장이 미친 듯이 뛰었다. 공은 겹쳐진 창문 그늘에 숨어서 클레브 부인의 모습을 엿봤다. 부인은 혼자였다. 그 황홀한 아름다움에 느무르 공은 이성을 잃기 직전이었다. 무더운 밤이어서 부인은 머리카락을 길게 늘어뜨려 아무렇게나 묶었을 뿐, 머리나 가슴에 아무런 장식도 달지 않았다. 소파에 앉은 부인의 앞에는 작은 탁자가 놓여 있고, 그 위에는 리본이 가득 든 상자가 몇 개 놓여 있었다. 부인은 리본을 고르고 있었다. 느무르 공은 그것이 기마시합 때 자신이 달았던 것과 같은 색깔임을 깨달았다. 부인은 매우 진귀한 인도산 지팡이에 그 리본을 묶고 있었다. 그 지팡이는 전에 느무르 공이 잠시 사용하다가 여동생에게 준 것이었는데, 클레브 부인은 그게 느무르 공의 지팡이라는 걸 모르는 척하면서 빼앗아왔던 것이다. 부인은 공에 대한 마음이 고스란히 드러나는 따뜻하고 상냥한 표정으로 리본 묶기를 마치더니 촛대를 들고 커다란 탁자로 다가갔다. 느무르 공이 그려진 메스 포위전 그림이 정면에서 보이는 지점이었다. 부인은 거기서 자리에 앉더니, 사랑에 빠진 사람만이 지을 수 있는 진지하고 황홀한 표정으로 그 그림을 감상했다.

이때 느무르 공의 기분은 뭐라 형용할 길이 없다. 늦은 밤, 더없이 아름다운 곳에서, 사랑하는 사람의 모습을, 그것도 이렇게 은밀히 관찰할 수 있을 줄이야. 더구나 그 사람이 자기와 관련이 있는 것, 그 사람이 남몰래 자기에게 보내는 사랑과 관련이 있는 것을 넋 놓고 감상하고 있는 것이다. 이것은 일찍이 그 어떤 연인도 맛본 적 없는, 또 상상조차 하지 못한 기분이었다 하겠다.

이렇게 느무르 공은 황홀경에 빠진 채 우두커니 서서 클레브 부인을 관찰하느라, 귀중한 시간이 지나가는 것도 잊고 있었다. 이윽고 얼마간 제정신이 든 공은 부인이 정원으로 나올 때까지 말을 걸어서는 안 된다고 생각했다. 그때 시녀들이 더 멀어지니 훨씬 안전하다고 판단한 것이다. 그러나 부인이 방에서 나올 생각을 안 하자, 느무르 공은 과감히 들어가기로 결심했다. 막상 실행하려니 심장이 미칠 듯이 뛰었다! 부인이 불쾌해하지나 않을까 하는 불안감! 지금은 저렇게 상냥함에 넘치는 저 얼굴이 분노로 굳어버리면 어쩌지!

클레브 부인에게 들키지 않도록 그 모습을 훔쳐보는 거라면 모를까, 부인까지 만나겠다는 생각은 미친 짓이라고 느무르 공은 생각했다. 공은 지금까지 전혀 염두에 두지 않았던 것을 갑자기 분명하게 깨달았다. 아직 사랑을 고백한 적도 없는 사람을 오밤중에 무작정 찾아가는 것은 대담함을 넘어 무모한 짓이다. 부인이 내 이야기를 들어줄 거라고 짚어 넘겨서는 안 된다. 무슨 일이 일어날지 모르는 위험에 노출되는 셈이니 그녀가 화내는 것도 당연하다. 공은 이렇게 생각했다. 완전히 용기를 잃은 공은 부인을 만나지 말고 돌아가자고 몇 번이나 마음을 다잡았다. 그렇지만 역시 부인에게 말을 걸고 싶어서 견딜 수가 없었고, 아까 본 장면에 희망이 되살아나기도 했다. 공은 두세 발짝 앞으로 다가갔다. 그러나 허둥대다가 망토가 창문에 걸려 소리를 내고 말았다. 클레브 부인이 이쪽을 돌아보았다. 느무르 공을 생각하고 있어서인지, 공이 얼굴이 보일 만큼 밝은 곳까지 와 있어서인지, 어쨌든 클레브 부인은 느무르 공을 분명히 본 것 같았다. 부인은 조금도 주저하지 않고 공쪽으로 다시는 눈길조차 돌리지 않은 채 시녀들이 있는 방으로 들어가 버렸다. 크게 당황한 부인은 그것을 감추기 위해, 몸이 안 좋다고 둘러대야 했다. 또 이렇게 말하면 하인들이 자기 곁에서 떠나지 않으므로 느무르 공에게 도망칠 틈을 줄 수 있기 때문이었다. 잠시 생각하던 중, 부인은 자기가 잘못본 게 아니었을까 하는 의심이 들기 시작했다. 느무르 공이 샹보르에 있다는 건 안다. 그러나 그가 이렇게 대담한 행동을 할 리는 없었다. 그 방으로 돌아가 보고 싶다, 정원으로 나가서 누가 있는지 확인하고 싶다고 부인은 몇 번이나 생각했다. 아마 부인은 느무르 공이 그곳에 있을까봐 두렵기도 하고 동시에 그것을 바라기도 했을 것이다. 그러나 결국 이성과 신중함이 다른 감정을 물리쳤다. 부인은 위험을 무릅쓰고 확인하기보다는 이대로 의심을 품고 있는 편이 낫겠다고 생각했다. 그러나 느무르 공이 바로 옆에 있을지도 모른다고 생각하면 도저히 발이 떨어지지 않았다. 결국 본채로 돌아온 것은 새벽녘이 되어서였다.

느무르 공은 빛이 보이는 동안에는 정원에 있었다. 클레브 부인이 자기를 보고 도망쳤다는 건 알지만, 부인을 만나고 싶은 욕망을 도저히 버릴 수가 없었던 것이다. 그러나 문이 차례로 닫히는 것을 보고는 공도 그만 단념했다. 공은 클레브 경의 시종이 숨어 있는 장소 바로 근처까지 와서 말에 올라탔다. 시종이 미행해보니, 느무르 공은 저녁에 나왔던 마을로 돌아갔다. 공은 이 마을에서 그날을 보내다가 밤이 되면 다시 쿨로미에에 가볼 생각이었다. 클레브 부인이 다시 냉정하게 도망쳐버릴지, 처음부터 모습조차 보여주지 않는 무자비한 행동을 할지 확인하고 싶었기 때문이다. 공은 부인이 그토록 자신을 생각하는 모습을 봤다는 데에 대단한 기쁨을 느꼈다. 그러나 한편으로는, 도망치는 부인을 떠올려보면 그 동작이 너무도 자연스럽게 느껴져서 견딜 수 없이 슬퍼졌다.

이때 느무르 공의 마음을 채우고 있던 다정하고 격렬한 연정은 일찍이 그 누구도 경험한 적 없는 것이었다. 공은 은신처의 뒤쪽을 흐르는 개울을 따라 버드나무 아래를 걸어서 갔다. 누구도 자기를 볼 수 없고 누구도 자기 소리를 들을 수 없는 곳으로 최대한 멀리 갔다. 그렇게 사랑의 격정에 몸을 내맡기고 있노라니 울컥 눈물이 쏟아졌다. 그러나 그 눈물은 그저 안타까워서 나오는 눈물이 아니었다. 거기에는 어딘가 감미롭고 사랑 안에서만 발견되는 매력이 섞여 있었다.

느무르 공은 자기가 사랑하게 된 이후에 클레브 부인의 태도가 어땠는지 하나하나 되짚어보았다. 자기를 사랑하는 주제에 얼마나 정숙하고 신중하고 엄격한 태도를 유지해왔던가! '뭐니 뭐니 해도 결국 그녀는 날 사랑해. 그건 의심할 여지가 없지. 그 어떤 과장된 맹세도, 그 어떤 친절한 태도도 내가 본 사랑의 증거만큼 확실하진 않아. 그런데도 그녀는 날 미워하는 거나 다름없는 차가운 태도로 대하고 있어. 시간이 지나면 괜찮아질 줄 알았지. 그런데 지금은 전혀 기대하지 않아. 아무리 시간이 지나도 그녀는 여전히 나와 자기 자신에게 마음을 열지 않을 거야. 사랑받지 않는다면 날 좋아하도록 노력이라도 할 텐데. 그런데 그녀는 벌써 나를 좋아해. 사랑하면서 그렇게 말해주지 않지. 대체 난 어디에 희망을 걸어야 좋을까? 내 운명이 어떻게 바뀌기를 바라야 할까? 이게 무슨 경우람. 세상에서 가장 훌륭한 사람에게 사랑받고 그 사람의 사랑을 처음으로 믿을 수 있게 된 지금, 사랑은 점점 커져가는데 나의 사랑은 냉대받는 고통을 더하는 데밖에 쓸모가 없구나! 아아, 아름다운 그대여, 날 사랑한다는 증거를 분명히 보여주세요. 당신의 마음을 내게 보여주세요. 딱 한 번만이라도 당신의 마음을 알려주신다면, 앞으로 죽을 때까지 지금껏 날 괴롭혀온 냉담함으로 날 대해도 참겠습니다. 적어도 어젯밤 내 그림을 봤을 때의 그 눈빛으로 날 바라봐주세요. 그림 속의 나에게는 그토록 부드러운 눈길을 보냈으면서, 왜 진짜 나한테서는 그토록 냉정하게 도망치셨나요? 뭐가 두렵지요? 내 사랑이 뭐가 그렇게 두렵습니까? 당신은 날 사랑합니다. 감추려고 해도 소용없어요. 무심결에 스스로 그 증거를 보이고 있지 않습니까? 난 내 행복이 뭔지 압니다. 그 행복을 맛보게 해주세요. 이 이상 날 불행하게 하지 마세요.' 느무르 공은 문득 정신을 차리고 다시 생각했다. '클레브 부인에게 사랑받는 내가 불행하다고 할 수 있을까? 어젯밤 그녀는 정말 아름다웠어! 어떻게 난 그녀 발밑에 몸을 던지고 싶은 충동을 억누를 수 있었을까? 그렇게 했다면 그녀가 도망가지 못하게 했을지도 모르는데. 내 예의바른 모습에 안심했을지도 모르는데. 아니, 그게 나인 줄 몰랐던 것 아닐까? 분명 나는 필요 이상으로 슬퍼하고 있어. 그녀는 그런 늦은 밤에 웬 남자를 보고 깜짝 놀랐을 뿐이야.'

느무르 공은 그날 종일 그런 생각만 했다. 공은 밤이 되기를 목이 빠지게 기다렸다. 드디어 밤이 되자 공은 다시 쿨로미에로 향했다. 들키지 않도록 변장하고 전날과 같은 장소까지 미행한 클레브 경의 시종은 느무르 공이 같은 정원으로 들어가는 것을 보았다. 느무르 공은 클레브 부인이 다시 자기 눈에 띌 위험을 피하려고 했다는 사실을 금방 알 수 있었다. 모든 문이 굳게 닫혀 있었기 때문이다. 그래도 빛이 새어나오는 곳이 없을까 하고 공은 여기저기 돌아다녔지만 헛수고였다.

클레브 부인은 느무르 공이 또 찾아올까봐 계속 자기 방에 있었다. 그렇게 도망칠 용기를 매번 낼 자신도 없었고, 지금까지 보였던 언동과 전혀 다른 태도로 느무르 공과 이야기하는 상황을 만들고 싶지도 않았기 때문이다.

부인을 볼 희망은 완전히 단절되었으나, 느무르 공은 부인이 자주 찾는 이곳을 바로 떠나고 싶지 않았다. 공은 밤새 정원에서, 지금 자기가 보는 것은 부인이 날마다 보는 것과 같은 풍경이라고 생각하는 데서 그나마 위안을 얻었다. 해가 떴어도 공은 아직 돌아가고 싶지 않았다. 그러나 역시 남들 이목이 무서워서 어쩔 수 없이 그곳에서 나왔다.

느무르 공은 아무래도 클레브 부인을 만나지 않고는 멀리 갈 수가 없었다. 그래서 마침 쿨로미에 근처 별장에 와 있던 메르쾨르 부인을 방문했다. 메르쾨르 부인은 오빠의 방문에 깜짝 놀랐다. 느무르 공은 여기까지 온 이유를 동생이 이해하도록 설명하면서 교묘하게 이야기를 유도했다. 결국 메르쾨르 부인은 클레브 부인을 만나러 가자고 먼저 말을 꺼냈다. 이 제안은 그날 당장 실행되었다. 느무르 공은 자기는 서둘러 국왕에게 돌아가야 하니 작별 인사는 쿨로미에에서 하자고 말했다. 동생을 먼저 돌려보내고 나면, 확실히 클레브 부인과 이야기할 수 있을 거라고 생각했기 때문이다.

두 사람이 도착했을 때, 클레브 부인은 화원을 따라 난 넓은 가로수길을 산책하고 있었다. 느무르 공을 발견한 클레브 부인은 가슴이 세차게 두방망이질 쳤다. 이로써 어젯밤 본 사람이 느무르 공이 틀림없다는 사실이 증명되었다. 그걸 알고 나자 부인은 어째서 그렇게 대담하고 무분별한 짓을 했는지 그에게 화가 나기 시작했다. 느무르 공은 부인의 얼굴에 차가운 표정이 떠오른 것을 보고 가슴이 도려내지는 기분이었다. 겉도는 대화가 이어졌지만, 그래도 느무르 공은 이리저리 기지를 발휘하여 분위기를 부드럽게 하고 클레브 부인의 비위를 맞추며 경의를 표했다. 부인이 처음에 보였던 차가운 태도도 마침내 얼마쯤 누그러지기 시작했다.

불안감이 사라진 느무르 공은 숲에 있는 별장을 꼭 구경시켜달라고 부탁했다. 공은 세상에서 거기만큼 아늑한 곳은 없을 거라고 칭찬하면서 아주 사소한 점까지 설명했다. 메르쾨르 부인은, 그 아름다움을 그렇게 자세히 아는 걸 보니 지금까지 이따금 가봤던 게 틀림없다고 말했다.

클레브 부인이 말했다. "전 느무르 경이 그곳에 가본 적이 없을 거라고 믿어요. 그 건물은 최근에 생겼거든요."

"제가 간 것도 그렇게 먼 이야기가 아니랍니다." 느무르 공이 부인을 빤히 바라보면서 대답했다. "그곳에서 만난 걸 잊으신 게 저로서 기뻐해야 할 일인지 어떤지는 모르겠지만요."

메르쾨르 부인은 정원의 아름다움에 빠져 있느라 오빠의 이야기를 조금도 귀담아듣지 않았다. 클레브 부인은 뺨을 붉히고 눈을 내리깐 채 느무르 공의 얼굴을 처다보지도 않고 말했다.

"그곳에서 만난 기억은 없는데요. 혹 오신 적이 있다 해도 제가 있을 때는 아니었나 보네요."

"초대를 받고 간 게 아닌 건 사실입니다. 하지만 그곳에서 전 태어나서 가장 즐겁고 가장 행복한 시간을 보냈답니다."

클레브 부인은 느무르 공의 생각이 빤히 들여다보였지만 한마디도 대꾸하지 않았다. 부인은 그 방에는 느무르 공의 그림이 있으니 메르쾨르 부인을 들여보내서는 안 된다고 생각했다. 클레브 부인이 대단히 교묘하게 화제를 계속 다른 데로 돌렸으므로 어느새 시간이 훌쩍 가서 메르쾨르 부인은 그만 돌아가겠다고 말했다. 그러나 느무르 공은 동생과 함께 돌아가려고 하지 않았다. 그걸 본 클레브 부인은 자기가 어떤 위험에 처하게 될지 확실히 깨달았다. 부인은 파리에 있을 때와 똑같은 곤경에 빠진 것이다. 그래서 이번에도 같은 태도를 취하기로 했다. 부인의 이 결심에는 느무르 공의 방문이 남편의 의심을 한층 강화할 거라는 두려움도 적잖이 반영되어 있었다. 그래서 느무르 공만 자기와 남지 않도록 메르쾨르 부인에게 숲 경계까지 바래다주겠다고 말하고, 자기 마차는 나중에 따라오라고 명령했다. 쌀쌀맞은 태도를 바꾸려는 기색이 없는 클레브 부인을 보고 느무르 공은 안타까운 마음에 얼굴이 창백하게 질려버렸다. 메르쾨르 부인이 오빠에게 어디가 안 좋으냐고 물었다. 그러나 느무르 공은 남들 모르게 줄곧 클레브 부인을 바라보면서, 자신의 고통은 절망 때문임을 그 눈빛으로 호소했다. 그렇지만 두 사람을 출발시키지 않을 수는 없었고, 그런 말을 내뱉은 이상, 여동생을 따라 돌아갈 수도 없는 노릇이었다. 이리하여 느무르 공은 일단 파리에 들렀다가 다음날 다시 그곳을 출발했다.

클레브 경의 시종은 줄곧 느무르 공을 감시했다. 이 사나이도 파리로 돌아갔지만, 느무르 공이 이미 샹보르로 떠났다는 걸 알자, 공보다 먼저 도착해서 임무를 보고하기 위해 말을 바꿔 가며 쉬지 않고 달렸다. 주군 클레브 경은 이것으로 평생의 불행이 결정되기라도 하는 듯이 시종의 귀환을 초조하게 기다렸다.

클레브 경은 시종을 보자마자 그 표정과 꾹 다문 입에서 이 사나이가 불쾌한 보고만 할 거라고 지레짐작했다. 클레브 경은 잠시 슬픔에 잠겨서 고개를 힘없이 떨어뜨린 채 아무 말도 하지 않았다. 그러다가 이윽고 물러가도 좋다는 손짓을 하면서 말했다.

"됐다. 무슨 보고를 할지 짐작이 가는구나. 난 그 보고를 들을 용기가 없다."

"확실히 단정 지을 만한 내용은 하나도 없습니다. 하지만 느무르 공이 이틀 연속으로 숲의 정원에 들어갔으며, 그다음 날도 메르쾨르 부인과 함께 간 것은 사실입니다."

"그거면 됐다. 이제 됐어." 클레브 경이 계속해서 물러가라는 손짓을 하면서 말했다. "자세한 내용은 들을 필요도 없다."

시종은 절망의 구렁텅이에 빠진 주군을 남기고 물러가야 했다. 이토록 처절한 절망은 처음이었으리라. 클레브 경만큼 커다란 용기와 강한 애정을 갖고 있으면서 연인의 불륜을 아는 고통과 아내에게 배신당한 굴욕감을 한꺼번에 맛본 사람도 드물 것이다.

클레브 경은 그 충격에서 헤어나올 수가 없었다. 공은 그날 밤부터 열이 나기 시작하더니 심상치 않은 합병증까지 발생하여 이미 위독한 지경에 이르렀다. 이 소식을 들은 클레브 부인이 헐레벌떡 달려왔다. 부인이 도착했을 때 클레브 경의 증세는 더욱 악화해 있었다. 그런데 경은 부인을 어딘가 몹시 서먹하고 차갑게 대했다. 부인은 몹시 놀랍고도 슬펐다. 클레브 경은 부인의 간호를 받는 것조차 고통스러워하는 것 같았다. 그러나 부인은 그것도 병 때문이라고 생각해버렸다.

그때 궁정 사람들은 블루아 이궁으로 옮겨가 있어서 클레브 부인도 이곳으로 옮겨왔다. 그 사실을 안 느무르 공은 부인과 같은 곳에 있는 기쁨을 주체할 수가 없었다. 공은 부인을 만나려고 클레브 경의 병문안을 핑계 삼아 날마다 그의 거처를 방문했지만, 번번이 허탕만 쳤다. 부인이 남편의 증세를 몹시 가슴 아파하며 남편 방을 한시도 떠나지 않았기 때문이다. 느무르 공은 부인이 그토록 슬퍼한다는 걸 알고 암담한 기분이었다. 그 슬픔이 클레브 경에 대한 부인의 애정을 얼마나 강하게 할지, 또 그 애정이 부인의 마음에 숨은 사랑에 어떤 위험한 견제를 할지 쉽게 짐작이 갔기 때문이다. 이렇게 생각하자 느무르 공은 한동안 죽도록 슬퍼졌다. 그러나 클레브 경이 위독하다는 사실은 느무르 공에게 새로운 희망을 안겨주었다. 클레브 부인은 이윽고 자유롭게 연애할 수 있게 될지도 모르고, 그렇게 되면 장차 자신은 영원히 행복과 기쁨에 찬 나날을 보낼 수 있게 된다. 이렇게 생각하자 공은 너무도 가슴이 설레고 벅차올라서 그 이상 상상을 계속할 수가 없었다. 그리고 그 희망이 사라지게 되면 얼마나 불행해질까 생각하니 두려워져서 그만 머리에서 상념을 떨쳐버리기로 했다.

한편, 의사들은 이미 클레브 경을 거의 포기했다. 죽음이 임박한 어느 날, 힘든 하룻밤을 보낸 클레브 경은 새벽이 되자 좀 쉬고 싶다고 말했다. 클레브 부인은 병실에 혼자 남아 있었다. 부인이 볼 때 클레브 경은 쉬기는커녕 몹시 흥분해 있는 것 같았다. 부인은 남편 곁으로 다가가서 침대 앞에 무릎 꿇고 앉았다. 얼굴은 눈물로 범벅이 되어 있었다. 클레브 경은 처음에는 부인에게 극심한 분노를 드러내지 않으려고 마음먹었다. 그러나 부인의 정성 어린 간호와 슬픈 기색은 어쩔 때는 진심에서 우러나온 것처럼 보이고 어쩔 때는 기만과 배신의 증거로 생각되어서 경의 마음을 모순된 고통으로 가득 채웠다. 경은 그런 고통을 혼자만 간직할 수가 없어졌다.

"웬 눈물을 그리 흘리시오?" 공이 부인에게 말했다. "내 죽음을 부른 것은 당신이지 않소. 겉으로 드러낼 정도로 내 죽음이 괴롭지도 않을 텐데. 이제 당신을 책망할 기력조차 남아 있지 않구려." 클레브 경이 병과 마음의 고통에 축 늘어진 목소리로 말을 이었다. "하지만 내가 죽는 건 당신이 내게 준 끔찍한 불행 때문이오. 당신은 쿨로미에에서 내게 고백했었지. 그런데 그 더없이 용감한 행위가 이렇게 허무하게 무너져내릴 줄이야! 당신의 정절이 그것을 극복할 만한 힘을 갖고 있지 않았다면 어째서 느무르 공에 대한 사랑을 고백한 것이오? 난 차라리 속는 편이 행복할 거라고 생각할 만큼 당신을 사랑했소……. 이렇게 말하면 당신의 허물을 드러내는 것 같지만. 당신이 날 거짓 평안에서 끌어내버린 것이 유감스러울 정도요. 그런 사실을 모른 채 태평하게 지내는 남편도 얼마든지 있는데. 왜 나를 그냥 내버려두지 않은 거요? 당신이 느무르 공을 사랑했다는 사실을 난 평생 모른 채 살 수도 있었는데. 난 죽어가고 있소. 하지만 당신 덕분에 난 죽음을 좋게 여기게 되었다오. 당신에게 품었던 존경과 사랑을 빼앗긴 지금은 산다는 게 더 끔찍하오. 목숨이 붙어 있다 한들 어떻게 살면 좋단 말이오? 이토록 사랑하고 이토록 지독하게 배신한 사람과 함께 살란 말인가? 아니면 그 사람과 헤어지고 세상의 웃음거리가 되어 내 기질에도, 당신에 대한 애정에도 어울리지 않는 방종한 생활을 하란 말인가? 당신에 대한 내 마음속 애정은 당신이 아는 이상의 것이었소. 당신한테는 대부분 감춰왔지만. 당신이 부담스럽게 생각하지나 않을까, 남편답지 않게 행동했다가 경멸당하지나 않을까 전전긍긍하면서. 어쨌든 난 당신의 사랑을 얻기에 충분한 사랑을 했소. 다시 한 번 말하지. 난 당신의 마음을 얻지 못했고, 이젠 얻을 희망도 없으니 죽음을 기쁘게 맞이할 것이오. 잘 사시오. 언젠간 당신도 진실하고 올바른 애정으로 당신을 사랑했던 남자를 그리워하게 될 것이오. 분별력 있는 사람이라면 연애 문제에 휘말려서 느끼게 되는 고통을, 당신도 맛볼 것이오. 그리고 내가 당신에게 품었던 그런 애정으로 사랑받는 것과, 입으로는 사랑을 말하면서 당신을 유혹해서 우쭐대는 것밖에 생각하지 않는 남자한테 사랑받는 것의 차이를 깨닫게 될 것이오. 아니, 내가 죽으면 당신은 자유의 몸이 될 테고, 불륜이라는 소리를 듣지 않고도 느무르 공을 행복하게 할 수 있겠지. 아무래도 좋소. 내가 죽고 나면 알게 뭐람. 그런 것까지 생각할 만큼 난 의지박약이었나!"

남편이 자기를 의심할 줄은 꿈에도 몰랐던 클레브 부인은 그 말을 이해할 수가 없었다. 그저 느무르 공을 좋아하는 걸 탓하는 줄로만 생각하다가 마지막에 깜짝 놀라서 "불륜이라니요!" 하고 외쳤다. "그런 생각은 해본 적도 없어요. 그 어떤 엄격한 도덕가라도 저처럼은 행동하지 못했을 거라고요. 전 당신이 곁에서 지켜봐주기를 바랄 정도로 결백하게 행동했어요."

"느무르 공과 보낸 밤도 내가 곁에 있었으면 좋겠다고 생각했소?" 클레브 경이 부인을 경멸스럽게 쳐다보면서 말했다. "아아! 내가 지금 얘기하는 여자, 외간 남자와 밤을 보낸 여자가 바로 당신 아니오?"

"아니에요. 전 그러지 않았어요. 전 밤은커녕 1초도 느무르 공과 단둘이 있지 않았어요. 단 한 번도 그런 시간은 허락하지 않았어요. 이야기조차 들으려고 하지 않았다고요. 정말이에요, 맹세코……."

"됐소." 클레브 경이 말허리를 잘랐다. "거짓 맹세든 정직한 고백이든 괴롭기는 마찬가지니까."

클레브 부인은 뭐라 대꾸할 수가 없었다. 눈물과 고통으로 목소리가 나오지 않았기 때문이다. 부인은 한참 뒤에야 겨우 입을 열었다.

"최소한 제 얼굴은 봐주세요. 들어주세요. 나한테만 그러는 거라면 그 비난을 달게 받겠어요. 하지만 당신 목숨이 달린 문제잖아요. 당신을 위해 들어주세요. 당신도 제 결백을 믿게 될 거예요. 어디까지나 진실이니까."

"믿게 해준다면 얼마나 좋겠소! 하지만 당신이 내게 무슨 말을 할 수 있지? 느무르 공이 여동생과 쿨로미에에 간 게 사실이잖소? 그전에는 이틀 연속으로 당신과 단둘이서 숲의 정원에서 밤을 보냈고."

"그걸 불륜이라고 하는 거라면 쉽게 증명할 수 있어요. 절 믿어달라고는 하지 않겠어요. 당신의 하인들을 믿어주세요. 그리고 느무르 공이 쿨로미에로 오기 전날 밤, 제가 숲의 정원으로 갔는지 아닌지, 그리고 그 전날 밤은 평소보다 두 시간이나 일찍 정원을 떠났는지 아닌지 물어보세요."

그런 뒤 부인은 정원에서 사람 그림자를 보았다고 말했다. 그것을 느무르 공이라고 생각했던 사실도 털어놓았다. 부인의 말투는 조금도 흔들리지 않았고, 본디 진실이란 진실로 보이지 않는 상황에서도 쉽게 설득력을 갖는 법이다. 클레브 경은 거의 아내의 결백을 믿고 싶어졌다.

"당신 말을 그대로 믿어도 좋을지는 모르겠소. 죽음이 너무도 가깝게 느껴져서, 이제 이 세상에 집착할 만한 일은 하나도 알고 싶지 않소. 당신의 해명은 너무 늦었소. 하지만 당신이 내가 생각했던 대로 훌륭한 사람이라는 사실을 알고 죽게 돼서 마음이 한결 가볍소. 또 다른 이별 선물로, 당신이 내 추억을 소중히 간직해줄 거라는 믿음을 갖게 해주시오. 만일 당신 마음이 자유로웠더라면, 지금 당신이 다른 남자에게 품고 있는 그 감정을 내게도 품어주었으리라는 믿음도."

클레브 경은 말을 이으려고 했지만, 숨이 차서 그럴 수가 없었다. 클레브 부인은 의사를 불렀다. 의사가 왔을 때, 경은 거의 죽은 사람이나 다름없었다. 그래도 클레브 경은 며칠을 더 고통과 싸우다가 의연하고 훌륭하게 죽음을 맞이했다.

클레브 부인은 크나큰 충격을 받고 반은 넋이 나가버렸다. 왕비가 친히 병문안을 와서 그녀를 수도원으로 데리고 가주었지만, 부인은 자기가 어디로 가는지도 모르는 상태였다. 시누이들을 따라 파리로 돌아왔을 때도 마음의 고통은 여전했다. 마침내 이 슬픈 사건을 똑바로 바라볼 기력을 회복하여, 자기가 얼마나 좋은 남편을 잃었는가를 깨닫고, 자기가 다른 남자를 사랑하는 바람에 남편의 죽음을 초래했다고 생각하자, 부인은 자기 자신과 느무르 공에게 뭐라 설명할 수 없는 혐오감을 느꼈다.

느무르 공은 한동안 딱 남들만큼만 애도를 표할 수밖에 없었다. 클레브 부인의 성품을 잘 아는 공은 그 이상의 배려는 부인을 오히려 불쾌하게 할 거라고 판단했다. 그런데 그 뒤 어떤 사실을 알고부터는 앞으로도 얼마 동안 이러한 태도를 견지해야 한다는 사실을 깨달았다.

느무르 공이 쓰는 종자 가운데 예의 클레브 경의 시종과 아주 친한 남자가 있었는데, 그가 느무르 공에게 어떤 사실을 알려주었다. 즉 클레브 경의 시종이 주군을 잃은 슬픔을 이기려고, 느무르 공이 쿨로미에에 갔기 때문에 클레브 경이 죽은 거라고 말하고 다닌다는 것이었다. 느무르 공은 몹시 놀랐다. 그러나 곰곰이 생각해보니 짚이는 데가 있었다. 만일 클레브 부인이 남편의 병이 질투 때문이라고 믿는다면, 부인이 먼저 무엇을 느끼고 얼마나 자기를 귀찮게 생각할지 짐작이 가고도 남았다. 느무르 공은 얼마간 클레브 부인이 자기 이름을 떠올리는 일조차 만들지 말아야겠다 생각하고, 무척 괴롭기는 하지만 그렇게 행동하고 있었다.

느무르 공은 파리로 나왔다. 그런데 막상 오니 역시 클레브 부인의 근황을 들으러 그 문을 두드리지 않고는 배길 수가 없었다. 부인은 누구와도 만나지 않았으며, 방문객의 이름조차 듣지 않는다고 했다. 그 단호한 명령은 어쩌면 느무르 공이 올 것을 예상해서 공의 이름을 듣는 일조차 완전히 차단하려고 내린 것이리라. 느무르 공은 부인이 너무나 보고 싶었다. 이렇게 볼 수조차 없다면 자신은 살아갈 수 없다고 생각했다. 공은 이 견디기 어려운 상황을 해결할 수단을 어떻게 해서든지 찾아내서 아무리 어렵더라도 시도하기로 마음먹었다.

클레브 부인의 고뇌는 이성으로는 어쩔 도리가 없었다. 그렇게 죽어간 남편, 그토록 자신을 사랑하면서 자기 때문에 죽은 남편의 마지막 모습이 한시도 머리에서 떠나지 않았다. 남편이 그토록 잘해주었던 것을 계속 떠올리고는, 남편을 극진히 사랑하지 못했던 것을 마치 자기 힘으로 바꿀 수 있는 일이기라도 했던 양 깊은 죄책감을 느꼈다. 그나마 위안이 되는 것은, 남편을 애도하는 자신의 마음이 그에게 바치기에 적합한 깊은 슬픔이라는 것과 앞으로 자신은 남편이 살아 있었다면 기뻐했을 일만 하겠다고 다짐하는 것뿐이었다.

클레브 부인은 느무르 공이 쿨로미에에 찾아왔던 것을 남편이 어떻게 알았는지 가끔 궁금하게 생각했다. 설마 느무르 공이 자기 입으로 말했으리라고는 생각하지 않지만, 이제는 진짜로 말했다 해도 아무 상관없을 것 같았다. 그 정도로 부인은 자기가 느무르 공에 대한 사랑에서 완전히 벗어났다고 믿었던 것이다. 그렇지만 느무르 공 때문에 남편이 죽었다고 생각하면 가슴이 찢어지는 것 같았고, 자기 아내가 느무르 공과 결혼하지나 않을까 두려워하던 죽기 직전 클레브 경의 모습도 가슴 아프게 떠올랐다. 그러한 갖가지 쓰린 추억은 모두 남편을 잃은 고통 속에 녹아들었다. 부인은 지금 자신에게는 그 밖의 고통은 없을 거라고 믿었다.

몇 달이 지났다. 클레브 부인의 이 격렬한 탄식은 조용한 슬픔과 근심으로 바뀌어갔다. 마르티그 부인이 파리로 나와 잠시 머물면서 클레브 부인을 친절하게 돌봐주었다. 클레브 부인은 별 흥미를 보이지 않았지만, 마르티그 부인은 궁정 사람들에 관한 소문이며 궁정에서 일어나는 갖가지 사건을 들려주어서 부인의 기분을 풀어주려고 노력했다.

샤르트르 주교대리, 기즈 공을 비롯하여 그 풍채와 인물로 궁정의 꽃이 된 사람들이 화제에 올랐다.

"그런데 느무르 공 말이에요." 마르티그 부인이 말을 이었다. "그분은 일 때문에 사랑을 잊고 사는 것 같아요. 이전보다 훨씬 침울하게 가라앉아서는, 여자들하고도 통 어울리지 않는 것 같더라고요. 파리에는 며칠에 한 번 꼴로 나오고요. 아마 지금도 여기에 있을걸요?"

느무르 공의 이름에 클레브 부인은 얼굴이 확 붉어졌다. 그리고 얼른 화제를 바꾸었으므로 마르티그 부인은 그 낭패한 기색을 전혀 눈치채지 못했다.

그다음 날, 현재 자신의 처지에 어울리는 얌전한 취미거리를 찾던 클레브 부인은 집 근처에서 특수한 비단공예를 하는 장인을 찾아갔다. 직접 그런 것을 만들어보고 싶었기 때문이다. 제본을 구경하다가 별실로 통하는 문에 눈이 멎은 부인은 그곳에도 다른 제본이 있을까 싶어서 문을 열어달라고 부탁했다. 장인은 그 방 열쇠를 창문으로 보이는 아름다운 저택과 정원을 그리러 낮에 이따금 찾아오는 남자에게 빌려주었다고 대답했다.

"그 사람, 인물이 아주 훤해요." 장인이 덧붙였다. "먹고살려고 일하는 사람 같아 보이진 않던데요. 이 방에 올 때마다 저 건너편에 보이는 저택과 정원을 지그시 바라보지만, 그림을 그리는 모습은 한 번도 보지 못했습니다."

클레브 부인은 그 이야기를 매우 주의 깊게 들었다. 느무르 공이 자주 파리로 나온다는 마르티그 부인의 말이, 자기 집 근처로 이따금 나온다는 그 훤칠한 남자와 머릿속에서 하나로 연결되었다. 느무르 공의 모습이, 그것도 자기를 한 번 보려고 안달이 난 느무르 공의 모습이 연상되었다. 부인은 이유 모를 막연한 설렘을 느꼈다. 자기 방으로 돌아와 확인해보니, 그 남자가 온다는 창문이 바로 눈앞에 보였다. 느무르 공이 틀림없다고 생각하자 클레브 부인의 심경은 완전히 바뀌어버렸다. 겨우 찾기 시작한 잔잔한 평안은 어디론가 가버리고, 불안하고 위태로운 기분이 되었다. 이렇게 혼자 갇혀 있기가 괴로워진 부인은 집에서 나와 기분전환을 하려고 교외 공원으로 갔다. 거기라면 아무도 없으리라고 생각했기 때문이다. 도착해보니 인기척은 전혀 없었다. 부인은 안심하고 오랫동안 산책했다.

작은 숲을 빠져나오자, 가로수길 끝, 공원 가장 안쪽에 정자 같은 것이 보였다. 부인은 그리로 갔다. 가까이서 보니 웬 남자가 의자에 누워서 깊은 상념에 잠겨 있었다. 부인은 그게 느무르 공이라는 걸 한눈에 알아챘다. 그 모습을 보자마자 부인은 발걸음을 멈췄다. 그러나 뒤따라온 종자가 소리를 내는 바람에 느무르 공은 정신이 들었다. 공은 누가 소리를 냈는지도 확인하려 하지 않고, 다가오는 사람을 피하려고 자리에서 일어나, 상대의 얼굴이 보이지 않을 정도로 깊숙이 고개 숙여 인사하면서 반대쪽 길로 꺾어져서 가버렸다.

도망친 상대가 누구인지 알았다면 느무르 공은 얼마나 허겁지겁 돌아왔을까? 그러나 클레브 부인의 눈앞에서 공은 그 길을 빠르게 걸어, 마차가 대기하고 있는 뒷문으로 나가버렸다. 스치듯 보게 된 그 모습에 클레브 부인은 큰 충격을 받았다! 가슴속 깊이 잠자던 사랑의 불길이 다시 활활 타올랐다! 클레브 부인은 방금 느무르 공이 있었던 곳에 꼼짝 않고 멍하니 앉아 있었다. 느무르 공의 모습이 이 세상 무엇보다 그립게 가슴에 떠올랐다. '그분은 아주 오래전부터 신중하고 진실한 애정으로 날 사랑해주고 계셔. 나를 위해서라면 모든 것을 버리고, 내 일이라면 지금의 내 슬픔조차도 소중하게 여기시지. 만나기는 단념하고 내 그림자나마 보고 싶어서, 궁정의 꽃으로 칭송되는 사람이 그 궁정을 버리고 내 방 벽만 오매불망 바라봤구나. 날 만날 희망도 없는 곳에서 상념에 잠겨서 말이야. 그 세심한 사랑만으로도 사랑받을 자격은 충분한데. 게다가 나는 설령 그분이 날 사랑하지 않는다 해도 내 쪽에서 그를 사랑했을 거라고 생각할 만큼 그분에게 강하게 이끌리고 있어. 어디 그뿐이야? 우린 신분도 잘 어울려. 이제는 내 사랑을 방해할 의무도 부덕도 사라졌지. 모든 장해물은 없어졌어. 우리 둘의 모든 과거에 남은 것은 느무르 공이 나를 사랑하고 내가 느무르 공을 사랑한다는 사실뿐이야.'

클레브 부인이 이런 생각들을 한 것은 처음이었다. 지금까지는 그런 생각을 할 겨를도 없을 만큼 클레브 경의 죽음을 슬퍼했었던 것이다. 눈앞에 나타난 느무르 공의 모습에 그런 생각들이 봇물 터진 듯이 밀려왔다. 그러나 아무리 그런 생각에 정신을 빼앗겼어도, 지금 결혼해도 지장 없을 것 같은 그 사람이 바로 남편이 살아 있을 때 자기가 사랑했던 상대였으며 그 때문에 남편이 죽었다는 사실을 한편으로는 잊지 않았다. 자기와 그 사람이 결혼할까봐 두려워하며 죽어가던 남편의 모습이 생생하게 떠올랐다. 그러자 자신의 엄격한 정절이 방금 품었던 상상에 더럽혀지는 듯한 느낌이 들었다. 느무르 공과 결혼하는 것은 남편이 살아 있을 때 공을 사랑했던 것만큼이나 큰 죄악처럼 생각되었다. 부인은 자기 행복과는 전혀 병행할 수 없는 그런 생각을 했던 것을 진지하게 뉘우쳤다. 또한, 평안을 찾고 싶다거나 느무르 공과 결혼하더라도 괴로운 일은 많을 거라는 온갖 이유를 생각해내서 더욱더 반성하려고 노력했다. 결국 클레브 부인은 두 시간이나 그 정자에서 있다가 집으로 돌아갔는데, 그때는 느무르 공을 만나는 일은 자신의 의무에 반하므로 피해야 한다고 굳게 믿고 있었다.

그러나 이 신념은 부인의 이성과 부덕에서 비롯한 것일 뿐, 마음은 그 신념을 따라가지 못했다. 그 마음은 느무르 공에게 여전히 강하게 이끌리고 있었다. 클레브 부인은 조금도 편안하지 않은 고통스러운 상태에 빠져버렸다. 그날 밤은 부인에게 생애 최악의 밤이었다. 이튿날 아침, 부인이 가장 먼저 한 일은 자기 방과 마주보는 창에 누가 있는지 없는지를 확인하러 가는 것이었다. 가보니 느무르 공이 눈에 들어왔다. 부인이 그 모습에 놀라 재빨리 몸을 숨겼으므로 느무르 공은 들켰다는 사실을 깨달았다. 공은 부인이 너무도 그리워 이런 방법으로 클레브 부인을 엿보겠다는 생각을 해낸 이후로 부인에게 들켜버렸으면 좋겠다고 가끔 기도했었다. 그리고 그 기쁨을 누릴 희망이 없을 때면, 전날 부인이 공을 발견한 그 공원으로 가서 상념에 잠기곤 했던 것이다.

마침내 이렇게 괴롭고 모호한 상태에 진절머리가 난 느무르 공은 자기 운명을 확실히 결정지어줄 방법을 시도하기로 했다. '난 무엇을 기다리는가? 그녀가 날 사랑한다는 사실은 오래전부터 알고 있었다. 그녀는 자유의 몸이고, 이제 방패로 삼을 의무도 없다. 만나지도, 말을 걸지도 않고 몰래 모습을 엿보는 것만으로 만족할 필요가 어디 있는가? 사랑 때문에 이렇게까지 이성과 대담함을 잃고서, 지금까지 다른 여자를 사랑했을 때의 나와 이토록 다른 사람이 되다니! 클레브 부인의 슬픔은 위로해주었어야 했다. 하지만 이렇게 계속 조심만 하다가는 그녀가 내게 품고 있는 사랑이 식어버릴지도 모른다.'

이렇게 생각한 느무르 공은 클레브 부인을 만날 방법을 여러모로 찾아보았다. 공은 샤르트르 주교대리에게 자기 사랑을 감춰야 하는 이유가 이제는 전혀 없다고 생각했다. 주교대리의 조카에게 자기가 어떤 것을 바라는지 솔직하게 다 말해버리기로 결심했다.

샤르트르 주교대리는 파리에 있었다. 이스파니아 왕비를 배웅하러 가는 국왕을 수행하러 모든 궁정 사람이 여행 준비와 의상 준비를 위해 파리에 와 있었던 것이다. 느무르 공은 주교대리를 찾아가서, 지금까지 숨겼던 모든 감정을 솔직하게 고백했다. 단, 클레브 부인의 감정에 대해서는 이미 알고 있는 내색을 하기 싫어서 그냥 입을 다물었다.

샤르트르 주교대리는 느무르 공의 이야기를 아주 기쁘게 들었다. 그는 공이 그런 마음인 줄은 몰랐지만, 클레브 부인이 과부가 된 뒤로 자신은 이따금 그녀야말로 공에게 어울리는 유일한 여성이라 생각했다고 말했다. 느무르 공은 부인을 만나 의향을 확인하고 싶으니 어떻게든 자리를 마련해달라고 부탁했다.

주교대리는 자기와 함께 조카딸을 만나면 된다고 말했다. 그러나 느무르 공은 부인이 아직 누구하고도 만나지 않으니 직접 찾아가는 것은 실례라고 생각했다. 두 사람은 머리를 맞댔다. 먼저 샤르트르 주교대리가 어떤 평계를 대서 자택으로 부인을 불러내면, 느무르 공이 아무에게도 들키지 않도록 뒷계단으로 들어오기로 했다. 이 계획은 그대로 실행되었다. 클레브 부인이 찾아왔다. 주교대리는 그녀를 집에서 가장 구석에 있는 방으로 안내했다. 잠시 뒤 느무르 공이 우연히 찾아온 것처럼 들어왔다. 당황한 클레브 부인은 붉어진 얼굴을 감추느라 정신이 없었다. 샤르트르 주교대리는 잠시 잡담을 한 뒤에, 잠시 지시할 일이 있다고 거짓말을 하고 방에서 나갔다. 주교대리는 클레브 부인에게 곧 돌아올 테니 손님을 잘 대접하고 있으라며 부탁하고 갔다.

단둘이서, 그것도 처음으로 천천히 대화를 나누게 된 느무르 공과 클레브 부인의 심정은 글로 표현할 수가 없다. 두 사람은 한참 동안 아무 말도 하지 않았다. 이윽고 느무르 공이 그 침묵을 깼다.

"샤르트르 주교대리를 용서하실 수 있습니까? 저 사람 덕분에, 지금까지 냉정하게 내쳐졌던 저도 이렇게 겨우 당신과 만나서 이야기할 수 있게 되었는데요."

"제 처지도 잊고 제 체면에 손상을 준다는 사실도 잊어버린 샤르트르 주교대리를 용서할 수는 없지요."

이렇게 말하면서 부인은 나가려고 했다. 느무르 공이 그것을 말리면서 말했다.

"괜찮습니다. 제가 여기 있다는 사실은 아무도 모르니까요. 만에 하나라도 난처한 일은 생길 리 없어요. 제 말을 들어주십시오. 부탁입니다. 저를 봐서가 아니라 적어도 당신을 위해 들어주십시오. 전 사랑에 눈이 멀어서 무슨 짓을 할지 모릅니다. 그러지 않게 해주십시오."

클레브 부인은 느무르 공에게 이끌리는 마음에 처음으로 굴복했다. 그녀는 다정함이 넘치는 아름다운 눈으로 공을 지그시 바라보았다.

"당신 소원을 들어주면 뭐가 좋죠?" 부인이 말했다. "소원이 이뤄져도 당신은 언젠가 후회하실지도 몰라요. 전 당신의 소원을 들어준 것을 당연히 후회할 거고요. 당신은 지금까지의 당신보다 훨씬 행복한 운명에 어울리는 분이고, 다른 길을 선택하지 않는다면 앞으로도 같은 결과가 될 거예요."

"제가 다른 행복을 원할 것 같습니까! 당신에게 사랑받는 것 말고 다른 행복이 어디 있겠습니까! 입 밖에 내서 고백한 적은 없지만, 당신이 제 사랑을 모르시리라고는 생각하지 않습니다. 그것이 더없이 진지하고 열렬한 사랑이라는 것도 모르시지 않으리라 생각하고요. 당신이 무심코 한 행동이 그 연정에 얼마나 큰 고통을 주었는지 아십니까? 당신의 차갑고 쌀쌀맞은 태도에 이 마음이 얼마나 괴로웠는지 아십니까!"

클레브 부인이 의자에 앉으면서 말했다. "당신이 말하라고 하시고, 저도 각오가 되어 있으니, 여자로서는 좀처럼 없는 일이지만 솔직하게 이야기하지요. 당신이 절 특별하게 생각하신다는 걸 모른다고는 하지 않겠어요. 몰랐다고 한들 믿지 않으시겠지만. 그러니 고백하겠어요. 전 그 호의를 단순히 보기만 한 게 아니라, 당신이 그렇게 봐주기를 원한대로 보아왔어요."

느무르 공이 부인의 말허리를 잘랐다. "그걸 알면서 어떻게 조금도 동요하지 않을 수 있었죠? 정말로 아무 감정도 느끼지 못했는지 말씀해주시지 않겠습니까?"

"제 태도에서 이미 짐작하셨을 텐데요. 전 당신이 그걸 어떻게 받아들이셨는지가 궁금할 뿐이에요."

"더 행복해진다는 보장이 없는 한 그걸 말할 용기는 없군요. 말씀드린다 해도, 그건 제가 걸어온 운명과 거리가 멀 겁니다. 전 이런 말씀밖에 드릴 수가 없습니다. 당신이 제게 숨기셨던 감정을 클레브 경에게 털어놓지 않고, 당신이 무심결에 제게 보였던 감정을 클레브 경에게는 숨겨두셨더라면 얼마나 좋았을까 하는 것이지요."

"제가 클레브 경에게 어떤 얘기를 털어놓았다는 걸 어떻게 아셨지요?"
클레브 부인이 얼굴을 붉히면서 물었다.

"당신 입에서 들었지요. 대담무쌍하게 숨어서 엿들은 건 확실히 잘못했지만, 그걸 화내기 전에 떠올려주십시오. 제가 그때 들었던 얘기를 약점으로 이용하거나, 제 소원을 밀어붙이거나, 전보다 뻔뻔스럽게 당신에게 말을 걸었는지를요."

느무르 공은 부인과 클레브 경의 대화를 어떻게 듣게 됐는지 설명하기 시작했다. 그러나 부인은 끝까지 듣지 않고 도중에 말을 잘랐다.

"그만 됐어요. 당신이 어떻게 그토록 상황을 잘 파악했는지 이제야 알겠군요. 왕세자비님 처소에서 뵀을 때, 당신은 이미 모든 걸 알고 있었어요. 왕세자비께서는 당신에게 그 이야기를 들은 사람한테서 다시 그 이야기를 들은 거고요."

느무르 공은 어떤 경위로 그런 일이 벌어지게 됐는지 설명했다.

"변명은 그만두세요." 클레브 부인이 말했다. "사정을 들을 필요도 없이,

전 진작 당신을 용서했답니다. 하지만 죽을 때까지 당신에게 감추려고 했던 것을 제 입에서 들어버리셨으니 이 자리에서 모조리 말할게요. 전 당신을 만나기 전에는 한 번도 느끼지 못했던 감정을 당신 때문에 알게 됐어요. 그때까지 생각도 못해봤던 감정이라서 처음에는 깜짝 놀라 두근거림이 괜히 더 심해졌지요. 왜, 그런 감정을 느낄 때는 심장이 두근거리잖아요? 지금은 남편에게 죄를 저지르지 않고도 이런 고백을 할 수 있는 몸이 되었고, 제가 제 감정이 흘러가는 대로 행동하지 않았다는 사실을 당신에게 보여준 뒤이기도 하니까 조금은 부끄러움을 잊고 이런 말씀을 드리는 거예요."

"아아!" 느무르 공이 부인 무릎에 매달리면서 외쳤다. "이렇게 기쁠 수가! 꿈만 같군요. 이대로 당신 발치에서 숨이 끊어져버리는 건 아니겠죠?"

클레브 부인이 방긋 웃으면서 대답했다. "하지만 그런 건 진작 아셨잖아요?"

"아뇨, 우연히 아는 것과 당신 입에서 직접 듣는 것은 하늘과 땅 차이죠. 더군다나 자진해서 제게 말할 용기를 내주신 것 아닙니까!"

"맞아요. 당신이 알아주셨으면 좋겠고, 이렇게 말씀드린 것이 저로서도 기뻐요. 당신을 위해서라기보다는 저를 위해서 말하는 듯한 기분조차 드는 군요. 이렇게 고백한 뒤에 어떻게 하겠다는 것이 아니라, 제 의무가 명령하는 엄격한 규범에 따를 생각이니까요."

"그런 생각은 하지 마십시오. 당신을 구속하는 의무는 없어지고, 이젠 자유의 몸 아닙니까. 더 과감하게 말씀드리자면, 당신이 마음먹기에 따라 당신의 의무는 내게 품고 있는 감정을 소중히 하는 것임을 언젠가 깨닫게 될 것입니다."

"제 의무는 그 누구도 절대로 사랑해서는 안 된다는 거예요. 특히 당신은 누구보다도 안 돼요. 이건 당신이 모르는 이유 때문이지만요."

"제가 모른다고 단정할 수는 없을 텐데요. 그건 정당한 이유가 될 수 없습니다. 분명 클레브 경은 실제 이상으로 절 행복한 남자라고 생각했을 겁니다. 그리고 제가 그리운 마음에 당신 모르게 꾸민 그 대담한 행동이 당신 허락을 받고 한 일이라고 상상했겠지요."

"그 이야기는 그만해요. 생각만 해도 견딜 수 없으니까요. 저 자신이 부끄러워지고, 그 때문에 일어난 여러 사건을 생각하면 참을 수 없이 괴로워져요. 당신이 클레브 경의 죽음의 원인이라는 것은 움직일 수 없는 사실이에요. 당신의 무분별한 행동이 클레브 경에게 의심을 품게 하고, 그 의심이 목숨을 빼앗은 거예요. 당신 손으로 그이의 목숨을 빼앗은 거나 마찬가지라고요. 당신과 남편이 결투를 벌이는 극단적인 상황까지 치달았다가 똑같이 불행한 결과로 끝났다고 치죠. 그랬다면 제가 어떻게 행동해야 할지 한번 생각해보세요. 남들이 볼 땐 그것과 이것이 다른 일이라는 건 알아요. 하지만 저에게는 똑같은 일이랍니다. 남편이 죽은 건 당신 때문이고, 더구나 그 원인이 저한테 있다는 걸 아니까요."

"아아! 당신은 정말 어리숙한 의무로 제 행복을 방해하시는군요! 도대체 왜요! 헛된 망상 때문에, 싫지도 않은 남자가 행복해지는 걸 방해하다니요? 도대체 그럴 이유가 어디 있습니까? 전 당신과 평생 함께하기를 꿈꾸는데. 전 운명에 이끌려, 세상에서 가장 훌륭한 여성을 사랑했습니다. 모든 면에서 흠잡을 데 없는 완벽한 연인이라 생각하고, 그 사람에게도 호감을 얻고 있어요. 더구나 그 사람의 태도는 하나부터 열까지 아내로서 더할 나위 없이 바람직하고요. 네, 정말로 당신만큼 완벽하고, 연인인 동시에 아내로서 존재할 수 있는 여성은 또 없을 겁니다. 대개 연인의 사랑을 얻어 결혼하는 남자는 부부가 되어서도 의심을 버리지 못하죠. 아내가 다른 남자에게도 자기한테 하는 것과 똑같이 행동하지나 않을까 마음 쓰고 애 태우면서 감시하지요. 그런데 당신은 아무것도 걱정할 게 없지 않습니까? 찬미할 점만 있을 뿐이죠. 전 이렇게나 커다란 행복을 가슴에 품고 있는데, 그런 제가 발견한 것이 일부러 장해물을 만들려고 애쓰는 당신이라니요. 당신은 절 다른 남자와 다르게 각별히 생각하셨던 걸 잊고 있습니다. 아니, 애초에 저를 특별하게 생각한 적이 없습니다. 당신은 착각을 했던 겁니다. 전 멋대로 우쭐했던 거고요."

"그렇지 않아요. 당신은 의심하시지만, 만일 당신을 특별하게 생각하지 않았다면, 남편에 대한 의무라는 이유가 제게 그리 강하게 다가오지는 않았을 거예요. 그리고 당신을 특별한 분으로 생각하니까, 당신과 맺어졌을 때 불행해질까봐 두려운 거고요."

"불행해질까봐 두렵다고 하시면 저로서도 더 드릴 말씀이 없군요. 하지만 아까는 그런 말씀을 해주셨던 당신이 이제는 이렇게 무자비한 이유를 댈 줄은 꿈에도 몰랐습니다."

"그게 그렇게 냉혹한 말이었나요? 그런 말을 하는 제 심정은 어땠게요?"

"아아! 아까 했던 말보다 저를 더 기쁘게 해줄 수 있는 말을 왜 안해주시나요?"

"지금처럼 솔직하게 조금만 더 말하죠. 처음 이런 말씀을 드리는 것이니 더 조심스럽고 부드럽게 말해야 하겠지만, 그런 건 그냥 무시하겠어요. 하지만 제발 잠자코 제 말을 끝까지 들어주세요.

당신이 이토록 절 생각해주시는 이상 저도 최소한 제 마음을 조금도 감추지 않고 있는 그대로 보여드리는 게 도리겠지요. 당신에게 제 마음을 자유롭게 말할 수 있는 건 아마 제 생애를 통틀어서 지금 한 번뿐일 거예요. 이렇게 생각해도 고백하기가 부끄럽지만요. 전 언젠가 지금만큼 당신한테 사랑받지 못한다는 게 확실해졌을 때 제가 얼마나 불행할지 생각하면, 그런 위험에 뛰어들 용기가 도저히 나지 않아요. 넘기 어려운 의무가 없다고 치더라도 말이에요. 지금은 당신도 저도 자유로운 몸이에요. 지금 우리가 영원한 맹세를 나눈다고 해도 우리한테 손가락질할 사람은 없겠죠. 하지만 영원한 맹세라 해도, 남자는 열렬한 사랑을 유지하는 법이 없어요. 저한테만 특별히 기적이 일어나리라고 부질없는 기대를 해야 하나요? 제 모든 행복이 달린 당신의 애정이 언젠가는 틀림없이 사라질 텐데, 그런 운명에 뛰어들어야 하나요? 죽은 클레브 경은 결혼 뒤에도 애인 같은 정열을 간직할 수 있었던 아마도 유일한 사람이었어요. 전 그 행복을 충분히 맛보지 못하는 운명이었지만. 어쩌면 그 애정도 제 안에 거기에 응답할 것이 없었기 때문에 유지되었는지도 모르죠. 하지만 전 그런 식으로 당신의 애정을 붙잡아둘 수가 없어요. 지금까지 당신이 변심하지 않은 건 당신의 정복욕을 자극하기에 충분한 장해물이 있었기 때문이에요. 무심결에 드러난 제 행동이나 우연히 들킨 모습이 얼마간 희망을 주어 그 정복욕을 계속 불태웠던 거고요."

"잠깐! 잠자코 들으라고 하셨지만, 도저히 그럴 수가 없군요. 왜 그렇게 매몰찬 말을 하십니까? 저한테 호감이 없다는 걸 절실히 알겠군요."

"확실히 전 정열에 지배되는 여자지만, 거기에 눈이 멀진 않아요. 아무리 봐도 당신은 연애하기에 좋은 조건을 고루 갖추고 태어난 사람이에요. 지금까지 수많은 연애를 하셨고, 앞으로도 그러시겠지요. 저만 있으면 행복하다는 생각도 곧 하지 않게 될 거예요. 저에게 목을 맸던 것처럼 다른 여자에게도 그럴지 모르죠. 그러면 전 죽을 만큼 괴로워하면서 질투하는 불행을 겪게 될 거고요. 이만큼 고백했으니 이젠 더 숨길 필요도 없지만, 전 당신 때문에 질투라는 것도 알아어요. 테민 부인의 편지를 당신 거라며 왕세자비께 전달했던 밤은 이루 말할 수 없는 고통을 맛보았답니다. 그때 이후로, 질투만큼 괴로운 건 없다는 걸 뼈저리게 깨달았지요.

허영심에서든 본능에서든 여자라면 누구나 당신에게 사랑받고 싶어할 거예요. 당신을 좋게 생각하지 않는 여자는 거의 없을 거예요. 저 자신을 되돌아볼 때, 그런 사람은 한 명도 없을 거라는 생각이 들어요. 전 당신이 늘 사랑에 빠져 있거나 누가 당신을 좋아한다고 믿게 될 테고, 실제로 그게 사실인 경우가 많겠죠. 그런 상황에서도 제가 할 수 있는 일은 그저 고통을 견디는 것밖에 없어요. 대놓고 불만을 말할 수 있을지 없을지조차 모르겠어요. 누구나 연인은 비난할 수 있지요. 하지만 남편이 자길 사랑하지 않게 되었다는 이유만으로 남편을 비난할 수 있는 사람은 없잖아요? 설령 이런 고통에는 익숙해졌다 하더라도, 클레브 경의 얼굴이 계속해서 눈앞에 어른거리는 한, 죽음의 원인이 된 당신을 원망하고 당신을 사랑해서 결혼한 저 자신을 자책하고 남편의 사랑과 당신의 애정이 어떻게 다른지 뼈저리게 깨닫는 고통까지 익숙해질 수 있을까요? 이렇게 정당한 이유를 무시할 수는 도저히 없어요. 전 지금 상태로 머물 거예요. 결코 거기서 나오지 않겠다는 각오를 바꾸지는 않겠어요."

"정말 그럴 수 있을까요?" 느무르 공이 외쳤다. "그렇게 각오만 한 거지, 당신을 열렬히 사랑하고 당신 마음에도 드는 남자를 잊을 수 있을 것 같습니까? 자기가 좋아하는 사람, 자기를 사랑해주는 사람을 저버리는 건 당신이 상상하는 것보다 어려운 일입니다. 지금까지 당신은 보기 드문 정절로 자신의 감정을 거슬러 왔습니다. 하지만 이젠 그런 걸로 자제할 필요가 없어졌으니 분명 어쩔 수 없이 감정에 따르게 될 겁니다."

"저도 그게 아주 어려운 일이란 걸 알아요. 아무리 온갖 이유를 갖다붙여도 제 힘이 미약하게만 느껴지니까요. 제가 저의 평온한 삶을 바라지 않는다면, 죽은 클레브 경에 대한 의무도 그렇게 강인한 것이 아니에요. 그 평온한 삶을 바라는 마음도 남편에 대한 의무가 지탱해주지 않는다면 그것만으로는 미약하고요. 전 이렇게 제 힘을 믿지 않지만, 그렇다고 걱정을 모두 떨쳐버릴 수도 없어요. 당신을 사랑하면 전 불행해질 거예요. 그래서 아무리 괴로워도 당신을 안 보려고 해요. 부탁이에요. 절 걱정하신다면 이제 제발 절 찾아오지 마세요. 다른 때라면 용서될 일도 지금 심정에서는 모두 죄악처럼 느껴지니까요. 규범이라는 관점에서 봐도 당신과 어떤 관계로도 지낼 수 없는 시기고요."

느무르 공은 부인의 발치에 몸을 던지고 미친 듯이 괴로워했다. 공은 눈물을 흘리면서 간절한 연정을 갖은 말로 호소했다. 클레브 부인도 마음이 흔들렸다. 부인은 눈물에 젖은 눈으로 느무르 공을 물끄러미 바라보면서 외쳤다.

"왜 저는 클레브 경의 죽음을 당신 탓으로 돌려야 할까요? 왜 저는 자유의 몸이었을 때부터 당신과 친해지지 않았을까요? 왜 남의 아내가 되기 전에 당신을 만나지 않았을까요? 운명은 어째서 이리도 넘기 어려운 장해물로 우리를 갈라놓았을까요?"

"장해물 따위 한 개도 없습니다. 당신만이 제 행복을 방해하고 있지요. 정절도 이성도 당신에게 강요할 리 없는 규범을 당신 혼자 자기 자신에게 강요하고 있지 않습니까."

"그래요. 전 제 강박관념에밖에 남아 있지 않은 의무 때문에 커다란 희생을 치르고 있어요. 시간이 흐르기를 기다려주세요. 클레브 경이 죽은 지도 얼마 되지 않았잖아요. 그 구슬픈 모습이 아직 눈앞에 어른거려서 논리적인 생각을 할 수가 없어요. 그래도 당신을 만나지 않았더라면 평생 사랑하는 법을 몰랐을 여자에게 사랑받았다는 걸 그나마 기쁨으로 여겨주세요. 당신에 대한 제 마음은 제가 앞으로 어떤 행동을 하든지 영원히 변치 않을 거라는 걸 믿어주세요. 안녕히 가세요. 부끄러운 이야기를 하고 말았군요. 샤르트르 주교대리에게 전해주세요. 말씀하셔도 돼요. 아니, 제발 말씀해주세요."

클레브 부인은 이렇게 말하면서 느무르 공이 말릴 틈도 없이 나가버렸다. 바로 옆방에 샤르트르 주교대리가 있었다. 주교대리는 부인이 몹시 혼란스러워하는 걸 보고는 말을 걸 용기가 나지 않아 잠자코 마차까지 배웅했다. 느무르 공에게 돌아와 보니, 공은 불안과 기대에 찬 연정에서 태어나는 기쁨, 슬픔, 놀라움, 찬미와 같은 온갖 감정에 사로잡혀 넋이 나가 있었다. 주교대리는 클레브 부인과 어떤 대화를 나눴는지 듣기까지 퍽 애를 먹었다. 마침내 이야기를 다 들은 주교대리는 클레브 부인의 정절과 현명함과 훌륭한 인품에 사랑까지는 아니지만 느무르 공만큼이나 감동했다. 두 사람은 느무르 공이 어디에 희망을 걸어야 할지에 관해 토론했다. 느무르 공은 이 사랑에는 불안 요소가 많지만, 클레브 부인이 언제까지고 지금의 결심에 머물러 있지는 못할 거라는 주교대리의 견해에 동감했다. 얼마간은 클레브 부인의 명령에 따라야 한다는 것이 공통된 의견이었다. 느무르 공이 부인을 사랑한다는 사실이 세상에 알려지면, 부인은 남편이 살아 있을 때부터 공을 사랑했다고 생각될 것이다. 따라서 부인은 확실히 의사를 표명함으로써 도덕규범으로 자신을 옭아매고 계속 그 상태를 유지할 것인데, 두 사람은 이것을 염려한 것이다.

느무르 공은 국왕을 수행하기로 했다. 공으로서는 거절하기 어려운 여행이기도 했기 때문이다. 공은 이전에 클레브 부인을 훔쳐보곤 했던 그 방에서 부인을 다시 한 번 보고 싶었지만, 단념하고 길을 떠나기로 했다. 공은 샤르트르 주교대리에게 클레브 부인에게 보내는 전언을 남겼다. 끝까지 마음을 호소하지 않고는 견딜 수가 없었던 것이다. 부인이 노파심을 버릴 수 있도록, 생각해낼 수 있는 최대한의 말로 설득할 생각이었다. 그리하여 느무르 공은 밤늦게까지 주교대리를 놓아주지 않았다.

클레브 부인도 어쩔 줄 모르기는 마찬가지였다. 지금까지 스스로 옭아매온 구속을 벗어던지고, 난생처음 사랑 고백을 듣고, 자기도 사랑을 고백한 것은 완전히 새로운 경험이기에 자기 자신도 자기가 어떤 마음인지 알 수 없어져버렸다. 자기가 한 행동이 놀랍고 후회스럽고 기뻤다. 마음속은 혼란스러운 불안과 애틋함으로 가득했다. 자신의 행복을 방해하는 의무를 다시 생각해봤다. 그것이 매우 강한 동기라는 것이 괴롭게 느껴지고, 느무르 공에게 그렇게 단호하게 말해버린 것이 후회스러워졌다. 그 공원에서 느무르 공을 만난 직후에는 공과 결혼한다는 생각이 머릿속에 떠올랐지만, 그때는 오늘 공과 이야기를 나눴을 때랑은 다른 식으로 그 결혼을 생각했다. 지금 이러고는 있지만, 그 사람과 결혼하면 왜 자신이 불행해지는지 이따금 알 수 없어져버렸다. 과거에 집착하거나 미래를 걱정하는 것만큼 무의미한 짓은 없다고 스스로 설득할 수 있다면 얼마나 좋을까 생각했다. 그러나 다음 순간에는 이성과 남편에 대한 의무가 모든 것을 뒤바꿔버렸다. 무슨 일이 있어도 재혼은 안 한다, 느무르 공과는 두 번 다시 만나지 않겠다는 결심이 금세 되살아났다. 그러나 클레브 부인만큼 진지하게 사랑하기란, 더군다나 첫사랑의 매력에 사로잡히고도 이 같은 결심을 계속하기란 무리이다. 결국 부인은 아직 억지로 태도를 결정할 필요는 없다고 조금 느슨하게 생각하기로 했다. 상식적으로도, 어떻게 처신할지 결정을 내리기까지 조금은 시간이 걸려도 괜찮았다. 단, 느무르 공과 일체 교제하지 않겠다는 방침만큼은 고수하기로 했다. 샤르트르 주교대리가 찾아와서 느무르 공을 위해 온갖 지혜를 짜내어 성심성의껏 부인을 설득했다. 그러나 부인은 자신의 태도에 대해서도, 자신이 느무르 공에게 요구한 점에 대해서도 의견을 바꿀 수가 없었다. 부인은 주교대리에게, 자신의 계획은 현재 상태에 머물러 있으며, 그 실행이 어렵다는 것은 잘 알지만 그럴 만한 힘은 있다고 말했다. 부인은 느무르 공이 남편의 죽음을 초래했다는 생각에 얼마나 사로잡혀 있는지, 또 공과 재혼하는 것이 의무에 반하는 행위라고 얼마나 굳게 믿고 있는지를 아주 분명하게 설명했다. 샤르트르 주교대리는 부인의 그 마음을 돌리기가 여간 어렵지 않을 것 같아 불안해졌다. 주교대리는 느무르 공에게 보고할 때는, 사랑받는 남자가 마땅히 품고 있을 희망에 상처를 주지 않도록 그런 소감은 말하지 않았다.

두 사람은 다음날 출발해서 국왕 일행에 합류했다. 샤르트르 주교대리는 느무르 공의 부탁으로 공의 소식을 알리기 위해 부인에게 편지를 썼다. 첫 번째 편지에 바로 뒤이어 보낸 두 번째 편지에는 느무르 공이 직접 몇 마디 적었다. 클레브 부인은 자기가 정한 규범을 어기지 않겠다고 결심하기도 했지만, 괜히 편지 때문에 오해가 생길까봐 불안했다. 부인은 주교대리에게 계속 느무르 공에 관해 쓰려면 편지를 보내지 말라고 답장을 써서 보냈다. 어찌나 단호한 어조였던지, 당사자인 느무르 공이 이제 자기 이름은 쓰지 말라고 부탁했을 정도였다.

궁정 사람들은 이스파니아 왕비를 푸아투 주까지 배웅했다. 사람들이 파리를 비운 동안 클레브 부인은 자기 마음과 대면했다. 느무르 공과 공을 상기시키는 모든 것들에서 멀어짐에 따라, 클레브 경의 기억이 선명하게 되살아났다. 부인은 그 기억을 소중히 여기는 것이야말로 자신의 긍지라고 생각했다. 느무르 공과 재혼할 수 없는 이유는 남편에 대한 의무라는 관점에서 봐도 대단히 강고하게 느껴졌고, 마음의 평화라는 관점에서 봐도 도저히 극복하기 어려운 것처럼 느껴졌다. 결혼하면 반드시 느무르 공의 사랑을 잃고 질투에 괴로워할 거라고 믿는 부인은 그 길을 선택했을 때의 불행이 벌써 눈앞에 훤히 보이는 듯했다. 반면에, 서로 사랑하는 더없이 매력적인 사람을 눈앞에 두고도 자기 마음과 싸우기란 불가능하다, 딱히 도리나 상식에 어긋나는 일도 아니니 더욱 그렇다는 사실도 너무도 잘 알았다. 부인은 멀리 떨어져서 지내는 것만이 조금이나마 자신에게 힘을 주리라고 생각했다. 재혼하지 않겠다는 결심을 관철하기 위해서만이 아니라, 느무르 공을 만나고 싶은 마음을 억제하기 위해서라도 그래야 할 것 같았다. 클레브 부인은 상복 때문에 남들 앞에 나서지 못하는 기간이 끝날 때까지 멀리 여행을 떠나기로 마음먹었다. 여행지로는 피레네 산맥 근처에 갖고 있는 널따란 영지가 가장 적합하다고 판단했다. 부인은 궁정 사람들이 돌아오기 2~3일 전에 출발했다. 부인은 출발하면서 샤르트르 주교대리에게 편지를 썼다. 자기에게서 편지가 오리라고도 기대하지 말고 자기한테 편지도 쓰지 말라는 당부를 적어서 보냈다.

느무르 공은 부인의 여행을 연인의 죽음을 슬퍼하는 남자처럼 슬퍼했다. 오랫동안 클레브 부인을 못 본다고 생각하면 온몸이 갈기갈기 찢어지는 듯이 고통스러웠다. 부인과 만나고, 더군다나 부인이 자기 사랑에 감동해주었다는 기쁨이 아직 남아 있는 만큼 더욱더 괴로웠다. 그러나 공은 그저 슬퍼하는 것밖에 달리 도리가 없었다. 그 슬픔은 더해만 갔다. 클레브 부인은 그러한 극심한 마음의 동요 때문에, 도착하자마자 중병에 걸려버렸다. 이 소식은 궁정에도 전해졌다. 위로할 길도 없는 느무르 공은 절망적이고 미칠 듯한 슬픔에 잠겼다. 샤르트르 주교대리는 그러다가 사람들이 느무르 공의 사랑을 눈치챌까봐, 공을 자제시키느라 고생했다. 직접 부인의 상태를 살피러 가겠다는 느무르 공을 말리는 데도 여간 애를 먹은 게 아니었다. 주교대리가 부인의 가까운 친척이라는 점은 가끔 편지를 보내는 데 좋은 평계가 되었다. 그리하여 드디어 부인이 위험한 고비를 넘겼다는 사실은 알게 되었다. 그러나 부인은 이제 가망이 없다고 생각될 정도로 몹시 쇠약해졌다.

이처럼 오랫동안 죽음을 눈앞에 두었던 클레브 부인은 건강한 사람과는 완전히 다른 눈으로 세상을 보게 되었다. 죽음은 피할 수 없다는 진리를 몸소 체험한 뒤로 부인은 무슨 일에든 집착을 버리게 되었다. 오랫동안 자리에 누워 있는 동안 그것이 완전히 몸에 배어버렸던 것이다. 그러나 병이 다 나았을 때, 부인은 느무르 공만큼은 아무리 애를 써도 마음에서 완전히 지워버릴 수 없다는 사실을 깨달았다. 부인은 공에게서 자기 자신을 지키기 위해, 공과 결혼할 수 없는 이유를 최대한 생각해내서 거기에 매달렸다. 부인의 마음속에서는 격렬한 싸움이 일어났다. 결국, 병에 걸린 동안 얻었던 깨달음이 연정을 사그라뜨린 것도 한몫해서, 남은 정열의 불씨들을 완전히 극복할 수 있었다. 죽음에 대한 사색은 죽은 클레브 경에 대한 그리움을 부추겼다. 그 그리움은 남편에 대한 의무감과 어우러져 부인의 마음에 깊이 새겨졌다. 부인은 남녀 간의 사랑을 지극히 달관하고 해탈한 눈으로 보게 되었다. 건강이 눈에 띄게 악화한 것도 이러한 기분을 유지하는 데 도움이 되었다. 그러나 아무리 굳은 결심도 상황에 지배된다는 사실을 아는 부인은 자기 결심이 뒤집힐 만한 위험은 가급적 피하고 싶었다. 자기가 사랑했던 사람이 있는 곳으로는 돌아가고 싶지 않았다. 부인은 따로 궁정 생활에 이별을 고하지 않고, 요양을 핑계로 어느 수도원으로 들어가버렸다.

느무르 공은 그 소식을 듣는 순간 이 은둔 생활의 참뜻과 그 중대함을 깨달았다. 이제 모든 희망은 사라졌다고 생각했다. 그러나 공은 클레브 부인의 마음을 돌이키려고 온갖 수단을 썼다. 왕비와 샤르트르 주교대리에게 편지를 쓰게 한 다음, 주교대리에게 그 편지들을 가지고 수도원으로 찾아가게 했다. 그러나 모두 헛수고였다. 주교대리는 클레브 부인을 만났다. 부인은 세상을 등지기로 결심한 게 아니라고 말했다. 그러나 주교대리는 부인이 다시 원래 생활로 돌아가는 일은 결코 없을 거라는 걸 알았다. 마침내 느무르 공은 온천 치료를 하러 간다고 거짓말하고 직접 수도원을 찾아갔다. 공의 방문을 안 클레브 부인은 몹시 놀라서 심장이 벌렁거렸다. 부인은 그 무렵 친하게 지내던 어떤 지혜로운 부인을 통해서 다음과 같은 말을 전했다—"뵙게 되면 꼭 지켜야 하는 결심이 흔들릴 것 같아서 뵙지 못하겠습니다. 부디 무례하다고는 생각하지 말아주십시오. 당신의 아내가 되고 싶은 마음이 제 의무에도, 마음의 평화에도 반한다는 사실을 안 뒤로 다른 모든 것에 흥미를 잃어버렸습니다. 그러니 절 이제 세상을 버린 여자라고 생각해주세요. 전 이제 내세밖에 생각하지 않는답니다. 모든 감정을 버린 지금, 유일한 소원은 당신도 현재의 저와 같이 생각해주었으면 좋겠다는 것입니다."

느무르 공은 이렇게 전달하는 그 부인 앞에서 극심한 고통에 숨이 멎을 것만 같았다. 공은 그 부인에게 클레브 부인을 자기와 만나도록 설득해달라고 거듭 간청했다. 그러나 그 부인은 공에게서 아무런 전언도 받지 말고, 심지어 지금 분위기조차 전하지 말라는 엄명을 받았노라고 대답했다. 결국 느무르 공은 그곳을 떠나야 했다. 공은 더없이 격렬하고 자연스럽고 진실한 정열을 기울여 사랑했던 사람과 다시 만날 기약도 없이 고통만 철저히 맛본 채 초연히 떠났다. 느무르 공은 그 뒤에도 포기하지 않고, 부인의 결심을 되돌리기 위해 모든 수단을 썼다. 이윽고 몇 해가 지났다. 세월과 부인의 부재는 느무르 공의 슬픔을 가라앉히고, 사랑의 불길을 꺼버렸다. 클레브 부인은 다시 원래 생활로 돌아갈 기색은 조금도 내비치지 않은 채 하루하루를 보냈다. 일 년 중 절반은 이 수도원에서, 나머지는 자택에서 보냈다. 그러나 자택 생활은 가장 형률이 엄격한 수도원보다 더 속세를 떠난 경건한 생활이었다. 이리하여 클레브 부인의 일생은 꽤 짧기는 하지만, 유례없는 덕의 본보기를 남겼다.

레몽 라디게 《육체의 악마》《도르젤 백작 무도회》 대하여
레몽 라디게 연보
라 파예트 《클레브 공작부인》 대하여
라 파예트 연보

레몽 라디게 《육체의 악마》《도르젤 백작 무도회》 대하여

프랑스 문학에는 인간심리(특히 연애심리)를 세세하게 분석하는 소설의 전통이 있다.

그 전통은 17세기에 라 파예트 부인이 쓴 《클레브 공작부인》을 시작으로 18세기에 라클로가 쓴 서간체 소설 《위험한 관계》로 이어진다. 단 《클레브 공작부인》이 연애의 순결함을 주제로 한 것에 비해 《위험한 관계》는 악마적인 관능의 유혹을 그렸다. 그래서 라클로는 사드, 레스티프 드 라 브르톤과 나란히 18세기 문학의 '파렴치 3인조'라는 불명예스러운 별명을 얻게 된다.

'소설의 세기'라 할 만한 19세기에 들어서자, 우선 콩스탕이 간결함이 돋보이는 잔혹한 연애소설 《아돌프》를 쓰고, 이어 연애심리소설의 최고봉 《적과 흑》을 스탕달이 완성한다.

1920년 프랑스에서는 내면적인 분석을 주로 하는 심리소설이 많이 나타났다. 리비에르, 라크르텔, 모리아크 등의 작품들로, 이것들을 '클레브 공작부인의 아이들'이라고 이름 붙인 비평가가 있다. 라디게도 그중에 속한다. 프루스트의 영향, 베르그송의 철학과 프로이트적 정신분석의 유행은 이 시기 문학에 수많은 감정의 미묘한 배합을 가능케 해주었다. 그 가운데 라디게의 명확한 감정분석의 태도는 그 문체와 함께 도덕적이고 고전주의적이라 할 수 있다.

그러나 그의 작품이 앞으로의 도덕적 심리학과 전통적 심리소설의 모방으로 끝난다는 것은 맞지 않는다. 비평가 티보데도 말했듯이, 앞으로의 프랑스 심리소설적 방법은 작자의 지적인 위치가 작중인물과 일치해 그때마다 적절하게 설명한다. 라디게의 소설에서 작자의 지적인 위치는 결코 인물의 지적인 위치와 일치하지 않는다. 늘 인물 밖에 있다. 그것은 인물의 마음과는 달리 기하학의 자취처럼 선을 그리고 있다. 이러한 특색은 프루스트와 도스토옙스키처럼 더 현대적인 소설에서 볼 수 있지만, 라디게는 이것을 더 순수한

▲ 피카소가 그린 라디게 초상화

▼ 모딜리아니가 그린 라디게 초상화

형태로 완성하고자 했다.

레몽 라디게는 1903년에 태어나 1923년에 죽었다. 20년의 짧은 삶 동안 남긴 것은 《달아오른 뺨》《휴가의 숙제》에 수록된 시와 《육체의 악마》《도르젤 백작 무도회》 두 편의 소설, 그리고 《펠리캉가(家)의 사람들》(희곡) 《드니즈》 등 단편작품이다.

라디게는 《육체의 악마》와 《도르젤 백작 무도회》 두 작품으로 프랑스 심리소설의 아름답고 냉엄한 전통과 나란히 했다. 《도르젤 백작 무도회》는 이른바 《클레브 공작부인》의 20세기 판이고, 라 파예트 부인으로 시작된 전통은 라디게의 죽음으로 막을 내렸다고 해도 지나친 말이 아니다.

《펠리캉가(家)의 사람들》은 1921년에 발표되어 같은 해 5월 24일에 상연되었다. 1951년에도 상연되어 호평을 얻었다. 짧으면서도 라디게 특유의 예리하고 피상적인 정신이 유감없이 발휘된 작품이다. 《드니즈》는 1926년에 출판되었다. 이 주옥 같은 소설의 의의에 대해서는 콕토의 머리글이 충분히 말해 주고 있다.

라디게가 살아 있던 20세기 첫무렵은 소설을 비롯해 예술 관념이 근본부터 흔들리던 시대였다. 다다이즘과 초현실주의는 소설과 작품이라는 관념 그 자체를 파괴하려고 한 것이다. 라디게 자신은 다다이즘 지도자인 트리스탕 차라와 초현실주의 앙드레 브르통과 교류가 있었고, 나중에는 장 콕토와 같이 그들과 대적하게 된다. 즉 라디게와 콕토는 예술 파괴와 새로움 추구가 아니라 프랑스 문학의 고전적인 미학으로 되돌아가려고 했던 것이다.

그러나 라디게와 라디게의 동시대 사람이었던 프루스트는 그 고전적인 지향에도 불구하고 '소설이라는 문학형식의 종말을 예언한 듯한 궁극의 소설'을 썼다. 즉 라클로나 스탕달 같은 심리소설의 전통을 지키는 한 라디게보다 앞으로 나아갈 수 없었던 것이다.

라디게(1903~1923)

그만큼 라디게가 쓴 《육체의 악마》와 《도르젤 백작 무도회》는 완성도가 엄청나다.

냉혹한 청춘소설 《육체의 악마》

1923년에 출판된 《육체의 악마》는 라디게가 열여섯 살부터 열여덟 살 사이에 쓴 것으로 추정된다. 스무 살이 안 된 소년이 쓴 글이라고는 생각할 수 없는 간결하고 정확한 문체에 연애심리를 깊숙이 해부해 많은 사람들을 감탄하게 만들었다. 그가 얻은 경이적인 명성을 제1차 세계대전 직후의 문학적 공백 탓으로 돌린 사람도 있지만, 오늘날 그 같은 평가가 잘못임이 증명되었다. 이 작품은 걸작 《도르젤 백작 무도회》를 앞에 두고 연습한 작품이라고 볼지도 모르지만, 프랑스 심리소설의 계보를 따르면 놓칠 수 없는 작품이다.

연상의 여인과의 연애, 그때 남성의 에고이즘, 그 에고이즘의 희생이 된 여성의 죽음 등의 줄거리는 콩스탕의 《아돌프》를 떠올리게 한다. 외면적인 자연묘사는 극단적으로 빼고 오로지 내면적인 심정 풍경을 그리려고 한 점,

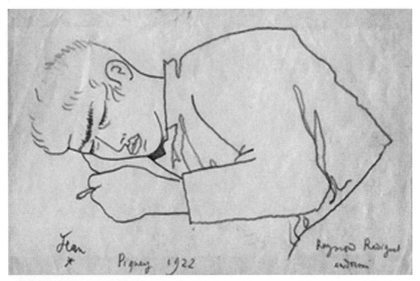

〈잠든 라디게〉(1922) 장 콕토 작. 콕토는 라디게가 열여섯 살 때 시 작품을 인연으로 만나 라디게가 죽을 때까지 함께하였다.

또 잠언을 뺀 짧은 문구가 이곳저곳에 삽입되어 있는 점 등에서 상당히 비슷하다. 단《육체의 악마》주인공이 스무 살 이전의 소년이라는 점에서《아돌프》에서는 느낄 수 없는 신선함이 있다.

소년 시절부터 청년 시절로 옮겨가는, 또 고정된 상태가 아닌 시기의 영혼을 그린 것은 제1차 세계대전 뒤의 프랑스 문학에 두드러지는 특징 가운데 하나로, 이 작품은 이런 '청춘소설'의 선구적인 작품이라 할 수 있다. 이때 라디게가 '청춘의 낭만주의'에 빠지지 않은 것이 그를 한층 더 크게 만들었다.

프랑수아 모리아크는 이렇게 말했다. "라디게는 그의 청춘을 어떤 수정도 하지 않고 우리에게 보여 주고 있다. 이런 수정이 없었기 때문에 그의 작품은 사람을 자극하는 불쾌한 것을 생각해야 했다. 통찰 이상으로 냉소주의와 닮은 것이 없기 때문에."

다이아몬드처럼 단단한 마음과 눈으로 인간의 정열을 직시하고, 그것을 고귀한 것처럼 보이기 위해 어떠한 세공도 가하지 않은 점은 그가 소년이지만 이미 소년이 아님을 알려 준다. 이 작품 속에서 라디게는 주인공에게 이렇게 말하고 있다. "아이들은 뭔가 핑계를 생각하는 법이다. 늘 부모님 앞에서 변명을 해야 하므로 거짓말을 하게 되는 것이다." 하지만 이 작품을 쓴 라디게는 결코 자기변명도 거짓말도 하지 않았다. 소년에서 청년으로 가는 과도기적 영혼을 냉담하게 응시하고 이것을 가차 없이 해부하고 있다. 두려워할 만한 작가이며 두려워할 만한 작품이다.

라디게는 조숙한 천재였지만, 자신이 이른바 신동으로 보이는 것을 극도로 싫어했다. 그는 이렇게 말하고 있다.

"신동이 없는 집이 과연 있을까? 신동은 가정에서 만들어 낸 말이다. 분명히 신동은 있다. 하지만 가정에서 말하는 신동과 이것이 같은 일은 드물다. 나이는 상관이 없다. 나는 랭보의 작품

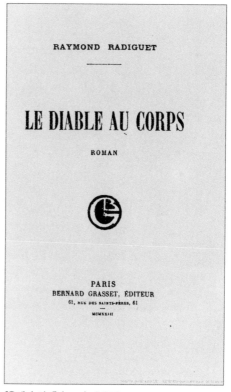

《육체의 악마》(1923) 속표지

에 놀랐지 그가 그것을 쓴 나이에 놀란 것은 아니다. 대부분의 대시인이 열일곱 살에 시를 쓴다. 열일곱 살에 썼다는 사실을 잊게 하는 사람이 가장 위대한 시인이다."

물론 우리는《육체의 악마》가 열일곱 살 때의 작품이라는 사실 때문에 감탄한 것은 아니다. 하지만 열일곱 살 소년이 썼다는 것은 여전히 놀랍다. 그래서 그 사실에 감탄하는 것은 우리의 자유이고 라디게에게 상처를 주는 일은 아니다.

한편 라디게 자신이《내 처녀소설 육체의 악마》라고 제목을 정하고, 〈새로운 문학 *Nouvelles littéraires*〉 1923년 3월 10일호에 실은 단문 한 부분을 소개하겠다. 작품 이해를 위해서뿐만 아니라 작가를 잘 이해할 수 있는 부분이 많다. 단, 여기서 이 작품은 결코 자서전적인 소설이 아니라고 말하고 있지

영화 〈육체의 악마〉(1986) 한 장면

만, 결말이 사실과 다르다고 하더라도 실제 겪은 일로 만들어졌다는 것은 의심할 여지가 없다.

"⋯⋯신동으로 대하는 것이 작가로서는 너무 당황스러웠다. 하지만 잘못은 열일곱 살에 쓴 소설이라는 종잡을 수 없는 말 속에 기이한 점까지는 말하지 않더라도 하나의 기적을 찾은 사람들에게 있지는 않을까? 쓰기 위해서는 먼저 겪어야 하는 법이다. 이것은 하나의 진리이기도 하다. 하지만 내가 알고 싶은 것은 몇 살이 되면 '내가 겪었다'고 말할 수 있는 권리가 있느냐는 것이다. 이것은 논리적으로 말하면 죽음을 의미하지 않을까? 내 생각을 말하면 몇 살이든 아주 어릴 때부터 우리는 겪기 시작했다는 것이다. 그렇게 뻔뻔한 것은 없을 듯하다. 아름다운 저녁에 그날의 새벽을 말하는 매력을 비난하는 것은 아니지만, 밤이 되기를 기다리지 않고 새벽을 말하는 흥미로움 또한 그와 전혀 다른 것이 아니며 결코 그 의미가 적지 않다. 게다가 나는 세계대전 동안 청년들이 잃어버린 위신을 어떻게든 찾으려 했다고 생각했다. 그렇지 않았을까? 이것을 생각하면 그들 가운데 한 사람이 소설을 썼다고 해서 놀라는 것은 그거야말로 청년들에 대한 모욕이다.

……이 청춘의 책 속에 '불안'이 보이지 않는다고 해서 사람들이 의외로 생각할까? 하지만 《육체의 악마》의 주인공('나'라는 1인칭을 썼지만, 이 주인공을 작가와 혼동해서는 안 된다), 그의 비극은 뜻밖의 곳에 있었다. 이 비극은 주인공 자신이라기보다 주위 상황에서 만들어진 것이다. 여기에는 전쟁이 원인인 방종과 무위가 한 청년을 어떤 형태에 넣어, 한 여성을 죽이는 과정이

소설 《육체의 악마》 삽화

그려져 있다. 이 연애소설은 고백이 아니다. 스스로를 비난하는 자의 성실함만 믿는다는 것은 인간적인 결점이다. 소설은 인생에 드물게 존재하는 모습을 요구하기 때문에 가장 진실로 보이는 거짓 자전이라는 것은 당연하다."

《육체의 악마》 줄거리는 평범하기 그지없다. 조숙한 소년이 유부녀를 사랑하고, 그 남편이 전쟁에 나간 뒤에도 육체관계를 이어가며 그녀의 생활을 망쳐 버린다는 것이다.

여기에는 라디게의 첫사랑이 투영되어 있다. 그는 열네 살 때 파리 바스티유 역으로 가는 열차 안에서 엘리스라는 여성과 만난다. 엘리스는 열 살이나 연상으로, 약혼자가 제1차 세계대전에 종군하고 있었다. 그런데도 라디게는 엘리스를 사랑하고 관계를 맺는다.

머지않아 라디게는 언론 세계에 데뷔하여 그림이나 글을 쓰게 되고, 엘리스에게 잔혹하게 대한다. 라디게에게 약속을 바람맞은 엘리스가 자주 카페

에서 울었다고 한다. 나중에 엘리스는《육체의 악마》에서 라디게에게 심한 대우를 받지만 그래도 그녀는 라디게를 원망하지 않았다.

다시 말해《육체의 악마》소재 자체는 흔해 빠진 젊은이와 유부녀의 연애 이야기인 것이다. 그것을 프랑스 심리소설의 걸작으로 만든 것은, 인간의 심리와 감정을 복잡하지만 기계처럼 움직이는 단순한 메커니즘으로서 분석하는 문체의 단단함이다. 거기에는 애매한 일이나 분명하지 않은 감정은 없다. 게다가 그 문체는 여분의 말을 싹 없애고 농축한다. 인간 심리의 본질적인 요소를 꺼내 농축하고 그것을 냉동 보존한 것 같은 단단함과 차가움이 라디게가 천재라는 증거이다. 대단한 소설이다.

라디게를 진정으로 이해한 장 콕토는 라디게가 세상을 떠난 뒤 출판된《도르젤 백작 무도회》머리말에서 이렇게 말하고 있다.

"문단에 떠도는 말에 의하면 그는 인간미가 없다고 전해지지만, 사실 레몽 라디게는 단단한 마음을 가졌던 것이다. 다이아몬드처럼 단단한 그의 마음은 어떤 것에도 움직이지 않았다. 그를 움직이려면 불이나 다이아몬드가 필요했다. 그 밖의 다른 것은 느낄 수 없었다."

다이아몬드처럼 단단한 라디게의 마음은 다이아몬드처럼 단단한 소설을 만들어 냈다.《육체의 악마》는 다이아몬드처럼 빛나는 소설이다. 그러나 투명하게 반짝반짝 빛나는 것이 아니라 끝없는 어둠을 띤 검게 윤이 나는 듯한 소설이다. 이 어둠의 인상은 대체 어디에서 온 것일까?

프랑스 심리소설의 완성

《육체의 악마》첫머리에서 말하는 것은 전쟁이다. 20세기를 '전쟁의 세기'로 특징짓는 제1차 세계대전이 이 소설의 중요한 배경이 된다.

라디게는《육체의 악마》주인공과 전쟁과의 관계를 유명한 비유로 설명하고 있다. 주인공은 고양이다. 가장 좋아하는 치즈를 바라보고 있다. 그런데 치즈에는 유리 상자가 덮여 있고 고양이는 손을 댈 수 없다. 그러나 유리 상자가 부서진 것이다. 그래서 고양이는 치즈를 먹어 버렸다. 유리 상자를 깬 것은 전쟁이다. 전쟁으로 세계가 혼란에 빠지고 아내의 남편은 전쟁에 소집되고, 주인공 소년은 유부녀에게 손을 대 자신의 것으로 만들어 버린 것이다.

그러나《육체의 악마》는 그런 교묘한 비유에 의한 산문적인 설명에 만족하지 않는다. 젊은 세대에게 제1차 세계대전이라는 이상한 사건이 대체 무엇을 의미하고 있는가 하는 질문에 답하는, 불가사의한 일화를 작품에 써넣은 증거이기 때문이다.

　그것은 주인공이 아직 여주인공 마르트와 만나기 이전의 삽화이지만, 옆집 하녀의 머리가 이상해지고 그녀가 지붕 위에 올라가 내려오지 않는 사건이 나온다. 주인공은 이 하녀의 행동에 이상하게 매료되어 현장에서 차마 발이 떨어지지 않는다. 곧 하녀는 지붕에서 뛰어내리고 목숨은 건지지만, 그것을 본 주인공은 정신을 잃는다. 이 사건 속에 전쟁이 가져오는 '시정(詩情)'이 나타난다고 주인공은 말한다.

　전쟁은 세계의 광기이고 불가피한 파멸의 운명이다. 예민한 주인공은 제1차 세계대전에 광기를 느끼고 그것을 두려워하는 동시에 그 운명에 매료된다. 그 어지러운 감각이 주인공이 말하는 '시정'인 것이다.

　전쟁이라는 광기는 모든 것을 파괴하고 인간의 정신을 깊은 허무주의 심연에 빠지게 한다. 조숙한 주인공은 그 허무주의 속에서 학교를 버리고 가족을 버리고 유부녀와 미래 없는 관계의 극한으로까지 가기로 결심한다. 자신의 운명을 마지막까지 극한에 이르게 하는 듯한 이 결의가《육체의 악마》라는 소설에 남다른 긴장감을 주고, 소년과 유부녀의 불륜관계라는 어설픈 이야기에 긴장감을 불어넣는 비극적인 격조를 준다. 그래서 이 긴장감은 세계를 파괴할지도 모르는 20세기의 전쟁이라는, 인간 역사상 유례 없는 경험을 배경으로 하지 않는 한 만들어질 수 없는 것이었다. 그런 의미에서《육체의 악마》는 고전문학의 전통으로 이어지면서도 20세기의 새로운 문학이었다.

　이를테면 우연이지만, 바타유의《에드와르다 부인/눈 이야기》도, 콕토의《무서운 아이들》도, 이 라디게의《육체의 악마》도, 제1차 세계대전을 지나 근원적인 허무주의에 빠진 문학자들의 작품이다. 게다가 이 세 작품에는 공통으로《무서운 아이들》의 행동을 그리고 있다. 즉 인류가 세계전쟁과 함께 새로운 국면에 들어선 20세기라는 시대에는 아이들이라는 존재조차도 결백할 수 없다는 것이다. 또한 모든 작품에서 아이가 자살하거나 아이가 사람을 죽음으로 내몬다. 이 작품들은 전쟁이 가져온 죽음의 영향으로 쓴 것들이다.

　《육체의 악마》또한 자주 죽음에 대해 말한다. 이를테면 이런 구절이다.

'진짜 예감은 우리의 영혼이 들어올 수 없는 깊숙한 곳에서 만들어진다. 따라서 예감이 우리에게 시킨 행동을, 우리는 오해해 해석하는 일이 있다.

나는 행복해서 전보다 부드러워진 느낌이 들었다. 그리고 우리의 행복한 추억으로 신성화된 집에 마르트가 있다고 생각하니 기뻤다.

죽을 때가 다가오면 타락한 사람이 자신도 모르게 갑자기 주변을 정리하기 시작한다. 그의 생활은 확 바뀐다. 서류를 정리한다. 아침에 일찍 일어나고, 밤에도 일찍 잠자리에 든다. 나쁜 일을 하지 않고 주위 사람들을 기쁘게 한다. 따라서 그런 만큼 그의 잔혹한 죽음은 훨씬 더 부당하게 느껴진다. "그는 이제 행복하게 살 수 있는데.'"

이 구절이 대단한 것은 이런 신비한 정신을 그린 라디게 자신이 사실은 '진짜 예감'에 따라 이 구절을 쓴 것이다.

앞에서 말한 라디게가 죽고 출판된 《도르젤 백작 무도회》 머리말에서 콕토는 이 한 구절을 인용하고, 마치 라디게가 죽기 직전에 '타락한 사람'처럼 행동했다고 말하고 있기 때문이다. 즉 라디게는 꼼꼼하고 잘 자고 정돈과 글쓰기에 힘을 쏟았던 것이다.

라디게가 죽은 원인은 장티푸스이다. 따라서 프루스트처럼 병약하고 처음부터 죽음을 의식하고 살아온 사람과는 전혀 다르다. 그런데도 《육체의 악마》 한 구절에는 그의 마지막이 운명처럼 예고된 것이다. 문학의 정령이 가져온 기적, 아니면 신비라고 해야 할까?

라디게의 소설이라 하면 그의 유작인 《도르젤 백작 무도회》를 최고의 걸작으로 보는 경우가 많다. 확실히 뛰어난 심리분석과 프랑스 심리소설의 전통에 대한 충실함에서 보면 이 소설이 그 달성도에서 가장 높다. 최고의 프랑스 심리소설이다.

그러나 《도르젤 백작 무도회》는 심리소설로서의 완성도(추상도)가 높기 때문에 등장인물은 육체를 뺀 듯이 보인다. 이에 반해 《육체의 악마》에는 제목대로 아직 '육체(신체)'가 남아 있고, 그래서 《도르젤 백작 무도회》와는 또 다른 재미가 있다.

그것은 프랑스 소설의 다른 전통인 악마적인 관능적 매력이다. 심리소설의 전통이라 한다면 라클로의 《위험한 관계》가 철저히 분석하고 그려낸 세계이다.

《육체의 악마》에는 주인공과 유부녀 마르트가 육체관계를 가지기 직전의 과정이 육체의 반응으로서가 아니라 정신의 드라마로서 꽤 세밀하게 그려진다. 이렇게 에로티시즘을 오로지 정신의 사건으로 그린 방법은 라클로나 사드로 이어지는 것이고, 초현실주의를 통과한 뒤 바타유나 데스노스에 의해 명확해진 프랑스 문학의 또 하나의 특색이다. 그런 의미에서 《육체의 악마》에는 《도르젤 백작의 무도회》에서는 삭제된 에로티시즘의 주제가 나타나 있고, 우리의 커다란 흥미를 끈다.

《육체의 악마》에서 그 예를 하나 더 들자면, 주인공이 마르트

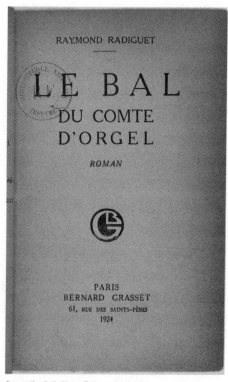

《도르젤 백작 무도회》(1924) 속표지

와 관계를 가진 뒤 마르트가 요양 중인 남편을 만나러 가기 위해 주인공과 떨어지게 되는 일이 있다. 마르트가 없을 때, 주인공은 마르트의 친구인 스웨덴의 어린 소녀에게 술을 먹이고 손을 대려고 한다. 그러나 무서운 것은 이 행위 자체가 아니라 행위를 하려고 하는 주인공의 무감동이다. 마치 '다이아몬드처럼 단단한 마음'을 가졌다. 이것이야말로 라클로의 《위험한 관계》가 그려낸 악마적인 에로티시즘과 본질적으로 같은 정신이다.

이렇게 모든 것이 심리분석으로 이해되는 단순한 《도르젤 백작 무도회》에 비해 《육체의 악마》에는 이 스웨덴 소녀나 지붕에 올라간 미친 여자의 일화처럼 어딘지 이해가 불가능한 정신의 어두움을 느끼게 하는 불순함 같은 것이 섞여 있다. 그러한 불순한 부분에 소설이라는 예술형식의 끝없는 재미가 오히려 느껴진다. 라디게의 천재성은 그런 부분에도 있는 것이다.

덧붙이자면 《육체의 악마》는 주인공들의 심리분석에 중점을 둔 나머지, 짧

은 소설인데도 본문을 읽은 것만으로는 객관적인 시간과 세월의 경과를 잘 알 수 없는 특징을 가지고 있다. 그러므로 독자의 이해를 돕고자 해설 뒤에 본문을 단서로 재구성한 '연표'를 첨부한다.

자칫 뒷 내용을 미리 알 수 있으므로, 독자들은 반드시 본문을 다 읽은 뒤에 참고하기를 바란다.

《도르젤 백작 무도회》

《도르젤 백작 무도회》를 읽은 뒤의 인상을 솔직히 말하면, 평범한 의식이 닿지 않는 깊은 곳에 펼쳐진 장기판 위에 상아로 조각된 말이 닿는 소리를 듣는 듯한 느낌이다. 작중인물의 저항, 확실한 심리의 도표가 기하학 선처럼 아름답게 남는다. 분명히 작자의 스무 살이라는 나이를 잊게 할 정도로 대단하다. 물론 그 부자연스러운, 인공적인 것을 느끼는 사람도 있다. 그러나 이 정확한, 감정의 분석만을 목적으로 하는 것을 약속하고, 그것을 실행하는 것에 이만큼 결백한 문체는 젊은이의 알몸처럼 깨끗함을 우리에게 느끼게 하는 것은 아닐까?

작자가 이 소설에서 쓰고자 한 것은 머리말의 한 구절로 이미 너무나 명료할 정도로 확실하다.

"맑고 깨끗한 마음의 무의식은 난잡한 마음보다 더 기이하다……."

또 작자가 남긴 노트의 한 구절도 있다.

"순결하지 않은 소설과 마찬가지로 난잡한 연애소설."

이런 문학의 고전은 라 파예트의 《클레브 공작부인》이었다. 17세기에 쓴 이 명작소설 이후 이러한 연애심리의 순수한 분석을 주제로 한 이른바 심리소설을 프랑스 소설의 전통으로 삼는 것은 상식이 되었다. 또 라 파예트부터 스탕달까지 이 계통으로 이어지는 작품 대부분이 순결한 연애의 복잡한 구조를 이루고 있는 것도 사실이다.

라디게가 《클레브 공작부인》에서 배운 것은 확실하다. 거의 모방의 의도를 처음부터 노골적으로 드러내 숨기려고도 하지 않는다. 여주인공의 '시대에 뒤처진 성격' 때문에 역사적인 명문 출신이라든지 식민지 출신이라는 특징까지 준비해 현대풍속이 스며든 파리 사교계에서 길러진 상류인의 성격과 대조했다. 클레브 공작부인도 자신의 힘으로 정조를 지킬 자신감을 잃고 결국

영화 〈도르젤 백작 무도회〉 한 장면

남편에게 고백한다.

　도르젤 부인 역시 같은 충동으로 안에게 도움을 구하려 하지만 그에게 절
망하고, 자신이 지금 사랑하는 남자의 어머니 세리외즈 부인에게 편지를 쓴
다.

　이러한 비슷한 일화 말고도 연애 그 자체에 대한 여주인공의 생각이 매우
비슷하다는 점을 느낄 수 있다. 연애의 결과를 비극적인 것으로 보고 본능적
으로 피하려고 한다. 이른바 연애에 대해 비관론자인 것이다.

　정열을 다루는 방법에 있어서 이러한 작자의 태도는 이성주의의 고전파
작가라고 할 수 있으리라. 그러나 하나 주의해야 좋은 것, 이 작품의 이해에
중요하다고 생각되는 것을 기록해두자. 그것은 라디게가 이러한 순결한 연
애의 발생 아래에서 자연적인 감정을 확실히 꿰뚫어보고 있다는 점이다. 프
랑수아가 비로소 도르젤 저택으로 초대받던 날, 응접실 난로 앞에서 편안해
진 그는 시골 이야기를 하고, 그때 처음으로 마오의 잠자던 마음에 새로운
감정이 생긴다.

"응접실 난로에는 장작이 타고 있었다. 이 난로를 보자 세리외즈는 시골 추억이 되살아났다. 불은 그가 닫혔다고 느낀 얼음을 녹이는 것 같았다.

그는 말했다. 솔직하게 말했다. 이 솔직함은 처음에는 부정처럼 느껴져 도르젤 백작은 조금 기분이 나빴다. 백작은 누군가가 불을 좋아한다고 말할 수 있다고는 상상한 적이 없었다. 이에 반해 도르젤 부인의 얼굴은 생기발랄했다. 그녀는 난로 앞의 불 가리개보다 높은 가죽의자에 앉았다. 프랑수아의 말은 야생의 꽃을 피우듯이 그녀를 상쾌하게 했다. 그녀는 깊게 숨을 쉬었다. 그녀는 굳게 닫혀 있던 입술을 열었다. 두 사람은 시골 이야기를 했다."

이 구절은 그 정확함으로 아름답다. 연애의 발생에는 늘 자연스런 감정이 있다. 신기한 발견은 아니지만, 라디게는 이것을 매우 정확하게 쓰고 있다. 그래서 이 원천적인 감정은 프랑수아와 마오의 연애 발전에 늘 따르고 있을 뿐만 아니라 이 소설이 그리는 심리의 이중성, '착오의 희극'을 푸는 핵심이기도 하다.

프랑수아와 마오는 시골을 사랑하며, '녹색'을 사랑하고, 집 밖에서 이야기하는 것을 사랑한다. 비가 오는 날 응접실에 갇혀 있으면 안정이 되질 않는다. 한편 안나 폴은 '인공적인 분위기, 사람이 많이 모여 강렬하게 비춰지는 실내에 있지 않으면 마음이 안정되지 않는' 사람이다. 그들 주위에 있는 많은 상류층 사람들은 모두 그런 부류이다.

즉 '가장무도회' 사람들이다. 제목인 '무도회'는 이렇게 가면을 쓰는 것을 습관으로 하고 '자기 이외의 사람이 되는 것'에 열정을 가지는 사람들의 인공적인 세계를 상징하고 있다. 그래서 가장 마지막 장면, 그 '공작의 모자'라는 작은 사건을 포함한 만찬회는 이 소설의 클라이맥스라는 것이 잘 이해된다.

연애는 자연스러운 감정을 부활시킨다. 그래서 사랑을 하고 있는 사람은 필연적으로 고독해진다. 사랑을 하고 있는 프랑수아는 '자기 이외의 것은 절대로 되고 싶지 않다.' 마오도 고독한 사람이다.

자연스러운 감정에서 멀리 떨어져 생활하고, 사물의 '심오한 성질'을 이해할 수 없는 사교계 사람들은 이런 극적인 의미도, 여주인공의 고뇌도 모른다. 얄궂게도 단 한 사람, 공작의 순수한 눈에만 그녀의 고통이 보인다. 도르젤 부인의 비극은 이런 것이다. 클레브 부인보다 현대화한 사교적인 세련미 속에서 살고, 연애로 그녀의 내부에 되살아난 고독한 자연스러운 감정이 17세기 궁정보다 더 복잡한 '가장무도회'의 허위와 인공적인 것 속에서 괴로 워하고 있다.

라디게의 작품은 《위험한 관계》《아돌프》 등의 전형적인 심리소설에 비해 그 새로움이 느껴진다. 18세기 소설에 대해서는 라디게 스스로 본문에서 비 평을 하지만, 《도르젤 백작 무도회》에는 놀랄만한 자제력과 주의의 긴장이 있는데도 퇴폐적이지 않다. 어떤 신선함, 깨끗한 신경과 같은 것이 있다. 현 대적인 퇴폐에 대한 항의이다. 앞에서 말한 '자연스러운 감정'의 반주가 고 통의 시를 만들어 낸다.

라디게 연보

1903년   6월 18일, 파리 남동부 마른 강변의 작은 마을 생모르에서 태어남. 아버지 모리스 라디게는 풍속화가였으며, 어머니 마리는 나폴레옹의 아내 조세핀의 친척이었음. 라디게는 9명의 형제(남자 4명, 여자 5명) 가운데 첫째였음.

1909년 (6세)   생모르 공립초등학교에 입학. 음악과 그림을 빼고 성적이 우수했음. 《육체의 악마》 르네의 모델이 되는 이브 크리에와 친구가 됨.

1913년 (10세)   명예상과 금관을 받고 초등학교를 졸업.

1914년 (11세)   장학생 시험에 합격하고, 친구 이브 크리에와 함께 파리의 샤를마뉴 학교에 입학하는데, 성적은 좋지 않았음. 문학에만 흥미를 느끼고, 2년 동안 아버지 서재의 책을 2백 권 넘게 읽었음. 애독한 문학자는 《육체의 악마》에도 언급한 《다프니스와 클로에》의 롱고스, 보들레르, 랭보, 베를렌 외에 라 파예트 부인, 스탕달, 로트레아몽, 말라르메 그리고 그 무렵 신진작가였던 프루스트였음. 《육체의 악마》 주인공처럼 마른 강에 띄운 아버지의 보트에 누워 책읽기에 빠졌음.

     이해 제1차 세계대전 발발.

1917년 (14세)   파리의 바스티유 역으로 가는 열차 안에서 엘리스라는 여성과 만나고 첫사랑을 함. 엘리스는 스물네 살로 그녀의 약혼자는 전쟁에 나가 있었음. 이 상황은 《육체의 악마》에 반영됨.

     공부에 열중하지 못하고 결석이 많아 퇴학당함. 아버지는 라디게를 집에 두고 그리스어와 라틴어를 가르쳤음.

     그림과 시 창작을 시작함.

아버지의 풍속화를 실었던 일간지 편집부에서 작가 앙드레 살몽을 알게 됨. 살몽에 그림과 시를 보여 주고, 그림은 신문 1면에 실리게 되었다. 이렇게 언론계에 몸을 담게 됨.

한편 엘리스와의 만남도 파리에서 이어짐. 하지만 제멋대로인 라디게는 엘리스와의 약속을 자주 바람맞혔고, 라디게의 지인들은 그녀가 우는 모습을 보게 됨.

1918년(15세) 앙드레 살몽에게 시인 자코브를 소개받음. 자코브는 라디게의 시를 마음에 들어하고 우정으로 맺어짐. 자코브에게 이끌려 그 무렵 최첨단을 가는 작가와 예술가와 알게 되고, 여러 신문과 잡지에 기사나 시, 삽화를 실음. 트리스탕 차라와 앙드레 브르통과의 교류도 있었음.

1919년(16세) 6월, 자코브의 소개장을 가지고 파리의 장 콕토를 방문하고 자작시를 낭독함. 콕토는 라디게의 시에 감동하고, 격려함. 여기서 숙명적인 우애가 만들어짐. 그 뒤로 콕토는 라디게에 조언할 뿐만 아니라, 잠자리를 제공하거나 같이 산책하고 많은 친구와 지인을 만나게 함. 라디게는 에릭 사티와 기욤 아폴리네르와도 친구가 됨.

12월, 생모르의 집과 젊은 예술가들이 모이는 파리의 몽파르나스를 자주 가며 지냄. 몽파르나스에서는 《육체의 악마》 주인공이 다니는 그랑드 쇼미에르 미술학교에 다니고, 피카소나 모딜리아니의 아틀리에를 찾아가 그곳에서 숙박한 일도 있었음.

콕토를 따라 자코브, 폴 모랑, 음악가 '6인조'(오네게르, 미요, 풀랑크, 오릭, 타이유페르, 뒤레) 등이 참가하는 '토요만찬회'에 감. 이 모임은 2년 가까이 이어짐.

콕토는 라디게를 '베베(아기)'라는 애칭으로 부르게 되고, 동성애 소문도 남.

《육체의 악마》 집필을 시작.

1920년(17세) 2월, 장 콕토 연출, 미요 작곡의 무대극 〈옥상 위의 황소〉에 협력하고, 첫날(2월 21일) 〈골〉지에 '채플린의 영화처럼 좋다. 불만 없음'이라고 칭찬함.

3월, 콕토와 함께 남프랑스의 피서지 카르크리안으로 여행을 떠나 두 달 정도 머묾.

5월, 콕토와 공동편집으로 잡지 〈수탉〉을 창간하고, 반(反)다다이즘을 내세움.

7월, 시집 《달아오른 뺨》 처녀출판.

8월, 다시 콕토와 카르크리안으로 가고, 이어 서프랑스의 어촌마을 피케로 여행을 떠남.

12월, 피카소가 라디게의 초상화를 그림.

1921년(18세) 2월, 혼자서 카르크리안으로 출발.

3월, 콕토가 카르크리안에 합류하고, 4월에 파리로 돌아감.

5월, 베아트리체 헤이스팅스라는 연상의 영국 여자와의 관계를 시작함.

8월, 다시 콕토와 피케에서 머물고, 《육체의 악마》를 계속 씀. 엘리스와의 연애가 모델이 된 것은 틀림없는데, 라디게 자신은 《육체의 악마》가 발표될 때의 잡지기사에 이것을 '가장 아름답게 보일 수 있는 거짓 자전'이라고 말함.

9월, 파리로 돌아가고, 콕토는 《육체의 악마》 출판사를 찾음.

1922년(19세) 1월, 조각가 브랑쿠시와 의기투합하고, 마르세유나 코르시카섬을 여행함.

3월, 출판사 사장 그라세는 《육체의 악마》에 매료되어, 바로 출판계약을 맺음. 단, 그라세는 결말을 보충하기를 원해 라디게는 파리 근교 호텔에서 결말을 쓰기 시작함.

5월, 콕토와 머문 남프랑스 르라방두 해안에서 《육체의 악마》 제1고를 탈고하고, 바로 《도르젤 백작 무도회》를 쓰기 시작.

11월, 콕토와 함께 프루스트 묘지에 감.

1923년(20세) 2월, 콕토와 함께 파리 근교의 샹티이에서 머물고, 《육체의 악마》 마지막 원고를 완성.

3월, 전대미문이라 할 화려한 선전과 함께 《육체의 악마》가 발매됨. 대성공을 거두고, 일약 문단의 총아가 됨.

4월, 콕토와 라디게를 중심으로 강령회가 몇 번이나 열리고, '사신'이 불려나온다.

5월, 《육체의 악마》가 '신세계상'을 받음.

9월 중순, 콕토와 새로운 친구 위고 부부와 보르도 부근을 여행함. 이때 피케에서 먹은 굴 때문에 복통을 호소함(이것이 뒷날 장티푸스의 원인이라고도 함).

10월, 파리에 돌아오고, 《도르젤 백작 무도회》 완성본을 그라세에게 보냄.

11월, 몸 상태가 악화되면서도 《도르젤 백작 무도회》 교정에 몰두하고, 의사에게 진찰을 받지도 않음.

12월 첫무렵, 장티푸스 진단을 받고 병원에 입원하지만 교정을 계속함.

12월 9일, 착란 속에 콕토와 마지막 말을 함. '3일 뒤에 나는 신의 군대에 총살당한다.'

12월 12일 오전 5시, 지켜보는 사람도 없이 숨을 거둠.

라 파예트 《클레브 공작부인》 대하여

《클레브 공작부인 *La Princesse de Clèves*》은 1678년 3월, 파리 바르뱅 서점에서 출판되었다. 창작 시기에 관해서는 여러 설이 있지만, 1677년 끝무렵에 완성된 원고가 지인들 사이에서 읽혔다는 것은 거의 확실하다. 같은 해 12월 8일자 스퀴데리의 편지에 "라 로슈푸코 경과 라 파예트 부인은 앙리 2세의 궁정 연애담을 썼다"고 나와 있기 때문이다.

《몽팡시에 공작부인 *La Princesse de Montpensier*》이나 《자이드 *Zaïde*》와 마찬가지로, 라 파예트 부인은 《클레브 공작부인》이 자기 작품이라는 사실을 숨겼다. 그뿐만 아니라 간행 한 달여 뒤에 레슐렌에게 보낸 편지에서 라 로슈푸코도 자신 또한 《클레브 공작부인》과는 완전히 무관하다 단언하고, 이 작품을 칭찬한 뒤에 다음과 같이 썼다. "남들이 날 작자라고 말하는 것을 나도 자랑스럽게 생각합니다. 진짜 작가가 권리를 되찾으려고 날 찾아오지 않는다는 게 확실하다면, 내 작품이라고 말하고 싶을 정도랍니다."

그러나 그런 그녀도 10여 년 뒤인 1691년에는 메나주에게 이것이 자기 작품이라고 밝혔다. 메나주와 라 파예트 부인이 나눈 편지에는 거의 18년의 공백이 있는데, 이유는 알 수 없으나 두 사람은 한때 소원해졌던 것 같다. 이 시기에 쓰인 《클레브 공작부인》에 관해 만년에 친교를 되찾은 메나주가 편지로 질문했던 것이다.

시력이 안 좋았던 라 파예트 부인은 답장을 구술 필기시켰다. 그 때문에 3인칭을 빌려서 말하고 있으며, 다른 곳에 발설하지 말라고 당부하면서 그 사실을 인정했다. 왜 이토록 철저하게 숨겼을까? 그것은 아마도 귀족으로서 체면상, 소설이라는 오락적 분야에 손을 댔다는 사실을 공공연히 알리고 싶지 않아서였을 것이라고 일반적으로 해석된다.

이 메나주에게 보낸 편지는 《클레브 공작부인》을 창작할 때 라 로슈푸코와 세그레의 역할이 '간단한 수정'만 가하는 데에 그쳤다는 사실도 말해 준다.

'간단한 수정'이란 무엇을 의미할까? 세그레는 1671년부터 라 파예트 가문과 함께 살다가 1676년에 고향인 칸으로 돌아갔다. 따라서 그가 소설에 기여했다면 아마 그 이전 시기일 것이다. 한편, 라 로슈푸코는 그때 거의 날마다 라 파예트 부인을 만났다. 이 《잠언집》의 모럴리스트가 붙어 있었다면 아마 표현상의 수정뿐 아니라 작중인물의 심리에 대해서도 유익한 조언을 들었으리라고 우리는 상상하고 싶어진다. 그러나 두 사람이 나눈 편지조차 한 통도 발견되지 않는 현재로서는 그들 우정의 실체도, 창작상 협력의 내용도 모두 억측의 영역을 넘지 못한다.

《클레브 공작부인》의 암시 내지 소재에 대해서는 책읽기와 실생활이라는 양 측면에서 생각해 볼 수 있다.

라 파예트 부인이 브랑톰의 《명장전》, 《위인전》을 비롯한 16세기 기록을 정독했다는 사실은 몇몇 학자들에 의해 증명되었다. 《몽팡시에 공작부인》이나 《탕드 백작부인 *La Comtesse de Tende*》을 같은 시기에 취재한 것도 그녀의 관심사를 암시해 준다. 그녀는 단순히 기록을 즐겨 읽은 것만이 아니라 직접 이 분야에 도전했다. 《클레브 공작부인》에 대해서도 스스로 비평을 내렸다. "이것은 소설이 아니라 궁정의 사실적 기록이다."

한편, 실생활에서 그녀의 소설 작품에 공통된 '영원한 삼각관계'라는 주제를 뒷받침하는 예가 적지 않다. 앙리에트 왕제비(王弟妃)와 기쉬 백작의 사랑, 그녀 자신과 라 로슈푸코의 야릇한 우정, 루이 13세의 구애를 피해 샤요 수도원에 들어간 안젤리크 수녀(라 파예트 부인의 손아래 시누이)도 간접적으로는 모델이 될 수 있었다. 물론 모든 동시대 궁정인이 작중인물의 심리에 소재를 제공했다고 말할 수 있다.

구성

《클레브 공작부인》에는 앙리 2세의 죽음을 전후한 프랑스 궁정이라는 지극히 명확한 때와 장소가 한정되어 있어서, 얼핏 역사소설이나 기록 같은 인상을 준다. 첫머리에 나오는 궁정 소개는 꽤 긴 데다, 앞부분에는 긴 일화가 네 개나 들어 있다(디안 드 푸아티에 이야기, 투르농 부인의 기만, 앤 불린 이야기, 카트린 드 메디시스의 사랑). 동시대 신진비평가 발랑쿠르가 "곧바로 주인공 이야기를 했으면 좋을 뻔했다"고 비판한 것도 일리가 있게 느껴질 정도로 서막

이 긴 감이 있다.

그러나 작가는 앙리 2세의 궁정을 충실히 재현하기 위해 이만한 페이지를 쓴 게 아니다. 라 파예트 부인이 종교전쟁 직전인 이 시대의 커다란 움직임과 풍속·관습 등에 거의 주목하고 있지 않음은 이 작품의 배경을 면밀히 연구한 샤말도 지적한 바 있으며, 일반적으로도 여기에 묘사된 궁정이 오히려 루이 14세의 궁정이라고 이해된다. "이것은 기록이다"라는 작가의 말은 문자 그대로는 받아들이기 어렵다. 적어도 결과적으로 이들 묘사나 일화는 《자이드》와는 달리 주제와 밀접히 연결되어 있으며, 그 인상적인 무도회에서의 만남으로 시작되는 클레브 부인과 느무르 공의 사랑을 서서히 추적하는 역할을 하고 있다. 이를테면 무심하게 그려지는 타인의 이야기는 사랑의 진리를 클레브 부인 앞에 펼쳐 보이고, 그 마음에 숨은 정념을 점차 확인해 간다. 투르농 부인의 이야기 다음에 성실함에 관해 이야기하는 클레브 경의 말은 부인의 '고백'을 암시하는 복선이다.

후반부로 들어가면 화려한 궁정 모습은 뒷전으로 밀려나고, 클레브 부인과 남편과 느무르 공 세 사람에게 초점이 맞춰진다. 여기서는 국왕의 사고사라는 대사건조차도 다른 세계의 이야기이다. '기록'은 그림자를 감추고, 주제만이 또렷하게 제시된다.

즉 이 작품은 어디까지나 클레브 부인의 사랑—그것도 몽팡시에 부인이나 당트 부인과는 달리, 행동으로 나타나지 않는 미묘한 심리 변화—을 중심으로 구성되어 있는 셈이다. 사랑의 기쁨과 두려움 사이를 오락가락하면서 천천히 진폭을 넓히다가 마지막에 다시 멈추어 버리는 클레브 부인의 심리 변화, 이것이 주제이다. 그 밖의 것들은 이 주제로 집약되어 활용된다.

표현상 특색

라 파예트 부인은 심리 묘사를 할 때도 객관적 서술에서 인물의 내면 분석으로 옮겨가 점차 독백의 세계로까지 독자를 끌어들이는 문맥을 대단히 교묘하게 이용했다. 번역서로서의 한계가 있어 모든 느낌을 그대로 옮기기는 어렵지만, 과장이나 꾸밈이 없는 담담한 일련의 문장이 냉정하고 확실한 전개를 보여 준다. 직접화법을 거의 쓰지 않고 미묘한 감정 변화를 전달하는 이 문체의 특색을 현대의 비평가 장 루세는 다음과 같이 풀었다.

"비인칭적 기술이 갖는 다양한 가능성과 간접화법에 따른 독백의 반성을 결합함으로써 라 파예트 부인은 그와 나, 말과 분석, 작자의 존재와 부재의 가장 훌륭한 화합물을 완성했다."

이는 흔해 빠진 명문장의 틀을 뛰어넘는 독창적 문체였다. 그녀의 문장은 문법적 정확성, 구문 변화, 퇴고와 같은 점에서는 오히려 불완전성이 두드러진다. 발랑쿠르는 일찌감치 이러한 결점을 지적했으며, 구문의 단조로움을 비판하는 사람도 적지 않다. 라 파예트 부인이 원고를 친구에게 보여 주고 수정을 의

M^rie M^[le]ine PIOCHE DE LA VERGNE.
Comtesse de la Fayette

라 파예트 부인 (1634~1693)

뢰했다는 점을 생각해 봐도, 그녀가 명문가(名文家)를 자부했다고는 생각되지 않는다. '훌륭한 문장'이라는 통념이나 문법가의 기준을 뛰어넘었기에 새롭고 훌륭한 표현이 태어난 셈이다.

어휘 문제에 관해서도 이와 비슷한 평가를 할 수 있다. 어휘의 빈약함, 같은 단어의 반복은 상식적으로 말하면 단점일 것이다. 고전주의 작가는 대개 어휘가 부족한데, 《클레브 공작부인》도 화려한 궁정을 묘사하면서도 단어의 종류는 매우 한정되어 있다. 형용사만 해도 '아름답다', '자태가 곱다', '흠잡을 데 없다' 등과 같이 막연한 표현만 되풀이될 뿐, 눈에 잡힐 듯한 생생한 묘사는 그 어디에도 없다. 그러나 이것은 반대로 강점이기도 하다. 물감을 쓰지 않고 선묘의 가능성을 연구하는 화가처럼, 이 작가는 한정된 어휘를 훌륭하게 살려서 아주 미묘한 심리의 음영을 그려낸다. 또한 외적 묘사는 이미지를 한정하지 않고 독자의 상상력에 맡기는 효과도 있다. 독자는 저마다

영화 〈몽팡시에 공작부인〉 한 장면

'더없이 아름다운' 여성의 모습을 그리면서 이 소설을 읽으며, 바로 그래서 "클레브 부인의 눈이 무슨 색인지는 끝내 알 수 없다"(마틀레)는 데에 불만을 느끼지 않는다.

미세한 묘사가 자칫 지루함을 부르고 시대가 흐름에 따라 촌스러워지기 쉬운 데 반해, 구체적 묘사를 삼가고 독자의 협력 내지 착각에 맡긴 문장은 오히려 언제까지나 신선하지 않을까? 이는 고전주의 작가 가운데 가장 회화적이라고 평가받는 라 퐁텐이 실은 아주 흔해 빠진 색의 형용사(파랑·노랑·갈색 등)조차도 거의 쓰지 않았다는 사실과 더불어 생각할 때 시사하는 바가 크다.

도덕 문제

《클레브 공작부인》은 젊은 귀족에 대한 정열을 억제하는 정숙한 젊은 아내의 이야기이다. 이 작품이 지니고 있는 뛰어난 문학적 가치는 대화의 품위있는 비애감과 이룰 수 없는 사랑, 아니 일부러 이루지 않는 비극적 사랑이라는 주제에 대한 작가의 심리적 통찰이다.

이 소설의 마지막 문장은 이 주인공이 "유례 없는 덕의 본보기를 남겼다"

이다. 클레브 부인의 도덕은 간
행 무렵부터 살롱에서 논의의 표
적이 되었으며, 현재도 "이 소설
은 정념에 대한 이성의 승리를
묘사하고 있다"는 주장이 가끔
제기된다. 그러나 이 작품의 도
덕을 생각할 때, 우리는 먼저
'덕'이라는 단어의 뜻을 확실히
해둘 필요가 있을 것이다.

프랑스어의 덕(vertu)은 본디
육체적 또는 정신적 힘을 의미하
며, 거기서 도의심이라든가 정절
과 같은 용법이 생겨났다. 더 나
아가 《클레브 공작부인》에서의
덕은 그리스도교적인 덕도 아니
요 세속적인 선행과도 다른 내용
이라고 생각된다. 주인공 클레브
부인의 덕에 가장 가까운 것은
데카르트가 《정념론》 148절에서
말한 덕이 아닐까? 즉 '자기가

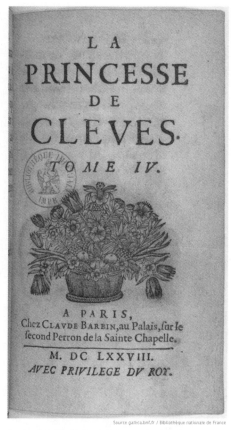

《클레브 공작부인》(초판발행, 1678) 속표지

최선이라고 판단한 것을 모두 실행하는 것이 덕이며, 이 덕을 갈고닦음으로
써 사람은 정념을 물리치고 마음의 평안과 만족감을 얻고 행복해질 수 있다'
는 것이다. 요컨대 이성적 판단과 덕과 행복은 떼려야 뗄 수 없는 관계이며,
이에 반해 정념은 덕과 행복에 반하는 극복해야 할 것으로 간주된다. 클레브
부인의 실제 행위는 이런 의미에서 '덕'에 따른 것이라고 하겠다.

라 파예트 부인은 이러한 데카르트적 덕을 관철한 여성을 그리겠다는 의
도를 가지고 클레브 부인을 창조했는지도 모른다. 본디 그녀는 '신과 같은
이성'을 지닌 사람이었으며, 단편 소설에서 정념의 비극을 말하기도 했다.
그러나 아무리 그런 의도를 가졌다 하더라도, 이 작가는 작중인물을 미화하
거나 정형화하는 길은 선택하지 않았다. 하나의 '훌륭한 삶'이 아니라 그 내

영화 〈클레브 공작부인〉(1960)의 한 장면

면을 그리지 않을 수 없었던 것이다.

라 로슈푸코의 친한 친구인 '진실한 부인'은 투철한 작가의 눈을 갖고 있었다. 따라서 결과적으로 이 작품에는 이성에 대한 믿음과 불신, 정념에 대한 혐오와 집착, 순결한 사랑에 대한 기대와 절망이 뒤섞여 있다. 하나의 보기를 들자면, 클레브 부인의 평온하고 고결한 인생 후반을 암시하는 소설 마지막 부분에서 이 작가는 느무르 공의 사랑이 '세월과 부재' 때문에 흔적도 없이 사라진 것을 담담하게 서술하지 않을 수 없었다. 이른바 이 소설은 따뜻하고 한편으로는 비참한 인간 모습을 통해 독자에게 친절하게 수수께끼를 던지고 있는 것이다. 이 작품에 도덕이 있다면 그것은 '미덕의 권장'이 아니라 물음표 형식으로 제시되어 있다고 하겠다.

소설로서의 참신함

유부녀의 바람이 수많은 소설에 소재를 제공하는 요즈음, 그 맨 앞에 선 《클레브 공작부인》의 도덕에도 주목할 필요가 있을 것 같다. 그러나 그것은 어디까지나 이차적 문제이다. 이 작품의 진가는 소설로서의 참신함에 있다.

오노레 뒤르페나 스퀴데리의 방대한 목가적·공상적 연애소설이 17세기 전

반에 전성기를 누린 뒤에 깔끔한 형식적 구분과 진실한 내용을 지향하는 소설이 몇 편 등장했으나, 《클레브 공작부인》에는 획기적인 참신함이 있었다. 날카로운 통찰력을 지닌 동시대 비평가 뒤 프레지르가 일찌감치 지적한 대로, 아직 꽃피지 않은 심리 분야에 적확한 표현을 주었으며 그것을 작품의 주안점으로 삼았다는 점이다. 기존 소설의 심리 묘사는 줄거리에 부수되어 있는데, 《클레브 공작부인》에서는 양자의 역할이 뒤바뀌어 있다.

프랑스 소설의 중요한 계보 가운데 하나가 여기서 생겨난다. 라클로, 콩스탕, 스탕달, 라디게 등 눈부신 이름들을 뒤이어 이 계보는 현대까지 힘차게 이어지고 있다. 라 파예트 가문은 그녀의 손자 대에서 끊겼지만, 클레브 부인에게는 헤아릴 수 없이 많은 자손이 생겼다. 예를 들어 우리는 루소의 엘로이즈(《새로운 엘로이즈》)에게서도, 지드의 알리사(《좁은 문》)에게서도 그녀의 그림자를 엿볼 수 있다.

《클레브 공작부인》은 18세기 끝까지 20쇄나 출판되었다. 고전주의 문학을 부정한 낭만파의 최전성기 때조차도 이 소설은 종전을 뛰어넘는 발행 부수를 자랑했다고 한다. 300년 전에 쓰인 《클레브 공작부인》은 현재도 다양한 보급판에 그대로 보존되어 수많은 사람들에게 친숙하게 읽히며, 프랑스에서 가장 아름다운 소설로 사랑받고 있다.

라 파예트 연보

1634년   3월, 마리 마들렌 피오슈 드 라 베르뉴(Marie-Madeleine
             Pioche de La Vergne), (뒷날 라 파예트 부인) 파리에서 태
             어남. 아버지 마르크 피오슈 드 라 베르뉴는 부르주아 출신
             의 수학자이자 기사로, 브레제 후작을 모셨다. 역시 부르주
             아 출신 소귀족의 딸, 엘리자베트 페나와 전년에 재혼했다.
             3월 18일, 생 슐피스 교회에서 세례를 받음. 대부는 브레제
             후작, 대모는 뒷날의 에귀용 공작부인.

1636~7년(2~3세) 일가는 퐁투아즈로 이사. 아버지는 성채 부관.

1640년(6세)   아버지, 파리의 보지라르 거리에 정원을 사서 저택을 지음.
             라 파예트 부인은 평생의 대부분을 이곳에서 보냈음.

1643년(9세)   루이 13세 사망. 당시 여섯 살이던 루이 14세 즉위, 모후인
             안 도트리슈 왕비가 섭정.

1648년(14세) 아버지, 에귀용 공작부인의 명령으로 르 아부르에서 성채장
             관직을 맡음. 프롱드의 난 때, 마리 마들렌은 아버지와 함께
             이곳에 머물렀음.

1649년(15세) 아버지 마르크 피오슈가 가슴에 총을 맞고 사망.

1650년(16세) 12월, 어머니 엘리자베트 페나가 세비네 후작부인의 백부인
             르노 드 세비네와 재혼. 엘리자베트 페나와 세비네 후작부인
             사이의 우정은 '세기의 우정'으로 유명했음. 이것이 인연이
             되어 마리 마들렌은 세비네 부인(《세비네 부인의 편지》의 작
             자)과 교제를 시작함. 또 그녀는 대모 에귀용 공작부인의 도
             움으로 안 도트리슈 왕비의 시녀가 되고, 문법학자이자 역사
             가인 질 메나주를 만나 라틴어와 이탈리아어 등 문학수업을
             받음. 이후 메나주는 그녀를 카트린 드 랑부이예 부인, 스퀴

데리 부인 등의 살롱에 소개함.

1652년(18세) 프롱드의 난에 가담했던 르노 드 세비녜가 앙주로 유배되어
가족들과 함께 앙주로 이주함.

1654년(20세) 샤요 수도원으로 가서 수도원장 안젤리크(뒷날의 남편 라 파
예트 백작의 누나로, 한때 루이 13세의 총애를 받은 인물),
앙리에트 당글르테르(뒷날 왕제 오를레앙 공의 부인), 잔 바
티스트 드 사부아 느무르와 만남.

1655년(21세) 2월 5일, 파리에서 결혼. 남편인 장 프랑수아 모티에 라 파
예트 백작은 오베르뉴의 오래된 집안 출신으로 39세였으며
두 번째 결혼이었다. 부부는 영지 오베르뉴에서 살았다. 메
나주가 보내 준 스퀴데리 부인의 《클렐리 *Clélie*》를 읽음.

1656년(22세) 어머니 사망. 이 무렵 건강을 해쳐 비시로 온천치료를 떠남.
11월, 남편과 함께 어머니의 유산상속 절차를 위해 파리로
감. 메나주가 문학 친구 장 르노 드 세그레와 피에르 다니엘
위에를 소개해 줌. 이들 두 사람은 라 파예트 부인에게 글을
써 볼 것을 권유함. 세그레는 뒷날 부인의 비서와 같은 역할
을 한 문인. 파리 얀센주의자들의 집회지인 느베르 저택에
드나듦. 거기서 아르노 형제와 라 로슈푸코 공작을 만남. 블
레즈 파스칼이 예수회 신학을 비판하러 가명으로 발표한 책
《시골 친구에게 보내는 편지 *Les Provinciales*》를 읽음.

1658년(24세) 장남 루이 태어남(뒷날 사제가 됨).

1659년(25세) 6월, 차남 르네 아르망 태어남(뒷날 군인이 됨). 처녀작 《세
비녜 부인의 초상》 집필. 세그레가 편집한 《초상집》에 익명
으로 수록되어 칸에서 출판.

1660년(26세) 소송 자금을 마련하러 파리 저택의 일부를 팔았음.

1661년경(27세) 이 무렵부터 부부는 별거생활을 시작한다. 부인은 파리로
이주함. 남편 라 파예트 백작은 오베르뉴 영지에 계속 머묾.
과묵한 인물이었던 라 파예트 백작은 성에서 칩거 생활을 했
으므로 그의 행적에 관한 기록이 거의 남아 있지 않음. 섭정
을 지배한 재상 마자랭이 사망하자 루이 14세가 집권함. 앙

리에트 당글르테르 공주가 루이 14세의 동생 필리프 오를레앙 공과 결혼함. 라 파예트 부인은 앙리에트 당글르테르 공주를 가까이에서 모시게 됨.

1662년(28세)　8월, 메나주의 조언으로 《몽팡시에 공작부인》을 작가의 서명 없이 발표하여 좋은 평가를 받음.

1664년(30세)　라 로슈푸코가 《잠언집 *Maximes*》을 발표함. 라 파예트 부인은 그의 비관적 냉소주의에 놀라지만 몇 년 뒤 두 사람은 내밀한 친구이자 문학적 동지가 됨. 라 파예트 부인은 "라 로슈푸코는 나에게 정신을 주었고, 나는 그의 심장을 만져주었다"고 말한 바 있음. 라 로슈푸코가 당대 최고의 지성인 라신, 부알로 등을 라 파예트 부인에게 소개함.

1665년(31세)　라 파예트 부인, 느벨관(프렌시스 게네고 부인의 저택)에서 라신의 희곡 《알렉산드르》 낭독을 들음. 앙리에트 당글르테르 공비와 함께 《앙리에트 당글르테르 일대기 *Histoire d'Henriette d'Angleterre*》를 집필.

1668년(34세)　라 로슈푸코와 세그레의 도움을 받아 스페인에 관한 두 권짜리 역사소설 《자이드》를 씀.

1669년(35세)　《자이드》 제1부가 세그레의 이름으로, 피에르 다니엘 위에의 《소설의 기원에 관한 소론 *Traité de l'origine des romans*》 서문과 함께 출판됨. 앙리에트 당글르테르 사망. 라 파예트 부인은 《앙리에트 당글르테르 일대기》에 그 죽음에 대한 기술을 덧붙였으나, 출판 의도는 없었다. 장남 루이, 발몽 승원령을 받음.

1670년(36세)　파스칼의 《팡세 *Pensées*》가 발표됨. 이 책을 읽고 크게 각성한 라 파예트 부인은 "이것은 신랄한 전조이다. 이 책을 못 즐길 자들이 있을 것"이라고 말함.

1671년(37세)　《자이드》 제2부 출판.

1672년(38세)　3월 9일, 레스 추기경관에서 코르네유의 《퓨르셰리》 낭독을 들음. 세그레와 라 로슈푸코의 도움을 받아 《클레브 공작부인》 집필을 시작함.

1673년(39세)   12월 15일, 그레빌관에서 부알로의 《시법》 낭독을 들음.

1675년(41세)   파리에서 사부아 공작부인의 외교 대사가 됨.

1676년(42세)   프랑수아 드 라 파예트 주교(라 파예트 백작의 백부)가 루이
에게 다롱 승원령을 물려줌.

1677년(43세)   겨울, 라 로슈푸코의 도움으로 《클레브 공작부인》을 마지막
으로 다듬음. 친구들 사이에서 《클레브 공작부인》이 회람됨.
루이, 국왕으로부터 라 그룬티엘 승원령을 받음.

1678년(44세)   3월 8일 《클레브 공작부인》이 파리 바르뱅 출판사에서 네 권
으로 출간됨. 당시 궁정 사교계의 귀부인이라는 위상 때문에
정식 작가로 작품을 발표할 수 없어 익명으로 발표함. 작품
이 발표되자마자 살롱과 문학계에 회자되며 큰 성공을 거둠.
발랑쿠르가 《클레브 공작부인에 관해 ○○○후작부인에게 보
내는 편지》를 발표(이 작품은 이 소설의 동시대인이 쓴 고전
적 비평이 되었다).

1679년(45세)   런던에서 《클레브 공작부인》이 번역출판됨.

1680년(46세)   라 로슈푸코 사망. 이 무렵, 라 파예트 부인은 친하게 지냈
던 잔 바티스트 드 느무르(사부아 공 미망인)의 비서 레슐렌
과 《외교서간》을 다시 교환함.

1683년(49세)   6월, 남편 라 파예트 백작 사망(19세기에 기록 발견).

1689년(55세)   《1688년과 1689년 프랑스 궁정 회고록 *Mémoires de la cour
de France pour les années 1688 et 1689*》을 집필함. 《클레브
공작부인》 개정판이 출간됨. 차남 르네, 결혼.

1691년(57세)   겨울, 손녀 마리 마들렌 태어남.

1692년(58세)   메나주 죽음.

1693년(59세)   4월, 르네, 국왕으로부터 보병여단장으로 임명됨. 5월 25일,
보지라르 거리의 집에서 라 파예트 부인 죽음.

1720년   《앙리에트 당글르테르 일대기》가 네덜란드에서 출판.

1724년   《탕드 백작부인》, 라 파예트 부인의 이름으로 〈메르큐르 드 프랑스〉
6월호에 실림.

1731년   《1688년과 1689년 프랑스 궁정 회고록》이 네덜란드에서 출판.

옮긴이 윤옥일(尹沃一)
숙명여자대학교 불어불문학과 졸업. 데이터북 번역위원. 몽떼뉴학회회원. 옮긴책 샤를
페로《장화 신은 고양이》, 레몽 라디게《육체의 악마》, 라 파예트《클레브 공작부인》

World Book
221
Raymond Radiguet/Marie Madeleine de La Fayette
LE DIABLE AU CORPS/LE BAL DU COMTE D'ORGEL
LA PRINCESSE DE CLÈVES
육체의 악마/도르젤 백작 무도회/클레브 공작부인
레몽 라디게/라 파예트/윤옥일 옮김
1판 발행/2013. 8. 30
발행인 고정일
발행처 동서문화사
창업 1956. 12. 12. 등록 16-3799
서울 강남구 도산대로 163(신사동, 1층)
☎ 546-0331~6 (FAX) 545-0331
www.dongsuhbook.com
잘못 만들어진 책은 바꾸어 드립니다.
*
이 책의 출판권은 동서문화사가 소유합니다.
의장권 제호권 편집권은 저작권 법에 의해 보호를 받는 출판물이므로 무단전재와 무단복제를 금합니다.
사업자등록번호 211-87-75330
ISBN 978-89-497-0831-7 04080
ISBN 978-89-497-0382-4 (세트)